KB038977

대뇌 피질 시각장애 아동 교육
[기본 이론편]

CORTICAL VISUAL IMPAIRMENT
AN APPROACH TO ASSESSMENT AND INTERVENTION

Christine Roman-Lantzy 저 | 이태훈 편역

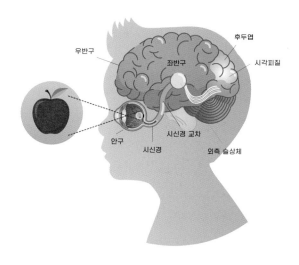

우반구   좌반구   후두엽   시각피질

안구   시신경   시신경 교차   외측 슬상체

학지사

이 책은 세계적으로 시각장애 아동의 원인 질환 중 가장 높은 비율을 차지하는 CVI(피질 시각장애) 아동 교육의 발전을 위해 '정인욱복지재단'의 지원금을 받아 출간하였습니다. 정인욱복지재단에 깊은 감사를 드립니다.

또한 이 책은 미국의 CVI 아동 교육 분야의 권위자인 크리스틴 로만 박사(Dr. Christine Roman-Lantzy)가 저술한 『Cortical Visual Impairment: An Approach to Assessment and Intervention』을 편역한 것으로, 한국의 피질 시각장애 아동 교육의 발전을 위해 영문 도서를 편역해 출간하는 것을 흔쾌히 수락해 주신 크리스틴 로만 박사의 따뜻한 마음에 감사를 드립니다.

『대뇌 피질 시각장애 아동 교육』, '심화편'이 2024년 9월에 출간 예정임을 알려 드립니다.

머리말

　편역자는 25년 가까이 시각장애 교육 현장의 교사이자 대학 교수로 일하면서 'Cortical Visual Impairment(CVI, 피질 시각장애)'를 단지 시각장애 아동의 다양한 원인 질환 중 하나로만 인식하는 정도에 머물러 있었다. 수년 전 한국과 미국의 시각장애 아동의 진단평가 기준을 비교하는 연구를 수행하면서 미국의 시각장애 특수교육대상자 선정 기준에 'CVI(피질 시각장애)'를 별도로 명시하고 있는 것에 주목하였고, 미국에서 특수교사로 재직 중인 지인에게 현재 CVI 아동이 미국의 시각장애 특수교육에서 가장 많은 비율을 차지하고 있다는 사실을 듣게 되었다. 편역자는 CVI 아동 교육 동향에 관한 문헌들을 리뷰하면서 미국을 비롯하여 유럽 많은 국가에서 CVI 아동이 계속 증가하고 있으며, 시각장애 특수교육에서 가장 중요한 서비스 대상이라는 것을 다시 확인하였다.

　외국에서 CVI 아동의 출현율이나 학령기 시각장애 인구 중에 CVI 진단을 받은 아동의 비율을 고려할 때 우리나라에도 CVI 아동이 상당수 있을 것으로 판단된다. 그러나 우리나라에서 시각장애 아동의 실태 또는 원인 질환에 관한 각종 조사에서 'CVI 아동'은 파악되지 않고 있다. 아직까지 우리나라의 질병 분류 체계 및 의학적 진단 기준에 'CVI'가 공식적으로 포함되어 있지 않기 때문에 안과 진단서에서 'CVI' 질환이나 진단 여부를 확인하기 어려운 실정이다. 또한 특수교육 분야에서도 CVI 교육과 관련된 지식과 경험을 갖춘 교사, 교수, 치료사들이 전무한 상황이다. 따라서 우리나라의 각종 특수교육 실태 조사에서 CVI 아동이 '원인불명이나 기타 장애'

로 분류되었을 가능성이 높다. 또한 외국에서 CVI는 뇌의 신경학적 손상과 관련성이 높기 때문에 CVI 아동의 적지 않은 비율이 인지장애를 수반한다. 이것은 시각중복장애 아동의 상당수가 CVI를 수반할 가능성이 높다는 것을 의미하기도 한다.

　CVI는 안구 조직이 아니라 뇌에 병소가 있다. 따라서 CVI 아동은 각막 혼탁, 백내장, 녹내장, 망막색소변성증 같은 '안구 시각장애' 질환을 가진 아동과 다르다. CVI 아동은 일반적인 안과 검사에서 시각에 이상이 없는 것으로 나타난다. 그러나 부모와 교사는 CVI 아동이 일상이나 학습 활동에서 정상적인 안과 검사 결과와 다르게 대상(사람, 물체, 자료 등)을 시각적으로 바라보고 인식하고 해석하지 못하는 모습에 혼란스러워한다. CVI 아동의 시각 문제와 원인은 전통적인 '안구 시각장애 아동'이 보이는 시각 문제와 그 원인이 매우 다르기 때문에 중재 방법도 확연하게 다르다. 따라서 전통적인 안구 시각장애 아동의 교육 중재 방법을 CVI 아동에게 동일하게 적용하던 교사는 교육 및 중재 효과가 나타나지 않는 것에 당황스러워한다. 미국에서도 초창기에 CVI 아동을 지도하는 교사나 치료사들이 동일한 혼란을 겪은 것으로 보고된다.

　CVI(피질 시각장애)를 포함하는 신경학적 시각장애 또는 대뇌 시각장애를 가진 아동은 안구 시각장애 아동과 교육 중재 방법이 다르며, 안구 시각장애 아동에게 적합한 교수 방법과 자료가 CVI 아동에게 효과적이지 않을 수 있다는 것을 기억해야 한다. 이제 우리나라도 CVI를 비롯하여 신경학적 시각장애, 대뇌 시각장애 아동의 교육적 지원에 대한 연구가 활발하게 이루어져야 할 때이다. 우리나라에 이들 질환을 가진 아동이 없는 것이 아니라, 의사, 특수교육 전문가와 교사의 이해 부족으로 이들 아동을 발견하고 진단하지 못하고 있는 것이다.

　우리나라의 CVI 아동 교육의 문제를 공감하고 CVI 아동 교육 발전을 위해 CVI 아동 교육을 위한 기본 이론서를 출간하도록 지원해 주신 '정인욱복지재단'에 깊은 감사를 드린다. 또한 『Cortical Visual Impairment: An Approach to Assessment and Intervention』과 『Cortical Visual Impairment: Advanced Principles』 두 권의 소중한 전문서를 편역하도록 허락해 주신 크리스틴 로만 박사에게도 다시 한번 감사를 드린다.

이 책이 유용하게 활용될 수 있는 독자층은 다음을 포함한다.

1. 시각장애와 특수교육 분야의 대학원 전공 교재로 사용할 수 있다.
2. 학교 현장의 특수교사를 대상으로 한 CVI 연수 교재로 사용할 수 있다.
3. CVI 자녀를 둔 부모의 자녀 양육 지침서로 사용할 수 있다.
4. 언어치료사, 물리치료사, 작업치료사, 보행전문가 등이 CVI 아동의 치료 지원 활동을 계획하고 실행하는 데 활용할 수 있다.

2023. 9.

세한대학교 특수교육과 교수 이태훈

차례

◆ 머리말 _ 3

제1장 CVI의 개념과 원인 • 9

1. CVI 아동의 현황 _ 11
2. CVI 아동은 세상을 어떻게 보는가 _ 16
3. 뇌 기반 시각장애의 유형 _ 18
4. 뇌의 구조와 시각 시스템 _ 19
5. 시각 발달과 조기 중재 _ 21
6. CVI의 원인 질환 _ 24

제2장 CVI 아동의 고유한 시각 특성 이해 • 35

1. CVI의 진단과 고유한 특성 _ 37
2. CVI의 고유한 10가지 시각 특성 이해 _ 39
3. CVI와 안구 시각장애가 모두 있는 아동 _ 64

제3장 CVI 아동의 평가 방법 • 67

1. CVI 진단 · 평가 원리 _ 69
2. 'CVI Range' 평가도구 소개 _ 72
3. 'CVI Range'의 평가 정보 수집 _ 75
4. 'CVI Range'의 평가 방법과 채점 _ 85

5. 'CVI Range' III 단계 확대 평가: 문해 접근 _ 104

6. CVI 아동을 위한 환경 고려사항 _ 109

7. CVI 진전도 차트 _ 111

■ 〈부록 3A〉 평가척도 I의 검사 지침서 _ 133

■ 〈부록 3B〉 CVI Range 평가척도 I의 평정 지침 _ 151

■ 〈부록 3C〉 CVI Range 평가척도 II의 평정 지침 _ 163

■ 〈부록 3D〉 Kathy의 평가에 관한 서술식(내러티브) 보고서 _ 168

제4장 CVI 아동의 중재 방법 • 173

1. CVI의 진행과 단계 _ 175

2. 'CVI Range' 평가 기반 중재 _ 178

3. CVI 진전도 차트 _ 180

4. CVI 중재 목표의 설정 _ 183

5. CVI 중재 프로그램 설계 _ 197

6. CVI 중재 사례 _ 227

7. 'CVI Range' 검토 양식과 사용법 _ 234

8. CVI 아동의 보행 교육 _ 239

9. Kathy를 위한 계획 _ 245

■ 〈부록 4A〉 CVI 단계별 중재 제안(추천) _ 249

제5장 부모의 역할과 참여 • 283

1. 전문가로서의 부모 _ 285

2. 부모 및 가족 면담의 중요성 _ 286

3. 가족 면담 _ 295

4. 전문가의 직접 평가 이해 _ 298

5. CVI 아동의 옹호와 인식 개선 _ 299

◆ 참고문헌 _ 301

◆ 찾아보기 _ 309

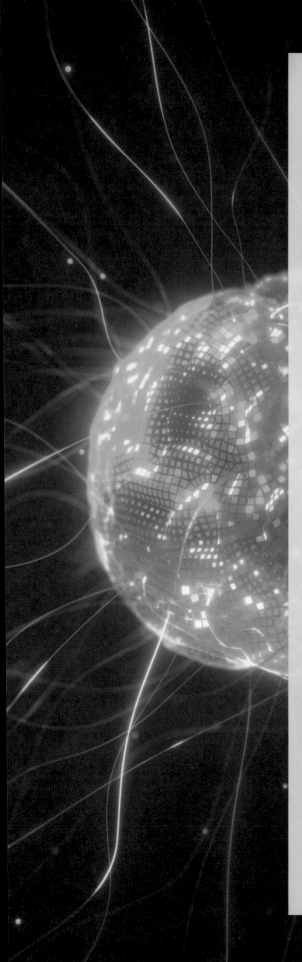

제1장

CVI의 개념과 원인

학습목표

- CVI 아동의 인구와 교육 현황을 알아본다.
- 뇌의 시각 정보 처리 구조와 CVI의 개념을 이해한다.
- CVI의 주요 원인 질환을 이해한다.

1. CVI 아동의 현황
2. CVI 아동은 세상을 어떻게 보는가
3. 뇌 기반 시각장애의 유형
4. 뇌의 구조와 시각 시스템
5. 시각 발달과 조기 중재
6. CVI의 원인 질환

1. CVI 아동의 현황

1) CVI 아동의 인구와 출현율

CVI(피질 시각장애)는 선진국에서 아동기 시각장애의 원인 질환 중 가장 높은 비율을 차지하고 있을 뿐만 아니라, 발병률이 지속적으로 증가하고 있어 국제적 관심사가 되고 있다(Flanagan, Jackson, & Hill, 2003). 전통적으로 시각장애의 주요 원인이었던 망막색소변성, 백내장, 녹내장 같은 '안구 시각장애(ocular visual impairment)' 질환들은 의학의 발달로 점차 감소하는 추세이다(Corn & Erin, Eds., 2010).

- 미국에서 CVI 인구는 150,000명 이상으로 추정되고 있다(Perkins for the Blind Homepage). 2021년 기준 텍사스 주의 시각장애 학생 중 가장 많은 원인 질환이 CVI이고, 뉴욕시의 시각장애 학생 900명 중 20%가 CVI이다.
- 영국에서 시각장애 아동의 40~48%가 CVI와 관련이 있으며, 두 번째로 시각장애 인구 비율이 높은 질환이다(Rahi, 2007; Resnikoff, 2001).
- CVI 아동은 지적장애, 언어장애, 난청, 간질, 뇌병변장애 등의 중복장애 비율이 높다(Ferrell, 1998; Hatton et al., 2007; Steinkuller et al., 1999).

〈표 1-1〉 텍사스주의 시각장애 학생 인구와 원인질환

2021년 기준, 학령기 학생 수 5,399,682명
2021년 기준, 시각장애 학생 수 10,753명

■ 시각장애 학생의 원인 질환 순위
① Cortical Visual Impairment(CVI): 피질 시각장애
② Retinopathy of Prematurity(ROP): 미숙아 망막병증
③ Optic Nerve Hypoplasia(ONH): 시신경형성부전증
④ nystagmus: 안구진탕증
⑤ amblyopia: 약시
⑥ optic nerve atrophy: 시신경위축증
⑦ albinism: 백색증
⑧ myopia: (고도)근시

⑨ cataracts (including aphakia): 백내장(무수정체안 포함)
⑩ ocular motor: 안구운동장애
⑪ glaucoma: 녹내장
 ······ (이하 생략) ······

과거와 달리, 의학의 발달로 미숙아 또는 뇌손상 영유아들의 생존율이 증가하고 있다. 임신 34~36주의 영아 중 약 99%가, 임신 22~24주의 영아의 약 36%가 의학적 치료로 생존한다(Mathews, MacDorman, & Thoma, 2015; Younge et al., 2017). 점점 더 많은 영유아가 생존하기는 하지만, 이로 인해 중증장애를 가진 아동의 수도 증가하게 되었다. 미숙아와 뇌손상 영유아들은 '신경 발달 질환과 장애'의 위험성이 높으며, 신경학적 질환의 하나인 'CVI(피질 시각장애)'도 증가하고 있다.

2) CVI 아동의 교육 현황

CVI를 조기에 발견하는 것이 여전히 쉽지 않지만, 선진국에서는 시각장애 아동의 주요 질환으로 'CVI'를 공식적으로 진단하고 특수교육에서 지원하고 있다(Fianagan, Jackson, & Hill, 2003; Skoczenski & Good, 2004). 최근까지도 많은 안과 전문의가 CVI 아동과 성인을 위한 적합한 교육 지원과 중재 방법이 있다는 것을 알지 못하고 있다. 안과 전문의들은 CVI 아동에 대해 시각 검사 결과가 정상이라는 보고서를 작성함으로써 CVI 아동의 부모가 느끼는 자녀의 시각 문제에 커다란 혼란을 주어 왔다. 2000년대 초반까지 대학의 시각장애 특수교사 양성과정에서 주로 '안구 시각장애(ocular visual impairments) 아동'의 장애 특성, 교육 평가, 교육 지원을 주로 다루었기 때문에 특수교사들은 CVI 아동에 대해 알지 못하였다.

CVI는 병소가 '안구(ocular; 각막, 수정체, 망막 등의 부위)'가 아닌 뇌(brain)에 있다. 따라서 안구 조직으로부터 전송된 시각 메시지를 뇌에서 제대로 처리하지 못하여 정상적인 시각 인식과 기능을 하지 못하는 것이다. 이로 인해 CVI 아동은 학습과 일상 활동을 시각을 사용하여 수행하는 데 어려움을 보인다(Roman-Lantzy, 2018). CVI는 안구 조직의 손상이 아닌 뇌 조직의 손상이 원인이므로, CVI 아동을 교육하는 교사와 치료 전문가(언어치료사, 작업치료사 등)는 CVI의 고유한 특성과 중재 방법을 잘 알고 있어야 한다. 선진국도 2000년대 중반부터 대학의 시각장애 특수교사 양성과정과 현직 교사 연수 과정에서 CVI 아동의 평가와 교육 중재 방법에 대해 적극적으로 다루기 시작하였다. 이제 많은 시각장애 특수교사가 뇌의 시각 경로(visual pathways)와 시각 처리 센터의 이상으로 발생하는 CVI 아동의 고유한 특성과 요구를 고려한 맞춤형 교육 중재를 제공하면 시각 발달과 시각 사용 능력이 개선된다는 것을 알기 시작하였다.

미국은 CVI 아동의 증가와 고유한 교육적 요구를 고려하여 대학의 시각장애 특수교사 양성 과정에 CVI 아동 평가와 중재에 대한 주제 또는 교과목을 다루기 시작하였고(Hatton, 2010), 현직 시각장애 특수교사를 대상으로 CVI 교육 전문가 자격 및 연수 과정도 마련하고 있다(Erin, 2010; Ferrell, 1998; Hatton et al., 2007; Steinkuller et al., 1999). 예를 들어, 애리조나 대학교, 밴더빌트 대학교 등은 시각장애 특수교사 및 보행 전문가 양성 교육과정에 CVI 아동 교육 주제를 교과 내용에 포함해 지도하고 있다(Hatton, 2010). 그리고 퍼킨스맹학교는 CVI 아동 전문 평가도구인 'CVI Range' 전문가 인증 과정(CVI Range Endorsement)을 운영해 오고 있으며, 5년 간 250여 명이 이 과정을 수료하였다. 최근에 매사추세츠 보스턴 대학교는 대학원의 시각장애 연구과정으로 'CVI 전문가 과정'을 개설하고 있다.

〈표 1-2〉 매사추세츠 보스턴 대학교 대학원: CVI 전문가 과정

매사추세츠 보스턴 대학교는 시각장애 분야의 석사 및 전문가 온라인 과정을 운영하고 있다. 기존에 석사과정으로 보행(Orientation & Mobility), 시각장애 특수교사(Teachers of Students with Visual Impairments), 시각장애 재활치료사(Vision Rehabilitation Therapy), 시각장애 보조공학사(Assistive Technology for Individuals with Visual Impairment)의 4가지 과정을 운영해 왔다. 이들 과정은 시각장애 재활·교육전문가 자격협회(Academy for Certification of Vision Rehabilitation & Education Professionals)의 자격증과 매사추세츠 교육부의 교사 면허(licensure to teach)를 받을 수 있도록 전공 교과목을 편성하고 있다.

미국에서 시각장애 특수교사와 보행 전문가의 교육 사례 중 절반 이상이 피질 및 대뇌 시각장애(CVI)로 진단을 받은 아동이다. 뇌 기반 시각장애 아동의 교육적 요구와 지원 방법은 안구 시각장애 아동과 상당히 다르다. 이러한 배경에서 매사추세츠 보스턴 대학교는 2022년부터 대학원에 시각장애 전문가 과정(Graduate Certificate in Vision Studies)으로 '피질 및 대뇌 시각장애(Cortical/Cerebral Vision Impairment)' 연구 과정을 개설하였다. 미국에서 증가하고 있는 피질 및 대뇌 시각장애 아동의 요구에 효과적으로 대응하기 위한 지식과 기술을 가진 전문가 양성이 목적이다. 이 과정을 마친 사람들은 매사추세츠 보스턴 대학교로부터 CVI 전문가 인증서(The CVI)를 받게 된다. 그리고 이 과정은 지금까지 'CVI Ragne 전문가 인증과정'을 운영해 오던 퍼킨스맹학교와 협력하여 전문적인 자원들을 공유하고 협

력하고 있다. 매사추세츠 보스턴 대학교의 '피질 및 대뇌 시각장애 전문가 자격과정'은
1년 과정이며 15학점으로 구성되어 있다.

피질 및 대뇌 시각장애 전문가 양성 대학원 과정(온라인)

전공과목 코드 번호	과목명	학점
VISN 648	피질 및 대뇌 시각장애 개론	3
VISN 651	시각과 뇌	3
VISN 652	CVI 평가	3
VISN 653	CVI 현장실습	3
VISN 654	CVI 상담 및 협력	3

'피질 및 대뇌 시각장애 개론(Cortical/Cerebral Vision Impairment)' 과목은 CVI 아동
의 교육적 요구와 취학 전부터 12학년까지 교육 환경에 따른 교수적 수정 및 지도법에 대
한 기초 내용을 다룬다. '시각과 뇌(Vision and the Brain)' 과목은 시각 정보 처리와 관련된
신경해부학, 시각과 뇌 발달, 시각 처리와 발달 및 뇌손상의 영향을 다룬다. 'CVI 평가(CVI
Assessment)' 과목은 전통적인 안구 시각장애 아동의 기능시각 평가와 뇌 기반 시각장애 아동
의 기능시각 평가 간의 차이, 뇌 기반 시각장애 아동의 시각 처리, 시각 인식, 기능시각, 학습
매체 등의 평가 방법을 다룬다. 'CVI 현장실습(CVI Promising Practices)' 과목은 CVI 아동의
평가 보고서 작성, IEP 개발, 확대공통교육과정(ECC) 적용, 환경 및 자료 수정, 사회적 기술
지원, 문해 교육 등의 실제 사례와 지도 경험을 제공한다. 'CVI 상담 및 협력(CVI Consultation
and Collaboration)' 과목은 아동의 CVI 진단 및 평가에 기반하여 부모, 학교 교육 팀, 의료 전
문가 간의 연계 전략, 상담 기술, 협력 교수 등을 다룬다.

3) 특수교육대상자 선정 기준과 CVI

미국은 1990년 이후부터 CVI 아동의 발견과 증가로 시각장애 특수교육대상자에
'CVI(피질 시각장애)'를 포함할 필요성을 인식하였다. 현재 미국 모든 주가 '시각장애
특수교육대상자 선정 기준'에 CVI 등 신경학적 시각장애를 명시하고 있다(Hatton,
2010).

(1) 맹인 교육 증진에 관한 연방법

「맹인 교육 증진에 관한 연방법(The Federal Act to Promote the Education of the
Blind)」은 '법적 맹(legal blindness)'의 정의(기준)를 충족하는 학생들에게, 접근 가능
한 대체 학습 자료(점자 자료, 음성 자료, 확대 자료 등)를 제공하고자 1879년에 제정되

어 오늘날까지 시행되고 있다. 동법의 예산으로 1858년에 설립된 '미국맹인인쇄소(APH)'에서 생산하는 시각장애인 대체 학습 자료를 맹학생 1인당 책정된 금액 내에서 구입할 수 있다. 이 프로그램에 등록하려면 「맹인 교육 증진에 관한 연방법」에 명시된 '시각장애 정의'를 충족해야 하는 데, 시력과 시야 상실 정도에 대한 기준 외에도 'CVI(피질 시각장애)' 등 뇌 또는 신경학적 손상으로 인한 시각장애까지 포함하고 있다.

〈표 1-3〉 미연방 쿼터 예산을 수령하는 법적 맹 아동의 범주

- '맹'의 정의: 안경으로 교정 후 좋은 눈의 시력이 20/20(0.1)이하이거나 시야가 20도 이하인 경우
- 기능적 맹(Function at the Definition of Blindness): 안과 전문의(안과의사, 검안사)나 신경과 전문의가 시기능을 평가하여 결정한 기능적 맹(blindness)의 기준을 충족하는 아동은 신경학적 시각장애, 피질 시각장애, 뇌손상 시각장애라고 하는 질환들에서 확인되는 독특한 시각적 문제와 특성을 가진다.

(2) 버지니아 주교육부

버지니아 주교육법의 시각장애 특수교육대상자 선정 기준에 기능시각의 상실을 초래하는 CVI(피질 시각장애)를 포함하고 있다.

〈표 1-4〉 버지니아주 시각장애 특수교육대상자 적격성 기준

1. 아동이 다음에 해당하는 경우에 시각장애가 있는 것으로 결정할 수 있다.
    a. '시각장애' 정의(기준)에 해당한다.
    b. 아동의 시각장애 특성으로 인해 교육 수행에 부정적 영향을 미친다.
    C. 아동은 다음에 속한다.
        (1) 아래 '2(호)와 3(호)'에 해당하는 아동
        2(호) '맹' 아동
            a. 원거리와 근거리에서 좋은 눈의 교정시력 20/200 이하
            b. 좋은 눈에 있어 시야가 20도 이하
        3(호). '시각장애' 아동
            a. 원거리 그리고/또는 근거리에서 좋은 눈의 교정시력 20/200~20/70
            b. 좋은 눈에 있어 시야가 20~70도
        (2) 향후 교육 수행에 부정적인 영향을 미칠 수 있거나 기능적인 시각 상실을 초래할 수 있는 안구 운동장애(oculomotor apraxia), 피질 시각장애(cortical visual impairment), 와/또는 진행성 질환 등을 가진 아동

(3) 테네시 주교육부

테네시 주교육부의 시각장애 특수교육대상자 선정 기준에 시각적으로 지각하는 데 문제가 있는 기타 시각장애로 CVI(피질 시각장애)를 포함하고 있다.

〈표 1-5〉 테네시주 시각장애 특수교육대상자 적격성 기준

시각장애는 교정 후에도 아동의 교육 수행에 부정적인 영향을 초래하는 시각 손상을 말한다. 시각장애는 부분 시력(partial sight)과 맹(blindness)을 모두 포함하며, 다음 중 1가지에 해당되어야 한다.

(1) 교정 후 좋은 눈의 시력
   (a) 법적 맹: 원거리 와/또는 근거리에서 20/200 이하
   (b) 저시력: 원거리 와/또는 근거리에서 20/70 이하
(2) 양안의 시야 제한
   (a) 법적 맹: 잔존 시야 20도 이하
   (b) 저시력: 잔존 시야 60도 이하
   (c) 향후 학생의 학업 수행 능력에 영향을 미칠 수 있는 진행성 시각장애를 나타내는 의학적·교육적 문서
(3) 의학적으로 진단된 질환(피질 시각장애 등)으로 시각적으로 지각하지 못하는 그 밖의 시각장애

2. CVI 아동은 세상을 어떻게 보는가

우리는 거의 모든 일상 활동에 시각을 사용하여 경험하고 과제를 수행한다. CVI(피질 시각장애) 아동은 또래와 비교하여 시각 정보를 습득하고 경험하는 데 있어 시각적 박탈을 겪는다. CVI 아동은 시각 세계에 살고 있지만, 눈앞에 있는 것을 시각적으로 제대로 인식하거나 해석하지 못한다. 또래 아동이 환경의 다양한 요소를 정확하게 인식하고 구별하는 것과 달리, CVI 아동이 바라보는 세상과 환경은 마치 무의미한 색상들과 무늬들로 이루어진 '시각적 만화경(일종의 기하학적 문양)'처럼 보일 수 있다. 세상과 환경이 무수한 시각 정보로 가득 차 있더라도 이들 정보가 무엇인지 보고 이해하지 못한다면 시각 정보는 아동에게 아무런 의미가 없으며 자연스러운 학습(우발 학습)이 일어날 수 없을 것이나.

교사의 적절한 교육 지원과 중재가 이루어지지 않는다면 CVI 아동은 바로 이러한

상황에 놓여 정상적인 발달을 하지 못하게 된다. CVI 아동의 의학적 시각 검사 결과(눈의 외모, 원거리 시력 등)가 정상으로 나타나더라도, CVI 아동이 단순히 시각 정보에 노출되는 것만으로는 시각 정보를 보고 이해할 수 있다고 단정해서는 안 된다. CVI 아동의 주변 환경이나 학습 자료가 '만화경(기하학적 문양)'처럼 보인다면 제대로 보고 있다고 할 수 있겠는가! 우리도 아무런 설명 없이 아래 사진처럼 보고 있다면 과연 어떠한 장면과 상황인지 정확하게 알 수 있겠는가? 아동의 CVI 정도에 따라 보이는 만화경의 상태가 다르지만, CVI 아동이 또래처럼 환경과 대상을 보고 인식하지 못할 수 있다는 것을 기억해야 한다.

CVI 아동이 도서관에서 공부를 하고 있는
친구를 바라볼 때 보이는 상태

CVI 아동이 식탁에서 간식을 준비하는
선생님을 바라볼 때 보이는 상태

또래 아동이 바라보는 알파벳 자료

CVI 아동이 바라보는 알파벳 자료

　CVI 아동이 창밖의 풍경이나 동화책의 그림들을 보는 것을 좋아하는 것처럼 보일 수 있지만, 바라보고 있는 대상(물체, 그림, 사람 등)을 제대로 시각적으로 인식하거나 해석하지 못할 수 있다는 것을 항상 유념할 필요가 있다. CVI 아동이 대상을 제대로 인식하고 해석하도록 적절히 중재하고 지원하지 않는다면, 교사와 부모의 기대와 달리 CVI 아동은 자신이 바라본 것을 제대로 이해하지 못할 가능성이 높다.
　CVI 아동이 눈으로 대상을 바라볼 수 있더라도 뇌가 안구의 망막으로부터 전달된 이러한 시각 정보를 제대로 인식하고 해석하지 못할 수 있다. 교사와 부모는 단지 CVI 아동을 시각 자극이나 정보에 자주 노출시키는 것만으로 시기능의 발달과 기능시각의 개선에 효과적이지 않다는 점을 기억해야 한다. CVI 아동을 위한 대표적인 기능시각 평가 도구인 'CVI Range'를 사용하여 CVI의 고유한 특성들의 존재 여부와 시기능에 미치는 영향의 정도를 정확하게 평가하고, 이에 근거하여 개인별 맞춤형 중재 계획을 개발하여 제공하는 것이 필요하다. CVI 아동은 시각적인 정보, 자료, 환경에 대한 적절한 수정과 중재가 수반되지 않으면, 제대로 시각적으로 인식하고 수행하기 어렵다. 학교생활과 학습 환경에서 CVI의 고유한 특성들을 고려한 환경 수정과 교수 방법을 적용하여야만 교사가 준비한 학습 자료와 활동을 CVI 아동이 제대로 인식하고 참여할 수 있다. 안구 시각장애 아동과 매우 다른 CVI 아동의 고유한 시각 특성과 교육적 요구를 이해하고, 적절히 교육 환경을 조성하는 것이 중요하다.

3. 뇌 기반 시각장애의 유형

1) 안구 시각장애 vs 피질 시각장애

시각(vision)은 안구 조직을 포함하는 매우 복잡한 시각 시스템의 산물이다. 공 모양의 안구는 외부의 시각 정보를 받아들이는 수용체이고, 뇌의 시각 처리 시스템은 안구로부터 수신된 시각 정보를 인식하고 해석한다. 뇌의 영역 중 '시각'은 가장 중요한 감각 영역으로, 대뇌피질(brain's cortex)의 뉴런들은 시각 30%, 촉각 8%, 청각 2%에 사용된다(Stiles, 2008). 지난 10년 동안 신경학적 검사의 도입으로 광범위한 신경 네트워크가 다양한 시각 기능을 담당하는 것을 확인하였다. 이러한 복잡한 뇌의 처리 시스템에 이상이 생기면, 뇌의 시각 시스템은 눈(안구)이 바라보는 것을 제대로 인식하거나 해석하지 못하게 되며, 결국 개인은 시각 정보를 제대로 지각하고 이해하는 데 어려움을 겪는다. CVI 아동의 시기능의 문제는 뇌의 시각 처리 센터와 시각 경로에 있다는 점에서 백내장, 녹내장, 망막색소변성증, 시신경 위축 같은 안구 시각장애와 매우 다르다(Jan & Groenveld, 1993).

2) 대뇌 시각장애 vs 피질 시각장애

'대뇌 시각장애(cerebral visual impairment)'는 시지각의 어려움을 포함하여 모든 형태의 시각 처리 장애(visual processing disorders)를 포괄하는 용어로, 'Cortical Visual Impairment(피질 시각장애)'는 대뇌 시각장애의 한 부분이다(Jan, 2011). 대뇌 시각장애 범주에는 복잡한 배열의 배경에서 특정 대상을 찾지 못하는 시각-전경 변별 이상(problems with visual-figure ground discrimination), 안면맹증(prosopagnosia face blindness), 난독증(dyslexia) 등이 포함된다. Dutton과 Lueck(2015)에 따르면, '대뇌 시각장애'란 시각 경로(visual pathways) 또는 뇌의 시각 센터(centers of the brain)의 이상으로 발생하는 모든 유형의 시각장애나 시지각 문제를 말한다.

CVI 아동은 특정 자료나 환경에 놓일 때 다른 유형의 시각 처리 장애 아동과 명확하게 구분된다. 예를 들어, 단어 반전(word-reversal) 문제가 있는 아동은 유치원이나 초등학교 입학 초기에 확인될 수 있다. 단어 반전 문제를 가진 아동은 피질 시각장애가 아니라, 대뇌 시각장애에서 확인된다. 대뇌 시각장애와 피질 시각장애 간의 구별이 필요한 이유는 교육 중재 및 지원 방법이 서로 다르기 때문이다. 이 책에서 다루는 교육 평가와 중재 방법은 대뇌 시각장애가 아니라, '피질 시각장애'를 대상으로 한다. CVI는 다음의 선정 기준을 충족해야 한다.

- 안과 검사의 결과가 아동의 시기능 사용 문제를 설명하지 못한다.
- 아동에게 CVI와 관련된 뇌질환, 뇌외상, 뇌손상 등의 병력이 있다.
- 아동에게 CVI의 고유한 10가지 특성이 나타난다.

4. 뇌의 구조와 시각 시스템

1) 대뇌 피질과 후두엽

19세기부터 대뇌 피질(cerebral cortex)의 특정 부분이 시각(vision)을 조절하고, 후두 피질(occipital cortex)이 시각 기능의 중요한 센터 역할을 하는 것이 확인되었다. 이제 많은 신경학자는 '보는 것(seeing)'과 '본 것을 이해하는 것(understanding)'은 별개의 기능이라는 것을 알게 되었다.

뇌 뒤쪽에 위치한 대뇌 피질의 후두엽은 주로 '시각'과 관련이 있으며, 전기 신호의 형태로 시신경 경로를 따라 전달되는 안구의 시각 정보가 이곳으로 전달된다([그림 1-1] 참조). 색상, 세부적인 사항(details), 움직임(movement) 같은 요소들을 처리하는 수백만 개의 뇌의 시각 피질 세포가 시각 이미지를 분석하고 재구성하여 시각적으로 인식하게 된다. 이러한 이미지는 뇌의 측두엽과 두정엽으로 전송되는데, 두정엽에서 시각 이미지가 다른 감각 정보와 통합되어 인지적 해석(intelligent interpretation)이 이루어진다(Atkinson, 1984; Dutton, 2006).

2) 뇌의 시각 경로 시스템

CVI 교육 전문가들은 시각 발달과 CVI의 고유한 10가지 시각 특성의 원인이 되는 2가지 시각 경로 시스템인 '배쪽 경로 시각 시스템'과 '등쪽 경로 시각 시스템'을 이해할 필요가 있다. Goodale과 Milner(1992)에 따르면, 후두엽을 빠져나가는 시각 정보는 2가지 시각 처리의 시스템인 '등쪽 경로'와 '배쪽 경로'로 나뉜다([그림 1-2] 참조).

- 등쪽 경로(dorsal stream)는 공간에서 물체의 위치를 인식하고 처리하는 것과 관련되기 때문에 '어디 시스템(where system)'이라고 부른다. 등쪽 경로는 움직임에 대한 시각적 주의, 형태 지각, 빛에 대한 시각적 주의를 발달시키고 처리한다.
- 배쪽 경로(ventral stream)는 시각적으로 물체를 인식하고 확인하는 것과 관련되기 때문에 '무엇 시스템(what system)'이라고 불린다. 이것은 복잡한 배경과 원거리에서 대상(targets)을 보는 것을 포함하여 세부 사항(요소)을 확인하는 시각 기능을 발달시키고 처리한다.

정상적으로 시각 시스템이 발달하면 앞서 살펴본 2가지 시각 경로가 고도로 통합되어 기능을 하게 된다. 배쪽 시각 경로와 등쪽 시각 경로는 인간에게 뚜렷한 시각 경험을 제공하며, 완전하고 보편적인 시각 경험을 위해 필수적이다. 이 2가지 경로에 손상이 생기면 공간에서 방향을 정위하고, 공간을 안전하게 이동하고, 세부사항을 보고 구별하며, 멀리 있는 대상을 인식하는 능력 등의 기능시각(functional vision)

전반에 영향을 받게 된다. 결과적으로 이로 인해 'CVI의 고유한 10가지 특성'이 나타나게 된다.

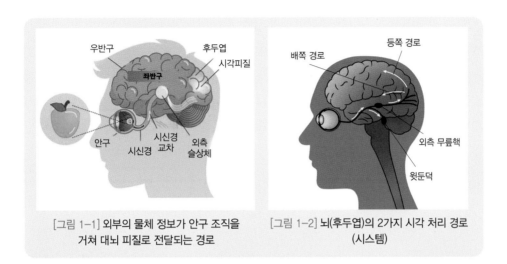

[그림 1-1] 외부의 물체 정보가 안구 조직을　　　[그림 1-2] 뇌(후두엽)의 2가지 시각 처리 경로
거쳐 대뇌 피질로 전달되는 경로　　　　　　　　　　　　　　(시스템)

5. 시각 발달과 조기 중재

1) 시각 발달의 가소성

시각 발달의 가소성은 CVI 아동에게 중요하다. 안구 시각장애 아동과 달리 CVI 아동은 적절한 중재를 통해 시각 발달의 가능성이 매우 높다. 따라서 CVI 아동의 중재 목표는 시각 발달에 초점을 두어야 하므로, 시각 발달이 급격하게 이루어지는 '시각 발달의 가소성(plasticity for visual development) 시기'를 놓치지 않는 것이 중요하다. 물론 CVI 아동의 시각 발달은 적절한 중재를 통해 성인기까지 계속 개선될 가능성이 있다.

Hubei와 Wiesel(1970)은 망막으로부터 전달되는 자극 메시지(impulse messages)를 해석하는 뇌의 피질 세포의 능력은 유아기부터 발달하며, 짧은 기간 동안 빛과 패턴(무늬)을 볼 수 있는 기회의 박탈로도 영구적인 시각 손상을 초래할 수 있음을 확인하였다. 기본적으로 시각 발달은 손상되지 않은 안구 조직과 환경의 시각 자극 노출 정도에 달려 있다. Hubei와 Wiesel이 수행한 '시각 자극 경험의 박탈 연구'에서 새끼 고양이가 시각 발달의 중요한 시기에 시각 자극의 노출 기회를 박탈당하면 시각이 영구적으로 영향을 받는 것을 확인하였다. 즉, '움직임'을 보는 능력은 손짓의 움직임이든, 침대 위에 설치한 모빌의 움직임이든 또는 환경의 변화되는 모습이든 실제 환경에서 움직임을 관찰하는 경험을 통해 발달한다. 이와 유사하게, 패턴(무늬)을 보는 능력도 패턴(무늬)이 있는 대상이나 물체에 노출되면서 발달하게 된다.

Hubei와 Wiesel에 따르면, 본질적으로 시각 자극의 양과 질 모두가 시각 발달에 중요하다. Atkinson(1984)에 따르면 인간의 시각 발달은 태어나서 6세까지 대략 완성된다. Hubei와 Wiesel(1970)은 '시각 발달의 가소성'이 유아기에 가장 두드러진다는 것을 발견하였다. Norcia와 Tyler(1985) 그리고 Orel-Bixler(1989)의 연구에 따르면, 시각 발달의 결정적 시기는 출생으로부터 10개월까지 일어나며, 10개월부터 10세까지는 느리게 발달한다.

뇌는 출생에서 3세 사이에 가장 가소성이 있는 것으로 여겨진다. Eagleman(2015)은 시각 발달의 가소성이 가장 큰 시기는 유아기이지만, 뇌의 가소성은 20대 초반까지 계속된다고 보고하였다. 이에 따라 시각 발달의 가소성은 유아기를 넘어 성인기까지 확장되지만, 결정적 시기가 지나면 이러한 가소성이 제한적이라는 점을 기억할 필요가 있다. 영유아기에 심각한 뇌손상을 입은 아동은 시각 기능이 발달하는 시각 가소성의 중요한 시기를 놓칠 수 있다는 것을 유념해야 한다. 시각 발달을 위한 가소성이 청소년기부터 성인기까지 계속 열려 있더라도, 의미 있는 자극을 주기 위한 가장 적절한 시기는 영유아기이다(Hensch, 2004; Hooks & Chen, 2007). 이러한 이유로 CVI 아동을 조기에 확인하여 중재하는 것이 무엇보다 중요하다. CVI 아동이 수년 동안 청각 및 촉각에 의존해 정보를 수집하고 처리해 왔다면, 시각 사용을 기피하거나 거부할 수 있다. 즉, CVI 아동이 영유아기에 시각 발달과 기능시각의 향상 없이 청소년기에 다다른 경우, 자신에게 가장 덜 발달된 시각을 사용하여 정보에 접근하고 활동을 수행하도록 요구하는 교사의 중재를 거부하거나 기피할 수도 있다.

2) 조기 중재의 중요성

모든 장애 아동과 마찬가지로, CVI 아동을 조기에 발견하고 적절한 평가에 기반하여 중재하는 것은 시각 기능의 발달뿐만 아니라 전반적 발달과 학습 성과를 촉진할 수 있다. CVI 아동은 개별화된 맞춤형 중재를 통해 시각 사용의 기회와 시각 기능의 발달을 이끌 수 있다. 'CVI Range'는 아동의 CVI 여부와 기능시각 수준을 체계적으로 평가하기 위해 개발된 평가 및 중재 도구이다(Newcomb, 2010). CVI 아동에 대한 중재를 통해 지속적이고 괄목할 만한 시각 발달과 기능시각의 개선을 기대할 수 있지만, 또래 아동과 동일한 시각 기능의 회복은 어렵다고 할 수 있다.

대부분의 CVI 아동이 괄목할 만한 시각 기능의 개선(향상)을 보일 수 있다는 사실에도 불구하고, CVI의 고유한 특성들에 대한 이해 부족으로 많은 CVI 아동이 조기에 진단을 받고, 시각 발달의 가소성 시기에 적절한 중재를 받지 못하고 있다(Jan, Groenveld, Sykanda, & Hoyt, 1987). CVI 아동의 부모는 안과 진료를 받을 때 의사로부터 자녀의 눈이 정상이라는 결과를 자주 듣는다. 그리고 의사로부터 "뇌손상을 입은 아동이 때때로 이러한 시각적 행동을 보이기도 해요." "자녀의 시각에는 별다른 치료법이 없습니다." "아이의 눈은 정상이지만 무언가를 바라보고 얼마나 제대로 인식하는지 모르겠네요." "아이는 맹인입니다. 우리가 치료할 수 있는 것이 없어요." "좀 더 기다려 보는 것이 좋겠어요. 때때로 아이들에게 시각 발달의 지연이 일어나기도 하거든요. 이러다가 시간이 지나면 좋아지기도 해요."라는 말을 듣는 사례가 많았다. 이것은 의료 영역에서 CVI에 대한 이해 부족과 혼란이 여전히 있음을 나타내는 것이다.

CVI 아동의 눈은 외부에서 볼 때 정상적으로 기능하는 것처럼 보일 수 있다. CVI 아동의 경우, 뇌의 시각 시스템이 눈(안구)이 바라보고 전달하는 것을 일관되게 이해하거나 해석하지 못한다. 뇌의 손상 및 중증 정도에 따라 시각 기능이 다양한 형태와 정도로 영향을 받게 된다. 여전히 많은 안과 의사가 안과 검사 과정에서 CVI 아동을 제대로 진단하거나 확인하지 못하기도 한다. 또한 많은 조기 중재 전문가와 교육자는 CVI 아동의 정상적인 안과 검사 결과(안구 조직의 정상)로 인해 시각장애 특수교육 서비스를 고려하지 않을 수 있다. 의사의 문제이든 교육자의 문제이든 간에 시각 기능의 결정적 발달 시기인 '시각적 가소성'이 나타나는 영유아기에 적절한 CVI 중재가 시작되지 못하거나 그러한 기회를 잃어버릴 수 있다. CVI 아동을 위한 조기 중재의 목적은 시각 세계를 무작위로 파편화된 배열로 바라보는(만화경처럼 보는) 아동의 왜곡된 시각 경험을 개선할 기회를 제공하는 것이다. CVI 아동의 발견과 진단이 지연될수록 시각 기능의 발달과 개선을 촉진할 수 있는 중요한 중재 기회를 잃어버릴 수 있다.

6. CVI의 원인 질환

　시각장애 아동을 지도하는 특수교사는 안구 시각장애의 원인뿐만 아니라, CVI(피질 시각장애)를 유발하는 원인도 알고 있어야 한다. CVI의 원인 질환에 대한 이해는 조기에 CVI 아동을 선별하거나 특수교육 대상자로 선정함으로써 개별 아동에게 적합한 맞춤형 CVI 중재를 계획하고, 시각 발달과 기능시각 개선의 가능성을 높일 수 있다. 교사와 의료 전문가 모두가 CVI의 의학적 원인 질환이 무엇인지, CVI 아동이 안구 시각장애 아동과 비교해 시각 특성이나 어려움에 있어 어떠한 차이가 있는지, CVI 아동의 시각 발달과 기능시각의 향상을 위해 어떻게 중재해야 하는지를 알고 있어야 한다.

　미숙아로 태어났거나, 신경계 장애나 뇌손상을 가진 아동의 CVI 발병률이 높다. 특수교사가 CVI를 일으킬 수 있는 원인을 알고 있으면 의료 기록을 검토하는 과정에서 CVI 질환의 의심이나 가능성을 판단할 수 있다. CVI의 원인은 일반적으로 '뇌의 시각 경로 또는 시각 처리 중추'에 영향을 미치는 질환들이다(Jan & Groenveld, 1993). Skoczenski와 Good(2004)에 따르면, CVI는 대체로 안구 조직은 정상이지만, 후방 시각 경로의 손상으로 나타나고 시각 능력이 감소된다.

　CVI의 진단과 관련된 가장 흔한 질환들로 질식, 허혈성 저산소뇌병증(신생아 뇌병증), 뇌실내출혈, 뇌실주위 백질연화증, 백질 손상, 뇌혈관 사고, 중추신경계 감염, 구조적 이상, 염색체 이상, 대사장애, 트라우마 등이 포함된다(Chauhan, 2012; Huo, Burden, Hoyt, & Good, 1999; Jan & Groenveld, 1993; Roman-Lantzy & Lantzy, 2002-2017; Teplin, 1995). 그리고 출생 중이나 출생 후에 뇌의 산소 결핍, 뇌출혈, 수두증 아동의 션트 기능장애, 저혈당, 수막염, 뇌염, 뇌의 기형, 자궁내 감염, 두부 외상, 간질, 뇌종양 등도 CVI와 관련될 수 있다. 또한 CVI 아동은 일반적으로 뇌성마비(뇌병변), 인지장애, 발작, 소두증(비정상적으로 작은 머리), 청력 손상 등 뇌손상과 관련된 여러 신경학적 문제를 동반하는 경우가 많다.

〈표 1-6〉 CVI의 주요 원인

- 질식(asphyxia)
- 허혈성 저산소뇌병증(perinatal hypoxic ischemic encephalopathy[neonatal encephalopathy])
- 뇌실내출혈(intraventricular hemorrhage)
- 뇌실주위 백질연화증(periventricular leukomalacia or white-matter damage)
- 뇌졸중(cerebral vascular accident)
- 중추신경계 감염(central nervous system infection)
- 구조적 이상(structural abnormalities)
- 염색체 이상(chromosomal disorders)
- 대사장애(metabolic disorders, and trauma)
- 뇌출혈(cerebral hemorrhage)
- 수두증 아동의 션트 기능장애(shunt malfunction in children with hydrocephalus)
- 저혈당증(hypoglycemia)
- 뇌수막염(meningitis)
- 뇌염(encephalitis)
- 태아 발달 중 뇌의 기형(malformation of the brain during prenatal development)
- 자궁내 감염(intrauterineinfections)
- 두부외상(head injury)
- 뇌종양(epilepsy), 뇌전증(cerebral tumor) 등

1) 선천적 CVI의 원인

(1) 질식 및 신생아 뇌병증

뇌는 기본적으로 포도당과 산소를 필요로 하며, 이들 중 하나만 결핍되어도 뇌 기능장애가 일어날 수 있다. 질식(asphyxia)은 산소 부족 또는 이산화탄소 과잉을 말한다. 저산소증은 뇌의 혈액 공급의 자동 조절을 방해하여 너무 적은 혈류나 허혈을 초래한다. 질식으로 인한 뇌의 손상 정도는 질식 상태의 심각성 및 지속 시간에 따라 다르다(Ahearne, Boylan, & Murray, 2016). 산소 결핍 기간이 짧으면 회복될 수 있지만, 산소 결핍 시간이 길거나 결핍 정도가 심하면 뇌의 세포들이 죽게 된다. 이로 인해 장기 손상, 뇌성마비(뇌병변), 발작, 청력 손상, CVI(피질 시각장애) 등이 발생할 수 있다(Ferriero, 2004).

저산소증과 허혈이 함께 있으면 뇌병증 또는 뇌의 기능부전을 초래한다. 신생아 뇌병(neonatal encephalitis; 뇌의 염증성 질환)에는 허혈성 저산소뇌병증이 포함되며, 질식으로 인해 발생할 수 있다(Polin, Yoder, & Burg, 2001). 질식의 모든 사례가 신생아 뇌

염/허혈성 저산소뇌병증을 유발하는 것은 아니지만, 신생아 뇌염/허혈성 저산소뇌병
증은 질식으로 발생하는 경우가 적지 않다. 신생아 뇌염/허혈성 저산소뇌병증이 있는
아동은 경련장애(seizure disorder; 몸 전체나 일부 근육이 불수의적으로 급격하게 수축 혹은
떠는 현상), 발달지체, 청각장애, CVI, 뇌성마비 같은 운동기능장애를 동반하는 경우가
많다(Polin et al., 2001).

James는 임신 40주에 태어났다. 어머니는 James가 태어나기 전날에 배 속 아기의 움직임이
거의 느껴지지 않았다. 의사들은 James에게 이상이 있다고 판단하여 제왕절개로 분만하였다.
James는 청색증이 있었고 출산 시 숨을 쉬지 않았다. James를 소생시키기 위한 다양한 의료 조
치에도 불구하고 근육 긴장도가 매우 낮았고 스스로 숨을 쉴 수 없었다. 15분이 지나서야 James
는 첫 숨을 쉬었다. James의 신경영상 검사(neuroimaging study)에서 광범위한 뇌손상이 있는
것이 확인되었다. 생후 1개월에 James는 허혈성 저산소뇌병증 진단을 받았다. James의 부모는
소아과 의사에게 그의 시력에 대한 우려를 이야기했고, 소아과 의사는 James가 전반적으로 느리
게 발달하고 있으며, 시력도 천천히 발달할 것이라고 말하였다. 그러나 James가 2세가 될 때까
지 시각은 발달하지 않았고, 소아과 의사는 James를 소아 안과 의사에게 의뢰하였다. 소아 안과
의사는 James를 CVI로 진단하였다.

의학 사전 참조

- 신생아(neonatal): 생후 1개월 이내를 말한다.
- 뇌병[증](encephalopathy): 뇌증(腦症), 뇌질환(腦疾患). 변성을 일으키는 뇌질환을 말한다.
- 허혈성 저산소뇌병증(hypoxic ischemic encephalopathy): 5분 이상 산소공급이 중단될 경우, 신경
  세포는 영구적으로 손상을 입게 되고 결국 세포사에 이르게 된다. 저산소증(hypoxia)에 따른 뇌손상의
  정도는 저산소증의 정도, 허혈 부위, 지속 시간, 신체의 대사요구 상태 등에 의해 영향을 받는다.

(2) 뇌실내출혈

뇌실내출혈(Intraventricular Hemorrhage: IVH)은 뇌의 배아 기질 또는 심실 및 주변
조직에서 발생하는 출혈이다. 조산의 시기가 뇌실내 출혈의 발병률 및 중증 정도와
관련이 있다(Ment, Duncan, & Ehrenkranz, 1987). 뇌실내출혈의 위험은 아기가 태어난
직후에 가장 높으며 일반적으로 생후 첫 주에 발생한다(Simon, nd; Vaucher, 1988). 뇌
실내출혈의 중증(심각)도는 'I에서 IV'까지 등급이 매겨지며 출혈의 정도, 심실계의
혈액량, 출혈의 위치에 따라 다르다([그림 1-3] 참조). 발작, 출혈성 뇌수종 및 발달 지

연은 뇌실내출혈 Ⅲ등급 및 Ⅳ등급과 관련된다. 가장 빈번하게 발생하는 합병증이 뇌성마비이다(Ment, Scott, Ehrenkranz, & Duncan, 1985). 뇌실내출혈 Ⅲ등급을 가진 영아에서 장애 발생률은 30~40%이다. 뇌실내출혈 Ⅳ등급의 영아에서는 80~100% 로 높다(Vaucher, 1988; Volpe, 1987, 2012). 그리고 CVI는 혈액이 심실에서 심실 영역 과 인접한 시각 경로로 새어나와 시방선(optic radiation)에 영향을 미치는 경우인 뇌 실내출혈 Ⅳ등급과도 관련이 있다(Roman et al., 2008). 뇌실내출혈 Ⅲ등급과 Ⅳ등 급 출혈이 있는 영아의 약 15%에서 출혈성 수두증이 발생한다(Robinson, Shallice, Bozzali, & Cipolotti, 2012). 또한 CVI는 심각한 출혈성 수두증의 2차 합병증으로 발생 하기도 하며(Huo et al., 1999), 이 경우에 뇌를 둘러싼 체액 축적으로 인해 증가된 두 개내압(intra cranial pressure)이 뇌의 시각 처리 센터에 손상을 줄 수 있다.

Gracia는 임신 27주에 태어났다. Gracia는 호흡 곤란 증후군(respiratory distress syndrome), 무호흡증 및 서맥(심박수 저하), 미숙아 2기 망막병증 및 빌리루빈 수치 상승을 포함하여 조산으 로 인한 합병증을 가졌다. 생후 6일에 초음파 검사에서 양측 Ⅳ등급 심실내 출혈이 발견되었고, 후 속 초음파 검사 결과, 뇌수종으로 발전된 것이 확인되었다. Gracia는 두개내압을 완화하기 위해 수술을 했고, 생후 80일에 퇴원하였다. 5개월이 지난 후, Gracia가 부모의 얼굴을 바라보지 않는 것을 알고, 부모는 안과 검사를 받았다. 안과 검사 결과, CVI의 전형적인 특성을 가진 것으로 확인 되었다.

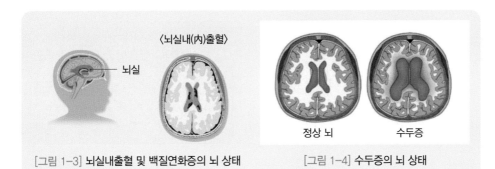

〈뇌실내(內)출혈〉

뇌실

정상 뇌　　수두증

[그림 1-3] 뇌실내출혈 및 백질연화증의 뇌 상태　　[그림 1-4] 수두증의 뇌 상태

의학 사전 참조

• 뇌실내출혈(intraventricular hemorrhage): 뇌실 주위 또는 맥락총의 혈관이 파열되어 뇌실 내에 혈 액이 고인 상태이며, 미숙아에게서 많이 발병한다.

(3) 뇌실주위 백질연화증 및 백질 손상

뇌실주위 백질연화증(Periventricular leukomalacia: PVL) 및 백질 손상(White matter damage)은 뇌의 백질이 손상되거나 파괴되는 것으로, 뇌에 혈류량이나 산소가 감소할 때 발생하며, 미숙아의 대뇌 백질을 손상시킨다. 뇌실주위 백질연화증은 주로 임신 32주 이전에 발생하지만, 임신 32주 이상의 영아에게도 발생하며, MRI 또는 신경 초음파 검사로 진단된다. 미숙아는 미성숙한 혈관 형성, 뇌로 가는 대뇌 혈류의 열악한 제어 문제, 미성숙한 뇌의 본질적 취약성 때문에 뇌실주위 백질연화증이 일어나기 쉽다(Volpe, 1997).

Brodsky 등(2002)에 따르면, 뇌실주위 백질연화증이 있는 아동은 경련성 양마비, 경도의 신경기능장애, CVI 같은 시각 문제를 수반할 수 있다. 시각적 혼란(이 책에 나오는 '시각적 복잡성의 어려움': 배경에서 특정 시각 정보를 구별하는 데의 어려움)은 시각 피질에 손상이 있는 아동에게 가장 일반적으로 발생한다. 뇌실주위 백질연화증을 가진 아동은 시각적 혼란, 공간 시각의 방향정위(visuospatial orientation), 얼굴과 단어 같은 복잡한 시각적 패턴 해석의 어려움 등의 문제를 보일 수 있다(Brodsky et al., 2002). 또한 뇌실주위 백질연화증과 CVI로 인해 나타나는 시각적 행동이 통계적으로 유의하게 연관성이 높은 것으로 확인되었다(Pikeet et al., 1994).

> Matthew는 임신 32주에 태어났고, 출생 시 체중은 평균보다 매우 낮았다. 생후 첫 주에 초음파 검사에서 심각한 심실성 백혈색화증(periventricular leukomalacia)과 일치하는 뇌의 백질에 작은 낭포성 변화가 확인되었다. Matthew는 퇴원하기 4주 전까지 신생아 집중 치료실에 있었다. 이후에 Matthew는 신생아 대상 심층 검사에서 경련성 사지마비, 언어 지연, CVI가 확인되었다.

의학 사전 참조
- 뇌실주위 백질연화증(periventricular leukomalacia): 조산아에게 보이는 특징적인 뇌장애로, 혈관의 미성숙, 뇌혈류의 저하 때문에 뇌실주위 백질에 연화가 발생하여 뇌성마비의 원인이 된다.

(4) 뇌혈관 사고(뇌졸중)

뇌혈관 사고 또는 신생아 뇌졸중은 미숙아에게도 가끔 나타난다(Tsze & Valente, 2011). 주산기의 질식을 제외한 영아 뇌졸중의 원인은 불분명한 경우가 많다. 뇌경색으로 인한 뇌출혈은 좌반구에서 가장 흔하게 발생하고, 그 결과 신체의 한쪽에 영향을 미치는 유형의 뇌성마비(편마비)가 발생할 수 있다(Fernández-López et al., 2014). 뇌졸중은 출혈성 또는 비출혈성으로 구분할 수 있다. 출혈성 뇌졸중은 뇌의 모세혈관 폐쇄로 혈압이 비정상적으로 증가하거나 모세혈관 출혈이 응고 시스템에 의해 조절되지 않아 파열될 수 있다(Volpe, 1987). 비출혈성 뇌졸중은 뇌 영역으로 가는 혈류가 차단된 결과로 나타나며, 뇌 부위에 출혈이 발생하지 않더라도 뇌졸중의 유형 및 뇌의 영향은 출혈성 뇌졸중과 유사할 수 있다.

영아 뇌졸중(Infant stroke)은 일반적으로 초음파로 진단된다. 질식 및 저산소성 허혈성 뇌병증과 마찬가지로, 뇌손상의 정도는 발생한 출혈의 정도에 따라 달라진다. 뇌혈관 질환이 있는 영아는 생후 1~2일에 발작이 일어나기 쉽다(Scher, 2001). 뇌출혈이 있는 아동은 뇌성마비, 발달 지연, CVI 같은 시각 이상이 나타날 수 있다(Volpe, 1987, 2012).

Ian은 단순한 진통과 출산을 거쳐 임신 42주에 태어났고, 분만실에서도 특별한 치료가 필요하지 않았다. 생후 24시간 이내에 Ian은 예기치 않은 발작을 일으켜 신생아 중환자실로 이송되었다. 후속 검사에서는 뇌수막염, 질식 및 대사장애는 보이지 않았지만, 출생하기 전부터 이미 뇌졸중(stroke)이 있었다는 것이 확인되었다. 병원에서 10일간 입원 치료를 한 후 항발작제를 처방받아 퇴원하였고, 지역 조기 중재 프로그램에 의뢰되었다. Ian은 신생아 후속 진료에서 CVI가 의심된다는 이야기를 들었다.

(5) 감염병

선천성이거나 출생 직후의 감염(infection)은 CVI를 발생시킬 위험이 있다. 이러한 감염들 중 상당수가 안구 조직 및 피질 시각 시스템 모두에 영향을 미칠 수 있다. TORCH 감염(TORCH infections; 톡소플라스마증, 풍진, 거대세포포함병 및 단순 포진)은 엄마의 자궁을 통해 태아로 전달되어 감염되며, 발작 및 영구적인 뇌손상을 초래하는 잠재적 뇌손상의 원인이 된다. 이러한 모든 질환은 임신부가 증상을 느끼지 못할지라도 태아에게는 영향을 미칠 수 있다. TORCH 감염 중 거대세포바이러스(CMV)는 CVI와 밀접한 관련이 있다(Roman-Lantzy & Lantzy, 2002-2017). 선천성 TORCH 감염이 있는 아동은 일반적으로 안구 조직의 질환과 CVI를 함께 동반할 수도 있다. TORCH와 관련된 가장 흔한 안구 질환들로는 백내장, 맥락망막염, 망막의 염증 및 반흔 등이 있다.

B군 연쇄상구균과 대장균(group B streptococcus and Escherichia coli)을 포함하는 세균 감염은 유아에게 패혈증과 수막염을 일으킬 수 있다. 대부분의 영아는 B군 연쇄상구균이나 대장균에서 완전히 회복되지만, 일부는 합병증으로 쇼크(shock), 수막염 또는 이들 2가지 모두를 발생시킬 수 있다. 쇼크는 뇌로 가는 혈류를 감소시켜 잠재적으로 광범위한 신경 손상 및 CVI의 원인이 될 수 있다. 수막염은 뇌의 염증이나 부기를 일으키는 감염으로 청력 결함, 뇌성마비 및 CVI를 유발할 수 있다(Libster et al., 2012).

> Alex는 임신 38주의 분만 과정에 심박음이 감소하여 제왕절개로 태어났다. 출생 시 체중은 6파운드였고, 몸을 덮고 있는 특이한 발진이 보였다. Alex의 심층 검사에서 간과 비장이 커진 것으로 나타났다. 뇌 초음파에서 뇌실주위에 석회화(calcifications)가 관찰되었고, 선천성 거대세포바이러스 감염의 진단과 일치하는 정보를 확인하였다. 요즘 Alex는 발달 지연, 청력 손상, CVI로 조기 중재 서비스를 받고 있다.

의학 사전 참조

- 거대세포포함병(cytomegalic inclusion disease): 특히 신생아 시기의 질병으로서 간비종(肝脾腫), 소두증, 정신 또는 운동 발달 지연이 특징이다.

(6) 뇌의 구조적 이상

뇌의 구조는 임신 3~4주부터 순차적으로 발달하며 성인이 되어야 완성된다(Volpe, 1987). 뇌 발달이 정상적으로 진행되지 못하면 심각한 발달 및 신경학적 결과를 초래하는 뇌의 구조적 이상이 유발될 수 있다. 선천성 뇌 기형은 아동기 장애의 주요 원인 중 하나이다. 구조적 뇌 발달장애(structural brain development disorder)의 가장 흔한 유형으로 척수수막류(이분 척추), 댄디-워커 기형(뇌에 있는 특정 유형의 낭종), 원발성 소두증(작은 뇌), 리센-두증(평활 뇌 증후군), 조현병, 원발성 선천성 수두증, 다발성 소뇌회(뇌 표면의 비정상적으로 작은 윤곽) 및 뇌량의 무형성(뇌의 두 반구 사이의 연결 부족) 등이 있다. 이러한 질환들의 상당수가 염색체 이상의 결과로 초래된다.

뇌의 구조적 이성의 결과는 경미한 장애부터 복합장애 및 중증장애까지 다양하게 분포한다. Huo 등(1999)은 소두증과 수두증이 있는 아동로부터 CVI를 확인하였다. Khetpal과 Donahue(2007)도 구조적 뇌 이상을 CVI의 잠재적 원인이라고 하였다.

> Annie는 만삭에 태어났지만, 약한 울음소리를 냈다. 얼굴의 생김새가 남달랐다. 귀는 더 아래쪽에 위치하고 두 눈은 너무 가까이 붙어 있었다. 체중과 키는 정상 범위에 있었지만, 머리둘레는 또래의 10퍼센타일 이하에 속하였다. Annie는 신생아 집중 치료실에 영양 공급을 위한 튜브 급식을 필요로 하였다. 현재 유치원에서 특수교육 서비스를 받고 있지만, 학업을 잘 따라가지 못하고 있다. 최근 CVI 진단을 받아 시각장애 특수교사로부터 CVI 중재를 받기 시작하였다.

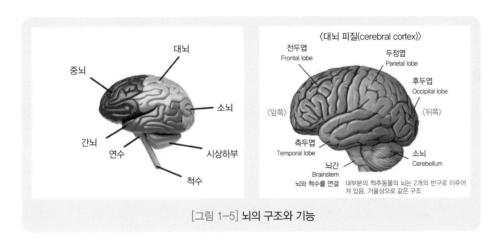

[그림 1-5] 뇌의 구조와 기능

(7) 대사 질환

미국 소아 안과 및 사시 협회(AAPOS, 2015)에 따르면 대사장애(metabolic disorders)도 CVI의 중요한 원인이다. 신진대사는 섭취한 음식에서 에너지를 얻거나 만들기 위해 신체가 사용되는 과정이다. 소화 시스템이 생성하는 화학 물질은 음식의 일부를 신체 연료인 당과 산(acids)으로 분해한다. 신체는 이 연료를 사용하거나 간, 근육 및 체지방 같은 신체 조직에 에너지로 저장할 수 있다. 대사장애는 신체의 비정상적인 화학 반응이 이러한 과정을 방해하여 발생한다. CVI는 심각한 저혈당 및 핵황반(kernicterus; 극도로 높은 빌리루빈 수치)으로 인한 뇌손상 아동에게서도 나타날 수 있다(Roman-Lantzy & Lantzy, 2002-2017). 만성적으로 높은 빌리루빈 수치와 관련된 뇌병증은 운동 이상, 비정상적인 삼키기 및 언어 문제, 청력 상실 및 시각장애를 유발할 수 있다(Volpe, 2012). 미토콘드리아 장애(Mitochondrial disorders) 및 도파민 결핍도 CVI의 원인과 관련이 있다(Roman-Lantzy & Lantzy, 2002-2017).

Fredo는 임신 41주에 태어났고, 출생 시 전형적인 아기의 모습을 보였다. 그러나 출생 후에 신생아 질환이 의심되었다. Fredo는 근긴장도가 매우 낮고 입으로 음식을 먹는 데 큰 어려움을 보였다. 신생아 집중 치료실로 옮겨져 먼저 MRI로 정상적인 뇌 구조 여부를 확인하는 뇌 초음파 검사와 유전자 검사를 실시하였고, 그 결과는 정상이었다. 그 후 신생아실에서 2주 후에 퇴원하여 지역 조기 중재 서비스에 등록하였다. Fredo는 계속해서 매우 낮은 근긴장도와 섭식 문제 및 발달 지연을 보였다. 1세가 되어서야 CVI 진단을 받았다. Fredo는 대사 이상 검사를 실시한 후 미토콘드리아 질환으로 진단되었다. 신경과 전문의는 이러한 대사 질환이 여러 가지 문제를 일으킬 가능성이 높다고 말하였다.

의학 사전 참조

- 신진대사: 생물체가 몸 밖으로부터 섭취한 영양 물질을 몸 안에서 분해하고 합성하여 생체 성분이나 생명 활동에 쓰는 물질이나 에너지를 생성하고, 필요하지 않은 물질을 몸 밖으로 내보내는 작용이다.

(8) 유전 및 염색체 이상

인간 게놈은 총 23쌍의 염색체로 구성되며, 그중 한 쌍이 성염색체이다. 염색체는 특정 순서로 유전자를 운반하는 세포핵의 실 모양 DNA 가닥이다. 유전자는 DNA 서열이 변할 때 돌연변이가 일어난다. 염색체의 일부가 분리되면 다른 염색체에 추가되거나 재배열이 일어난다. 이를 전위라고 하며, 시각(vision)을 포함한 인간의 구조적 및 기능적 차이를 가져올 수 있다. 유전 질환 진단을 받은 사람의 약 21%에서 CVI가 발생하는 것으로 추정된다(Bosch, Boonstra, Willemsen, Cremers, & de Vries, 2014). 또한 CVI의 유전적 원인 질환은 결손증(coloboma), 굴절장애, 안진 같은 '안구 시각장애'와도 관련될 수 있다(Brodsky et al., 2002). 부모와 교사는 아동의 유전 질환 유무와 이로 인한 CVI 가능성을 고려해야 한다.

Yasmine은 정상적인 만삭으로 태어났다. 신생아 건강지표인 아프가 점수(Apgar scores)를 생후 1분에 9점, 생후 5분에 10점을 받았다. 생후 2일경에 특별한 문제가 없어 퇴원하였다. 생후 처음 몇 주 동안 부모는 Yasmine이 자고, 먹고, 깨어 있는 일과에 적응하는 것을 기뻐하였다. 생후 4주경에 Yasmine은 간질 진단을 받아 약물을 처방받았다. 생후 3개월이 되자 부모는 Yasmine이 물체를 알아보지 못하거나 단지 두드리기만 하는 것에 대해 우려를 하였다. 또한 Yasmine이 부모와 눈 맞춤을 하지 않고, 얼굴을 관통하여 멍하니 보는 것 같다고 말하였다. Yasmine은 발작

약물치료를 받고 있었으나 주기적으로 발작은 계속되었다. 소아과 의사는 Yasmine을 소아 안과 의사에게 의뢰하고 유전자 검사를 요청하였다. 검사 결과 희귀 유전 질환인 CDKL5 결핍장애와 CVI 진단을 받았다.

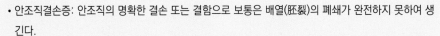

의학 사전 참조
- 안조직결손증: 안조직의 명확한 결손 또는 결함으로 보통은 배열(胚裂)의 폐쇄가 완전하지 못하여 생긴다.
- CDKL5 결핍장애: 신경발달장애를 유발하는 유전 질환으로 잦은 발작 증세를 동반하는 것이 특징이다. 대부분의 환자는 걷거나 말하는 등의 행동에 제약이 있으며, 측만증, 시각장애, 감각 문제, 위장장애 등을 겪는다.

2) 후천적 CVI의 원인

　CVI는 태아기, 주산기 또는 일생 중에 발생할 수 있다. 주산기 이후의 외상성 뇌손상도 CVI를 유발하는 후천적 원인 질환이다(Huo et al., 1999). 외상성 뇌손상의 범주에는 후천성 저산소증(acquired hypoxia; 익사 또는 영아 돌연사 증후군 등), 두부 외상, 흔들린 아기 증후군 및 뇌종양, 종양(tumors), 시방선 손상(optic radiation damage) 등이 포함된다. 또한 소아기의 감염, 뇌염, 수막염 역시 CVI를 유발할 수 있다. 즉, 뇌의 심각한 손상과 관련된 모든 질환은 뇌의 시각 처리 센터에 문제를 일으켜 CVI를 초래할 수 있다.

- Tino는 정상적으로 발달하는 5세 유아였다. 교통사고로 머리를 크게 다쳐 두 달 동안 중환자실에 입원하면서 재활치료를 받았다. 의사로부터 Tino가 신체 외상 외에도 CVI가 의심된다는 진단 소견을 들었다. 의사는 Tino의 시각 회복을 예측하거나 또래와 같은 정상 시각으로 발달하기 어렵다고 말하였다.
- Janie는 만삭으로 태어났고, 체중과 키가 정상이었다. 병원에서 퇴원하고 집으로 돌아온 지 6주 쯤 되었을 때, 어머니는 Janie가 비정상적으로 오랜 시간 낮잠을 자고 몸이 축 늘어져 있으며, 얼굴색이 푸르스름하고 숨을 쉬지 않는 것을 발견하고 911에 전화를 걸었다. Janie는 영아 돌연사 증후군에 가까운 상태에서 생명을 구하였으나, 산소 결핍으로 심각한 뇌손상을 입었다. 이로 인해 Janie는 CVI를 포함하여 전반적 발달지체를 갖게 되었다.

의학 사전 참조

- 흔들린 아이 증후군(shaken baby syndrome): 영유아기에 양육자가 고의로 아이를 강하게 흔들어 생기는 두부 손상의 형태이다. 주로 2세 이하의 소아에서 많이 발생한다. 아이가 울음을 그치지 않고 잘 달래지지 않는 상황에서 부모가 분노의 표현으로 아이를 과도하게 흔들면 발생할 수 있다. 가정 내에 폭력 상황이 빈번히 발생하거나 양육자가 알코올이나 약물 중독에 빠져 있는 경우에 발생 빈도가 높다.
- 영아 돌연사 증후군(sudden infant death syndrome): 영아가 뚜렷한 이유 없이 수면 중에 사망하는 것이다.

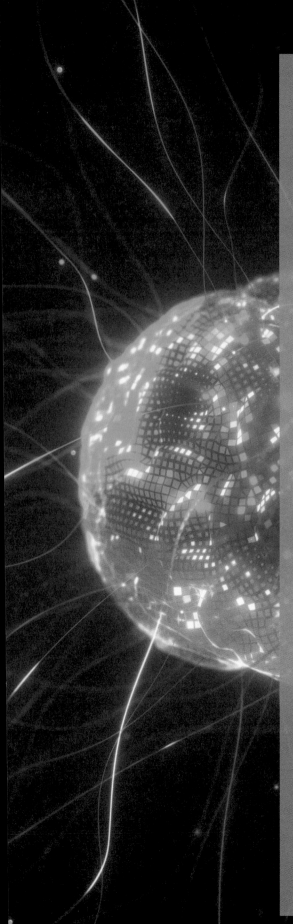

제2장

CVI 아동의 고유한 시각 특성 이해

- CVI 아동의 진단 기준을 이해한다.
- CVI의 고유한 10가지 시각 특성을 이해한다.

---

1. CVI의 진단과 고유한 특성
2. CVI의 고유한 10가지 시각 특성 이해
3. CVI와 안구 시각장애가 모두 있는 아동

1. CVI의 진단과 고유한 특성

CVI(피질 시각장애) 아동은 인지 능력, 신체 및 운동 능력, 사회적 능력, 시각 능력 등이 매우 다양할 수 있다. 어떤 CVI 아동은 단어를 읽고 쓰는 것을 배울 수 있으나, 다른 CVI 아동은 사물 상징이나 그림 상징을 사용하는 법을 배워야 할 수 있다. CVI 아동은 매우 다양하지만, 이들에게 관찰되는 공통적인 시각 특성들이 있다. 아동이 다음 3가지 기준에 해당할 때 CVI 질환으로 진단되며, 특히 아동에게 CVI의 고유한 시각 특성들이 관찰되어야 한다.

CVI 진단 기준

① 현재 아동의 기능시각 문제를 설명할 수 없는 시각 검사 결과(실생활에서 시각 사용에 어려움을 보이지만, 안과의 시각 검사 결과는 정상적인 소견을 보임)
② 아동의 신경학적 질환(뇌 손상 또는 뇌에 영향을 미치는 상태) 유무
③ CVI 고유한 10가지 시각 특성의 관찰

이 장에서 설명하는 CVI의 고유한 10가지 시각 특성은 모든 CVI 아동에게 공통적으로 나타난다. CVI의 고유한 시각 특성들은 Jan과 동료들이 처음 발견하였다(Jan, Groenveld, Sykanda, & Hoyt, 1987). CVI의 고유한 10가지 시각 특성은 아동의 시기능에 문제를 일으키며, CVI의 중증(심한) 정도에 따라 시기능을 방해하는 정도도 다르다. 따라서 특수교사가 CVI 아동을 이해하고 적절한 중재를 제공하려면 CVI의 고유한 10가지 시각 특성을 이해하는 것이 선행되어야 한다.

〈표 2-1〉과 같은 CVI의 10가지 시각 특성을 보이는 아동은 또래와 같은 일반적인 방식으로 시각을 사용하기 어렵다. 즉, 교사나 부모의 기대와 달리 시각적 주의를 하거나 볼 수 있을 것으로 기대되는 대상(물체)을 바라보거나 시각적 주의를 기울이지 못할 수 있다.

부모와 교사는 CVI 아동이 조명(빛)이나 선풍기(선풍기 날개의 움직임) 같은 것에 시각적 주의를 하고 유지하는 것을 자주 관찰할 수 있다. 또한 CVI 아동의 시각(시각 능력)이 자주 변한다고 느낄 만큼, 주변 환경에 따라 대상(물체 등)을 시각적으로 인식하는 능력에 차이를 보인다. CVI 아동에게 CVI의 고유한 10가지 시각 특성이 나타나지만, 개별 아동에게 미치는 이들 특성의 영향 정도가 다르다. 아동에게 나타

〈표 2-1〉 CVI의 고유한 10가지 시각 특성

CVI의 고유한 10가지 시각 특성	CVI 특성에 대한 설명	CVI 특성과 관련된 뇌의 시각 경로	
		등쪽 시각 경로	배쪽 시각 경로
특정 색상 선호	특정 색상에 시각적으로 끌린다(시각적 주의가 일어난다).	○	○
움직임에 대한 요구 (끌림)	시각적 주의를 시작하거나 유지하기 위해, 아동이 보아야 하는 대상(물체)을 움직여 주어야 한다.	○	
시각적 (반응) 지연	대상을 보고 반응하는 시간이 지연된다. 또래와 비교하여 시각 자극에 대한 즉각적인 반응이 일어나지 않는다.		
특정 시야 선호	대상을 볼 수 있는 주변 시야 영역(방향)과 볼 수 없는 주변 시야 영역(방향)이 있다. 일반적으로 하측 시야 영역(방향)을 잘 인식하지 못하는 경향이 있다.	○	
시각적 복잡성의 어려움	아동이 바라보는 물체의 '표면(외형)의 복잡성' '시각적 배열(배경)의 복잡성' '감각 환경의 복잡성' '사람 얼굴의 복잡성' 4가지로 구분한다.		○
빛에 대한 요구 (끌림)	아동은 시각적으로 광원(빛)에 끌리고, 대상을 바라보도록 유도하기 위해 대상(물체)을 빛과 함께 제시하는 것이 도움이 된다.	○	
원거리 보기의 어려움	일정한 거리를 넘어서면 배경과 대상(물체)을 분리하여 보기 어렵다.		○
비전형적 시각 반사	얼굴로 접근하는 대상에 대한 반응으로 '눈 깜박임 반사'가 일어나지 않는다.		
시각적 새로움의 어려움	친숙한 대상(물체)에는 시각적 주의가 증가하지만, 새로운(낯선) 대상에는 시각적 호기심이나 시각적 주의가 부족하거나 일어나지 않는다.		○
시각적으로 안내된 신체 도달의 어려움	대상을 눈으로 바라보면서 동시에 손을 뻗어 접촉하는 것이 어렵다. 또래처럼 물체를 보면서 손으로 접촉하는 2가지 작업이 동시에 일어나지 못한다. 즉, 2가지 작업이 각각 분리되어 순차적으로 이루어진다.	○	○

나는 CVI의 고유한 시각 특성들과 이로 인한 시각 문제는 적절한 중재를 통해 변화되거나 개선될 수 있다. 많은 CVI 아동의 시기능(시각 사용 능력)이 개선되지만, 또래의 정상적인 시기능 수준으로 발달하거나 회복되는 경우는 드물다. 또한 CVI 아동의 시기능이 개선되는 속도나 기간도 수개월부터 수년까지 다양하다(Good, 2004). 따라서 개별 아동의 CVI 특성들의 존재와 영향 정도를 정확하게 평가하여 개인별 맞춤형 중재를 제공할 때 괄목할 만한 시기능의 개선이나 향상이 이루어질 수 있다. 또한 '시각 발달의 가소성' 시기를 고려할 때 CVI 아동의 조기 발견과 진단 및 맞춤형 중재는 아동의 시기능의 발달에 매우 중요하다. CVI 아동의 시기능이 발달하거나 개선될수록, CVI의 고유한 10가지 시각 특성에 따른 부정적 영향이 감소하게 되며, 이들 특성 중 일부는 또래에 근접하는 정상적인 수준으로 개선될 수 있다.

2. CVI의 고유한 10가지 시각 특성 이해

1) '특정 색상 선호' 특성

일반적으로 사람들은 선명하고 채도가 높은 색상에 시각적 주의가 일어나므로, 이들 색상의 대상(물체)에 시각적 주의를 하고 유지하는 경향이 있다. 일상생활에서 시각적 주의가 일어나는 데 색상이 얼마나 중요한지를 보여 주는 사례가 '교통 표지판'이다. 과거에는 흰색 바탕에 검은색 글자나 이미지(그림)를 사용하는 고대비 디자인이 주류였지만, 오늘날에는 형광색 표지판으로 디자인하고 있다.

'색상'은 CVI 아동의 기능시각(시각 사용 능력)에 중요한 영향을 미치는 요소이다. 아동이 선호하는 색상의 물체를 사용하면 그렇지 않을 때보다 생활 전반에서 아동의 시각적 주의를 높일 수 있다. 안구 시각장애(ocular visual impairment) 아동이 단지 고대비의 흑백 색상으로 제공하는 정보를 더 잘 인식할 수 있는 것과 다르게, 일반적으로 CVI 아동은 빨간색과 노란색을 선호하는 경향이 있다. 다만, CVI 아동에 따라 선호하는 색상에 차이가 있으므로, 이를 확인하는 것이 필요하다.

일부 CVI 아동은 색상 스펙트럼에서 덜 '강렬한(hot)' 색상을 선호하는 사례도 보고된다(Roman-Lantzy & Lantzy, 2002-2017). 파란색 몬스터 장난감처럼 CVI 아동이 선호하는 색상의 물체를 일관된 위치에 놓아두면 아동이 일관되게 물체를 식별하는 것이 관찰되었다. CVI 아동이 몬스터 장난감을 볼 수 있게 항상 같은 위치에 두면, 자연스럽게 장난감이나 물체가 아동에게 시각적으로 반복 노출되는 효과가 있다. 결국 반복적인 노출은 CVI 아동의 시각적 주의와 사용을 촉진하는 것은 물론이고 색상을 학습하는 데도 도움이 될 수 있다.

CVI 아동이 선호하는 색상을 일과 활동과 학습에 사용하는 물체나 자료에 적용하면, CVI 아동의 시각 발달과 시각적 주의를 높이고 시기능을 개선하며 기능시각을 더 효과적으로 사용하도록 도울 수 있다. CVI 아동이 선호하는 색상의 사용은 일종의 배의 닻(배를 정박시킬 때 사용하는 도구)처럼 대상을 바라보고 유지하는 '시각적 닻(anchor; 촉진자)'으로 역할이나 기능을 할 수 있으며, 특정 물체나 상징(보완대체 의사소통의 그림 상징 등)에 대한 시각적 주의를 유도하고 유지하는 효과적인 도구가 될 수 있다. 예를 들어, CVI 아동이 빨간색을 선호하는 경우에 빨간색 숟가락, 빨간색 칫솔, 빨간색 컵, 라디오를 작동시키는 빨간색 전원 버튼을 사용하는 것이 도움이 될 것이다.

CVI 아동의 시기능이 점차 개선되면, 특정 색상에 대한 선호가 더 이상 나타나지 않을 수 있다. 그렇더라도 CVI 아동이 선호하는 색상은 여전히 도움이 된다는 점을 기억할 필요가 있다. CVI 아동이 선호하는 색상은 수업 자료, 물체, 환경 속의 '세부 사항(요소)'에 더 오랜 시간 시각적 주의를 유지하도록 하는 데 도움이 된다. CVI 아동에게 색상의 선호가 사라졌더라도, 학습과 전인적 발달을 지원하는 중재 프로그램에 선호하는 색상을 사용하면, 아동이 해당 환경에서 시각을 사용하는 방법을 더 효과적으로 학습해 나갈 수 있다. 예를 들어, 알파벳 'd와 b' 같은 유사한 알파벳 글자 간에 두드러진 차이를 CVI 아동이 선호하는 색상인 빨간색을 사용하여 각 글자의 두드러진 특징을 강조하면서 말로 설명한다면 알파벳을 더 쉽게 구별하고 학습할 수 있다.

Jin은 선천성 CVI 진단을 받은 6세의 여아로, 흰색 배경에 표시된 검은색 글자를 인식하지 못하였다. 학교에서 알파벳 글자를 학습하는 데 계속 어려움을 겪던 Jin에게 선호하는 빨간색으로 글자를 강조하여 제시하자 글자를 더 빠르게 인식하고 학습하였다. 빨간색으로 단어의 윤곽을 강조 표시하는 중재 방법으로, Jin은 100개의 단어를 배우고 사용할 수 있게 되었다.

시각적 주의를 위해 선호하는 빨간색 사용

시각적 주의를 위해 선호하는 노란색 사용

알파벳 글자에 빨간색 윤곽선을 그려
알파벳의 모양과 특징에 시각적 주의 촉진

태블릿 기기에서 단어에 노란색 윤곽선을 그려
단어의 모양과 특징에 시각적 주의 촉진

빨간색 윤곽선과 빨간색 물체 그림을 사용하여
알파벳 a와 사과의 시각적 강조 표시

선호하는 빨간색과 노란색으로
이름의 철자 학습 지원

조명 스위치를 찾기 쉽게
선호하는 빨간색 테이프 부착

그림 상징에 선호하는 빨간색으로 윤곽선을 그린
보완대체의사소통판

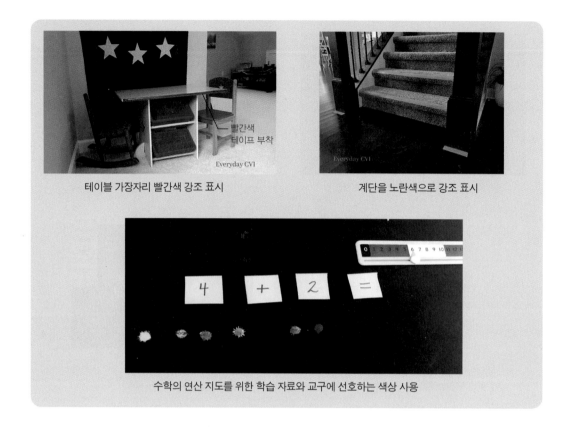

테이블 가장자리 빨간색 강조 표시

계단을 노란색으로 강조 표시

수학의 연산 지도를 위한 학습 자료와 교구에 선호하는 색상 사용

2) '움직임에 대한 요구(끌림)' 특성

CVI 아동은 '움직임(movement)' 또는 '빛(light)'에 시각적으로 끌리는 특성이 있다. 따라서 움직이거나 빛이 있는 대상(물체)을 바라보는 것을 멈출 수 없는 것처럼 보이기도 한다. 때로는 주변 환경에서 일어나는 '움직임'으로 CVI 아동이 정작 보아야 하는 대상이나 활동에 시각을 사용하는 능력을 방해하기도 한다(예: 천장의 움직이는 선풍기 날개로 교사의 수업 자료에 집중하지 못함). CVI 아동의 대부분이 정지해 있는 대상보다 움직이거나 움직이는 것처럼 보이는 속성을 가진 대상에 시각적으로 끌리는, 즉 시각적 주의를 기울이는 경향이 있다. CVI 아동 중에는 자신의 몸을 움직이거나 다른 사람이 물체를 움직여 줄 때 해당 물체를 바라보고 인식하는 경우가 많다. 대상(물체)을 움직이는 속도에 대한 요구는 CVI 아동마다 다를 수 있지만, CVI 아동은 움직이는 대상(물체)에 시각적 주의가 일어난다. CVI 아동은 움직이는 '시각적 자극'에 대해 인식하고 있다는 의미로, 미소를 짓거나 갑자기 조용해지거나 물체를 향해 몸을 돌릴 수 있다. 부모와 교사는 CVI 아동이 움직이는 대상에 대해

보여 주는 이러한 시각적 행동을 주의 깊게 관찰해야 한다.

　　CVI 유아는 부모가 제시하는 물체나 자기 옆에 있는 물체의 세부사항을 시각적으로 인식하지 못한 채, 단지 머리 위쪽에 매달려 움직이는 물체(예: 모빌 등)에 시각적 관심을 갖고 바라보기도 한다. '움직임'은 일생 동안 CVI 아동의 시각적 주의에 영향을 미칠 수 있다. 예를 들어, CVI 성인은 길거리의 모퉁이에 서 있을 때 주차된 차보다 움직이는 차를 먼저 알아차린다.

　　뇌의 시각 피질의 손상으로 차별화된 '동적 시각(motion vision)'이 나타날 수 있다. CVI 아동의 시각 시스템을 활성화하는 중요한 방법 중 하나는 움직이거나 움직이는 것처럼 보이는 대상(물체)을 제시하는 것이다. 많은 CVI 아동이 움직임에 시각적으로 끌리기 때문에 교사는 이를 이용하여 아동이 학습 자료를 바라보는 행동을 시작하도록 유도할 수 있다. CVI 아동은 움직이거나 움직이는 것처럼 보이는 반짝이는 반사면을 가진 물체에 더 일관되고 긴 시간 동안 시각적 반응을 보이고 유지하는 경향이 있다. 이러한 반사면이 있는 물체의 예로, 단색 마일러(Mylar; 반짝이는 필름 재질로 여러 가지 색상이 있음)로 만든 털뭉치(pom-poms), 풍선 등이 있다. 일부 물체는 '움직임(movement)의 속성'과 '빛 반사(light reflective)의 속성' 2가지 모두를 가지고 있어 CVI 아동의 시각 시스템에 보다 강력한 영향을 줄 수 있다. CVI 아동은 이러한 속성을 지닌 대상(물체)을 시각적으로 무시하기 어렵기 때문에 시각적 반응을 유도하거나 촉진하는 데 효과적으로 사용할 수 있다. 예를 들어, 마일러 재질의 바람개비, 풍선, 바람양말(windsocks)은 '움직임'과 '반사' 2가지 속성을 모두 가질 수 있다.

　　CVI 아동의 '움직임에 대한 요구(끌림)' 특성을 이용해 시기능을 향상시킬 수 있다. 환경에 있는 대상(물체)이 움직이지 않거나 빛을 반사하는 표면으로 되어 있지 않을 경우, 일부 CVI 아동은 물체의 움직임을 만들어 내기 위해 자신의 머리나 몸을 스스로 흔들거나 움직이기도 한다. 일부 CVI 아동이 몸을 흔들거나 움직이는 행동을 보이는 것은 대상(물체)을 시각적으로 더 잘 인식하기 위한 전략일 수 있다.

　　CVI 아동이 '움직임에 대한 요구' 특성과 관련하여 주행 중인 자동차에서 창밖을 오랜 시간을 응시하는 행동이 부모에 의해 자주 관찰된다. 이러한 행동은 창밖의 대상(물체)이 아동의 시야를 지나가면서 움직이는 것처럼 보이기 때문이다. CVI 아동이 텔레비전을 바라보는 시간과 시각적 주의도 텔레비전 화면에 나오는 색상, 물체, 인물의 움직임과 관련이 있다. 일부 부모들은 CVI가 있는 자녀가 스포츠 경기가 방

송되는 텔레비전 화면에 높은 시각적 주의를 보인다고 말한다. 이러한 시각적 관심
이나 주의는 단순한 배경의 경기장에서 밝고 선명한 단색의 옷을 입은 선수가 움직
이는 장면에서 자주 관찰된다. 같은 맥락에서 부모와 교사는 CVI 아동이 천장에서
움직이는 선풍기에 강한 시각적 끌림과 주의를 보인다고 말한다. CVI 아동의 움직
임에 대한 시각적 끌림은 일반적으로 단색 배경에 단순한 물체가 움직이고 있을 때
더욱 잘 나타난다.

마일러 재료: 빛을 반사하는
특성으로 움직이는 것처럼 보임

마일러 털뭉치로
시각적 주의 유도

마일러 재질의 바람개비

빨간색 슬링키

아이패드 앱: 움직이는 노란색 동물

천장 선풍기의 움직이는 날개

3) '시각적 (반응) 지연' 특성

시각적 (반응) 지연은 부모와 교사가 대상(물체)을 제시한 시점부터 CVI 아동이 대상을 바라보고 시각적 반응이 일어나는 시점까지의 시간(간격)이 또래보다 긴 것을 말한다. CVI 아동은 시각적 반응이 일어나기 전까지 마치 바라볼 시각적 대상(물체)이 없는 것처럼 행동한다. 대상(물체)이 친숙하고 복잡하지 않으며 선호하는 색상일지라도 CVI 아동은 물체가 없는 것처럼 일정 시간 동안 무반응을 보일 수 있다. 교사가 아동을 충분히 기다려 주면 결국 CVI 아동은 대상(물체)을 향해 자신의 머리나 몸을 돌려 바라보기 시작한다.

시각적 (반응) 지연의 시간 길이는 CVI 아동마다, 환경의 상태에 따라 다르다. 예를 들어, 아동이 피곤하거나 주변에 과도하게 복잡하고 많은 자극이 있다면 시각적 (반응) 지연의 시간이 더 길어질 수 있다. CVI 아동에게 시각적 (반응) 지연의 시간 길이는 보아야 하는 대상(물체)의 색상, 주변 환경의 복잡성 정도 등에 영향을 받을 수 있다. 따라서 교사는 CVI 아동이 시각적으로 반응할 때까지 얼마나 기다려 주어야 하는지를 결정하기 쉽지 않다. 교사가 시각적 (반응) 지연을 보이는 CVI 아동과 함께 학습 활동이나 과제를 수행할 때 아동의 시각적 (반응) 지연의 정도와 시각적으로 반응을 보이기 위해 필요한 시간을 주의 깊게 평가하는 것이 필요하다. 또한 시각적 (반응) 지연 시간의 길이는 배고픔, 피로감, 질병, 발작 등에도 영향을 받을 수 있다. CVI 아동의 시각적 (반응) 지연 시간이 갑자기 증가하였다면 아동이 오랜 시각적 활동이나 기타 이유로 피로하여 시각적 휴식이 필요하다는 것을 알리는 신호일 수 있다.

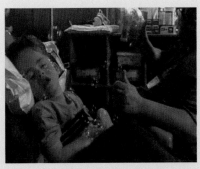

제시하는 자료를 곧바로 바라보지 않는
시각적 (반응) 지연

충분한 시간을 기다려 주면
아동의 물체에 대한 시각적 주의가 일어남

시각적 (반응) 지연을 줄이기 위해 아동이 선호하는
색상의 물체 사용

시각적 (반응) 지연을 줄이기 위해 아동이 선호하는
우측 시야 영역(방향)에 자료 제시

4) '특정 시야 선호' 특성

대부분의 CVI 아동은 선호하는 시야 영역(방향)이 있다. CVI 아동은 어떤 시야 영역(방향)에 제시하는 물체를 인식하지 못하거나 해당 물체를 보려고 머리를 돌려 보기도 한다. CVI 아동별로 시야 선호를 평가하고 이에 따라 중재 계획을 세울 필요가 있다. CVI 아동에게 적합한 맞춤형 중재로 시기능이 향상되면, '특정 시야 선호' 특성도 개선될 수 있다.

CVI 아동은 일반적으로 '주변 시야(peripheral field)'를 사용하는 것을 선호한다. 시각은 '중심 시각'과 '주변 시각'으로 구분할 수 있다. 주변 시각은 낮은 조도에서 대상을 식별하고, 움직이는 대상을 지각하며, 공간의 형태를 인식하는 능력과 관련되어 있다. 대부분의 CVI 아동은 대상(물체)의 '세부사항(요소)'보다 대상의 움직임과 전체 형상에 시각적으로 주의를 기울이는 경향이 있다.

때때로 CVI 아동은 '복합적인 시야 선호(mixed-field preference; 좌측 눈과 우측 눈이 각각 다른 주변 시야 방향을 선호함)' 또는 '반맹증(시야의 절반만 보임)'을 보이기도 한다. 이들 아동은 한쪽 눈으로 물체의 위치를 확인하고, 다시 머리를 돌려 다른 쪽 눈으로 물체의 세부사항(요소)을 조사하기도 한다. CVI 아동과 활동하는 교사 및 전문가는 아동의 이러한 특성을 '상동 행동'이나 '자기 자극 행동'으로 오인해서는 안 되며, CVI 아동이 시각을 효과적으로 사용하려는 의도적 시도로 해석할 필요가 있다.

2015년에 'Pediatric VIEW Program'(Roman-Lantzy & Lantzy, 2002-2017)에서 431명

의 CVI 아동으로부터 수집한 자료를 살펴보면, CVI 아동에게 '하측 시야 영역(방향)의 결함'이 흔하게 나타나는 것을 확인하였다. 하측 시야의 기능 결함은 경사진 길이나 계단을 내려가는 데 어려움, 바닥에 있는 턱이나 장애물에 걸려 자주 넘어짐, 테이블에 놓여 있는 물체를 찾는 데 어려움 등의 원인이 된다. 따라서 이러한 어려움이 있는 CVI 아동에게 보행 교육이 필요할 수 있다.

CVI 아동이 '중심 시각(중심 시야)'으로 보는 것을 선호하는 경우는 드물다. 물체나 자료가 아동의 앞 정중앙에 제시될 때 많은 CVI 아동이 대상을 보려고 머리를 우측이나 좌측으로 돌려서 보는 행동이 관찰된다. 많은 CVI 아동은 '하측 시야에 결함'이 있어 흰지팡이를 사용하여 아래에 있는 낙하지점이나 장애물을 탐지하는 방법을 배울 필요가 있다. CVI 아동을 위한 전문 기능시각 평가 도구인 'CVI Range' 평가를 통해 아동이 선호하는 시야를 확인하고, 학습 자료 및 교구를 아동이 선호하는 시야 방향에 제시하는 중재도 이루어져야 한다.

손전등을 여러 시야 위치에 제시할 때
반응 평가

키보드를 보기 위해 고개를 돌려
주변 시야로 보는 CVI 아동

하측 시야의 기능 결함으로
흰지팡이를 사용하여 계단 확인

선호하는 우측 시야 방향에 자료 제시

하측 시야의 기능 결함(책상 바닥에 놓인 자료 보기의 어려움)에 따른 수직 보드를 이용한 자료 제시

하측 시야의 기능 결함(책상 바닥에 놓인 자료 보기의 어려움)에 따른 경사보드에 자료 제시

5) '시각적 복잡성의 어려움' 특성

CVI의 '시각적 복잡성' 특성은 4가지 하위 복잡성으로 분류할 수 있다. CVI 아동은 '복잡성' 수준이 높을수록 대상(물체, 자료 등)을 보고 인식하는 데 어려움이 있기 때문에 생활 및 학습 환경에서 시각적 복잡성의 수준을 낮추는 중재 전략이 필요하다.

(1) '물체 표면(외형)의 복잡성으로 인한 어려움' 특성

CVI 아동은 단순한 패턴(무늬)과 단순한 색상의 표면(외형)을 가진 물체에 일관되게 시각적 주의와 반응을 보인다. 시각적으로 단순한 표면(외형)을 가진 물체, 특히 단색의 물체가 CVI 아동의 시각적 주의를 유도하고 유지하도록 촉진한다. CVI 아동은 여러 가지 색상과 패턴(무늬)이 있는 대상보다 단일 색상에 패턴이 없는 대상을 시각적으로 보다 쉽게 인식한다. 따라서 부모와 교사가 학습과 생활에 단색 물체를 사용하면 CVI 아동이 해당 물체의 형태와 구성 요소를 더 잘 인식할 수 있다. CVI 아동의 '시기능'이 점차 향상되면 대상을 시각적으로 인식하는 능력이 향상되는 것뿐만 아니라, 여러 색상이나 패턴(무늬)에 의해 '복잡성'이 대상을 인식하는 데 미치는 영향도 감소하게 된다. 교사와 부모가 학습과 생활에 필요한 물체를 선택할 때 CVI 아동이 선호하는 단색에 패턴(무늬)이 없는 물체를 선택하면 아동이 시각적으로 더 잘 인식할 수 있다.

'물체 표면의 복잡성'의 차이: 좌측 컵은 단색에 무늬가 없어 CVI 아동이 컵을 잘 인식할 수 있으나, 우측 컵은 여러 색상과 무늬를 가지고 있어 시각적으로 인식하기 어려움

'물체 표면의 색상 수'의 차이: 좌측 자동차부터 우측 말까지 표면의 색상 수가 점차 증가하고 있어 CVI 아동이 우측 물체를 시각적으로 인식하기 더 어려움

(2) '시각적 배열의 복잡성으로 인한 어려움' 특성

대부분의 CVI 아동은 외부의 시각 정보를 수용할 수 있는 정상적인 안구 기능을 가지고 있다(물론 안구 시각장애와 피질 시각장애를 모두 가진 시각장애 아동은 제외됨). CVI 아동은 시각 정보를 그냥 볼 수는 있지만 이것이 무엇인지 '제대로 인식하거나 이해하기'는 어렵다. 시각적 배열의 복잡성, 즉 대상(물체)이 주변 환경에 여러 물체와 복잡한 배열(complexity of visual array)로 제시되면, CVI 아동에게 마치 무의미한 색상들과 무늬들로 가득찬 '만화경(kaleidoscope)'처럼 보일 수 있다. 시각 정보의 복잡성으로 대상(물체)을 시각적으로 인식하는 데 어려움을 가질 수 있다. 따라서 부모와 교사는 아동에게 대상(물체)을 제시할 때 시각적 배열과 주변 배경의 복잡성 수준을 주의 깊게 살펴보고, 아동이 수용 가능한 복잡성의 수준으로 수정하는(복잡성 수준을 낮추는) 것이 필요하다.

여러 가지 도형으로 구성된 그림

좌측의 여러 가지 도형 그림이 '배열의 복잡성'으로 CVI 아동에게 보이는 상태

원본 사진은 생활실습실의 복잡한 배경 앞의 테이블에 교사가 서서 과일을 접시에 놓는 장면이지만, CVI 아동에게는 복잡한 배열 및 배경으로 만화경처럼 보인다. 좌측 그림보다 우측 그림이 더 만화경처럼 보이는데, 이러한 차이는 CVI 진행 단계(CVI Ⅰ단계, Ⅱ단계, Ⅲ단계)에 따라 나타날 수 있다. 즉, 좌측 사진보다 우측 사진처럼 보이는 아동의 CVI 정도가 더 중증이다.

검은색 배경이나 검은색 가림판을 사용하면 배경에서 CVI 아동이 보아야 하는 대상만을 효과적으로 분리(구별)하도록 도울 수 있다. 또한 CVI 아동은 대상이 움직임이 있거나, 단색이거나, 친숙한 대상일수록 더 잘 인식할 수 있다. 일부 CVI 아동은 대상이 다른 물체와 섞여 있는 복잡한 배열에 있다면 친숙하거나 선호하는 단색의 대상이더라도 시각적으로 인식하지 못할 수 있다. Jan 등(1987)은 이러한 현상을 '시각적 혼잡(visual crowding)'이라고 불렀다. 많은 CVI 아동이 시각적으로 복잡한 배경에 대상을 놓거나 여러 가지 물체를 함께 배열할 때 물체 간의 간격이 좁아져 목표 대상을 다른 물체와 시각적으로 구분하여 인식하지 못하는 경우가 많다. 아래의 곰 그림처럼, CVI 아동은 배경이 복잡할수록 곰 인형을 시각적으로 인식하지 못하거나 찾지 못할 수 있다.

1가지 검은색 배경

1가지 색상에 패턴(무늬)이 있는 다소 복잡한 배경

다양한 색상과 여러 가지 패턴(무늬)이 있는 매우 복잡한 배경

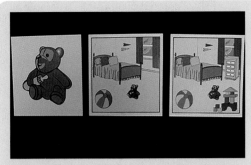

복잡성 중재 교구: CVI 아동이 복잡성이 높은 그림을 인식하도록 단계적으로 그림의 복잡성 수준을 증가시켜 나감

CVI 아동은 복잡한 무늬와 다채로운 색상의 그림이 그려진 벽 주변에서 보행의 방향정위에 어려움을 보일 수 있음

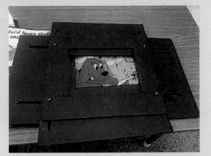

검은색 가림판: 배경의 복잡성을 줄이고 강아지에 시각적 주의를 하도록 가림판으로 주변 배경을 가림

검은색 보드: 배경의 복잡성을 줄이기 위해 단색 배경에 인형을 제시함

    부모와 교사는 생활과 학습 환경에서 '시각적 배열의 복잡성'이 CVI 아동에게 미치는 영향을 항상 염두에 두어야 한다. 환경에서 시각적 배열의 복잡성은 CVI 아동의 시각적 관심이나 주의가 부족한 원인이 될 수 있다. 예를 들어, 검은색의 단색 셔츠를 입은 교사가 제시하는 '노란색 숟가락'에 시각적으로 주의를 기울이는 CVI 아동을 상상해 보자. 다음 날 다양한 색상과 무늬가 있는 현란한 셔츠를 입고 온 교사가 동일한 '노란색 숟가락'을 제시하지만, CVI 아동은 동일한 숟가락을 시각적으로 인식하지 못할 수 있다. CVI 아동의 시력이 변화하거나 나빠진 것인가? 아니면 아동의 주변 환경의 상태와 조건이 바뀐 탓인가? 이 사례에서는 교사가 입고 온 새로운 셔츠로 전날과 다음 날 간에 주변 배경의 '시각적 복잡성(배열의 복잡성)'을 변화시켰기 때문이다.

    시각적 배열의 복잡성은 CVI 아동이 시각적 주의를 시작하고 유지하는 데 중요한 요소이므로, 교육 환경에서 이를 고려하는 것이 중요하다. 비장애인이라도 관람석이 수천 명으로 가득 차 있는 경기장에서 친구를 찾는 것이 아주 어려운 일인 것처럼, CVI 아동은 시각적 배경이 복잡할수록 목표 대상을 찾는 데 큰 어려움을 갖는다. 많은 CVI 아동이 친숙한 물체가 다른 물체 사이에 섞여 있을 때 친숙한 물체를 찾는 데 더 큰 어려움을 보인다. 야간의 스포츠 경기장에 관중이 가득 차 있고, 그 사이에 서 있는 친구에게 스포트라이트를 비춘다고 생각해 보자, 수천 명의 관중 속에서 조명(빛)으로 친구의 모습을 비추어 강조한다면 경기장에서 친구를 쉽게 찾을 수 있을 것이다. 이처럼 CVI 아동의 중재 방법에는 '시각적 복잡성'을 줄이는 것 외에도 '빛(light)'을 사용할 수 있다.

여러 동물이 섞여 있어
'배열의 복잡성' 수준이 높음

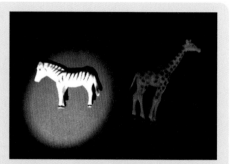

빛을 사용하여 목표 대상(동물)을 시각적으로
인식하고 찾기 쉽게 지원함

CVI 아동에게 세상은 마치 '복잡한 그림 퍼즐'처럼 보일 수 있다. 앞의 '노란색 숟가락' 사례처럼 CVI 아동에게는 일상에서 사용하는 특정 물체가 환경에 있는 색상, 패턴(무늬), 다양한 감각(시각, 청각, 촉각 등) 정보 사이에 숨겨진 그림 퍼즐같이 느껴질 수 있다. CVI 아동이 보려는 물체가 단순한 배경에 놓여 있다면 배경에서 물체를 찾으려고 노력하지 않아도 될 것이다. '간단한 환경 수정(environmental adaptation)'만으로도 CVI 아동이 대상에 시각적으로 주의를 기울이도록 도울 수 있다.

환경의 복잡성을 줄이기 위해
검은색 보드를 사용하여 자료 제시

책상 주변의 시각적 복잡성이나 혼란을 줄이기 위해
검은색 칸막이 사용

가정에서 시각적 복잡성을 줄이기 위해　　　유치원에서 시각적 복잡성을 줄이기 위해
검은색 배경의 칸막이와 매트 사용　　　한쪽 벽면을 검은색 천으로 마감

(3) '감각 환경의 복잡성으로 인한 어려움' 특성

여러 감각(시각, 청각, 촉각 등) 정보가 동시에 제시되면 시각적 주의에 부정적인 영향을 미칠 수 있다. 또래 아동은 여러 감각 자극에 시각적 주의가 크게 흐트러지지 않는다. 그러나 많은 CVI 아동은 시각 자극(정보)과 다른 감각 자극(정보)이 함께 제시되면 서로 '경쟁하게' 되며, 이로 인해 시각적 주의가 일어나지 않거나 유지하지 못하게 방해할 수 있다. CVI 아동은 한 번에 하나의 감각 경로를 사용하는 중재가 필요하다. CVI 아동은 청각 자극(정보)과 시각 자극(정보)이 동시에 제시되면 청각 자극(정보)에 주의를 기울이기 쉬워 시각적 주의가 일어나지 않는 경우가 많다. CVI 아동은 여러 감각 정보를 통합하는 데 어려움을 가지며, 뇌의 시각 처리 시스템이 경쟁하는 다른 감각 자극(정보)에 압도되어 제대로 시각 기능이 작동하지 못할 수 있다. 따라서 부모와 교사가 여러 감각 정보를 함께 제시하면 CVI 아동으로부터 시각 정보가 분리되어 있는 것처럼 보일 수 있다. 이러한 행동 징후로 '목적 없는 응시' '목표물로부터 시선의 이탈(외면)' '스트레스 표출' 등이 있다.

시각을 사용하는 법을 배우는 초기 단계에 있는 유아들도 촉각, 소리, 강한 냄새 등의 다른 감각 정보가 시각 정보와 경쟁할 때 시각 정보에 시각적 주의를 유지하는 것이 어려울 수 있다. 교사는 CVI 아동에게 여러 감각 정보나 자극을 제시하면서 아동의 감각 정보의 수용 능력을 평가하고, 여러 감각 정보를 동시에 제공하지 말고 순차적으로 나누어 제공하는 것이 필요한지 확인할 필요가 있다. 많은 CVI 아동이 한 번에 1개의 물체를 제시할 때 물체를 시각적으로 더 쉽게 인식한다. 일부 CVI 아동은 물체를 시각적으로 보면서 동시에 다른 감각(청각, 촉각 등) 정보에 주의를 기울이지 못할 수도 있다. 예를 들어, 부모와 교사는 학습할 물체나 자료를 CVI 아동이 먼저 시각적으로 관찰할 시간을 주고, 시각적 주의와 관찰이 끝난 후에 구두로 설명하는 청각 정보를 제공하는 중재 방법이 필요할 수 있다. 마찬가지로, CVI 아동이 과제 활동에 시각적으로 참여하는 중에는 음식이나 칭찬 같은 보상을 자제하는 것이 필요할 수 있다. 교사는 또래가 처리할 수 있는 여러 감각 정보를 CVI 아동도 처리하도록 하려면 여러 감각 정보를 동시에 제공하지 말고 각각의 감각 정보를 순차적으로 제공하는 것이 필요할 수 있다.

여러 감각 정보가 혼재하는 복잡한 교실 환경에서
CVI 아동은 필요한 시각 정보에 주의를 기울이지 못할 수 있음

(4) '사람 얼굴의 복잡성으로 인한 어려움' 특성

CVI 아동은 사람의 목소리가 나는 곳으로 시선을 향하거나 사람의 얼굴을 바라보는 것처럼 보이지만, 그 사람의 얼굴을 제대로 인식하거나 눈 맞춤을 하는 데에 어려움을 보인다. CVI 아동의 기능시각 수준이 향상되면(즉, CVI I단계 → II단계 → III단계) 점차 사람들의 얼굴을 응시하고 구별하기 시작할 수 있다. CVI 아동의 경우, 다른 사람과 대면할 때 평소 자신과 매우 친숙한 사람들(가족, 친구, 치료사 등)에 대해서만 시각적 주의가 이루어지고 점차 눈 맞춤까지 할 수 있게 되지만, 눈 맞춤이 계속 유지되지 않고 짧게 끝나 버린다. CVI 아동은 적절한 중재가 이루어지면 거울 속의 자기 얼굴 이미지, 주변 사람과 친구의 얼굴을 인식하고 눈 맞춤을 할 수 있게 된다.

CVI 아동에게 거울을 제시할 때 유의할 점이 있다. CVI 아동이 거울을 보는 것을 좋아할 수 있지만, 거울에는 얼굴 이미지뿐만 아니라 주변 환경도 비치기 때문에 거울을 보는 CVI 아동에게 시각적 복잡성(시각적 배열의 복잡성)을 만들기도 한다. 또한 사람들의 얼굴은 우리가 생각하는 것보다 복잡한 요소들로 구성되어 있으므로, 많은

CVI 아동이 사람들의 얼굴을 인식하는 데 어려움을 보인다(Morse, 2006). 이로 인해 어느 정도 시기능이 개선되기 전까지는 거울에 비친 얼굴의 '세부사항(요소)'에 시각적 주의를 기울이지 못할 수 있다. CVI 아동이 거울을 바라볼 때 거울 속에 비친 자기 얼굴 이미지가 아닌 거울로부터 반사되는 '빛'을 응시하는 행동, 즉 거울 표면의 반짝이는 빛에 시각적으로 주의를 기울일 수 있다.

일부 CVI 아동은 눈 맞춤을 하는 것이 매우 어려울 수 있다. 어떤 부모들은 CVI 아동이 동생과 즐거운 시간을 보내지만, 동생을 똑바로 쳐다보지는 않는다고 말한다. 많은 CVI 아동이 사람들의 얼굴을 쳐다보는 것처럼 보이지만, 이러한 행위 자체가 사람들의 얼굴을 인식하고 해석하는 것으로 볼 수는 없다. CVI 아동은 실제로 사람들의 얼굴을 인식하지 않고, 그 사람의 머리카락, 체형, 키 등의 다른 특징을 이용해 누구인지 알아볼 수 있다. 부모가 예기치 않은 환경에 갑자기 나타나서 자녀에게 소리 내어 인사하지 않는다면 CVI 아동은 부모를 알아보지 못한다고 자주 보고된다. 사람 얼굴의 시각적 복잡성으로 인한 어려움은 CVI 아동의 사회적 기술 발달과 대인 관계 형성에 부정적인 영향을 줄 수 있다. CVI 아동의 얼굴 인식의 어려움은 '안면인식장애'와 다른 것이다. 안면실인증(prosopagnosia/face blindness) 또는 시각실인증(visual agnosia/inability to recognize objects)과 달리, CVI 아동의 사람 얼굴을 인식하는 능력은 적절한 중재로 개선될 수 있다. CVI 아동이 친숙한 얼굴과 낯선 얼굴을 어느 정도 인식하는지는 부모 면담, 아동 관찰, 직접 평가 등을 통해 확인할 수 있다. 지금까지 살펴본 '시각적 복잡성의 어려움' 특성은 학습 및 사회 활동에 커다란 영향을 미친다는 점에서 적절한 평가와 중재를 필요로 한다.

CVI 아동은 사람의 얼굴을 구별하는 데 시간이 걸리며, 상대방과 눈 맞춤에 어려움을 보임

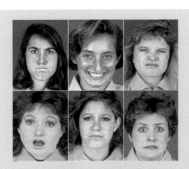

CVI 아동은 다양한 얼굴 표정을 인식하는 데 어려움을 보임

CVI 아동은 거울 속의 자기 이미지를
제대로 인식하지 못함

CVI 아동의 얼굴 인식 능력을 평가하기 위해
사진과 거울을 사용할 수 있음

여러 가지 얼굴 표정을 학습하기 위해 주변 배경을 가림

의학 사전 참조

- 안면실인증(prosopagnosia): 얼굴을 인식하지 못하는 증상이나 장애를 말한다. 장소나 물체에 대한 인식장애를 동반하는 경우가 흔하며 얼굴에 대한 인식장애만 국한되어 나타나는 경우가 많다. 대부분 하방 후두엽(inferior occipital lobe), 방추상회(fusiform gyrus), 혹은 전방 측두엽(anterior temporal lobe)의 손상에 의해 발생하며, 두부외상, 뇌졸중, 퇴행성 변화 등이 원인이 될 수 있다. 정상적인 안면 인식 능력을 가지고 있다가 이들 손상으로 그 능력을 상실하게 된다.
- 시각실인증(visual agnosia): 망막에서 후두엽의 시각전도로는 정상인데, 본 것을 인식하지 못하는 상태를 말하며, 시력은 보존하고 있으므로 형태와 색은 대답할 수 있어도 본 대상이 무엇인지 모른다. 유선령 이외에 후두엽 양측의 광범위한 손상으로도 발생할 수 있다.

6) '빛에 대한 요구(끌림)' 특성

많은 CVI 아동은 빛에 대한 비정상적인 끌림을 보일 수 있다. CVI 아동은 자연광이든 조명등이든 광원을 응시하는 데 오랜 시간을 보낼 수 있다. 단순히 '목적 없는 응시(non-purposeful gaze)'라는 표현이 CVI 아동의 빛에 대한 끌림 행동을 적절하게 설명하지 못한다. '목적 없는 응시'라는 표현은 실제로 바로 볼 대상이 없음에도 불구하고 시각적 고시를 하는 행동을 나타낸다. 그러나 CVI 아동의 경우, 대상(물체)이 아닌 빈 공간을 바라보는 것 같은 행동은 의도적인 반응일 수 있다. 여러 감각 정보가 동시에 제공되거나 배열이 복잡한 배경에 있는 상황에서, CVI 아동은 경쟁하는 청각 정보에 주의를 기울이려고 시각적으로 '타임아웃'을 선택할 수 있다. 때때로 CVI 아동은 일차적으로 선호하는 시각 자극으로 빛을 응시하거나 시각적으로 복잡한 환경을 바라보지 않으려는 회피 시도로 광원(빛)을 응시할 수 있다. CVI 아동에게는 시각적으로 압도되는 환경에서 광원(빛)을 보는 행동이 '시각적 안전지대'로서 역할을 할 수 있다.

'빛의 응시'와 관련하여 일부 CVI 아동은 '보기'와 '듣기'를 동시에 할 수 없기 때문에 목소리, 음악, 기타 환경 소음이 들릴 때마다 '빛' 또는 '빈 벽'으로 시선을 돌리기도 한다. CVI 아동이 시각 이외의 다른 감각을 사용하여 특정 정보를 받아들이거나 처리할 때 시각적 과제 수행에는 관심이 없는 것처럼 보일 수 있다. 빛에 대한 시각적 주의는 출생한 아기들의 정상적인 행동이지만, 영아기를 지난 CVI 아동의 빛에 대한 심오하고 지속적인 시각적 주의는 상당히 다른 것이다. 태블릿 기기 또는 라이트 박스 같은 백라이트(back light; 후광 조명) 모니터에 자료를 제시하는 방법은 CVI 아동의 자료에 대한 시각적 주의를 높이는 데 도움이 된다. '빛'이 CVI 아동의 시각적 주의에 영향을 주는 주요 요소라면, 의사소통, 소근육 운동, 문해, 일과 활동을 포함하여 학습 및 일상 활동에 시각적 주의와 시각 사용을 촉진하기 위한 환경 조성에 빛(조명)을 삽입하여 활용할 필요가 있다.

CVI 아동이 빛을 응시하는 행동이나 빛에 대한 끌림이 감소할 수는 있으나, 이들 특성이 완전히 해결되기는 어렵다. 빛에 대한 시각 특성을 주기적으로 평가하는 것이 필요하다. 빛에 대한 요구(끌림)와 관련된 행동 징후로 손전등 같은 밝은 광원이 CVI 아동의 시선을 가로질러 지나갈 때 방어적으로 눈을 감지 않거나 빛을 사용하면 아동이 대상의 세부사항(요소)을 구별하는 개선된 모습을 보이는 것이 있다.

58

빛이 나는 장난감

라이트 박스를 활용한 여러 가지 모양 및
동물의 모습과 특징 학습

라이트 박스를 활용한 입체 동물 학습

라이트 박스와 반투명 알파벳 글자 교구를
활용한 알파벳 학습

백라이트가 있는 그림상징 AAC

아이패드를 활용한 버스의 모습과 기능 학습
(선호하는 빨간색과 빛을 함께 활용)

CVI 아동의 빛에 대한 요구(끌림)를 평가하기 위해
빛을 여러 방향에서 제시하고 아동이 시각적 주의를
하는지 확인함

학습 자료에 빛을 비추어 CVI 아동의 시각적 주의를
촉진하는 장면: 아동이 물체를 살펴본 다음에
교사의 구두 설명을 시작함

7) '원거리 보기의 어려움' 특성

안구 시각장애 아동은 시력이 나빠서 원거리에 있는 물체를 알아보기 어렵다. 이와 달리 CVI 아동은 시력의 문제가 아니라 대상(물체)과의 거리가 멀어짐에 따라 주변 배경이 시야에 더 많이 들어오게 되고, 이로 인해 시각적 복잡성이 증가함으로써 배경으로부터 대상을 분리하여 인식하는 것이 어려워진다. '원거리 보기의 어려움' 특성이 있는 CVI 아동은 마치 고도 근시 아동처럼 행동하기도 하는데, 그 이유는 대상에 가까이 다가감으로써 시각적 복잡성을 줄이고자 하는 의도로 볼 수 있다.

'원거리 보기의 어려움' 특성으로 CVI 아동이 마치 고도 근시 아동처럼 행동하는 모습

'원거리-중간 거리-근거리'에서 목표 대상(빨간색 컵)을 바라볼 때 아동의 시야에 보이는 주변 배경의 복잡성이 감소함

'원거리 보기의 어려움' 특성은 앞서 살펴본 '시각적 복잡성' 특성과 밀접하게 관련되어 있다. 시각적 복잡성의 4가지 유형 중에 '시각적 배열의 복잡성' 유형에 어려움을 보이는 CVI 아동은 물체에 가까이 다가갈수록, 아동의 얼굴 가까이에 물체가 제시될수록 주변 배경이 시야에 적게 들어오기 때문에 배경으로 인한 시각적 복잡

성이 감소하게 된다. 따라서 원거리 보기에 어려움이 있는 CVI 아동은 시각적 복잡성과 혼란을 줄이기 위해 목표 대상에 가까이 다가가는 행동을 한다. 따라서 부모와 교사는 물체와 자료를 아동 가까이에 제시하는 것이 효과적인 중재 방법이 될 수 있다. 시각적 혼란이 없는 단순한 환경에서 물체를 제시하면 많은 CVI 아동이 보다 일반적인 거리에서 물체에 시각적으로 주의를 기울이고 알아볼 수 있다.

> Jin은 가족이 아무 말도 없이 다가올 때 누구인지 알아보지 못한다. 집에 있든, 학교에 있든, 외출 중이든, 누군가와 이야기를 시작하기 전까지는 누구인지 확신할 수 없다. 여름 방학에 Jin의 가족은 하얀 모래와 파란 해변이 있는 바닷가에서 시간을 보냈다. Jin이 모래와 바다를 보는 동안 약 50피트 떨어진 곳에 서 있는 어머니를 직접 손으로 가리키며 '엄마다'라고 말하는 것을 보고 가족들은 놀랐다. Jin이 먼 거리에서 엄마를 확인할 수 있었던 것은 주변 환경 조건이 적절하였기 때문이다. 엄마는 파란색 바다와 하얀 모래만 있는 단순한 배경에 서 있어서 시각적 복잡성으로 인한 시각적 방해 요소가 없었다. 따라서 Jin은 평소와 달리, 멀리 있는 엄마를 알아볼 수 있었다.

'원거리 보기의 어려움'과 '시각적 복잡성의 어려움'은 상호 연관성이 높은 CVI 특성들이다. 사람들의 얼굴을 알아보지 못하는 Jin의 문제는 CVI의 '시각적 복잡성의 어려움' 중 '사람 얼굴의 복잡성' 하위 특성으로부터 비롯되지만, Jin과 상대방 간의 거리가 변화함에 따라 시야에 보이는 다른 시각적 요소들(시각적 복잡성 수준)이 달라진다. CVI 아동이 바라보는 상대방 얼굴 주변의 시각적 '세부사항(요소)'이 많아질수록 '시각적 배경의 복잡성'이 증가하고, 이로 인해 주변 배경으로부터 상대방(얼굴)을 분리하여 확인하는 데 어려움이 커지게 된다.

8) '비전형적 시각 반사' 특성

많은 CVI 아동은 외부 요소로부터 눈을 보호하는 기능을 하는 '눈 깜박임 반사(visual blink reflex)'에 문제를 가지고 있다. 누군가가 안면을 접촉하거나 위협하는 행위를 할 때 눈 깜박임 반사가 일어나는지를 평가하여 확인할 수 있다. 일반적으로 모든 사람은 누군가가 자신의 콧대 근처를 건드리는 행위에 눈을 깜박이게 되지만, CVI 아동은 이러한 행위에 반응하지 않거나 지연된 눈 깜박임을 보인다. 또한 누군가의 손이 얼굴 주변을 빠르게 지나가면 다가오는 시각적 위협에 반사적으로

눈을 깜박이게 되지만, CVI 아동은 이러한 위협에 대한 반응으로 눈을 깜박이지 않
거나 눈 깜박임이 지연되어 나타난다. 눈 깜박임 반사는 양쪽 눈의 발달이 충분히
이루어진 시기에 가능하므로, 생후 6개월 미만의 영아에게는 이와 관련된 검사를
할 수 없다.

　이러한 눈 깜박임 반사의 문제가 CVI 아동의 학습에 직접 영향을 주는 것이 아니
기 때문에 '비전형적 시각 반사' 특성을 개선하기 위한 중재는 별도로 실시하지 않는
다. CVI 아동의 전반적인 기능시각이 개선되면 이들 반사 문제도 자연스럽게 개선
이 되기 때문이다(Roman-Lantzy & Lantzy, 2002-2017).

안면(콧대) 접촉에 따른 눈 깜박임 반사　　　　　시각적 위협에 따른 눈 깜박임 반사

9) '시각적 새로움의 어려움' 특성

　인간의 시각 시스템은 새롭거나 낯설거나 보편적이지 않은 대상(물체)에 자동적
으로 시각적 주의(호기심)를 하도록 되어 있다. 따라서 대상이 새로운 것일수록 시
각적으로 확인하려는 자연스러운 반응이 나타난다. Fantz(1964)는 유아의 시각적
주의는 새로운 이미지보다 친숙하고 반복되는 이미지에 시각적 주의가 감소한다
는 것을 확인하였다. Thompson, Fagan과 Fulker(1991)는 유아가 친숙한 대상보다
새로운 대상을 시각적으로 더 선호한다는 것을 확인하였다. Turk-Brown, Scholl
과 Chun(2008)은 새로운 대상과 친숙한 대상을 동시에 제시하면 인간은 새로운 대
상을 보다 선호한다고 하였다. 이처럼 '시각적 새로움(visual novelty)'에 대해 시각적
관심을 보이는 반응은 유아기에 시작되어 성인기까지 계속된다.

　큰 강당이 200명의 성인으로 가득 차 있다고 상상해 보자. 우리는 강당에 있는

200명을 개인이 아닌 '집단'으로 인식한다. 즉, 한 사람, 한 사람을 뚜렷한 시각적 대상으로 바라보지 않는다. 만일 이 강당에 검은색 망토와 반짝이는 흰색 옷을 입은 사람이 강당으로 들어오는 것을 상상해 보자. 강당에 있는 모든 사람은 혼자서 독특한 의상을 입고 들어오는 새롭고 낯선 이 사람을 쳐다보게 될 것이다.

그러나 많은 CVI 아동은 시각적 새로움을 좋아하지 않거나 새로운 것에 반응하지 않는 경향이 있다. 오히려 CVI 아동은 반복해서 보아 온 친숙한 대상을 보는 것을 선호하고, 새로운 대상을 시각적으로 무시하는(못 본 체하는) 것처럼 보인다. 이러한 CVI 아동의 시각적 주의를 유도하기 위해 새로운 대상이나 자극을 제시하려는 가족과 전문가들은 기대한 것과 다른 결과에 혼란스러움을 가질 수 있다. 이러한 시도는 CVI의 고유한 특성들에 대한 이해가 부족한 데서 비롯된다.

부모는 CVI 아동이 평소 좋아하는 물체를 구별하는 것을 관찰할 수 있다. CVI 아동이 친숙하거나 선호하는 물체는 보통 선호하는 색상이거나 시각적 복잡성 수준이 낮은 경우가 많다. 예를 들어, CVI 아동에게 새로운(처음 보는) 다감각 장난감(multisensory toy)을 제시하면 시각적으로 구별하거나 인식하지 못하지만, 평소 친숙한 빨간색 엘모 인형을 제시하면 쉽게 인식할 수 있다. 따라서 교사나 전문가는 CVI 아동에게 소개할 새로운 물체는 친숙한 물체와 공통되는 특징이 있는 물체로 선정하는 것이 도움이 될 수 있다.

교사는 CVI 아동에게 대상(물체)의 '두드러진 시각적 특징'을 정의해 주거나 알려 줌으로써 새로운 대상(물체)을 시각적으로 인식하고 확인하는 능력을 향상시킬 수 있다. 이처럼 대상의 '두드러진 특징'은 아동에게 소개할 새로운 이미지, 물체, 환경을 시각적으로 더 잘 인식하도록 돕는 열쇠가 될 수 있다. 예를 들어, 고양이는 '수염'과 '삼각형 모양의 귀'를 가진 동물로 시각적 특징을 정의할 수 있다. 고양이의 이러한 '두드러진 특징'이 모든 종류의 고양이를 '고양이'라고 확인하는 데 사용되는 필수 정보라면, CVI 아동도 이러한 시각적 특징의 일관성(공통성)에 기초하여 모든 종류의 고양이들을 고양이라고 알아볼 수 있을 것이다. 이와 같이 CVI 아동이 새로운 대상을 시각적으로 구별하고 인식하도록 대상의 '두드러진 시각적 특징'을 지도함으로써 새로운 대상을 인식하는 능력을 향상시킬 수 있다.

CVI 아동이 선호하는 단색 장난감:
빨간색 엘모 인형

CVI 아동이 '말(horse)'을 시각적으로
인식하도록 말의 두드러진 특징 중 하나인
말발굽을 빨간색으로 강조 표시한 자료

거북이를 인식하도록 거북이의 두드러진 특징인
등껍질을 노란색으로 강조 표시한 자료

10) '시각적으로 안내된 신체 도달의 어려움' 특성

많은 CVI 아동은 대상(물체)을 바라보면서 동시에 손을 뻗어 접촉하는 능력이 부족하다. Goodale(2014)은 이 현상을 '등쪽 시각 경로'와 '배쪽 시각 경로'의 기능 통합의 부족 때문이라고 설명한다. CVI 아동은 시각적으로 대상(물체)을 바라보고, 다시 시선을 다른 곳으로 돌린 후에 대상에 손을 뻗어 접촉하기도 한다. 많은 CVI 아동은 대상(물체)을 보는 행위와 손을 뻗어 접촉하는 행위가 동시에 이루어지는 것이 아니라 각각 분리되어 순차적으로 일어난다.

일반 아동은 물체를 바라보면서 동시에
손을 뻗어 물체를 접촉함

CVI 아동은 대상을 보면서 동시에 손을 뻗어
접촉하는 데 어려움을 보임

3. CVI와 안구 시각장애가 모두 있는 아동

일부 시각장애 아동은 안구 시각장애와 CVI(피질 시각장애) 모두를 가지고 있다. 아동이 안구 시각장애와 CVI 2가지를 모두 가지고 있거나 그러한 것으로 의심되는 경우, 시각장애 교육 전문가는 아동의 시각적 행동이나 문제가 '안구 시각장애'로 인한 것인지 또는 'CVI'로 인한 것인지를 구별하여 중재하는 것이 필요하다.

- 고도 근시, 원시, 시신경 장애, 백내장 등의 질환들은 CVI의 '시각적 복잡성의 어려움' 특성의 영향을 조기에 발견하지 못하도록 할 수 있다. CVI 아동이 '시각적 복잡성'으로 대상(물체)을 인식하지 못하는 것을 안구 시각장애 질환에 따른 '낮은(나쁜) 시력 문제'로 오인할 수 있다. 따라서 아동에게 안구 시각장애와 CVI가 모두 있다면, '시각적 복잡성'을 변화시켜 봄으로써 복잡성 수준에 따라 대상(물체)을 인식하는 능력에 변화가 있는지를 평가하는 것이 필요하다.
- 녹내장, 망막병증 등의 질환들은 CVI의 '특정 시야 선호' 특성의 영향을 조기에 발견하지 못하도록 할 수 있다. CVI 아동의 특정 시야 영역(방향)에 대한 선호가 안구 시각장애 질환에 따라 시야가 손상되어 잔존 시야를 활용하는 행위로 오해할 수 있다. 따라서 아동의 안구 시각장애 질환으로 인한 시야 손상 영역을 확인하는 것을 비롯하여 CVI의 '특정 시야 선호 특성'에 대한 평가도 병행할 필요가 있다.
- 안구 시각장애 질환들로 인한 낮은(나쁜) 시력은 CVI의 '빛에 대한 요구(끌림)' 특성의 영향을 조기에 발견하지 못하도록 할 수 있다. 안구 시각장애 질환에 따라 밝은 조명을 선호하는 아동이 있는데, 이것은 CVI의 '빛에 대한 요구(끌림)'와 혼동을 줄 수 있다.

중증의 안구 시각장애 아동의 경우, 안구 조직의 손상이 시각적 문제에 대한 논리적인 설명을 가능하게 할 수 있기 때문에 CVI가 제대로 진단되지 못하거나 진단 시기가 지연될 수 있다. CVI 아동의 경우, 현재 안구 조직 및 기능의 상태(안과에서의 눈 검사 결과)가 아동의 시각 특성이나 기능시각 문제를 제대로 설명하지 못한다. 예를 들어, 사시(양 눈이 정렬되지 않은 상태) 또는 1기 미숙아망막병증 질환이 있는 아동은 어느 정도 잔존 시각이 있기 때문에 '맹인(blind)'처럼 행동하지는 않는다. 그러나 이들 아동이 CVI와 관련된 뇌손상의 병력이 있고, 안구 시각장애가 현재의 기능시각 문제를 제대로 설명하지 못한다면 CVI가 원인일 수 있다.

따라서 아동이 안구 시각장애와 CVI 모두를 가지고 있을 때 조기 중재 팀 또는 교육 팀의 구성원으로 '안구 시각장애와 CVI 모두에 대한 지식과 경험이 있는 시각장애 특수교사'가 참여하는 것이 중요하다. CVI 아동의 고유한 10가지 시각 특성은 체계적인 중재 과정으로 점차 개선될 수 있다. 교사는 CVI 아동의 고유한 10가지 시각 특성의 존재 여부와 영향 정도를 정확하게 평가해야 하고, 이에 기초한 개인별 맞춤형 CVI 중재를 제공해야 한다. 아동의 CVI로 인한 시각 문제와 기능시각 사용 능력은 개선될 수 있다. 일부 CVI 아동은 또래의 기능시각 사용 수준에 근접할 수도 있으나, 완전히 정상적인 시각 수준으로 개선되기는 어렵다(Roman-Lantzy & Lantzy, 2010).

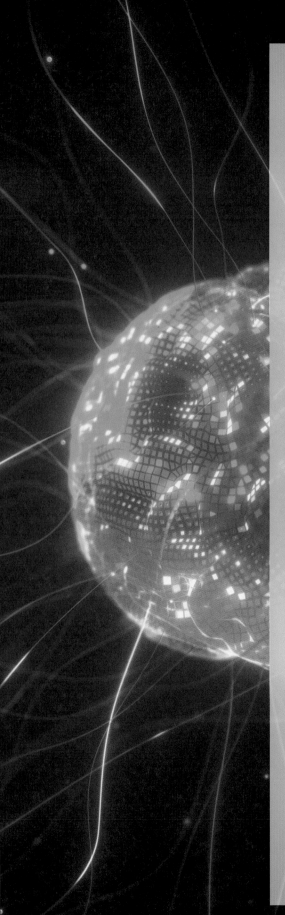

제3장

CVI 아동의 평가 방법
-'CVI Range' 평가 도구의 활용-

학습목표

• CVI 아동의 기능시각 평가 도구인 'CVI Range'를 이해한다.
• 'CVI Range'를 구성하는 평가척도들을 사용하여 평가한다.
• 'CVI Range' 평가 결과를 근거로 개별 아동의 CVI 진행 단계를 결정한다.

1. CVI 진단 · 평가 원리
2. 'CVI Range' 평가 도구 소개
3. 'CVI Range'의 평가 정보 수집
4. 'CVI Range'의 평가 방법과 채점
5. 'CVI Range' III단계 확대 평가: 문해 접근
6. CVI 아동을 위한 환경 고려사항
7. CVI 진전도 차트

1. CVI 진단 · 평가 원리

CVI(피질 시각장애) 아동의 중재를 위해 CVI가 아동에게 미치는 영향을 평가하는 것이 필요하다. 안구 시각장애 아동이라면 안구의 손상으로 시각 문제가 학교생활 및 학업 수행에 어떠한 영향을 미치는지를 확인하기 위해 '근거리 시력 평가, 원거리 시력 평가, 시야 평가, 시각–운동 능력 평가(대상을 시각적으로 따라가고 추적하는 능력), 색 지각, 대비감도 등의 시각 평가뿐만 아니라 시각적 어려움을 보상하기 위한 확대공통교육과정(Expanded Core Curriculum)'의 9가지 영역에 대한 평가도 실시하게 된다.

그러나 CVI 아동이라면 '시각에 영향을 미치는 신경학적 질환이나 뇌손상을 가지고 있는지, 만일 그렇다면 CVI의 고유한 10가지 시각 특성의 존재 여부와 영향 정도는 어떠한지'를 확인하는 평가를 실시해야 한다. CVI 아동의 평가는 안구 시각장애 아동의 평가와 커다란 차이가 있다.

교사가 아동의 CVI 여부를 확인하는 효과적인 방법은 〈표 3–1〉과 같이 CVI의 고유한 10가지 시각 특성이 아동에게 있는지를 평가하는 것이다. 이를 위한 대표적인 평가 도구가 'CVI Range'이다. 이 평가 도구는 CVI 아동을 위한 전문 기능시각 평가 도구로 알려져 있다.

〈표 3–1〉 CVI의 고유한 10가지 시각 특성

- 특정 색상 선호(color preference)
- 움직임에 대한 요구(need for movement)
- 시각적 (반응) 지연(visual latency)
- 특정 시야 선호(visual field preferences)
- 시각적 복잡성의 어려움(difficulties with visual complexity)
- 빛에 대한 요구(need for light)
- 원거리 보기의 어려움(difficulty with distance viewing)
- 비전형적 시각 반사(atypical visual reflexes)
- 시각적 새로움의 어려움(difficulty with visual novelty)
- 시각적으로 안내된 신체 도달의 어려움(absence of visually guided reach)

아동이 CVI의 고유한 특성들과 관련된 시각적 행동을 보이거나 뇌손상/신경학적 손상과 관련된 질환이 있어 CVI가 의심된다면 'CVI Range' 평가 도구를 사용하여 평가할 필요가 있다. 'CVI Range' 평가 도구를 사용하기 위한 기본 가정은 아동의 시각적 행동이나 문제가 일반적인 안구 시각장애 질환이나 병원의 안과 검사 결과로 설명할 수 없는 경우이다. 안구 시각장애 아동을 대상으로 하는 전통적인 기능시각 평가 도구들은 안구 조직의 손상이 아동의 기능시각에 미치는 영향을 조사하는 데 사용된다. 그러나 CVI는 본질적으로 안구 시각장애 질환과 다르기 때문에 CVI의 고유한 10가지 시각 특성과 그 영향을 평가하는 데 중점을 둔다. 따라서 CVI가 확인된 아동은 안구 시각장애 아동에게 사용하는 기능시각 평가 도구 대신에 'CVI Range'를 사용해 평가해야 한다.

안구 시각장애 아동과 CVI 아동 모두는 기능시각 평가를 실시하기 전에 안과 정밀 검사를 받아야 한다. 안과 의사는 눈의 건강 상태, 굴절 이상 여부, 시각 문제를 설명할 수 있는 안질환의 진단 등을 객관적으로 검사할 수 있다. 시각장애가 의심되는 아동이 신경학적 손상이나 관련 질환이 있을 경우, 시각장애 여부는 물론이고 CVI 여부도 검사할 것을 권장한다. CVI를 유발하는 관련 질환이 있는 아동의 경우, 안구 시각장애도 수반하고 있는지 또는 안구 시각장애로 설명할 수 없는 다른 시각 문제가 있는지, CVI로 진단되었는지 등을 확인해야 한다. 아동이 안구 시각장애와 CVI 모두를 가지고 있더라도, 현재 아동이 보이는 기능시각 문제가 안구 시각장애 질환으로 설명하지 못한다면 'CVI Range'를 사용하여 평가를 하는 것이 필요하다. 〈표 3-2〉는 CVI와 안구 시각장애 간의 '기능시각 평가의 차이점'을 요약한 것이다.

2013년 펜실베이니아 주립맹학교는 안구 시각장애 아동과 CVI 아동 그룹 간에 'CVI Range' 평가 점수의 차이가 있는지를 연구하였다. 3명의 전문 평가자가 'CVI Range'를 사용하여 45명의 아동을 평가하였다. 평가 점수는 두 그룹 간에 통계적으로 유의한 차이가 나타났고, CVI 아동 그룹만이 CVI 아동에게 나타나는 점수의 경향을 보였다. 안구 시각장애 아동은 모두 0점이나 10점을 받았는데, 이러한 점수는 CVI 아동에게 나타나지 않는 점수의 경향이다. 여러 연구에서 'CVI Range' 평가 도구가 CVI 아동의 기능시각을 평가하기 위한 타당한 도구임이 입증되었다.

〈표 3-2〉 안구 시각장애와 CVI(피질 시각장애)의 기능시각 평가 영역 차이

※ 교육적 관점에서 기능시각 평가 요소를 제시한 것으로, 안과 의사에 의한 의학적 검사 요소는 포함하지 않음

기능시각 평가 요소	시각장애 유형		
	안구 시각장애 (Ocular VI)	피질 시각장애 (Cortical VI)	안구 시각장애 + 피질 시각장애
시력	• 근거리 시력과 원거리 시력 평가를 실시함	• 시력이 CVI 아동의 시기능에 영향을 미치지 않으므로, 시력 평가를 하지 않아도 됨	• 안구 시각장애 질환에 따라 시력 평가를 실시함
시야	• 시야 평가를 실시함	• 일반적으로 '수정된 대면법'을 사용하여 시야 평가를 실시할 수 있음	• 시야 평가를 실시함
시각 운동성 (안구 운동)	• 안구 시각장애 질환에 따라 안구 운동 평가를 실시함	• 평가하지 않음	• 안구 시각장애 질환에 따라 안구 운동 평가를 실시함
조명	• 아동이 선호하는 조명의 유형, 조명 위치, 조도(밝기)의 평가를 실시함	• 빛이 아동의 시각적 주의를 끌거나 방해하는지 여부와 정도에 대한 평가를 실시함	• 안구 시각장애와 CVI와 관련하여 조명과 빛에 대한 여러 평가를 실시함
대비감도	• 대비감도 평가를 실시함	• 평가하지 않음	• 안구 시각장애 질환에 따라 대비감도 평가를 실시함
색상	• 안구 시각장애 질환에 따라 색 지각 능력 평가를 실시함	• 시각적 주의를 시작하거나 유지하기 위해 아동이 선호하는 색상과 요구에 대한 평가를 실시함	• CVI로 인한 특정 색상에 대한 선호 평가를 실시함 • 안구 시각장애 질환에 따라 색 지각 평가를 실시함
움직임에 대한 요구(끌림)	• 평가하지 않음	• '움직임에 대한 요구' 특성의 여부에 대한 평가를 실시함	• CVI로 인한 움직임에 대한 요구(끌림) 여부 평가를 실시함
시각적 (반응) 지연	• 평가하지 않음	• 시각적으로 지연된 반응의 여부와 지연되는 시간의 길이에 대한 평가를 실시함	• CVI로 인한 시각적 (반응) 지연 여부에 대한 평가를 실시함
시각적 복잡성의 영향	• 평가하지 않음	물체 표면의 복잡성, 배열의 복잡성, 감각 환경의 복잡성, 사람 얼굴의 복잡성의 4가지 하위 유형의 복잡성으로 인한 어려움 여부와 영향 정도에 대한 평가를 실시함	• CVI로 인한 시각적 복잡성의 어려움 여부와 정도에 대한 평가를 실시함 • CVI의 '시각적 복잡성의 어려움' 특성과 혼동을 줄 수 있는 안구 시각장애 질환이 있는지를 확인함

원거리 보기	• 원거리 시력 평가를 실시함	• 환경의 복잡성과 환경의 친숙성에 따른 원거리에서 대상을 보는 능력의 차이에 대한 평가를 실시함	• CVI와 안구 시각장애 모두를 고려하여 원거리 보기 능력에 대한 여러 평가를 실시함
비전형적 시각 반사	• 평가하지 않음	• 눈 깜박임 반사 및 시각적 위협 대응 반사 여부에 대한 평가를 실시함	• CVI로 인한 비전형적 시각 반사 여부에 대한 평가를 실시함
시각적 새로움의 영향	• 평가하지 않음	• 새로운(처음 보는) 대상이나 정보가 아동의 시각적 주의 및 해석에 영향을 주는지 평가를 실시함	• CVI로 인한 시각적 새로움의 어려움 여부에 대한 평가를 실시함
시각 운동 기술	• 눈과 손 협응 또는 일부 안구 시각장애 질환과 관련하여 심도 지각 평가를 실시함	• 일반적인 시각 운동 기술 평가를 실시하지 않음. 대신, 아동이 대상을 보고, 고개를 다른 쪽으로 돌린 다음, 대상에 손을 뻗어 접촉하는 행위 여부에 대한 평가를 실시함('시각적으로 안내된 신체 도달의 어려움' 특성을 평가함)	• CVI로 인한 시각적으로 안내된 신체 도달의 어려움 여부에 대한 평가를 실시함 • 안구 시각장애 질환에 따라 시각 운동 기술에 대한 평가를 실시함

2. 'CVI Range' 평가 도구 소개

'CVI Range'는 CVI 아동을 교육적으로 진단하고 기능시각을 평가하기 위해 개발된 도구로, CVI의 고유한 10가지 시각 특성이 기능시각에 미치는 영향의 정도를 결정할 수 있다. 'CVI Range'의 평가 대상은 생후 9개월 이상의 영아부터 성인까지 폭넓게 사용할 수 있다.

'CVI Range' 평가에 따라 결정되는 'CVI의 범위(CVI Range)'는 대상을 시각적으로 전혀 감지할 수 없는 기능시각 수준인 'CVI Range 0(점)'부터 또래의 전형적인 기능시각 수준인 'CVI Range 10(점)'까지 나타낼 수 있다. 따라서 'CVI Range'의 평가를 통해 CVI 아동의 현재 기능시각의 사용 수준(레벨)이 연속선상(0~10)의 어디쯤에 위치해 있는지 확인할 수 있다(〈표 3-13〉 참조). 만일 아동이 안구 시각장애와 CVI

가 모두 있다면 'CVI Range' 평가 도구와 전통적으로 안구 시각장애 아동에게 사용하는 기능시각 평가 도구 모두를 사용할 필요가 있다.

　'CVI Range'는 크리스틴 로만 박사의 CVI 아동에 대한 연구 및 경험의 성과로서, 신뢰성과 타당성이 모두 검증된 도구이다. 'CVI Range'는 CVI가 의심되거나 CVI로 진단된 아동의 CVI 중증 정도(영향 정도)를 평가한다. 'CVI Range'는 2가지 평가척도로 구성되어 있다. '평가척도 I(Rating I)'과 '평가척도 II(Rating II)'의 평가 점수는 CVI 아동의 기능시각 수준을 의미하는 'CVI 범위(CVI Range 0~10)'를 나타낸다.

- 평가척도 I: CVI의 고유한 특성들의 전반적 평가(Across-CVI Characteristics Assessment Method)가 목적이며, CVI가 아동의 '기능시각 사용을 방해하는 전반적인 영향 정도'를 점수로 산출한다.
- 평가척도 II: CVI의 고유한 특성들의 개별 평가(Within-CVI Characteristics Assessment Method)가 목적이며, CVI의 고유한 10가지 개별 특성(각각의 특성)이 아동의 '기능시각에 미치는 영향 정도'를 점수로 산출한다.

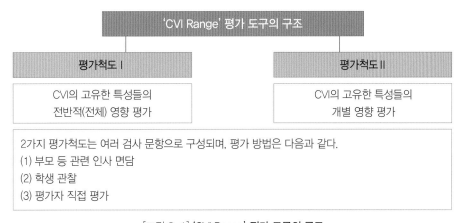

[그림 3-1] 'CVI Range' 평가 도구의 구조

　'CVI Range' 평가 도구는 ① CVI의 고유한 시각 특성의 존재 여부, ② CVI의 10가지 개별 특성이 아동에게 미치는 영향 정도를 평가하며, 이를 통해 교사는 CVI 아동의 교육적 요구와 중재 방법을 결정할 수 있다. 'CVI Range'의 '평가척도 I'과 '평가척도 II'의 평가를 모두 완료하면 아동의 'CVI 영향 정도'인 CVI 범위(CVI Range)를 확인할 수 있다. 〈표 3-3〉은 'CVI Range'의 이론적 근거를 요약하고 있다.

〈표 3-3〉 'CVI Range'의 이론적 근거

'CVI Range' 사용의 이론적 근거는 다음과 같다.

- 'CVI Range' 평가 도구는 CVI 아동의 강점과 요구를 설명할 수 있다. CVI 아동은 지적 능력, 운동 능력, 언어 능력, 사회적 능력이 다르지만, 모든 CVI 아동의 기능시각은 CVI의 고유한 10가지 특성에 영향을 받는다.
- 'CVI Range'는 신뢰성과 타당성을 갖춘 도구이다. CVI 범위인 'CVI Range 0~10'의 연속선 상의 위치로 CVI 영향 정도를 확인한다.
- 'CVI Range' 평가 결과로 점수가 산출되며, 이를 통해 아동의 CVI 진행 단계(CVI I-II-III) 와 CVI 레벨(level)을 결정한다.
- 'CVI Range'의 평가 결과는 CVI 아동의 기능시각 사용 능력을 설명하는 데 활용된다.
- 'CVI Range'의 평가 점수는 CVI 아동의 개인별 맞춤형 중재를 위한 환경이나 자료의 수정 정도와 방법을 결정하는 데도 사용한다.
- 'CVI Range'는 CVI 아동의 요구를 고려해야 하는 부모와 교사에게 CVI를 보다 정확하게 이해하고 협업할 수 있는 통일된 언어 수단을 제공한다. 예를 들어, CVI 아동인 '홍길동'의 'CVI Range' 평가 점수가 4~4.5점이라면, 'CVI Range' 평가 도구를 알고 있는 사람들은 '홍길동'에 대한 CVI 영향 정도를 예측하고, 'CVI II단계 초기'에 위치해 있다는 것을 알 수 있다.

'CVI Range' 평가 양식은 평가척도 I과 평가척도 II의 평가 결과를 한곳에 기록한 다(〈표 3-13〉 참조). 'CVI Range' 평가 양식을 완성하면, 교육 팀은 'CVI 진전도 차트 (CVI Progress Chart)'에 아동의 기능시각에 대해 확인한 모든 정보를 요약할 수 있다 (〈표 3-24〉 참조). 그다음으로 'CVI Range' 평가 결과를 근거로 개별 CVI 아동에게 적합한 맞춤형 중재 계획을 세우게 된다. 'CVI Range' 평가 도구는 '평가 점수'에 따라 적합한 중재를 제공하도록 설계되어 있다. 따라서 개별 CVI 아동의 요구에 적합한 맞춤형 중재 방법과 프로그램을 개발하려면 'CVI Range'의 정확한 평가가 이루어져야 한다.

이 장에서는 'CVI Range'의 2가지 평가 영역인 '평가척도 I'과 '평가척도 II'의 평가 실시와 해석 방법을 자세히 다루고 있다. 평가척도 I과 평가척도 II는 'CVI의 존재 여부'와 'CVI 10가지 개별 특성의 영향 정도'를 평가하는 도구로, 개별 CVI 아동의 기능시각 사용 능력과 시각 문제에 대한 종합적인 정보와 이해를 제공할 수 있다. 또한 'CVI Range' 평가로 산출되는 CVI 범위인 'CVI Range 0~10'은 개별 CVI 아동의 기능시각 수준이 CVI 3가지 단계(CVI I단계-II단계-III단계) 중 어느 단계에 위치하는지를 나타낸다.

그리고 'CVI 진전도 차트'는 아동의 CVI의 고유한 특성들에 관한 요약 정보를 제공한다. 특히 CVI Ⅲ단계 아동을 위한 'CVI Ⅲ단계 확대 평가 차트(Phase Ⅲ Extension Chart)'는 문해 기술 발달과 교육에 필요한 추가 정보를 확인하기 위한 심층 평가 도구이다.

3. 'CVI Range'의 평가 정보 수집

'CVI Range'의 '평가척도 I'과 '평가척도 II'는 3가지 방법으로 정보를 수집하여 평가할 수 있다.

〈표 3-4〉 'CVI Range' 검사 문항의 평가 방법

면담 평가 (I: Interview)	관찰 평가 (O: Observation)	직접 평가 (D: Direct assessment)
• 부모, 교사, 교육보조원 등 아동과 관련된 인사와의 면담을 통해 정보를 수집하여 검사 문항을 평가함 • 부모 대면 면담을 가장 중시함	• 아동의 생활 및 학습 환경 모두에서 아동을 관찰하며 정보를 수집하여 검사 문항을 평가함	• 평가자가 아동을 직접 대면하여 검사 문항을 평가함

면담 평가, 관찰 평가, 직접 평가 방법을 사용하여 CVI가 의심되거나 CVI로 진단된 아동의' CVI 고유한 10가지 특성의 존재 여부와 영향 정도'를 결정한다. 'CVI Range' 평가를 실시하기 전에 아동이 'CVI의 3가지 진단 기준(diagnostic criteria)'에 해당하는지를 확인한다.

CVI의 3가지 진단 기준
1. 안과 검사 결과가 아동의 현재 시기능 특성이나 문제를 적절히 설명하지 못한다. 2. 아동이 CVI의 원인과 관련된 의학적·신경학적 병력이나 질환이 있다. 3. 아동이 CVI의 고유한 10가지 시각 특성을 가지고 있다.

1) 면담 평가

CVI 평가를 시작하는 중요한 첫 번째 단계가 CVI 아동의 부모 및 가족 구성원들과의 면담이다. 면담 평가는 다른 평가 방법보다 먼저 실시하는 것이 좋다. 부모는 CVI 자녀의 시각 특성이나 행동에 대한 가장 중요하고 신뢰할 만한 정보 제공자로, 누구보다도 아동에 대해 잘 알고 있음을 기억해야 한다. CVI 아동이 가족과 생활하는 가정환경에서 보여 주는 시각적 행동의 양상은 'CVI Range'를 평가하는 중요한 정보가 된다.

부모 면담은 직접 만나서 하는 대면 평가 방식이 바람직하고, 부모 면담을 아동과 관련된 다른 인사의 면담으로 대체해서는 안 된다. CVI 아동의 평가자는 부모, 담임교사 등과의 면담 내용에 'CVI의 고유한 시각 특성'을 파악할 수 있는 질문을 포함해야 하고, 면담 전에 면담 질문을 숙지해야 한다. 이러한 면담 질문으로 특정 색상 선호, 움직임에 대한 요구(끌림), 시각적 (반응) 지연, 원거리 보기의 어려움 등의 CVI의 고유한 특성들에 관한 정보를 수집할 수 있다. 아직 아동이 의료기관에서 CVI 진단을 받지 않았더라도, 아동이 'CVI의 고유한 시각 특성'을 가지고 있는 것이 확인된다면 CVI의 진단에 도움이 되는 이들 정보를 의사에게 제공할 수 있다.

〈표 3-5〉 면담 질문 문항의 예

- 아이의 병력이나 질환(의학적 배경)에 대해 이야기해 주세요.
- 아이의 안과 검사 결과의 주요 내용을 이야기해 주세요.
- 아이에 대해 우려하거나 걱정되는 것이 있다면 이야기해 주세요.
- 아이가 평소 무엇을 보는 것을 좋아하나요?
- 아이가 특정 색상 또는 특정 색상의 물체를 좋아하는 것처럼 보이나요?
- 아이는 주변 환경에 시각적 관심이나 시각적 주의를 보이나요? 어떠한 대상(물체)을 자주 바라보나요?
- 아이가 거울에 비친 자기 얼굴 이미지 또는 주변 사람들의 얼굴을 응시하고, 누구인지 알아보나요?
- 아이가 정지된 물체보다 움직이는 물체를 더 잘 인식하나요?
- 아이가 물체를 제대로 바라보지 않고 마치 '물체를 관통하여 멍하니 바라보는' 것처럼 보이나요?
- 아이가 평소 물체나 사람을 알아볼 수 있는 거리가 어느 정도인가요?

2) 관찰 평가

아동이 병원에서 CVI로 진단되거나 부모 면담 결과 CVI가 의심이 된다면 아동의 생활 및 학습 환경에서 아동을 관찰할 필요가 있다. 아동과 만나서 함께 활동하는 내내 관찰 가능한 모든 정보를 수집해야 한다. 아동을 관찰하는 환경은 부모나 교사가 특별히 인위적으로 수정을 하지 않은 자연스러운 환경이어야 한다. CVI 아동에 대한 관찰은 아동의 기능시각에 대한 정보 수집과 이해에 도움이 된다. 예를 들어, 음악 활동처럼 시끄러운 상황에서 아동이 빛이나 조명등을 응시하는 행동이 관찰되는 데 반해, 조용한 상황에서는 빛이나 조명등을 응시하는 행동이 관찰되지 않는다면, 이러한 차이가 CVI의 고유한 10가지 시각 특성 중 하나인 '감각 환경의 복잡성으로 인한 어려움' 특성에 의한 것으로 볼 수 있다. 평가자는 다양한 환경과 상황에서 아동의 시각적 행동을 관찰해야 한다.

〈표 3-6〉 아동 관찰 항목의 예

- 조용한 시간과 시끄러운 시간에 아동의 시각 사용과 관련된 행동을 관찰한다.
  ⇒ CVI의 '감각 환경의 복잡성' 특성
- 근거리 활동과 원거리 활동에서 아동의 시각 사용과 관련된 행동을 관찰한다.
  ⇒ CVI의 '원거리 보기의 어려움' 특성
- 친숙한 물체와 새로운(낯선) 물체를 제시하는 상황에서 아동의 시각 사용과 관련된 행동을 관찰한다.
  ⇒ CVI의 '시각적 새로움의 어려움' 특성
- 복잡한 배경과 단순한 배경에 물체를 제시하는 상황에서 아동이 시각 사용과 관련된 행동을 관찰한다.
  ⇒ CVI의 '시각적 배열의 복잡성' 특성
- 움직임이 있는 물체와 정지된 물체를 제시하는 상황에서 아동의 시각 사용과 관련된 행동을 관찰한다.
  ⇒ CVI의 '움직임에 대한 요구(끌림)' 특성

그리고 평가자는 CVI 아동을 관찰할 때 아동이 다음의 시각적 행동을 보이는지에 중점을 둔다.

〈표 3-7〉 **아동 관찰의 중점 사항**

- 특정 색상의 물체에 대한 시각적 관심이나 시각적 주의가 관찰된다.
- 빛을 응시하거나 빈 공간을 고시하는 것이 관찰된다.
- 움직이거나 빛이 반사되는 물체에 시각적 주의를 하는 것이 관찰된다.
- 개수가 적은 물체와 모양이 비슷한 물체에 시각적 관심과 주의를 하는 것이 관찰된다.
- 시각적으로 어수선하고 복잡한 환경을 피해 다른 곳(방향)으로 시선을 돌리는 것이 관찰된다.
- 음악 소리나 사람들의 대화 소리가 나는 시끄러운 장소를 피해 다른 곳(방향)으로 시선을 돌리는 것이 관찰된다.
- 주변 환경에 시각적 호기심을 보이지 않는 것이 관찰된다.
- 또래보다 더 가까운 거리에서 물체와 자료를 바라보는 것이 관찰된다.
- 일관되게 특정 방향으로 머리(고개)를 돌려 보는 것이 관찰된다.
- 다른 사람을 마주보며 이야기나 상호작용을 하지 않는 것이 관찰된다.
- 태블릿 기기, 컴퓨터, 텔레비전 같은 백라이트(후광 조명)가 있는 화면(모니터)에 시각적 관심과 주의를 보이는 것이 관찰된다.
- 생활환경에서 돌아다닐 때, 방향을 잃거나 혼동하는 것이 관찰된다.
- 하측(아래쪽) 시야 영역(방향)에 있는 물체, 계단, 단차 등을 확인하지 못하는 것이 관찰된다.
- 새롭고 복잡하고 시끄러운 환경에서 활동하거나 이동할 때 지나치게 조심하거나 불안해하는 모습이 관찰된다.

3) 직접 평가

직접 평가(direct assessment)는 아동에게 CVI의 고유한 10가지 시각 특성을 확인할 수 있는 시각 자극을 제시하고, 아동의 반응을 확인하여 평가하는 것이다. 평가자가 아동의 시각적 잠재력을 정확하게 확인하려면 아동이 최상의 시각적 수행을할 수 있는 환경을 조성해야 한다. 면담 평가와 관찰 평가에서 확인된 복잡한 배경이나 다른 감각 자극(정보) 같이 아동의 시각 사용 능력을 방해할 수 있는 모든 요소는 평가 환경에서 차단할 필요가 있다. 평가자는 아동에게 적합한 환경 및 수정된자료를 제공함으로써 CVI 아동이 최적 조건에서 자신의 시각을 얼마나 잘 사용할수 있는지를 평가해야 한다. 〈표 3-8〉은 CVI의 고유한 시각 특성들을 직접 평가하기 위한 제안이다.

3. 'CVI Range'의 평가 정보 수집

〈표 3-8〉 CVI의 고유한 10가지 특성의 '직접 평가' 제안(추천)

다음은 아동에 대한 CVI의 고유한 10가지 특성의 영향을 평가하기 위한 자료와 절차를 제안한다.

① '특정 색상 선호' 특성
아동이 선호하는 색상의 물체와 그렇지 않은 색상의 물체를 제시했을 때 아동의 시각적 반응을 비교한다. 아동이 선호하는 단색의 물체를 시각적으로 더 잘 인식하는지 확인한다.

② '움직임에 대한 요구(끌림)' 특성
아동이 선호하는 색상의 물체를 테이블에 놓아둘 때와 동일한 물체를 움직이면서 제시할 때 아동의 시각적 반응이나 시각적 주의를 비교한다. 아동이 움직이는 물체에 시각적 주의를 나타내지 않는 경우(조용히 있거나 눈을 뜨고 가만히 있음, 즉 움직이는 물체를 향해 몸이나 고개를 돌리거나 눈 맞춤을 하지 않음), 마일러 재질의 털뭉치(pom-pom)와 바람개비처럼 빛을 반사하는 속성으로 움직이는 것처럼 보이는 물체를 사용할 수 있다.

마일러 재질의 털뭉치   마일러 재질의 바람개비

③ '시각적 (반응) 지연' 특성
아동에게 친숙한 물체와 새로운(처음 보는) 물체를 제시할 때 이들 물체를 시각적으로 인식(반응)하는 데 걸리는 시간을 기록하여 비교한다. 또한 시각적 (반응) 지연이 언제 자주 일어나는지, 즉 어떤 조건이나 자료 유형에서 시각적 (반응) 지연이 일어나는지를 기록한다.

④ '특정 시야 선호' 특성
아동이 무언가를 바라볼 때 선호하는 시야 영역(방향)을 기록한다. 우측 시야, 좌측 시야, 상측 시야, 하측 시야 영역(방향)에 물체를 제시한다. 아동이 교사가 제시한 물체의 세부사항(요소)을 보기 위해 고개를 돌려 물체와 눈 맞춤을 하는지 기록한다.
컬러 조명(필요에 따라 선호하는 색상의 불빛 사용)이 있는 대상(물체)을 아동의 뒤에 서서 우측, 좌측, 상측, 하측 방향으로 움직이며 검사하는 '수정된 대면법'을 사용하여 아동이 빛이 있는 방향으로 시선을 돌리는지 기록한다.

컬러 조명봉

컬러 조명봉

⑤ '시각적 복잡성의 어려움' 특성

- '물체 표면(외형)의 복잡성으로 인한 어려움' 여부를 평가하기 위해 단일 색상(아동이 선호하는 색상 사용)의 물체를 먼저 제시하고, 그다음 2가지 색상이 섞여 있는 물체, 그다음 3가지 색상이 섞여 있는 물체, 마지막으로 복잡한 패턴(무늬)이 있는 물체를 제시한다.
- '시각적 배열의 복잡성으로 인한 어려움' 여부를 평가하기 위해 다양한 복잡성 수준의 배경에 작은 대상(시리얼 크기 또는 2.5cm 이하)을 제시한다. 아동에게 가장 적합한 복잡성 수준의 배경을 결정하기 위해 정보량이 점진적으로 많아지거나 적어지는 배경에 2차원 대상(이미지)을 제시한다.

단순한 배경에서 오리 찾기

복잡한 배경에서 오리 찾기

- '사람 얼굴의 복잡성으로 인한 어려움'은 아동에게 거울을 주고 거울 속에 비친 자기 얼굴 이미지와 눈 맞춤을 하는지를 평가한다. 또한 남성과 여성의 얼굴 이미지를 제시하고 남자와 여자를 구별하는지 확인한다.

⑥ '빛에 대한 요구(끌림)' 특성

창문의 빛 응시

빛이 나는 물체 응시

백라이트 사용 유무에 따른 물체와 그림 인식 능력 비교

아동을 자연광이나 조명등 근처에 자리 배치를 한다. 은은한 조도 조명과 높은 조도 조명 간에 아동의 빛 응시(light-gazing) 행동을 비교한다. 아동이 빛에 시각적 주의를 기울이는지 평가할 때 방의 전체 조명의 밝기를 낮추는 것이 필요할 수 있다. 또한 백라이트(후광 조명)가 있을 때와 없을 때의 과제 수행 능력에 차이가 있는지 비교한다.

⑦ '원거리 보기의 어려움' 특성
아동에게 친숙한 물체를 단색 배경에 제시한다. 아동이 이들 물체를 찾거나 고시할 수 있다면 점진적으로 배경의 복잡성 수준을 높이면서 물체의 크기도 감소시킨다. 좀 더 복잡하고 새로운(낯선) 환경에 이들 물체를 제시한다. 아동이 이들 물체를 찾을 수 있는 거리, 시야 영역(방향) 등을 확인하여 기록한다.
그다음으로 친숙한 물체와 새로운 물체를 모두 사용하여 평가하고 비교한다. 평가자는 아동에게 물체를 제시할 때 물체의 이름을 말하지 않는다. 예를 들어, '여기에서 장난감을 모두 찾아 보아라.' 같은 표현으로 지시한다. 평가자가 물체의 이름을 말하면, 아동이 물체를 찾는 데 '시각적-인지적 도움(visual-cognitive support)'을 주게 되어 평가의 신뢰도가 낮아질 수 있다.

⑧ '비전형적 시각 반사' 특성
눈 깜박임 반사와 시각적 위협 반사 여부를 2~3회 연속하여 평가한다. 평가자가 아동의 안면(콧대)을 손으로 접촉하거나 위협하는 행동을 지나치게 많이 반복하면 아동의 눈 깜박임 반사가 자동적으로 줄어들 수 있음을 유의한다.

⑨ '시각적 새로움의 어려움' 특성
아동에게 친숙한 물체와 새로운 물체를 제시할 때 시각적 반응이나 시각적 주의에 차이가 있는지 비교한다. 먼저, 시각적으로 단순한 물체부터 시작한다. 아동을 새로운 교실이나 환경으로 데려가서 새로운 환경을 시각적으로 조사하고 탐색하려는 행동(시각적 호기심)을 보이는지 관찰한다. 아동에게 동물 그림 세트, 물체 세트를 주고, '소' '개' 같이 같은 동물에 해당하는 다양한 모습의 동물 그림을 찾거나 분류할 수 있는지 기록한다. 이러한 활동은 CVI 아동이 동물 종류에 따른 '두드러진 특징'을 시각적으로 구분하고 인식할 수 있는지 평가한다.

⑩ '시각적으로 안내된 신체 도달의 어려움' 특성
아동이 상지 운동 기능의 문제가 없다면, 단순한 배경에 친숙한 물체와 친숙하지 않은 물체를 하나씩 놓고, 아동이 물체를 바라보면서 동시에 손을 뻗어 물체를 접촉하는지 비교한다. 아동이 성공한다면 좀 더 복잡한 배경에 물체를 놓고 동일하게 반복 평가한다.

〈표 3-9〉는 CVI를 평가하는 데 유용한 물건이나 재료를 제안하고 있다.

〈표 3-9〉 **CVI 평가 용품 제안(추천)**

다음은 CVI 아동의 'CVI Range' 평가, 즉 기능시각 평가를 위한 도구 세트에 포함할 만한 물체와 재료를 제안하고 있다.

- 아동이 평소 좋아하는 장난감
- 아동이 일상에서 사용하는 단색 용품(단색의 컵, 숟가락, 칫솔 등)
- 시리얼 또는 다른 간식류(과일 루프, 빨간 감초, 바나나 등)

과일 루프

빨간 감초

- 단색의 슬링키(반투명 슬링키는 손전등이나 라이트 박스와 함께 사용하면 아동의 시각적 끌림을 더 많이 유도할 수 있음)
- 흑백 장난감이나 물체

슬링키

발광 슬링키

흑백 장난감

- 빛이 반사되는 속성의 재료와 물체(마일러 풍선, 마일러 털뭉치, 셰이커 등)

마일러 재질의
풍선

마일러 재질의
털뭉치

금속 재질의
셰이커

- 거울
- 매달아서 움직이는 물체(모빌 종류, 바람양말, 바람개비, 고무줄에 매단 풍선 등)

바람양말

끈을 매단 공

바람개비

- 검은색 보드(단순한 배경을 제공하기 위한 검은색 펠트나 천으로 마감한 보드 등)

삼중 접이식 수직 보드

- 라이트 박스와 투명/반투명 컬러 물체(반투명 컬러 페그, 반투명 컬러 도형 등)

라이트 박스와 반투명 도형

라이트 박스와 반투명 페그

- 컬러 캡이나 필터를 부착한 조명

조명용 컬러 캡

조명용 컬러 필터

- 복잡성이 증가하는 배경을 위한 직물[검은색, 2색, 3색 이상의 패턴(무늬)이 있는 천이나 매트 등]

여러 가지 색상과 무늬의 직물(천)

- '시각적 배열의 복잡성'이 증가하는 그림 카드 교구

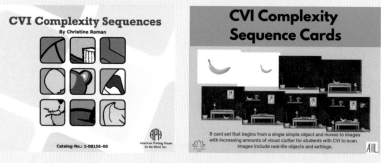

CVI 복잡성 평가 및 훈련 카드

- 얼굴 그림 카드와 앱(남자와 여자 얼굴, 다양한 얼굴 표정 등)

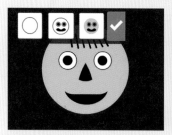

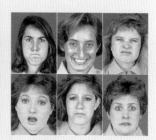

CVI 얼굴 인식 훈련 앱   CVI 얼굴 인식 그림 카드   얼굴 표정 인식 사진 자료

4. 'CVI Range'의 평가 방법과 채점

'CVI Range'는 CVI 아동에게 공통적으로 나타나는 고유한 10가지 특성[특정 색상 선호, 움직임에 대한 요구(끌림), 시각적 (반응) 지연, 특정 시야 선호, 시각적 복잡성의 어려움, 빛에 대한 요구(끌림), 원거리 보기의 어려움, 비전형적 시각 반사, 시각적 새로움의 어려움, 시각적으로 안내된 신체 도달의 어려움]을 바탕으로 개발한 CVI 아동용 기능시각 평가 도구이다. 'CVI Range' 평가는 2가지의 '평가척도(평가척도 I, 평가척도 II)'를 사용하여 CVI의 고유한 10가지 특성을 평가한다. 'CVI Range'의 평가 결과는 아동의 기능시각을 0~10(점)으로 점수화한다. 0(점)은 아동에게 '기능시각 없음'을 나타내고, 10(점)은 '또래와 동일하거나 근접하게(정상에 가까운) 기능시각을 사용하는 수준임'을 나타낸다.

1) 'CVI Range'의 평가척도와 평정 방법

(1) 평가척도 I : CVI의 고유한 특성 전반적(전체) 평가

① CVI 범위

'CVI Range' 평가는 '평가척도 I'부터 실시한다(〈표 3-13〉 참조). 평가척도 I은 CVI 범위(CVI Range)를 5가지 레벨(CVI 1~2, 3~4, 5~6, 7~8, 9~10레벨)로 나누고 있으며, 5가지 레벨에는 CVI의 고유한 특성들과 관련된 시각적 행동의 존재 여부를 알아보는 검사 문항들(statements)이 있다. 이들 검사 문항을 사용하여 아동에게 CVI의 고유한 특성들이 존재하는지를 확인할 수 있다. 평가척도 I의 '몇몇 검사 문항'은 1개 검사 문항이 CVI의 고유한 특성 2가지 이상을 나타내기도 하고, 2개 이상의 검사 문항이 CVI의 고유한 특성 1가지를 나타내기도 한다.

'평가척도 I'을 평가하면 0~10(점) 범위의 종합 점수가 산출된다. 평가척도 I의 평가 결과는 아동의 CVI Range의 기능시각 레벨(CVI 1~2, 3~4, 5~6, 7~8, 9~10레벨)과 시각적 행동에 관한 개요를 제공한다. 〈표 3-10〉과 같이, 평가척도 I은 CVI 아동의 기능시각 레벨과 'CVI 단계'를 결정한다.

〈표 3-10〉 CVI Range: CVI 범위

CVI Range 레벨 (기능시각 레벨)	CVI 단계	기능시각 수행 수준
CVI Range 1~2(레벨)	CVI Ⅰ단계	아동은 최소한의 시각적 반응을 한다.
CVI Range 3~4(레벨)	CVI Ⅰ~Ⅱ단계	아동은 보다 일관된 시각적 반응을 한다.
CVI Range 5~6(레벨)	CVI Ⅱ단계	아동은 기능적 과제를 수행하는 데 시각을 사용한다.
CVI Range 7~8(레벨)	CVI Ⅱ~Ⅲ단계	아동은 시각적 호기심을 보인다.
CVI Range 9~10(레벨)	CVI Ⅲ단계	아동은 대부분의 기능적 과제를 수행할 때 또래의 전형적인(정상적인) 수준에 가깝게 시각을 사용한다.

〈표 3-14〉와 같이, CVI Range의 '5가지 레벨(기능시각 레벨)'은 각각 '10개 내외의 검사 문항'으로 구성되어 있으며, 검사 문항은 CVI의 고유한 특성들과 관련된 시각적 행동을 기술하고 있다. 예를 들어, 〈표 3-11〉과 같이 CVI Range의 5가지 레벨별로 CVI의 '시각적 (반응) 지연' 특성과 관련되는 시각적 행동을 검사 문항으로 제시하고 있다.

〈표 3-11〉 CVI Range의 레벨에 따른 '시각적 (반응) 지연' 특성 관련 검사 문항의 예

CVI Range 레벨	검사 문항
CVI Range 1~2(레벨)	시각적 과제 수행에 있어 긴 시간의 시각적 (반응) 지연이 일어난다.
CVI Range 3~4(레벨)	일정한 시간을 바라본 후에는 시각적 (반응) 지연 시간이 약간 감소한다.
CVI Range 5~6(레벨)	피곤하거나 스트레스나 과도한 자극을 받을 때만 시각적 (반응) 지연이 일어난다.
CVI Range 7~8(레벨)	시각적 (반응) 지연이 드물게 일어난다.
CVI Range 9~10(레벨)	시각적 (반응) 지연이 일어나지 않는다.

CVI의 고유한 특성들은 적절한 중재를 통해 점진적으로 개선될 수 있다. 'CVI Range의 5가지 레벨'별로 구성된 검사 문항들에 기술된 'CVI의 고유한 특성들에 따른 시각적 행동'이 CVI 아동에게 존재하는지 여부는 중재 제공과 시간 경과에 따라 변화할 수 있다. 따라서 'CVI Range' 평가 결과에 근거하여 중재를 계획하고 실시하는 것이 중요하다. 그리고 중재에 따른 아동의 CVI의 고유한 특성들의 변화나 개선을 모니터링하기 위해 주기적으로 'CVI Range' 평가가 이루어져야 한다. 즉, '검사 문항'에 기술된 시각적 행동이 더 이상 CVI 아동에게 해당되지 않을 때까지(즉, CVI

의 고유한 10가지 특성이 해결되어 나타나지 않을 때까지) 'CVI Range' 평가와 중재가 계속되어야 한다.

　CVI Range의 5가지 레벨 중에 'CVI Range 1~2레벨'에 가까울수록 CVI의 고유한 특성들이 아동의 시기능에 더 많은 영향을 미치고 있음을 나타낸다. 'CVI Range 9~10레벨'에 가까울수록 아동의 CVI의 고유한 특성들의 영향이 감소하고 기능시각이 개선되고 있음을 나타낸다. 그리고 아동의 평가 점수가 '10(점)'에 가까워질수록 CVI 아동의 전반적인 시기능이 또래에 근접하는 수준으로 개선되고 있으며, CVI의 고유한 특성들의 영향도 적게 받고 있음을 나타낸다.

　② 평정 기호와 정의

　'평가척도 I'의 검사 문항은 R, +, +/-, - 기호로 평정한다. 평가자는 각 검사 문항에 대하여 CVI 아동의 시기능을 가장 정확하게 설명하는 '평정 기호'를 선택해 기록한다.

〈표 3-12〉 평가척도 I 의 평정 기호와 정의

- + 점수
검사 문항의 내용이 아동의 현재 시기능(시각적 행동)을 정확하게 설명하고 있다면 '+'열에 '+'라고 기록한다. 즉, 검사 문항이 현재 아동이 보이는 시각적 행동을 설명하고 있어서 '+'로 평정하는 것이다.
- +/- 점수
검사 문항의 내용이 아동의 시기능(시각적 행동)을 부분적으로 설명하거나 이러한 시각적 행동이 때때로(가끔) 나타나는 경우에 '+/-'열에 '+/-'라고 기록한다. 즉, 검사 문항에 기술된 시각적 행동이 아동에게 강력하게 나타나거나 전혀 나타나지 않는 것도 아니며, 이제 새롭게 나타나기 시작하는 시각적 행동일 수도 있다.
- - 점수
검사 문항의 내용이 현재 아동에게 해당하지 않는 경우에 '-'열에 '-'라고 기록한다. 즉, 검사 문항에 기술된 시각적 행동이 아직 아동이 습득하지 못한 시기능 레벨일 수도 있다.
- R 점수
검사 문항에 기술된 시각적 행동이 과거에는 아동에게 나타났지만, 현재는 또래와 같거나 근접하는 수준으로 해결이 되었거나 개선된 시각적 행동을 보인다면 'R'열에 'R'이라고 기록한다. 즉, 검사 문항에 기술된 시각적 행동이 개선되어 더 이상 아동의 시기능 사용을 방해하지 않는 경우이다. 다만, 'R'로 기록한 검사 문항의 시각적 행동에 한정하여 CVI 고유한 개별 특성이 해결되거나 개선된 것으로 보아야 하며, 다른 검사 문항의 시각적 행동이나 CVI의 고유한 10가지 특성 모두가 해결된다는 것이 아니라는 점을 유념해야 한다. 'R' 점수는 현재 아동에게 나타나지 않는 시각적 행동에도 부여하지만, 이제 검사 문항에 기술된 시기능(시각적 행동) 수준보다 아동의 시기능이 더 발달하였기 때문에 더 이상 해당 검사 문항의 시각적 행동이 나타나지 않는 것을 의미한다. 따라서 평가자는 'R' 점수와 '−' 점수가 서로 다르다는 점을 유의해야 한다.

'평가척도 I'의 5가지 레벨(CVI Range 1~2, 3~4, 5~6, 7~8, 9~10레벨)은 각 레벨에서의 CVI의 고유한 특성들과 관련된 시각적 행동을 검사 문항에 기술하고 있다. 따라서 특정 레벨에서 일부 검사 문항은 '사람의 얼굴에 시각적 주의를 보이지 않는다.' 같은 '부정형 진술'이 있다. 그 이유는 'CVI Range 1~2레벨'의 아동은 사람들의 얼굴에 시각적 주의를 하지 못하는 것이 일반적이기 때문이다. 이 검사 문항을 예로 평정 기호의 선택에 대해 설명하면 다음과 같다.

- 아동이 이 검사 문항에 기술된 시각적 행동을 보인다면 '+'로 기록한다.
- 아동이 '사람의 얼굴을 시각적으로 바라볼 수 있다'면 'R'로 기록한다.
- 아동이 '일반적으로 사람의 얼굴을 시각적으로 바라보지 않지만, 때때로(가끔) 사람의 얼굴을 바라본다면 '+/−'로 기록한다.
- 아직 아동이 어떠한 대상에도 시각적 주의를 하는 것이 관찰되지 않는다면, '−'로 기록한다.

또한 〈표 3−14〉와 같이, 평가자가 관찰, 면담, 직접 평가 방법 중에 검사 문항을 평가하기 위해 사용한 정보 수집 방법을 기록해야 한다. 평가 방법(정보 수집 방법)의 기록은 3가지 평가 방법이 아동의 CVI의 고유한 10가지 특성의 존재 유무에 대해 서로 다른 정보를 제공하는 경우에 더욱 유용하게 활용될 수 있다. 검사 문항에 대한 평가 방법은 아동 관찰(O), 부모 등 관련 인사 면담(I), 아동 대면 직접 평가(D), 또는 이들 3가지의 평가 방법의 혼합 중 등 해당되는 평가 방법에 'Ⅴ'로 기록한다.

'평가척도 I의 검사 지침서(Procedure Guide for CVI Range Rating I)'(부록 3A 참조)에는 각 검사 문항의 평가 방법, 평가 자료와 도구, 평가 절차 등을 제시하고 있다. 평가자는 이에 따라 아동을 평가하되, 아동의 연령이나 흥미를 고려하여 자료와 절차를 적절히 선택할 수 있다. 또한 'CVI Range 평가척도 I의 평정 지침(CVI Range Rating I Scoring Guide)'(부록 3B 참조)은 평가자가 아동을 보다 정확하게 평정하도록 돕는다. 일단 평가척도 I의 모든 검사 문항에 대해 평정이 끝나면, 〈표 3-13〉의 'CVI Range 표지'에 있는 '평가척도 I 점수란'에 평가 점수를 기록한다.

〈표 3-13〉 CVI Range 평가 보고서 양식: 표지

CVI Range 표지

아동 성명: _____　　나이(생년월일): _____

평가자: _____　　평가일: _____

이 평가는 다차원 평가로 이루어지며 1차, 2차, 3차 평가 후에도 필요하면 주기적인 후속 평가를 실시하여 학생의 시기능 개선을 모니터링할 수 있다.

구분	1차 평가	2차 평가	3차 평가
1. 평가척도 I 점수			
2. 평가척도 II 점수			

기능시각이
없음　　　　　　　　　　　　　　　　　　　　　　일반적인/거의 일반적인
시기능을 보임

| 0 | 1 | 2 | 3 | 4 | 5 | 6 | 7 | 8 | 9 | 10 |

I 단계	II 단계	III 단계
주로 등쪽 경로의 시기능	등쪽 경로와 초기 배쪽 경로의 시기능	배쪽 경로의 시기능 개선(refinement)

〈표 3-14〉 CVI Range 평가 보고서 양식: 평가척도 I′ 평가표

평가척도 I : CVI의 고유한 특성 전반적 평가 방법

3가지 정보 수집 방법 중, 평가에 사용한 방법에 Ⅴ 표시를 한다.

- O(observation): 아동을 관찰하여 수집한 정보
- I(Interview): 아동과 관련된 인사와 면담하여 수집한 정보
- D(Direct assessment): 아동을 만나 직접 평가를 수행하여 수집한 정보

4가지 평정 기호 중, 검사 문항별로 아동에게 해당되는 평정 기호를 선택한다.

- R: 아동은 또래와 같거나 또래에 가까운 시각적 행동을 보인다.
- +: 아동의 현재 시각적 기능과 행동을 설명한다.
- +/−: 아동의 현재 시각적 기능과 행동을 부분적으로 설명한다.
- −: 아동에게 해당되지 않는다.

1. CVI Range 1~2(레벨): 아동은 최소한의 시각적 반응으로 시기능을 사용한다.
   아동은 ~한다.

O	I	D	R	+	+/−	−	검사 문항
							1. 물체 또는 사람 얼굴의 위치를 찾을 수 있으나, 제대로 고시하지 못한다.
							2. 광원(빛) 또는 선풍기를 지속적으로 바라본다.
							3. 시각 과제의 수행에서 장시간의 시각적 반응의 지연을 보인다.
							4. 엄격히 통제된 환경에서만 시각적으로 반응한다.
							5. 1가지 색상으로 된 물체만 바라본다.
							6. 움직이거나, 빛이 나오거나, 반짝이는 속성의 물체만 바라본다.
							7. 근거리에 있는 대상에만 시각적으로 주의를 기울인다.
							8. 안면 접촉이나 시각적 위협에 눈을 깜박이지 않는다.
							9. 사람들의 얼굴을 바라보지(응시하지) 않는다.

2. CVI Range 3~4(레벨): 아동은 더욱 일관된 시각적 반응을 보인다.

　아동은 ~한다.

O	I	D	R	+	+/-	-	검사 문항
							10. 환경이 통제될 때만 시각적으로 고시한다.
							11. 빛에 관심을 덜 보이며 빛으로부터 다른 곳으로 시선을 돌릴 수 있다.
							12. 일정 시간 응시한 후, 시각적 (반응) 지연 시간이 약간 감소한다.
							13. 친숙한 물체와 유사한 특징을 가진 새로운 물체를 바라볼 수 있다.
							14. 안면 접촉이나 시각적 위협에 눈을 깜박이지만, 눈 깜박임이 지연되어 일어나거나 일관되게 나타나지 않는다.
							15. 특정 색상을 선호한다.
							16. 특정 시야 영역(방향)을 강하게 선호한다.
							17. 60~90cm 거리에서 움직이는 물체에 주목한다.
							18. 물체를 바라보고 손을 뻗어 접촉하는 행위들이 동시에 이루어지는 것이 아니라 별개로 (순차적으로) 이루어진다.

3. CVI Range 5~6(레벨): 아동은 기능적 과제를 수행하는 데 시각을 사용한다.

　아동은 ~한다.

O	I	D	R	+	+/-	-	검사 문항
							19. 2~3가지 색상으로 된 물체도 바라볼 수 있다.
							20. 빛은 더 이상 시각적 주의를 방해하지 않는다.
							21. 피곤하거나, 스트레스를 받거나, 과도한 자극을 받는 경우에만 시각적 (반응) 지연이 일어난다
							22. '움직임'은 시각적 주의를 유도하는 중요한 요소로 계속하여 작용한다.
							23. 작은 배경 소음을 견디며 시각적 주의를 한다(작은 소음이 시각적 주의를 방해하지 않는다).
							24. 안면 접촉에 눈 깜박임이 일관되게 나타난다.
							25. 시각적 위협에 눈 깜박임이 간헐적으로 나타난다.

							26. 120~180cm(중간 거리)에서도 시각적 주의를 할 수 있다.
							27. 말소리와 경쟁하지 않을 때(사람들의 말소리가 들리지 않을 때)만 친숙한 사람의 얼굴을 바라볼 수 있다.

4. CVI Range 7~8(레벨): 아동은 시각적 호기심을 보인다.

아동은 ~한다.

O	I	D	R	+	+/-	-	검사 문항
							28. 장난감이나 물체의 선정에 제한이 적으며, 이들에 대한 1~2회 정도의 '워밍업'만 필요할 수 있다.
							29. 청각 자극(소리)을 견디며 무언가를 바라볼 수 있다. 즉, 아동은 음악이 나오는 물체나 장난감에도 시각적 주의를 계속 유지할 수 있다.
							30. 시각적 위협에 일관되게 눈 깜박임이 나타난다.
							31. 시각적 (반응) 지연이 거의 없다(드물게 일어난다).
							32. 3m 거리까지, 움직이는 대상(물체)에 시각적 주의를 한다.
							33. 대상이 근거리에 있는 경우, 시각적 주의를 유도하기 위해 대상(물체)을 움직일 필요가 없다.
							34. 친숙한 사람의 얼굴과 새로운(낯선) 사람의 얼굴을 바라보거나 미소 지을 수 있다.
							35. 거울에 비친 자기 얼굴 이미지를 바라보며 즐거워할 수 있다.
							36. 대비가 높은 색상이나 친숙한 패턴(무늬)을 바라보고 해석한다.
							37. 단순한 그림책, 그림 카드, 상징을 바라보고 해석한다.

5. CVI Range 9~10(레벨): 아동은 또래에 근접하게(정상에 가깝게) 대부분의 기능적 활동에 시각을 자발적으로 사용한다.

아동은 ~한다.

O	I	D	R	+	+/-	-	검사 문항
							38. 장난감이나 물체의 선정은 친숙한 것으로 제한하지 않아도 된다. 새로운 환경에서 시각적 호기심을 보인다.

						39. 매우 복잡한 환경에서만 시각적으로 반응하는 데 영향을 받는다.
						40. 시각적 반응의 지연이 없다.
						41. 선호하는 특정 색상이나 패턴(무늬)이 없다.
						42. 6m 이상의 거리에서도 환경에 대한 시각적 주의와 해석이 가능하다.
						43. 백라이트(후광 조명)가 없는 2차원 자료와 단순한 이미지의 정보를 보고 해석한다.
						44. 다른 사람의 동작(행동)을 보고 모방한다.
						45. 사건을 시각적으로 기억한다(즉, 주변 사건을 제대로 보았다는 것을 설명한다).
						46. 또래와 유사한 시각적-사회적 반응을 보여 준다.
						47. 시야 영역(방향)에 제한이 없다.
						48. 대상(물체)을 바라보고 손을 뻗어 접촉하는 행위들이 동시에 이루어진다.
						49. 복잡하고 시각적 밀도가 높은(정보량이 많은) 배경에 제시되고 백라이트가 없는 2차원 이미지 정보를 보고 해석한다.

③ CVI의 진행 단계

　'CVI Ragnge'의 평가 점수를 근거로 개별 아동의 'CVI 진행 단계'가 결정된다. CVI 진행 단계(CVI Ⅰ단계-Ⅱ단계-Ⅲ단계)는 아동이 CVI의 고유한 특성들의 영향으로 시각을 사용하는 '시기능의 레벨', 즉 'CVI의 중증(심각)도'를 나타낸다. CVI 단계는 3가지 진행 단계로 구성되며, 아동의 시각 사용이나 시각 발달 수준을 나타낸다. CVI 단계는 Ⅰ단계 → Ⅱ단계 → Ⅲ단계로 진행하며, 'CVI Range'의 평가 점수로 아동이 어느 단계인지 결정하게 된다. 결국 CVI 아동의 시각 사용 능력을 개선하기 위한 맞춤형 중재 방법은 CVI 단계에 기초하여 결정한다. 'CVI Range 평가 양식'과 'CVI 진전도 차트'에 아동의 CVI 단계를 기록하도록 되어 있다. CVI 3가지 단계의 중재 목적은 〈표 3-15〉와 같다.

〈표 3-15〉 CVI Range의 진행 단계와 중재 목적

CVI 진행 단계	점수 범위	중재 목적(중점)
CVI Ⅰ단계	0~3(점)	시각적 행동의 구축 시기 (building visual behavior)
CVI Ⅱ단계	3+~7(점)	시각과 기능의 통합 시기 (integrating vision with function)
CVI Ⅲ단계	7+~10(점)	남아 있는 CVI 특성의 정교화된 개선 시기 (refinement of remaining CVI characteristics)

④ 천장 효과

평가자는 CVI의 고유한 특성들에 따른 아동의 시각적 행동을 기술하는 '검사 문항'을 평정한 점수를 근거로 'CVI Range의 5가지 시기능 레벨(CVI 1~2, 3~4, 5~6, 7~8, 9~10레벨)' 중 아동이 어느 레벨에 속하는지를 결정한다. CVI의 고유한 특성들에 따른 시각적 행동을 기술한 검사 문항의 평정이 '천장 효과(ceiling effect; 측정 도구가 측정하려는 특성에 대해 상위 레벨에 속한 사람들을 변별하지 못하는 현상)'에 도달할 때까지 검사 문항을 계속 평가해 나간다. '천장 효과'는 아동의 현재 시기능 수준을 나타내는 '+(플러스)' 평정이 끝나고, '−(마이너스)' 평정이 4개 이상의 검사 문항에 연속하여 나타날 때를 말한다. '−(마이너스)' 평정은 아동이 아직 'CVI Range'의 해당 시기능 레벨에 도달하지 않았음을 나타낸다. 이러한 경우, 평가 아동의 'CVI Ragne 레벨'은 마지막에 (+)로 평정된 검사 문항에서 (+/−)와 (−)로 평정된 검사 문항으로 전환되기 전의 'CVI Range 레벨'로 결정하게 된다.

'CVI Range의 5가지 레벨(CVI 1~2, 3~4, 5~6, 7~8, 9~10레벨)'은 레벨별로 2가지 숫자 범위(1~2, 3~4, 5~6, 7~8, 9~10)로 되어 있다. 각 'CVI Range 레벨'에서 검사 문항의 절반 이상이 '+' 또는 'R'로 평정된다면, 평가 아동의 'CVI Range 레벨'은 CVI Range 레벨의 더 낮은 숫자(예, CVI Range 3~4에서 '3'으로)로 결정한다. 각 'CVI Range 레벨'에서 '+' 또는 'R'로 평정한 검사 문항이 해당 레벨에 있는 검사 문항의 후반부에 위치한 문항이라면 CVI Range 레벨의 더 높은 숫자(예: CVI Range 5~6에서 6으로)로 결정한다.

〈표 3-16〉에 제시된 Kathy의 사례를 보면 'CVI Range'에서 '천장(ceiling)'은 'CVI Range 6레벨'이 된다. 'CVI Range 5~6레벨'에서 Kathy는 6개 검사 문항이 '+'로, 3개 검사 문항이 '+/−로' 평정되었다. 'CVI Range 7~8레벨'에서 Kathy의 첫 번째

검사 문항이 '+'로 평정되었고, 그다음 4개의 검사 문항은 연속적으로 '−'로 평정되었으며, 나머지 검사 문항은 '+/−' 또는 '−'로 평정되었다. 따라서 '+/−' 또는 '−'로 기록된 검사 문항으로 이동하기 직전에 마지막으로 '+'로 평정된 검사 문항은 'CVI Range 5~6레벨'의 후반부 검사 문항에 위치한다. 따라서 Kathy의 '천장'은 'CVI Range 6레벨'이 된다. 'CVI Range 7~8레벨'에서 '+'로 평정된 1개의 검사 문항만으로는 Kathy의 종합 점수를 'CVI Range 7레벨로 상향하기에 충분하지 못하다.

의학 사전 참조

• 천장 효과(ceiling effect): 측정 도구가 측정하려는 특성의 상위 수준에 속한 사람들을 변별하지 못하는 현상이다. 천장 효과는 도구 자체의 점수 범위가 제한적일 경우에도 발생할 수 있고, 검사가 너무 쉬운 경우에도 발생한다. 측정의 상한선(천장)이 낮게 책정되어 있거나 검사가 너무 쉽다면 일정 수준 이상에 속한 사람들의 차이를 변별할 수 없을 것이다. 검사의 쉬움은 측정 대상에 따라 상대적이다. 일반 아동에게는 잘 적용되는 측정 도구가 영재아의 경우에는 천장 효과를 야기할 수 있다.

〈표 3-16〉 천장 효과: Kathy의 사례

······ (상략) ······

3. CVI Range 5~6(레벨): 아동은 기능적 과제를 수행하는 데 시각을 사용한다

O	I	D	R	+	+/−	−	검사 문항
V		V			+/−		19. 2~3가지 색상으로 된 물체도 바라볼 수 있다.
V	V	V		+			20. 빛은 더 이상 시각적 주의를 방해하지 않는다.
	V	V		+			21. 피곤하거나, 스트레스를 받거나, 과도한 자극을 받는 경우에만 시각적 (반응) 지연이 일어난다.
		V		+			22. '움직임'은 시각적 주의를 유도하는 중요한 요소로 계속하여 작용한다.
V		V		+			23. 작은 배경 소음을 견디며 시각적 주의를 한다(작은 소음이 시각적 주의를 방해하지 않는다).
		V		+	+/−		24. 안면 접촉에 눈 깜박임이 일관되게 나타난다.
		V		+			25. 시각적 위협에 눈 깜박임이 간헐적으로 나타난다.
V		V		+			26. 120~180cm(중간 거리)에서도 시각적 주의를 할 수 있다.
V		V			+/−		27. 말소리와 경쟁하지 않을 때(사람들의 말소리가 들리지 않을 때)만 친숙한 사람의 얼굴을 바라볼 수 있다.

4. CVI Range 7~8(레벨): 아동은 시각적 호기심을 보인다

O	I	D	R	+	+/-	-	검사 문항
V		V		+			28. 장난감이나 물체의 선정에 제한이 적으며, 이들에 대한 1~2회 정도의 '워밍업'만 필요할 수 있다
V	V	V				−	29. 청각 자극(소리)을 견디며 무언가를 바라볼 수 있다. 즉, 아동은 음악이 나오는 물체나 장난감에도 시각적 주의를 계속 유지할 수 있다.
		V				−	30. 시각적 위협에 일관되게 눈 깜박임이 나타난다.
	V					−	31. 시각적 (반응) 지연이 거의 없다(드물게 일어난다).
V	V	V				−	32. 3m 거리까지 움직이는 대상(물체)에 시각적 주의를 한다.
V		V			+/−		33. 대상이 근거리에 있는 경우, 시각적 주의를 유도하기 위해 대상(물체)을 움직일 필요가 없다.
V	V	V			+/−		34. 친숙한 사람의 얼굴과 새로운(낯선) 사람의 얼굴을 바라보거나 미소 지을 수 있다.
V	V	V				−	35. 거울에 비친 자기 얼굴 이미지를 바라보며 즐거워할 수 있다.
V		V				−	36. 대비가 높은 색상이나 친숙한 패턴(무늬)을 바라보고 해석한다.
	V	V				−	37. 단순한 그림책, 그림 카드, 상징을 바라보고 해석한다.

⑤ 이상치

일반적으로 +, +/−, R의 이상치 평정 사례(outlier ratings; 나머지 자료의 경향과 다른 비정상적인 관찰치)는 '천장 효과'가 발생하는 지점을 지나서 나타난다. 예를 들어, CVI Ⅰ단계 또는 CVI Ⅱ단계에 있는 아동은 사람들의 얼굴을 똑바로 바라보거나 특정 색상 선호가 전혀 나타나지 않을 수 있다. 평가자는 아동의 기능시각 '종합 레벨(overall level)'의 경향성을 벗어나는 것처럼 보이더라도 평가 아동이 보여 주는 시각적 행동에 근거하여 검사 문항을 평정해야 한다. CVI는 뇌의 시각 처리 시스템과 시각 경로의 손상으로 발생한다. 뇌의 손상 위치와 정도가 광범위하고 다양하다는 점을 고려한다면 일부 CVI 아동에게 이상치(아동이 예상치 못한 시각적 행동을 보여 주는)가 나타나는 것이 가능하다. 다만, 이러한 이상치는 '총점과 종합 레벨'에는 영향을 주지 않는다.

네이버 사전 참조

- 이상치(outlier): 변수의 분포에서 비정상적으로 분포를 벗어난 값으로, 일반적으로 기대할 수 있는 값을 크게 벗어난 것을 말한다.

2) 평가척도 II: CVI 고유한 개별 특성의 영향 평가

'평가척도 I'에서 언급한 바와 같이, 아동의 CVI의 고유한 특성들의 영향에 따른 '시기능 레벨'은 CVI의 고유한 10가지 특성 각각을 모두 고려한 종합 점수로 결정된다. 이 종합 점수는 CVI의 고유한 특성들의 영향이 아동의 시각 사용을 방해하는 '전반적인 정도'에 대한 종합적인 시각을 제공한다. '평가척도 I'을 통해 종합 점수와 시기능 레벨을 확인하였다면, 이제 CVI의 고유한 10가지 개별 특성이 각각 미치는 영향 정도를 '평가척도 II'로 확인하는 것이 필요하다. 평가척도 I과 평가척도 II의 평가가 모두 완료되면, 교사는 개별 아동의 맞춤형 중재 계획을 수립하는 데 필요한 아동의 현재 시기능에 관한 종합적인 정보를 얻게 된다.

〈표 3-18〉과 같이, '평가척도 II'는 CVI의 10가지 개별 특성이 아동의 기능시각을 방해하는 영향 정도를 평가한다. 즉, CVI의 고유한 10가지 특성 각각에 대한 CVI 점수가 0~1(점) 사이에 결정되는데, CVI 개별 특성에 완전하게 영향을 받고 있는 레벨(0점)부터 또래의 시기능에 근접하는 레벨(1점)까지 그 사이에서 평정이 이루어진다. '평가척도 II'의 평정 점수는 〈표 3-17〉과 같이 기록한다.

〈표 3-17〉 평가척도 II의 평정 점수

평정 점수	정의
0	CVI의 고유한 특성이 완전하게 영향을 미치고 있다.
.25	CVI의 고유한 특성으로 인한 시각적 행동이 변화하거나 개선되기 시작하였다.
.5	CVI의 고유한 특성이 시기능에 영향을 미치는 시간 비율은 대략 50% 정도이다.
.75	CVI의 고유한 특성이 시기능에 때때로(가끔) 영향을 미친다.
1	CVI의 고유한 특성이 해결되었거나 또래와 같은 시각적 반응을 보인다.

CVI의 고유한 10가지 특성 중, 어떠한 개별 특성이 아동에게 전혀 해결되지 않아서 아동의 시기능에 항상 영향을 미치고 있다면 '0(점)'으로 평정한다. 반대로 CVI의

어떠한 개별 특성이 아동의 시기능을 더 이상 방해하지 않는다면(즉, 영향을 미치지 않는다면), 해당 특성이 해결된 것으로 보고 '1(점)'로 평정한다. 따라서 CVI의 고유한 10가지 특성 중, '1'로 평정된 개별 특성은 별도의 중재가 필요하지 않을 것이다. 다만, 일반적으로 CVI의 고유한 특성들이 완전하게 해결(개선)되는 경우는 극히 드물다. 평가자가 아동의 CVI의 개별 특성의 영향 정도가 '1(점)'에 해당되는지를 정확하게 평정하려면 또래의 시각 사용 수준, 즉 기능시각을 정확하게 이해하고 있어야 한다.

예를 들어, Maria가 이전에 빨간색 물체만 볼 수 있었으나(0점 평점), 이제는 특정 색상에 상관없이 단색으로 된 모든 물체를 볼 수 있게 되었다면 CVI의 '특정 색상 선호' 특성이 또래의 전형적인 수준에 도달한, 즉 해결(개선)된 것으로 볼 수도 있다. 그러나 단순히 다른 색상의 대상(물체)을 볼 수 있게 된 것만으로 Maria의 CVI의 진전도(CVI progress)를 평가하는 것은 적절하다고 할 수 없다. 보다 바람직한 기준 (criterion)은 '또래와 비교할 때 Maria에게 색상이 얼마나 중요한가?' '색상이 Maria의 시각 사용 능력에 어느 정도 영향을 주는가?'라고 평가자가 스스로에게 질문해 보는 것이다. 만일 Maria가 선명한 색상으로 강조 표시가 되어 있는 대상을 사용할 때 더 나은 시각 능력을 보여 준다면 '특정 색상 선호' 특성이 완전히 해결된 것으로 보기 어렵기 때문에 '1(점)'로 평정하는 것은 적절하지 않을 것이다. 마찬가지로 백라이트 기기(라이트 박스 등)나 태블릿 기기에 자료를 제시할 때 Maria가 더 나은 시각적 구별과 인식 능력을 보여 준다면 CVI의 '빛에 대한 요구(끌림)' 특성이 완전히 해결된 것으로 평가할 수 없다. Maria가 더 이상 머리 위의 조명등을 계속 응시하는 행동을 하지 않게 되었더라도 빛과 관련된 CVI 특성이 여전히 남아 있는 것으로 볼 수 있기 때문이다. 즉, CVI의 '빛에 대한 요구(끌림)' 특성이 이전(과거 점수)보다 개선되었다고 볼 수는 있겠으나, Maria의 시각 사용에 있어 빛(조명)이 또래보다 여전히 더 중요하다고 볼 수 있다.

'0~1' 사이의 점수 범위는 CVI의 개별 특성의 영향 정도가 '개선된 정도(해결된 정도)'를 나타낸다. CVI의 고유한 개별 특성이 아동의 시각 사용 능력을 얼마나 방해하고 있고 개선되고 있는지를 '0, .25, .5 .75, 1' 숫자로 평정할 때는 신중해야 한다. 최적의 평가 정보를 수집하려면 평가자는 여러 환경에서 다양한 시간대에 아동을 관찰하는 것이 필요하다. 이동에 대해 잘 알고 있는 사람들과 면담을 통해 수집한 정보 역시 중요하다. '평가척도 II'를 정확히 평정하기 위해 'CVI Range 평가척도 II

〈표 3-18〉 CVI Range 평가 보고서 양식: 평가척도 II' 평가표

평가척도 II : CVI 고유한 개별 특성 영향 평가 방법

　CVI의 고유한 10가지 특성 각각의 영향 정도를 평정한 후, 개별 특성의 평정 점수를 합산하여 종합 점수를 산출한다. 아동에게 해당되는 평정 점수(0, .25, .75, 1)에 '○'로 표시한다('CVI 진전도 차트'를 평정 지침으로 사용할 수 있음).

평정 점수와 기준	
0	CVI의 고유한 특성이 완전하게 영향을 미치고 있다.
.25	CVI의 고유한 특성으로 인한 시각적 행동이 변화하거나 개선되기 시작하였다.
.5	CVI의 고유한 특성이 시기능에 영향을 미치는 시간의 비율은 대략 50% 정도이다.
.75	CVI의 고유한 특성이 시기능에 때때로(가끔) 영향을 미친다.
1	CVI의 고유한 특성이 해결되었거나 또래와 같은 시각적 반응을 보인다.

CVI의 고유한 10가지 특성	평정 점수				
1. 특정 색상 선호 의견 작성: 아동은 _____한다.	0	.25	.5	.75	1
2. 움직임에 대한 요구(끌림) 의견 작성: 아동은 _____한다.	0	.25	.5	.75	1
3. 시각적 (반응) 지연 의견 작성: 아동은 _____한다.	0	.25	.5	.75	1
4. 특정 시야 선호 의견 작성: 아동은 _____한다.	0	.25	.5	.75	1
5. 시각적 복잡성의 어려움 의견 작성: 아동은 _____한다.	0	.25	.5	.75	1
6. 빛에 대한 요구(끌림) 의견 작성: 아동은 _____한다.	0	.25	.5	.75	1
7. 원거리 보기의 어려움 의견 작성: 아동은 _____한다.	0	.25	.5	.75	1
8. 비전형적인 시각 반사 의견 작성: 아동은 _____한다.	0	.25	.5	.75	1
9. 시각적 새로움의 어려움 의견 작성: 아동은 _____한다.	0	.25	.5	.75	1
10. 시각적으로 안내된 신체 도달의 어려움 의견 작성: 아동은 _____한다.	0	.25	.5	.75	1

의 평정 지침(CVI Range Rating II Scoring Guide)'을 제공하고 있다(부록 3C 참조).

'CVI Range 평가척도 II의 평정 지침'에는 CVI의 '시각적 복잡성' 특성을 물체 표면의 복잡성, 시각적 배열의 복잡성, 감각 환경의 복잡성, 사람 얼굴의 복잡성의 4가지 하위 특성으로 구분하고 있으며, 이들 4가지 하위 특성의 평정 방법도 자세히 설명되어 있다. 평가자는 CVI의 '시각적 복잡성' 특성의 4가지 하위 특성을 모두 고려하여 하나의 점수로 평정해야 한다. 즉, 4가지 하위 특성별로 각각 점수를 기록하는 것이 아니라, 이들 4가지 특성을 모두 반영한 하나의 점수로 기록하는 것이다. 일반적으로 '시각적 복잡성' 특성의 4가지 하위 특성의 평정 결과는 대체로 일치하는 점수의 경향성을 보인다. 만일 4가지 하위 특성 중에 하나의 하위 특성에서 '점수 차이'가 발생한다면 4가지 하위 특성의 일치도가 높은 점수를 확인하여 '시각적 복잡성' 특성의 점수로 기록할 필요가 있다.

예를 들어, CVI 아동이 '물체 표면의 복잡성' 하위 특성에서 0.25, '시각적 배열의 복잡성' 하위 특성에서 .25, '감각 환경의 복잡성' 하위 특성에서 .25, '사람 얼굴의 복잡성' 하위 특성에서 .5로 평정되었고, 이에 따라 '시각적 복잡성의 어려움' 특성의 합산 점수를 '.25'로 기록하였다고 가정해 보자. '시각적 복잡성의 어려움' 특성의 4가지 하위 특성의 점수 대부분이 '.25'이므로 '시각적 복잡성의 어려움' 특성의 합산 점수는 .25점으로 결정하게 된다. '사람 얼굴의 복잡성' 하위 특성만 0.5점으로, 다른 하위 특성의 점수와 차이가 나는 이유를 살펴보는 것이 필요하다. 이와 같은 평정 지침을 제공하는 이유는 평가자는 CVI 아동에 대한 교육적 지원이나 중재를 덜(부족하게) 제공하는 함정을 피하기 위해 CVI 점수를 보수적으로 평정하는 것이다. 그리고 '시각적 복잡성의 어려움'의 4가지 하위 특성을 하나의 합산 점수로 평정하더라도 평가자는 4가지 하위 특성을 세부적으로 각각 확인하고 기록해 두는 것이 좋다.

CVI의 고유한 10가지 개별 특성의 영향 정도를 평정한 후, 10가지 개별 특성의 점수 값을 모두 합산하여 '평가척도 II'의 종합 점수를 산출한다. 따라서 '평가척도 II'의 종합 점수의 범위 역시 0~10(점)이며, 'CVI Range 표지'의 평가척도 II 점수란에 기록한다(〈표 3-13〉 참조).

3) 'CVI Range'의 평가 점수와 검토

평가척도 I과 평가척도 II의 평가 결과로 산출된 2가지 점수는 'CVI Range 표지'에 각각 기록한다. 2가지 점수는 아동의 'CVI 범위(CVI Range 0~10)'와 '기능시각 레벨(5가지 레벨)'을 나타낸다. 이에 따라 아동의 'CVI Range' 점수는 낮은 점수와 높은 점수로 구성되며, 아동의 시기능이 CVI 연속선상의 어디쯤에 위치하는지를 'CVI Range 도식'에 표시한다. 따라서 'CVI 범위(CVI Range)'는 최저점과 최고점을 나타내는 2개의 점으로 표시하고, 이 두 점 사이에 직선(5~6)을 그려 표시한다. 평가자는 2가지 평가 결과를 하나의 평가 양식에 모두 기록하고, 주기적인 평가를 통해 평가 점수의 변화(즉, CVI의 개선/진전도)를 모니터링한다. 따라서 아동의 2가지 점수를 확인한 평가일자를 정확하게 기록해야 한다.

평가척도 I과 평가척도 II의 산출 점수에 근거해 아동이 CVI의 3가지 단계(CVI I 단계-II단계-III단계) 중 어디에 속하는지 확인하여 'CVI Range 표지'에 기록한다. CVI 진행 단계는 아동이 경험하는 CVI의 고유한 특성들의 영향에 따른 '시기능 레벨' 또는 '중증 정도'를 종합적으로 나타내는 것이며, 적절한 중재로 CVI의 고유한 특성들이 해결(개선)되어 가는 과정을 모니터링할 수 있다. 〈표 3-19〉에 CVI의 3가지 단계(I-II-III)의 점수 범위와 정의가 제시되어 있다.

〈표 3-19〉 CVI의 진행 단계와 정의

CVI 진행 단계	점수 범위	정의(개념)
CVI I 단계	0~3(점)	'시각적 행동을 구축하는 시기'로, 등쪽 경로의 시각 사용이 우세하다.
CVI II단계	3~7(점)	'시각(vision)과 기능(function)을 통합하는 시기'로, 등쪽 경로 시각을 사용하고 배쪽 경로 시각 기능의 초기 발달이 이루어진다.
CVI III단계	7~10(점)	'남아 있는 CVI의 고유한 특성들의 정교화된 개선(refinement) 시기'로, 배쪽 경로 시각이 완전히 발달하여 사용된다.

평가척도 I과 평가척도 II의 평가를 완료한 후에 이를 다시 검토하고자 할 때 〈표 3-20〉의 'CVI Range 평가 검토 양식(Assessment Review)'을 사용할 수 있다.

〈표 3-20〉 'CVI Range' 평가 검토 양식

'CVI Range' 평가 검토 양식

'CVI Range' 평가 완료 후에 평가 과정을 다시 검토하고자 할 때, 이 검토 양식을 사용할 수 있다.

1. 면담 평가, 관찰 평가, 직접 평가의 점검사항
면담, 관찰, 직접 평가를 통해 수집한 정보와 의학적 질환을 점검한다.

> • 예(Yes): 면담, 관찰, 직접 평가로부터 수집된 정보는 아동의 CVI의 고유한 특성들의 존재 가능성을 보여 준다.
> • 아니요(NO): 면담, 관찰, 직접 평가로부터 수집된 정보는 아동의 CVI의 고유한 특성들의 존재 가능성을 보여 주지 않는다.
> • 유보(Pending): 면담, 관찰, 직접 평가로부터 수집된 정보는 불완전하다(완벽하지 않다).
> • 재평가/재확인(Recheck): 면담, 관찰, 직접 평가로부터 수집된 정보가 서로 상충된다. 더 많은 정보가 필요하다.

검토 항목	예(Y)	아니요 (N)	유보 (P)	재평가/ 재확인 (R)
의학적 원인				
의학적 원인은 아동의 CVI 가능성을 보여 주는가?				
면담 평가는 아동의 CVI 가능성을 보여 주는가?				
관찰 평가는 아동의 CVI 가능성을 보여 주는가?				
직접 평가는 아동의 CVI 가능성을 보여 주는가?				
CVI의 고유한 10가지 특성				
1. '특정 색상 선호' 특성이 나타나는가?				
2. '움직임에 대한 요구(끌림)' 특성이 나타나는가?				
3. '시각적 (반응) 지연' 특성이 나타나는가?				
4. '특정 시야 선호' 특성이 나타나는가?				
5. '시각적 복잡성의 어려움' 특성이 나타나는가?				
(1) '물체 표면의 복잡성으로 인한 어려움' 특성이 나타나는가?				
(2) '시각적 배열의 복잡성으로 인한 어려움' 특성이 나타나는가?				
(3) '감각 환경의 복잡성으로 인한 어려움' 특성이 나타나는가?				

(4) '사람 얼굴의 복잡성으로 인한 어려움' 특성이 나타 나는가?			
6. '빛에 대한 요구(끌림)'가 나타나는가?			
7. '원거리 보기의 어려움'이 나타나는가?			
8. '비전형적 시각 반사'가 나타나는가?			
9. '시각적 새로움의 어려움'이 나타나는가?			
10. '시각적으로 안내된 신체 도달의 어려움'이 나타나 는가?			

2. '직접 평가' 지침

평가자는 'CVI Range' 평가를 종료하기 전에 '직접 평가'를 점검할 목적으로 아래 질문을 사용할 수 있다. 이 질문은 CVI I단계부터 III단계까지의 아동이 자주 보이는 행동이다. 이 질문에 대한 평가자의 응답은 평가 보고서의 작성에 유용한 정보를 제공한다.

1) CVI I단계: 시각적 행동 구축 시기

*직접 평가 과정에서 다음을 확인하였다면 Ⅴ 표시를 한다.

□ 아동이 바라보는 물체는 주로 1가지 색상으로 되어 있는가?
□ 아동이 바라보는 물체는 시각적 복잡성 정도가 비슷한가?
□ 아동이 부모나 평가자의 얼굴을 똑바로 응시하는가?
□ 아동이 시각 정보와 다른 감각 정보를 동시에 처리할 수 있는가?
□ 아동의 시각적 주의를 위해 검은색 배경이나 패턴(무늬)이 없는 단순한 배경이 필요한가?
□ 아동에게 시각적 (반응) 지연이 일관되게 나타나는가?
□ 아동의 시각적 주의를 위해 움직이거나 반짝이거나 빛이 반사되는 속성의 물체가 필요한가?
□ 빛(조명)은 아동의 시각적 주의를 유도하기도 하지만, 다른 대상에 대한 시각적 주의를 방해하기 도 하는가?
□ 아동이 대상을 시각적으로 인식하려면 일반적으로 45cm 이내 거리(근거리)에 제시해야 하는가?

2) CVI II단계: 기능과 시각의 통합 시기

*직접 평가 과정에서 다음을 확인하였다면 Ⅴ 표시를 한다.

□ 아동에게 '선호하는 색상'이 여전히 중요한가?
□ 아동은 2색이나 3색으로 구성된 물체를 볼 수 있는가?
□ 아동에게 움직이거나 반짝이거나 빛이 반사되는 속성의 물체를 사용할 필요성이 감소하고 있는 가?
□ 아동의 시각적 (반응) 지연이 감소하고 있는가?
□ 아동의 빛에 대한 요구(끌림)가 감소하였거나 해결되었는가?

□ 아동이 물체를 바라보고 손을 뻗어 접촉하는 행위들이 때때로(가끔) 하나의 동작으로 동시에 이루어지는가?

□ 아동이 사람들의 얼굴을 바라볼 수 있는가?

□ 소리나 음악이 들리는 동안에도 아동이 물체를 바라볼 수 있는가?

□ 여러 개의 물체가 배열되어 있을 때 아동은 물체의 배열 속에서 특정 물체를 찾을 수 있는가?

□ 아동이 '공통점(유사한 속성이나 특징)'이 있는 물체를 시각적으로 인식하는가?

□ 아동이 대상을 볼 수 있는 거리가 3m까지 증가하였는가?

3) CVI Ⅲ단계: CVI 특성의 정교화된 개선(refinement) 시기
*직접 평가 과정에서 다음을 확인하였다면 Ⅴ 표시를 한다.

□ 아동에게 더 복잡한 배경에 물체를 제시해도 되는가?

□ 아동이 친숙한 물체보다 새로운 물체를 더 선호하는가?

□ 아동에게 빛에 대한 시각적 주의가 거의 또는 전혀 나타나지 않는가?

□ 아동이 '시각적으로 안내된 신체 도달'을 더 자주 성공하는가?

□ 아동이 소리나 음악이 있더라도 시각을 적절히 사용하는가?

□ 매우 복잡한 환경(예: 쇼핑몰, 모임, 파티)은 아동의 시각적 수행에 영향을 미치는가?

□ 아동이 환경의 여러 특징을 보고 해석할 수 있는 거리가 6m 이상으로 증가하였는가?

□ 아동이 단순한 2차원 이미지(그림)를 구별하고(discriminate) 인식하고(recognize) 무엇인지 확인할(identify) 수 있는가?

□ 아동이 패턴(무늬)이 있는 배경에 제시된 작은 물체를 찾을 수 있는가?

□ 아동이 2차원 배경에서 작은 단색 이미지(그림)를 발견할 수 있는가?

□ 아동이 2차원 자료에서 '두드러진 특징'을 찾을 수 있는가?

□ 아동이 사람들의 얼굴을 알아보는가?

5. CVI Range Ⅲ단계 확대 평가: 문해 접근

CVI 아동이 또래의 시기능 수준에 근접하고 CVI Ⅲ단계로 진행하였다면 적합한 중재 계획을 위해 보다 심층적인 평가가 필요할 수 있다. 〈표 3-21〉의 CVI Range Ⅲ단계 확대 평가는 'CVI Range' 평가 체계의 의무 평가 영역은 아니지만, CVI 아동에 대한 추가 정보를 수집하기를 바라는 전문가를 위한 선택 평가 영역이다. 〈표 3-21〉의 'CVI Range Ⅲ단계 확대 평가 차트(Phase Ⅲ Extension Chart)'는 아동의 'CVI Range' 평가 점수가 7(점) 이상인 경우에 심층 정보를 수집하기 위해 사용할 수 있다.

　아동이 CVI III단계로 진행하면 글자와 형태를 인식하고 구별하는 능력이 향상된다. CVI III단계의 아동은 그림 상징과 단어를 학습하고 사용하기 시작한다. 즉, 문해 발달에 있어 문해 전 단계(pre literacy) 또는 초기 문해 단계(early literacy), 읽기 전 단계(re-reading phase)에 위치해 있다. 'CVI Range III단계 확대 평가 차트'는 CVI 아동이 조기에 읽기 또는 쓰기 활동으로 전환하도록 도움을 줄 수 있다.

　'CVI Range III단계 확대 평가'의 평가 방법은 '평가척도 I'과 유사하다. 다만, 'CVI Range III단계 확대 평가'는 별도의 점수를 산출하지 않는다. 'CVI Range III단계 확대 평가'는 CVI의 고유한 특성들의 영향이 더욱 미묘하게(subtler) 나타나는 CVI Range III단계의 아동이 대상의 '두드러진 특징'을 인식하는 시각적 행동과 능력에 대한 자세한 요약 정보를 제공하며, 이를 토대로 중재 계획을 개발할 수 있다. 'CVI Range III단계 확대 평가'에서 고려하는 CVI의 고유한 특성들로는 '시각적 복잡성' '원거리 보기의 어려움' '시각적으로 안내된 신체 도달의 어려움' 등이 있다. 'CVI Range III단계 확대 평가'는 더 높은 수준의 시각적 과제, 인지적 과제, 보행 과제, 사회성 과제를 수행하는 데 있어 '시각의 통합적 사용'에 초점을 두고 있다. 다만, 'CVI Range III단계 확대 평가'는 'CVI와 안구 시각장애가 모두' 있는 CVI Range III단계 아동에게 사용하는 데 적절하지 않을 수 있다.

〈표 3-21〉 CVI Range III단계 확대 평가

'CVI Range' III단계 확대 평가 차트

◇ 문해 접근

이 차트는 CVI III단계('CVI Range' 평가 점수: 7~10점) 아동의 문해(읽기 쓰기) 활동에 필요한 시각 기술을 발달시키기 위해 추가 정보를 수집하는 데 사용할 수 있다. 'CVI Range III단계 확대 평가'에서 고려하는 CVI의 고유한 특성들은 '특정 시야 선호' '시각적 복잡성의 어려움' '원거리 보기의 어려움' '시각적으로 안내된 신체 도달의 어려움'이다. 'CVI Range III단계 확대 평가'는 별도로 점수를 산출하지는 않지만, 중재를 계획하는 데 도움이 된다. CVI Range III단계 확대 평가는 CVI와 안구 시각장애가 모두 있는 아동에게는 적합하지 않을 수 있다.

1. 근거리에서 '시각적 복잡성'이 증가할 때 두드러진 특징의 인식(문해) 능력

O	I	D	R	+	+/-	-	검사 문항
							1. 같은 물체인지, 다른 물체인지 시각적으로 구별한다(○○○와/과 같은 걸 찾아보세요).

							2. 같은 물체인지, 다른 물체인지 시각적으로 인식한다[○○○ (물체 이름)을 보여 주세요/가리켜 보세요].
							3. 3차원의 물체, 색상 또는 모양(형태)을 시각적으로 무엇인지 확인한다(이게 뭐죠? 맞아요, 풍선이에요, 노란색이에요).
							4. 같은 그림 상징인지, 다른 그림 상징인지 시각적으로 구별한다.
							5. 그림 상징을 시각적으로 인식한다(○○○ 상징을 찾아보세요/가리켜 보세요).
							6. 그림 상징을 시각적으로 무엇인지 확인한다(이 상징이 무엇인지 말해 보세요).
							7. 10개 이하의 물체(2.5cm 이하 크기) 속에서 같은 물체를 시각적으로 구별한다.
							8. 11개 이상의 물체(2.5cm 이하 크기) 속에서 같은 물체를 시각적으로 구별한다.
							9. 10개 이하의 물체(2.5cm 이하 크기의) 속에서 특정 이름의 물체를 시각적으로 인식한다(○○○ 물체를 찾아보세요).
							10. 11개 이상의 물체(2.5cm 이하 크기) 속에서 특정 이름의 물체를 시각적으로 인식한다(○○○ 물체를 찾아보세요).
							11. 10개 이하의 물체(2.5cm 이하 크기) 속에서 물체가 시각적으로 무엇인지 확인한다(각 물체의 이름을 말한다).
							12. 11개 이상의 물체(2.5cm 이하 크기) 속에서 물체가 시각적으로 무엇인지 확인한다(각 물체의 이름을 말한다).
							13. 10개 이하의 그림(사진)이나 상징 속에서 '같은' 2차원 그림이나 상징을 시각적으로 구별한다.
							14. 11개 이상의 그림(사진)이나 상징 속에서 특정 이름의 그림이나 상징을 시각적으로 인식한다[○○○ 그림(사진)/상징을 찾아보세요].
							15. 10개 이하의 그림(사진)이나 상징 속에서 그림이나 상징이 시각적으로 무엇인지 확인한다[각 그림(사진)/상징의 이름을 말한다].
							16. 11개 이상의 그림(사진)이나 상징 속에서 그림이나 상징이 시각적으로 무엇인지 확인한다[각 그림(사진)/상징의 이름을 말한다].
							17. 시각 촉진(identical prompt)을 제공하면, 숨겨져 있거나 내부에 포함된 그림이나 상징을 시각적으로 구별한다(이것과 같은 것을 찾아보세요).

							18. 구어 촉진을 제공하면 숨겨져 있거나 내부에 포함된 그림이나 상징을 시각적으로 인식한다(○○○을 찾아보세요).
							19. 시각 촉진이나 구어 촉진 없이도, 숨겨져 있거나 내부에 포함된 그림이나 상징을 시각적으로 무엇인지 확인한다(여기에 숨겨져 있는 그림/상징을 찾아보세요).
							20. 사람들의 얼굴을 시각적으로 구별하고, 인식하고, 확인한다.
							21. 사람들의 얼굴 이미지(사진)를 시각적으로 구별하고, 인식하고, 확인한다.
							22. 이름, 일견 단어, 또는 의사소통 상징을 시각적으로 구별하고, 인식하고, 확인한다.
							23. 2~5개의 단어나 상징 속에 제시된 특정 단어나 상징을 시각적으로 인식하고, 확인하고, 사용한다.
							24. 한 구절(여러 개의 어절로 구성된) 또는 6개 이상의 상징 속에 제시된 단어나 상징을 시각적으로 인식하고, 확인하고, 사용한다.

2. 원거리에서 '시각적 복잡성'이 증가할 때 두드러진 특징의 인식(보행) 능력

O	I	D	R	+	+/-	-	검사 문항
							친숙한 실내 환경에서 6m 이내 거리에 있는 3차원 랜드마크를 시각적으로 인식하거나 확인한다.
							친숙한 실내 환경에서 6m 이상 거리에 있는 3차원 랜드마크를 시각적으로 인식하거나 확인한다.
							친숙한 실내 환경에서 6m 이내 거리에 있는 2차원 표지판, 상징, 그림(사진)을 시각적으로 인식하거나 확인한다.
							친숙한 실내 환경에서 6m 이상 거리에 있는 2차원 표지판, 상징, 그림(사진)을 시각적으로 인식하거나 확인한다.
							친숙한 실외 환경에서 6m 이내 거리에 있는 3차원 랜드마크를 시각적으로 인식하거나 확인한다.
							친숙한 실외 환경에서 6m 이상 거리에 있는 3차원 랜드마크를 시각적으로 인식하거나 확인한다.
							낯선 실내 환경에서 6m 이내 거리에 있는 3차원 랜드마크를 시각적으로 인식하거나 확인한다.
							낯선 실내 환경에서 6m 이상 거리에 있는 3차원 랜드마크를 시각적으로 인식하거나 확인한다.

							검사 문항
							'감각의 복잡성' 수준이 낮은 낯선 실내 환경에서 6m 이상 거리에 있는 3차원 랜드마크를 시각적으로 인식하거나 확인한다.
							'감각의 복잡성' 수준이 높은 낯선 실내 환경에서 6m 이상 거리에 있는 3차원 랜드마크를 시각적으로 인식하거나 확인한다.
							'감각의 복잡성' 수준이 낮은 실외 환경에서 6m 이상 거리에 있는 3차원 랜드마크를 시각적으로 인식하거나 확인한다.
							'감각의 복잡성' 수준이 높은 실외 환경에서 6m 이상 거리에 있는 3차원 랜드마크를 시각적으로 인식하거나 확인한다.
							상측, 하측, 좌측, 우측 시야 영역(방향)에 제시한 움직이거나 빛을 반사하는 속성의 3차원의 물체를 시각적으로 찾는다.
							상측, 하측, 좌측, 우측 영역(방향)에 제시한 움직임이 없는 2차원의 자료를 시각적으로 찾는다.
							벽, 출입문, 물체를 의도적으로 접촉하지 않고도 친숙한 실내 또는 실외 환경을 이동한다.
							벽, 출입문, 물체를 의도적으로 접촉하지 않고도 낯선 실내 또는 실외 환경을 이동한다.
							다른 사람의 도움 없이 계단을 안전하게 오르내린다.

3. '시각적 복잡성'이 증가할 때 시각적으로 안내된 신체 도달 능력

O	I	D	R	+	+/-	-	검사 문항
							복잡하지 않은 배경에서 2.5cm 크기의 대상(물체)을 제시하면 시각적으로 대상을 바라보면서 동시에 손을 뻗어 접촉한다.
							중간(moderately) 수준의 패턴(무늬)이 있거나 중간 수준의 복잡한 배경에서 2.5cm 크기의 대상(물체)을 제시하면 시각적으로 대상을 바라보면서 동시에 손을 뻗어 접촉한다.
							많은 패턴(무늬)이 있거나 아주 복잡한 배경에서 2.5cm 크기의 대상(물체)을 제시해도 시각적으로 대상을 바라보면서 동시에 손을 뻗어 접촉한다.

6. CVI 아동을 위한 환경 고려사항

CVI 평가를 실시할 때 아동이 시각을 사용하는 생활 환경의 영향도 고려하는 것이 필요하다. CVI 아동은 매일매일 시시각각 시기능이 변하는 것처럼 보이는데, CVI 아동의 시각의 변화를 일으키는 요인들이 무엇인지를 확인하는 것이 필요하다. CVI 아동의 시각 사용 능력은 환경의 영향에 크게 좌우되므로, 적절하게 환경을 수정하여 중재하는 것이 중요하다. 부모는 CVI가 있는 자녀가 밤에는 시각적 주의가 향상된다고 말하는 경우가 많다(Roman, 1996). CVI 아동의 시각적 주의가 낮보다 밤에 향상되는 이유 중 하나는 주변 환경으로부터의 자극 강도가 낮아지기 때문일 수 있다. 감각 환경의 복잡성을 포함하는 '시각적 복잡성의 어려움' 특성을 가진 CVI 아동은 환경을 시각적으로 탐색하고 인식하는 데 큰 도전을 느낄 수 있다. Jeremy의 사례처럼, CVI 아동의 시각적 행동(기능시각)을 평가할 때 시각의 변화가 아동으로 인한 것인지, 시각 발달 과정으로 인한 것인지, 주변 환경으로 인한 것인지를 살펴보는 것이 필요하다.

페이즐리 셔츠

Jeremy는 CVI로 진단된 12세 아동이다. 담임교사는 Jeremy의 시각 사용 능력이 너무 변화무쌍하여 언제 시각을 사용할 수 있을지 알기 어렵다. 교사는 화장실에서 Jeremy가 검은색 수건에 놓인 노란색 칫솔은 찾을 수 있지만, 잠시 후 다른 곳에 있는 동일한 칫솔을 찾아보라고 하자 칫솔이 사라진 것처럼 행동했다고 말하였다. Jeremy의 시각이 변한 것인지, 아니면 화장실 환경에 어떤 변화가 있었던 것인지 살펴볼 필요가 있다. Jeremy가 검은색 수건에 놓인 칫솔을 찾았을 때는 시각적 복잡성을 줄여 주는 검은색 배경이 사용되었다. 잠시 후, 페이즐리 셔츠를 입은 교사가 노란색 칫솔을 들고 있었을 때는 셔츠로 인해 배경의 시각적 복잡성이 더 증가하였다. Jeremy가 칫솔을 찾지 못한 것은 시각의 변화가 아니라, 검은색 수건에서 페이즐리 셔츠라는 환경(배경)의 변화 때문이라고 볼 수 있다.

일반적으로 아동이 CVI의 고유한 특성들의 영향을 많이 받을수록, 생활 환경에 대한 수정 요구도 더 커진다. 예를 들어, CVI I단계 아동은 시각적 산만함과 청각적 산만함을 통제해 주지 않으면 시각적 주의를 기울이고 유지하거나 과제 수행에 시각을 사용하기 어렵다. CVI III단계 아동은 교실이나 집에서 시각적 또는 청각적 자극을 감소시켜 주는 것만으로도 많은 기능적 과제 수행에 시각을 잘 사용할 수 있다. 수업 시간에 시각적 주의를 기울이지 않는 CVI 아동을 생각해 보자. 수업에서 CVI 아동은 과제가 아닌 다른 곳을 바라보거나 빛(광원)을 바라볼 수 있는데, 이는 '시각적 복잡성의 어려움' 특성이 있는 CVI 아동을 위한 주의 깊은 환경 분석과 적절한 환경 고려를 하지 못한 결과일 수 있다. 수업 환경의 복잡성에 대한 수정이 이루어지지 않는다면 CVI 아동이 수업 활동에 참여할 의사가 있는 것인지, 의사가 없는 것인지를 정확하게 판단하기 어려울 수 있다.

따라서 〈표 3-22〉와 같이, CVI 아동이 시각을 효과적으로 사용할 수 있도록 '환경의 복잡성'을 적절하게 통제하거나 수정하기 위해 '3가지 레벨의 환경 고려사항(중재 방법)'으로 구분한다. CVI 아동을 위한 3가지 레벨의 환경 고려사항은 'CVI 진전도 차트'에 포함되어 있다.

〈표 3-22〉 CVI 아동을 위한 환경 수정의 레벨

환경 수정의 3가지 레벨	환경 고려사항의 주요 내용
레벨 I 환경 고려사항	• CVI I단계 아동과 관련이 있다. • CVI I단계의 아동은 하나의 대상을 바라보아야 할 때 다른 시각 자극(정보), 청각 자극(정보), 촉각 자극(정보)을 감소시키거나 완전히 차단(제거)하는 것이 필요하다.
레벨 II 환경 고려사항	• CVI II단계 아동과 관련이 있다. • CVI II단계 아동은 다른 시각 자극(정보), 청각 자극(정보), 촉각 자극(정보)을 차단(제거)하지 않고, 단지 감소만 시켜도 시각을 사용하여 2~4개의 대상(물체)을 바라볼 수 있다.
레벨 III 환경 고려사항	• CVI III단계 아동과 관련이 있다. • CVI III단계 아동은 시각 활동에 참여하는 동안 주변 환경에 대한 수정이 거의 필요하지 않다.

7. CVI 진전도 차트

'CVI 진전도 차트(CVI Progress Chart)'는 'CVI 단계' 'CVI 점수' 'CVI의 고유한 10가지 특성' 'CVI 환경 고려사항' 등의 모든 정보를 요약하고 있다(〈표 3-24〉 참조). 앞서 살펴본 'CVI Range' 평가 보고서 양식보다 'CVI 진전도 차트'에 더 많은 항목이 있다. 'CVI 진전도 차트'는 'CVI Range' 평가 종료 후에 개별 아동의 맞춤형 중재 계획을 개발하는 데 사용하며, 일반적으로 CVI의 고유한 10가지 특성 각각의 영향과 아동의 시각적 행동을 요약한다.

예를 들어, 'CVI 진전도 차트'의 첫 번째 행에는 CVI 범위를 'CVI Range 1~2' 'CVI Range 3~4' 'CVI Range 5~6' 'CVI Range 7~8' 'CVI Range 9~10'으로 구분하고 있으며, 이들 점수 범위에 있는 아동이 'CVI의 고유한 특성들'에 대해 어떠한 시각적 행동을 보이는지 기술하고 있다.

'X' 표시는 아동이 CVI의 고유한 특성을 해결하였거나 더 이상 시기능을 방해하지 않는다는 것을 의미한다. 'X' 표시를 할 때는 CVI의 고유한 10가지 특성을 각각 구분하여 표시한다. '☐(굵은 윤곽선)' 표시는 칸에 기술된 시각적 행동이 아동의 현재 시기능에 해당된다는 것을 의미한다. 이와 같이 'CVI 진전도 차트'에 표시함으로써 아동의 CVI의 고유한 특성이 'CVI Range 1~10' 사이의 어디쯤에 위치하는지 한눈에 파악할 수 있다.

'CVI Range 평가 양식'과 'CVI 진전도 차트'는 유사한 부분이 많지만 동일하지는 않다. 'CVI 진전도 차트'는 CVI 10가지 개별 특성의 진전도(개선)를 제시하고 있어 모니터링하는 데 효과적이다. 'CVI 진전도 차트'는 〈표 3-23〉의 지침을 사용하여 표시한다. 〈표 3-24〉에서 볼 수 있듯이, 일부 칸은 한 칸에 시각적 행동을 나타내는 2개 이상의 문항(시각적 행동)을 포함하고 있다. 이러한 경우에는 한 칸이 아닌 문항(시각적 행동)별로 'X' '☐' 등을 각각 표시해야 한다.

〈표 3-23〉 'CVI 진전도 차트' 표시 지침

- 'X' 표시

  CVI 아동에게 해결된 시각적 행동 또는 더 이상 아동의 시기능을 방해하지 않는 시각적 행동을 기술하는 '칸'에 'X'를 표시한다. 'X'를 표시한 칸은 이전에 아동에게 나타났던 시각적 행동일 수도 있으나 이제는 아동이 더 높은 레벨로 시기능을 사용할 수 있게 되었다는 것을 의미한다. 예를 들어, '원거리 보기의 어려움' 특성에 있어 근거리에서만 시각적으로 주의를 기울이는 레벨인 'CVI Range 1~2'에 'X'를 표시하였다면, 이제 아동은 30cm 이상 거리(중거리)에 있는 대상(물체)에도 시각적 주의를 기울일 수 있음을 의미한다.

- '▭' 표시

  아동의 현재 시기능을 잘 설명하고 있는 칸에는 '▭'을 그린다. 칸에 '굵은 윤곽선' 표시가 되어 있다면, 칸에 기술된 시각적 행동이 현재 아동에게 일관되게 나타나고 있다는 것을 말한다. 예를 들어, '특정 색상 선호' 특성에 있어 'CVI Range 5~6'의 칸에 '▭'이 그려져 있다면, 아동의 시각적 주의를 증가시키는 '물체의 시각적 닻(anchor)'으로 특정 색상이 역할을 하는 것이다. 즉, 아동이 '특정 색상의 선호' 특성을 여전히 가지고 있으며, 시각적 주의를 높일 수 있는 색상의 물체와 자료가 도움이 될 수 있음을 의미한다.

- '◯' 표시

  CVI와 안구 시각장애가 모두 있는 아동의 경우, 안구 시각장애로 인해 해결되지 못하는 '시각 기술(시각적 행동)'을 기술하는 칸에는 '◯' 표시를 한다. 즉, 칸에 '타원' 표시가 되어 있다는 것은 아동이 CVI와 안구 시각장애 모두를 가진 아동임을 말한다. '◯' 표시는 CVI와 안구 시각장애 중에 1가지가 원인이 되어 나타날 수 있는 시각적 행동에 표시한다. 안구 시각장애로 인한 '교란 효과(confounding effect)'는 또래에게 일반적이지 않은 아동의 시각적 행동이 CVI로 인한 것인지 또는 안구 시각장애로 인한 것인지 확인하는 것을 어렵게 만든다. 만일 CVI 아동의 1차(최초) 평가에서 칸에 '◯'과 'X' 표시가 함께 있다면, CVI와 안구 시각장애의 영향을 각각 구별하기가 쉽지 않다. 만일 동일한 아동이 일정 기간의 중재 후에 재평가를 받았고, 원래 '◯'으로 표시된 칸을 제외하고 X로 표시된 칸이 CVI

III단계에 위치하게 된다면, 현재 아동의 시기능 문제의 일차 원인이 더 이상 CVI가 아니므로, 아동에게 남아 있는 시각적 어려움은 주로 '안구 시각장애'로 인한 것일 수 있다. 따라서 이러한 경우의 중재 방법은 CVI 아동에게 사용하는 중재 방법이 아니라, 안구 시각장애 아동에게 사용되는 중재 방법에 중점을 두어 중재해야 한다.

예를 들어, 만일 아동이 CVI와 시신경 위축 질환(안구 시각장애 질환)이 있다면, 아동이 사람들의 얼굴을 알아보지 못하는 것이 안구 시각장애 질환으로 인한 것인지, CVI로 인한 것인지 판단하기 어려울 수 있다. 따라서 CVI Range 5~6에서 '시각적 복잡성' 특성에 있어 "아동은 말소리가 없을 때(목소리와 경쟁하지 않을 때) 친숙한 사람들의 얼굴을 바라본다."라고 기술된 칸에 '⬭' 표시를 해야 할 것이다. 다른 예로, CVI와 미숙아 망막병증이 있는 아동은 망막 박리가 원인일 가능성도 있다. 이러한 아동의 경우, '특정 시야 선호' 특성이 안구 시각장애로 인한 것인지, CVI로 인한 것인지 혼란스러울 수 있다. 이러한 시각적 행동을 기술한 칸에도 '⬭' 표시를 해야 할 것이다.

〈표 3-24〉 CVI 진전도 차트

CVI의 고유한 10가지 특성	CVI I 단계		CVI II 단계	CVI III 단계	
	• 시각적 행동 구축 시기 • 주로 등쪽 경로 시각 기능의 사용 • 레벨 I 환경 고려사항		• 시각과 기능의 통합 시기 • 배쪽 경로 시각 기능의 사용 시작 • 레벨 II 환경 고려사항	• CVI 특성 정교화(refinement) 시기 • 주로 배쪽 경로 시각 기능의 개선과 사용 • 레벨 III 환경 고려사항	
	CVI Range 1~2(0)	CVI Range 3~4(.25)	CVI Range 5~6(.50)	CVI Range 7~8(.75)	CVI Range 9~10(1)
특정 색상 선호	아동은 선호하는 1가지 색상에 시각적 주의를 한다.	아동에게 지배적인 (우세한) 선호하는 색상이 있다: 1~2가지 색상이 아동의 시각적 주의를 유도하거나 촉진할 수 있다.	채도가 높은 형광 색상이 아동의 시각적 주의를 촉진한다.	자료 또는 환경을 색상으로 강조 표시하는 것이 아동에게 때때로(가끔) 필요하다.	아동은 색상이나 패턴(무늬)에 대한 선호가 없다. 또래보다 특정 색상의 사용이 더 중요하지 않다.
움직임에 대한 요구 (끌림)	아동이 바라보는 물체는 일반적으로 움직임이 있거나 빛을 반사하는 속성이 있다.	아동은 자료를 좀 더 일관되게 찾는다. 움직이고 빛을 반사하는 속성이 있는 자료에 짧은 고시가 이루어진다.	아동의 시각적 주의를 유발하는 중요한 요소로 '움직임'이 계속해서 작용한다.	근거리에서는 아동의 시각적 주의를 끌기 위해 움직임이 요구되지 않는다.	아동은 움직이는 대상에 또래와 같은 반응을 보인다.
시각적 (반응) 지연	아동은 장시간의 시각적 반응의 지연을 보인다.	아동은 일정 시간 대상을 바라본 후, 시각적 (반응) 지연이 약간 감소한다.	아동이 피곤하거나 스트레스를 받거나 과도하게 자극을 받을 때에만 시각적 (반응) 지연이 나타난다.	아동에게 시각적 (반응) 지연이 드물게 나타난다.	아동에게 더 이상 시각적 (반응) 지연이 나타나지 않는다.

특정 시야 선호	아동에게 뚜렷한 특정 시야 영역(방향)의 의존성이 나타난다.	아동에게 특정 시야 영역(방향)의 선호가 나타난다.	아동에게 친숙한 정보와 자극을 제시할 때는 특정 시야 영역(방향)의 선호가 감소한다.	아동은 좌측 시야와 우측 시야 영역(방향)을 번갈아 가며 사용할 수 있다. 아동은 하측 시야 영역(방향)을 보는 데 어려움으로 인해 안전 문제와 아래에 있는 대상(물체)을 찾는 데 계속 영향을 받을 수 있다.	아동에게 시야 영역(방향)의 제한이 없다.
시각적 복잡성의 어려움	아동은 엄격하게 통제된 환경(복잡성 통제)에서만 시각적 반응을 보인다. 아동은 일반적으로 사람들의 얼굴을 바라보지 않는다.	아동은 환경을 통제해 주면 시각적으로 고시할 수 있다. 아동은 친숙한 사람들의 얼굴을 바라본다. 아동은 시각적 주의를 위해 3차원 자료를 필요로 한다. 아동이 선호하는 대상(물체)을 제시하면 짧은 눈 맞춤을 한다.	아동은 낮은 수준의 소음이 있는 친숙한 배경에서 시각적 주의를 유지한다. 아동은 말소리가 없을 때(목소리와 경쟁하지 않을 때) 친숙한 사람들의 얼굴을 바라본다.	아동은 시각적 대상과 경쟁하는 청각 자극(소리)을 견디며, 대상을 바라본다. 아동은 음악 소리가 나는 물체에 시각적인 주의를 유지한다. 아동은 거울에 비친 자기 얼굴 이미지를 바라보고, 친숙한 사람과 눈 맞춤을 할 수 있다. 아동은 단순한 그림책이나 상징을 바라보고, 구별한다.	아동은 매우 복잡한 환경에 있을 때에만 시각적 반응에 영향을 받는다. 아동은 세부 특징(요소)을 포함하는 책이나 2차원 자료의 정보를 보고, 구별한다. 아동은 또래와 같은 시각적·사회적 반응을 보인다.
빛에 대한 요구 (끌림)	아동은 물체나 사람 얼굴의 위치를 짧은 시간에 찾을 수 있으나 길게 고시하지 못한다. 아동은 빛에 시각적으로 지나치게 끌린다.	아동은 빛에 덜(적게) 끌린다. 즉, 빛에서 다른 대상(물체)으로 시선을 돌릴 수 있다.	빛이 나는 대상이나 백라이트 화면(라이트 박스 등)을 사용하면 아동은 2차원 대상(이미지, 그림)을 구별한다.	아동이 피곤하거나 스트레스를 받을 때에만 1차 광원(빛)에 시각적 끌림이 일어난다.	아동의 빛에 대한 반응은 또래와 같다.
원거리 보기의 어려움	아동은 30cm 이하의 근거리에서만 시각적 주의를 한다.	아동은 60~90cm 거리에서 친숙하고 움직이는 대상 또는 커다란 대상(물체)에 때때로(가끔) 시각적 주의를 한다.	아동은 120~180cm 거리에서 시각적 주의를 한다. 크고 움직임 있는 대상(물체)에는 시각적 주의가 3m까지 증가한다.	아동은 움직임이 있는 대상(물체) 또는 친숙하거나 복잡하지 않은 곳(환경)에 있을 때는 대상(물체)에 대한 시각적 주의가 3m까지 증가한다.	아동의 시각적 주의가 6m 이상이거나 또래와 같은 수준이다.

비전형적 시각 반사	아동은 안면 접촉이나 시각적 위협에 눈을 깜박이지 않는다.	아동은 안면 접촉에 눈을 깜박이지만, 눈 깜박임이 지연되어 일어난다.	아동은 안면 접촉에 눈 깜박임이 일관되게 일어난다. 아동은 시각적 위협에 눈 깜박임이 간헐적으로 일어난다.	아동은 시각적 위협에 눈 깜박임이 일관되게 일어난다 (안면 접촉과 시각적 위협에 90% 정도 눈 깜박임이 일어난다).	안면 접촉과 시각적 위협에 대한 아동의 시각적 반사 (눈 깜박임 반사)가 또래와 유사하게 일어난다.
시각적 새로움의 어려움	아동은 단지 좋아하거나 친숙한 물체에 시각적 주의가 일어난다.	아동은 친숙한 물체의 두드러진 특징과 유사한 다른 물체를 바라볼 수 있다(view). 아동은 시각적 호기심이 거의 없거나 전혀 없다.	아동은 새로운(낯선) 3차원 자료 또는 일부 2차원 자료에 시각적 주의가 일어날 수 있지만, 시각적 이미지(visual display)를 해석하지 못한다.	아동은 새로운(낯선) 물체나 이미지를 두드러진 특징으로 구별하고 인식하고 또는 확인한다. 아동은 대부분의 새로운(낯선) 환경에서 시각적 호기심을 보인다.	또래와 같이 새로운 자료, 사람, 환경에 대한 시각적 주의와 호기심을 보인다.
시각적으로 안내된 신체 도달의 어려움	아동이 대상(물체)을 바라보고 손을 뻗어 접촉하는 행위들이 각각 분리되어 순차적으로 이루어진다(동시에 이루어지지 않음). 아동은 크고 그리고/또는 움직이는 물체를 바라보고 손을 뻗어 접촉한다.	아동은 친숙하고 빛이 나거나 빛을 반사하는 속성이 있는 더 작은 물체를 바라보고 손을 뻗어 접촉한다. 보는 행위와 손을 뻗어 접촉하는 행위가 여전히 분리되어 각각 일어난다.	시각적으로 안내된 신체 도달(물체를 바라보며 동시에 손을 뻗어 접촉하는 행위)은 친숙한 물체 또는 선호하는 색상과 단순한 배경 그리고/또는 조명(빛)의 지원을 받는 물체에 일어난다.	아동이 물체를 바라보고 손을 뻗어 접촉하는 행위들이 순차적으로 빠르게 일어나기는 하지만, 항상 동시에 일어나지는 않는다.	아동이 물체를 바라보고 동시에 손을 뻗어 접촉하는 행위들이 항상 동시에 이루어진다.

[표시 방법]
- 표의 칸에 기술한 '시각적 행동(문항)'이 해결되었다면 'X' 표시를 한다.
- 표의 칸에 기술한 '시각적 행동(문항)'이 아동의 현재 시기능을 나타낸다면 '▭' 표시를 한다
- 표의 칸에 기술한 '시각적 행동(문항)'이 CVI와 함께 있는 안구 시각장애 질환으로 인해 일반적으로 도달할 수 없는 시각 기술이나 시각적 행동이라면 '◯' 표시를 한다.

〈표 3-25〉는 'CVI 진전도 차트'에 표시하는 방법의 사례이다. 이 사례의 아동은 'CVI Range'의 평가척도 II에서 '7~8'로 평정되었다. 〈표 3-26〉은 CVI Range의 평가척도 II에서 '3'으로 평정된 'CVI와 백내장' 모두가 있는 아동의 'CVI 진전도 차트'이다. 그리고 Kathy의 사례는 'CVI Range 평가척도'와 'CVI 진전도 차트'를 사용하는 방법을 보여 준다. CVI 아동에 대한 중재 계획과 실시를 위해 'CVI 진전도 차트'를 사용하는 방법은 제4장에서 좀 더 자세히 설명할 것이다.

〈표 3-25〉 CVI Range의 평가척도 II에서 'CVI Range 7~8'로 평정된 아동의 사례

CVI의 고유한 10가지 특성	CVI I단계 · 시각적 행동 구축 시기 · 주로 등쪽 경로 시각 기능의 사용 · 레벨 I 환경 고려사항		CVI II단계 · 시각과 기능의 통합 시기 · 배쪽 경로 시각 기능의 사용 시작 · 레벨 II 환경 고려사항	CVI III단계 · CVI 특성 정교화(refinement) 시기 · 주로 배쪽 경로 시각 기능의 개선과 사용 · 레벨 III 환경 고려사항	
	CVI Range 1~2(0)	CVI Range 3~4(.25)	CVI Range 5~6(.50)	CVI Range 7~8(.75)	CVI Range 9~10(1)
특정 색상 선호	아동은 선호하는 1가지 색상에 시각적 주의를 한다.	아동에게 지배적인 (우세한) 선호하는 색상이 있다: 1~2가지 색상이 아동의 시각적 주의를 유도하거나 촉진할 수 있다.	채도가 높은 형광 색상이 아동의 시각적 주의를 촉진한다.	자료 또는 환경을 색상으로 강조 표시하는 것이 아동에게 때때로(가끔) 필요하다.	아동은 색상이나 패턴(무늬)에 대한 선호가 없다. 또래보다 특정 색상의 사용이 더 중요하지 않다.
움직임에 대한 요구 (끌림)	아동이 바라보는 물체는 일반적으로 움직임이 있거나 빛을 반사하는 속성이 있다.	아동은 자료를 좀 더 일관되게 찾는다. 움직이고 빛을 반사하는 속성이 있는 자료에 짧은 고시가 이루어진다.	아동의 시각적 주의를 유발하는 중요한 요소로 '움직임'이 계속해서 작용한다.	근거리에서는 아동의 시각적 주의를 끌기 위해 움직임이 요구되지 않는다.	아동은 움직이는 대상에 또래와 같은 반응을 보인다.
시각적 (반응) 지연	아동은 장시간의 시각적 반응의 지연을 보인다.	아동은 일정 시간 대상을 바라본 후, 시각적(반응) 지연이 약간 감소한다.	아동이 피곤하거나 스트레스를 받거나 과도하게 자극을 받을 때에만 시각적(반응) 지연이 나타난다.	아동에게 시각적(반응) 지연이 드물게 나타난다.	아동에게 더 이상 시각적(반응) 지연이 나타나지 않는다.
특정 시야 선호	아동에게 뚜렷한 특정 시야 영역(방향)의 의존성이 나타난다.	아동에게 특정 시야 영역(방향)의 선호가 나타난다.	아동에게 친숙한 정보와 자극을 제시할 때는 특정 시야 영역(방향)의 선호가 감소한다.	아동은 좌측 시야와 우측 시야 영역(방향)을 번갈아 가며 사용할 수 있다. 아동은 하측 시야 영역(방향)을 보는 데 어려움으로 인해 안전 문제와 아래에 있는 대상(물체)을 찾는 데 계속 영향을 받을 수 있다.	아동에게 시야 영역(방향)의 제한이 없다.

시각적 복잡성의 어려움	아동은 엄격하게 통제된 환경(복잡성 통제)에서만 시각적 반응을 보인다. 아동은 일반적으로 사람들의 얼굴을 바라보지 않는다.	아동은 환경을 통제해 주면 시각적으로 고시할 수 있다. 아동은 친숙한 사람들의 얼굴을 바라본다. 아동은 시각적 주의를 위해 3차원 자료를 필요로 한다. 아동이 선호하는 대상(물체)을 제시하면 짧은 눈 맞춤을 한다.	아동은 낮은 수준의 소음이 있는 친숙한 배경에서 시각적 주의를 유지한다. 아동은 말소리가 없을 때(목소리와 경쟁하지 않을 때) 친숙한 사람들의 얼굴을 바라본다.	아동은 시각적 대상과 경쟁하는 청각 자극(소리)을 견디며, 대상을 바라본다. 아동은 음악 소리가 나는 물체에 시각적인 주의를 유지한다. 아동은 거울에 비친 자기 얼굴 이미지를 바라보고, 친숙한 사람과 눈 맞춤을 할 수 있다. 아동은 단순한 그림책이나 상징을 바라보고, 구별한다.	아동은 매우 복잡한 환경에 있을 때에만 시각적 반응에 영향을 받는다. 아동은 세부 특징(요소)을 포함하는 책이나 2차원 자료의 정보를 보고, 구별한다. 아동은 또래와 같은 시각적·사회적 반응을 보인다.
빛에 대한 요구 (끌림)	아동은 물체나 사람 얼굴의 위치를 짧은 시간에 찾을 수 있으나 길게 고시하지 못한다. 아동은 빛에 시각적으로 지나치게 끌린다.	아동은 빛에 덜(적게) 끌린다. 즉, 빛에서 다른 대상(물체)으로 시선을 돌릴 수 있다.	빛이 나는 대상이나 백라이트 화면(라이트 박스 등)을 사용하면 아동은 2차원 대상(이미지, 그림)을 구별한다.	아동이 피곤하거나 스트레스를 받을 때에만 1차 광원(빛)에 시각적 끌림이 일어난다.	아동의 빛에 대한 반응은 또래와 같다.
원거리 보기의 어려움	아동은 30cm 이하의 근거리에서만 시각적 주의를 한다.	아동은 60~90cm 거리에서 친숙하고 움직이는 대상 또는 커다란 대상(물체)에 때때로(가끔) 시각적 주의를 한다.	아동은 120~180cm 거리에서 시각적 주의를 한다. 크고 움직임 있는 대상(물체)에는 시각적 주의가 3m까지 증가한다.	아동은 움직임이 있는 대상(물체) 또는 친숙하거나 복잡하지 않은 곳(환경)에 있을 때는 대상(물체)에 대한 시각적 주의가 3m까지 증가한다.	아동의 시각적 주의가 6m 이상이거나 또래와 같은 수준이다.
비전형적 시각 반사	아동은 안면 접촉이나 시각적 위협에 눈을 깜박이지 않는다.	아동은 안면 접촉에 눈을 깜박이지만, 눈 깜박임이 지연되어 일어난다.	아동은 안면 접촉에 눈 깜박임이 일관되게 일어난다. 아동은 시각적 위협에 눈 깜박임이 간헐적으로 일어난다.	아동은 시각적 위협에 눈 깜박임이 일관되게 일어난다(안면 접촉과 시각적 위협에 90% 정도 눈 깜박임이 일어난다).	안면 접촉과 시각적 위협에 대한 아동의 시각적 반사(눈 깜박임 반사)가 또래와 유사하게 일어난다.

시각적 새로움의 어려움	아동은 단지 좋아하거나 친숙한 물체에 시각적 주의가 일어난다.	아동은 친숙한 물체의 두드러진 특징과 유사한 다른 물체를 바라볼 수 있다(view). 아동은 시각적 호기심이 거의 없거나 전혀 없다.	아동은 새로운(낯선) 3차원 자료 또는 일부 2차원 자료에 시각적 주의가 일어날 수 있지만, 시각적 이미지(visual display)를 해석하지 못한다.	아동은 새로운(낯선) 물체나 이미지를 두드러진 특징으로 구별하고 인식하고 또는 확인한다. 아동은 대부분의 새로운(낯선) 환경에서 시각적 호기심을 보인다.	또래와 같이 새로운 자료, 사람, 환경에 대한 시각적 주의와 호기심을 보인다.
시각적으로 안내된 신체 도달의 어려움	아동이 대상(물체)을 바라보고 손을 뻗어 접촉하는 행위들이 각각 분리되어 순차적으로 이루어진다(동시에 이루어지지 않음). 아동은 크고 그리고/또는 움직이는 물체를 바라보고 손을 뻗어 접촉한다.	아동은 친숙하고 빛이 나거나 빛을 반사하는 속성이 있는 더 작은 물체를 바라보고 손을 뻗어 접촉한다. 보는 행위와 손을 뻗어 접촉하는 행위가 여전히 분리되어 각각 일어난다.	시각적으로 안내된 신체 도달(물체를 바라보며 동시에 손을 뻗어 접촉하는 행위)은 친숙한 물체 또는 선호하는 색상과 단순한 배경 그리고/또는 조명(빛)의 지원을 받는 물체에 일어난다.	아동이 물체를 바라보고 손을 뻗어 접촉하는 행위들이 순차적으로 빠르게 일어나기는 하지만, 항상 동시에 일어나지는 않는다.	아동이 물체를 바라보고 동시에 손을 뻗어 접촉하는 행위들이 항상 동시에 이루어진다.

[표시 방법]
- 표의 칸에 기술한 '시각적 행동(문항)'이 해결되었다면 '✕' 표시를 한다.
- 표의 칸에 기술한 '시각적 행동(문항)'이 아동의 현재 시기능을 나타낸다면 '▭' 표시를 한다
- 표의 칸에 기술한 '시각적 행동(문항)'이 CVI와 함께 있는 안구 시각장애 질환으로 인해 전형(일반)적으로 도달할 수 없는 시각 기술들이라면 '◯' 표시를 한다.

〈표 3-26〉 CVI Range의 평가척도 Ⅱ에서 'CVI Range 3'으로 평정된 아동의 사례

	CVI Ⅰ단계		CVI Ⅱ단계	CVI Ⅲ단계	
CVI의 고유한 10가지 특성	• 시각적 행동 구축 시기 • 주로 등쪽 경로 시각 기능의 사용 • 레벨 Ⅰ 환경 고려사항		• 시각과 기능의 통합 시기 • 배쪽 경로 시각 기능의 사용 시작 • 레벨 Ⅱ 환경 고려사항	• CVI 특성 정교화(refinement) 시기 • 주로 배쪽 경로 시각 기능의 개선과 사용 • 레벨 Ⅲ 환경 고려사항	
	CVI Range 1~2(0)	CVI Range 3~4(.25)	CVI Range 5~6(.50)	CVI Range 7~8(.75)	CVI Range 9~10(1)
특정 색상 선호	아동은 선호하는 1가지 색상에 시각적 주의를 한다.	아동에게 지배적인(우세한) 선호하는 색상이 있다: 1~2가지 색상이 아동의 시각적 주의를 유도하거나 촉진할 수 있다.	채도가 높은 형광 색상이 아동의 시각적 주의를 촉진한다.	자료 또는 환경을 색상으로 강조 표시하는 것이 아동에게 때때로(가끔) 필요하다.	아동은 색상이나 패턴(무늬)에 대한 선호가 없다. 또래보다 특정 색상의 사용이 더 중요하지 않다.

움직임에 대한 요구 (끌림)	~~아동이 바라보는 물체는 일반적으로 움직임이 있거나 빛을 반사하는 속성이 있다.~~	아동은 자료를 좀 더 일관되게 찾는다. 움직이고 빛을 반사하는 속성이 있는 자료에 짧은 고시가 이루어진다.	아동의 시각적 주의를 유발하는 중요한 요소로 '움직임'이 계속해서 작용한다.	근거리에서는 아동의 시각적 주의를 끌기 위해 움직임이 요구되지 않는다.	아동은 움직이는 대상에 또래와 같은 반응을 보인다.
시각적 (반응) 지연	아동은 장시간의 시각적 반응의 지연을 보인다.	아동은 일정 시간 대상을 바라본 후, 시각적 (반응) 지연이 약간 감소한다.	아동이 피곤하거나 스트레스를 받거나 과도하게 자극을 받을 때에만 시각적 (반응) 지연이 나타난다.	아동에게 시각적 (반응) 지연이 드물게 나타난다.	아동에게 더 이상 시각적 (반응) 지연이 나타나지 않는다.
특정 시야 선호	~~아동에게 뚜렷한 특정 시야 영역(방향)의 의존성이 나타난다.~~	아동에게 특정 시야 영역(방향)의 선호가 나타난다.	아동에게 친숙한 정보와 자극을 제시할 때는 특정 시야 영역(방향)의 선호가 감소한다.	아동은 좌측 시야와 우측 시야 영역(방향)을 번갈아 가며 사용할 수 있다. 아동은 하측 시야 영역(방향)을 보는 데 어려움으로 인해 안전 문제와 아래에 있는 대상(물체)을 찾는 데 계속 영향을 받을 수 있다.	아동에게 시야 영역(방향)의 제한이 없다.
시각적 복잡성의 어려움	~~아동은 엄격하게 통제된 환경(복잡성 통제)에서만 시각적 반응을 보인다.~~ 아동은 일반적으로 사람들의 얼굴을 바라보지 않는다.	아동은 환경을 통제해 주면 시각적으로 고시할 수 있다. 아동은 친숙한 사람들의 얼굴을 바라본다. 아동은 시각적 주의를 위해 3차원 자료를 필요로 한다. 아동이 선호하는 대상(물체)을 제시하면 짧은 눈 맞춤을 한다.	아동은 낮은 수준의 소음이 있는 친숙한 배경에서 시각적 주의를 유지한다. 아동은 말소리가 없을 때(목소리와 경쟁하지 않을 때) 친숙한 사람들의 얼굴을 바라본다.	아동은 시각적 대상과 경쟁하는 청각 자극(소리)을 견디며, 대상을 바라본다. 아동은 음악 소리가 나는 물체에 시각적인 주의를 유지한다. 아동은 거울에 비친 자기 얼굴 이미지를 바라보고, 친숙한 사람과 눈 맞춤을 할 수 있다. 아동은 단순한 그림책이나 상징을 바라보고, 구별한다.	아동은 매우 복잡한 환경에 있을 때에만 시각적 반응에 영향을 받는다. 아동은 세부 특징(요소)을 포함하는 책이나 2차원 자료의 정보를 보고, 구별한다. 아동은 또래와 같은 시각적·사회적 반응을 보인다.
빛에 대한 요구 (끌림)	~~아동은 물체나 사람 얼굴의 위치를 짧은 시간 찾을 수 있으나 길게 고시하지 못한다. 아동은 빛에 시각적으로 지나치게 끌린다.~~	아동은 빛에 덜(적게) 끌린다. 즉, 빛에서 다른 대상(물체)으로 시선을 돌릴 수 있다.	빛이 나는 대상이나 백라이트 화면(라이트 박스 등)을 사용하면 아동은 2차원 대상(이미지, 그림)을 구별한다.	아동이 피곤하거나 스트레스를 받을 때에만 1차 광원(빛)에 시각적 끌림이 일어난다.	아동의 빛에 대한 반응은 또래와 같다.

원거리 보기의 어려움	아동은 30cm 이하의 근거리에서만 시각적 주의를 한다.	아동은 60~90cm 거리에서 친숙하고 움직이는 대상 또는 커다란 대상(물체)에 때때로(가끔) 시각적 주의를 한다.	아동은 120~180cm 거리에서 시각적 주의를 한다. 크고 움직임 있는 대상(물체)에는 시각적 주의가 3m까지 증가한다.	아동은 움직임이 있는 대상(물체) 또는 친숙하거나 복잡하지 않은 곳(환경)에 있을 때는 대상(물체)에 대한 시각적 주의가 3m까지 증가한다.	아동의 시각적 주의가 6m 이상이거나 또래와 같은 수준이다.
비전형적 시각 반사	아동은 안면 접촉이나 시각적 위협에 눈을 깜박이지 않는다.	아동은 안면 접촉에 눈을 깜박이지만, 눈 깜박임이 지연되어 일어난다.	아동은 안면 접촉에 눈 깜박임이 일관되게 일어난다. 아동은 시각적 위협에 눈 깜박임이 간헐적으로 일어난다.	아동은 시각적 위협에 눈 깜박임이 일관되게 일어난다 (안면 접촉과 시각적 위협에 90% 정도 눈 깜박임이 일어난다).	안면 접촉과 시각적 위협에 대한 아동의 시각적 반사 (눈 깜박임 반사)가 또래와 유사하게 일어난다.
시각적 새로움의 어려움	아동은 단지 좋아하거나 친숙한 물체에 시각적 주의가 일어난다.	아동은 친숙한 물체의 두드러진 특징과 유사한 다른 물체를 바라볼 수 있다(view). 아동은 시각적 호기심이 거의 없거나 전혀 없다.	아동은 새로운(낯선) 3차원 자료 또는 일부 2차원 자료에 시각적 주의가 일어날 수 있지만, 시각적 이미지(visual display)를 해석하지 못한다.	아동은 새로운(낯선) 물체나 이미지를 두드러진 특징으로 구별하고 인식하고 또는 확인한다. 아동은 대부분의 새로운(낯선) 환경에서 시각적 호기심을 보인다.	또래와 같이 새로운 자료, 사람, 환경에 대한 시각적 주의와 호기심을 보인다.
시각적으로 안내된 신체 도달의 어려움	아동이 대상(물체)을 바라보고 손을 뻗어 접촉하는 행위들이 각각 분리되어 순차적으로 이루어진다(동시에 이루어지지 않음). 아동은 크고 그리고/또는 움직이는 물체를 바라보고 손을 뻗어 접촉한다.	아동은 친숙하고 빛이 나거나 빛을 반사하는 속성이 있는 더 작은 물체를 바라보고 손을 뻗어 접촉한다. 보는 행위와 손을 뻗어 접촉하는 행위가 여전히 분리되어 각각 일어난다.	시각적으로 안내된 신체 도달(물체를 바라보며 동시에 손을 뻗어 접촉하는 행위)은 친숙한 물체 또는 선호하는 색상과 단순한 배경 그리고/또는 조명(빛)의 지원을 받는 물체에 일어난다.	아동이 물체를 바라보고 손을 뻗어 접촉하는 행위들이 순차적으로 빠르게 일어나기는 하지만, 항상 동시에 일어나지는 않는다.	아동이 물체를 바라보고 동시에 손을 뻗어 접촉하는 행위들이 항상 동시에 이루어진다.

[표시 방법]
- 표의 칸에 기술한 '시각적 행동(문항)'이 해결되었다면 'X' 표시를 한다.
- 표의 칸에 기술한 '시각적 행동(문항)'이 아동의 현재 시기능을 나타낸다면 '▭' 표시를 한다
- 표의 칸에 기술한 '시각적 행동(문항)'이 CVI와 함께 있는 안구 시각장애 질환으로 인해 전형(일반)적으로 도달할 수 없는 시각 기술들이라면 '◯' 표시를 한다.

1) 'CVI Range' 적용: Kathy

Kathy는 수두증이 있는 6세 여아로, 2세 때 CVI 진단을 받았다. Kathy는 유아기에 조기 중재 서비스를 받았고, 3세 때부터 시각장애 특수교사와 보행 전문가로부터 지원을 받고 있다. 지금은 장애아 전담 유치원에 다니고 있다.

Kathy는 'CVI Range'의 최초 평가에서 '2~3'레벨에 있었지만, 〈표 3-27〉과 같이 최근 'CVI Range'의 평가에서 '5~6'레벨로 기능시각이 개선되었다. Kathy의 '평가에 관한 서술식(내러티브) 보고서'가 〈부록 3D〉에 제시되어 있다.

〈표 3-27〉은 Kathy의 'CVI Range' 평가 점수를 산출한 과정과 방법을 제시하고 있다. 또한 아동 관찰과 면담으로 수집한 정보, 아동의 CVI 변화 정보에 대한 교사의 해석 그리고 직접 평가 종료 후에 중재를 계획한 절차가 포함되어 있다. 교사는 'CVI Range'의 평가 과정에서 수집한 모든 정보를 종합적으로 고려하여 Kathy의 중재 계획을 개발하였다.

교사는 Kathy의 관찰, 관련 인사 면담, 직접 평가 정보를 근거로 'CVI Range'의 평가척도 I과 평가척도 II의 검사 문항을 평가하고, 평가척도 I과 평가척도 II의 점수를 산출하였다. '평가척도 I'의 평가 결과를 살펴보면, 교사는 'CVI Range 7~8'의 검사 문항에서 연속적인 -(마이너스) 평정으로 '천장 효과'에 도달하였다고 판단하였으므로, Kathy의 점수는 'CVI Range 5~6'에 속한다. 그리고 '평가척도 II'에 대한 점수는 '6'이다. 따라서 Kathy의 'CVI Range'의 전체 점수는 'CVI Range 5~6'이며, 중재 목표는 CVI II단계의 '기능과 시각의 통합'에 초점을 두게 된다.

다음으로 〈표 3-29〉는 Kathy의 'CVI 진전도 차트'의 작성 과정을 보여 준다. 앞서 말한 바와 같이, CVI 진전도 차트는 교실에서의 중재 지침으로 사용되며, Kathy의 현재 CVI 시기능 상태를 다시 한 번 살펴볼 기회를 제공한다. Kathy의 'CVI 진전도 차트'는 Kathy의 현재 시기능의 수준을 나타내는 시각적 행동을 기술하는 '칸'에는 '▭' 표시를 하고, Kathy에게 해결된 시각적 행동을 기술하는 '칸'에는 'x' 표시를 하며, Kathy의 미래의 시기능을 나타낼 수 있는 시각적 행동을 기술하는 '칸'에는 아무런 표시도 하지 않았다. 만일 Kathy가 CVI와 안구 시각장애 모두 있어서 안구 시각장애 때문에 해결되지 않을 수 있는 시각적 행동이 기술된 '칸'이 있다면 '⬭' 표시를 해야 한다.

Kathy의 기능시각이 중재를 통해 점차 개선되고 있으므로, 1년에 두 번 이상 'CVI

Range'의 재평가가 이루어질 필요가 있다. 예를 들어, 부모는 최근에 Kathy가 식탁에 놓인 컵을 4m 50cm 떨어진 곳에서 이 컵을 알아보기 시작하였다고 보고하였다. 부모의 이야기를 들은 교육 팀은 Kathy에게 'CVI Range'의 재평가를 실시하였고, 그 결과 Kathy의 CVI 점수와 시기능 레벨이 향상된 것을 확인하였다. 교육 팀은 'CVI 진전도 차트'와 '서술식 보고서(〈부록 3D〉 참조)'를 작성한 후, 이를 토대로 Kathy의 CVI의 개별 특성에 따른 시각 문제를 해결하고 일과 활동에 통합하여 중재하고자 맞춤형 중재 계획을 개발하였다.

〈표 3-27〉 Kathy의 'CVI Range' 평가 보고서 작성 사례

'CVI Range' 표지

아동 성명: Kathy Wong   나이(생년월일): 6세

평가자: Christine Roman   평가일: 2021. 12. 7.

이 평가는 다차원 평가로 이루어지며 1차, 2차, 3차 평가 후에도 필요하면 주기적인 후속 평가를 실시하여 학생의 시기능 개선을 모니터링할 수 있다.

구분	1차 평가	2차 평가	3차 평가
1. 평가척도 I 점수	5+		
2. 평가척도 II 점수	6		

기능시각이 없음   일반적인/거의 일반적인 시기능을 보임

0   1   2   3   4   5 ←→ 6   7   8   9   10

I 단계	II 단계	III 단계
주로 등쪽 경로의 시기능	등쪽 경로와 초기 배쪽 경로의 시기능	배쪽 경로의 시기능 개선(refinement)

평가척도 I : CVI의 고유한 특성 전반적 평가 방법

3가지 정보 수집 방법 중, 평가에 사용한 방법에 Ⅴ 표시를 한다.

- O(Observation): 아동을 관찰하여 수집한 정보
- I(Interview): 아동과 관련된 인사와 면담하여 수집한 정보
- D(Direct assessment): 아동을 만나 직접 평가를 수행하여 수집한 정보

4가지 평정 기호 중, 검사 문항별로 아동에게 해당되는 평정 기호를 선택한다.

- R: 아동은 또래와 같거나 또래에 가까운 시각적 행동을 보인다.
- +: 아동의 현재 시각적 기능과 행동을 설명한다.
- +/−: 아동의 현재 시각적 기능과 행동을 부분적으로 설명한다.
- −: 아동에게 해당되지 않는다.

1. CVI Range 1~2(레벨): 아동은 최소한의 시각적 반응으로 시기능을 사용한다.
아동은 ~한다.

o	I	D	R	+	+/-	−	검사 문항
×		×	R				1. 물체 또는 사람 얼굴의 위치를 찾을 수 있으나, 제대로 고시하지 못한다.
×	×	×	R				2. 광원(빛) 또는 선풍기를 지속적으로 바라본다.
		×	R				3. 시각 과제의 수행에서 장시간의 시각적 반응의 지연을 보인다.
×		×	R				4. 엄격히 통제된 환경에서만 시각적으로 반응한다.
	×	×	R				5. 1가지 색상으로 된 물체만 바라본다.
×	×			+			6. 움직이거나, 빛이 나오거나, 반짝이는 속성의 물체만 바라본다.
×		×	R				7. 근거리에 있는 대상에만 시각적으로 주의를 기울인다.
		×	R				8. 안면 접촉이나 시각적 위협에 눈을 깜박이지 않는다.
	×	×	R				9. 사람들의 얼굴을 바라보지(응시하지) 않는다.

2. CVI Range 3~4(레벨): 아동은 더욱 일관된 시각적 반응을 보인다.
아동은 ~한다.

O	I	D	R	+	+/-	−	검사 문항
×		×		+			10. 환경이 통제될 때만 시각적으로 고시한다.

O	I	D	R	+	+/-	-	
×	×	×	R				11. 빛에 관심을 덜 보이며 빛으로부터 다른 곳으로 시선을 돌릴 수 있다.
×		×	R				12. 일정 시간 응시한 후, 시각적 (반응) 지연 시간이 약간 감소한다.
×	×	×	R				13. 친숙한 물체와 유사한 특징을 가진 새로운 물체를 바라볼 수 있다.
							14. 안면 접촉이나 시각적 위협에 눈을 깜박이지만, 눈 깜박임이 지연되어 일어나거나 일관되게 나타나지 않는다.
×	×	×		+			15. 특정 색상을 선호한다.
	×	×		+			16. 특정 시야 영역(방향)을 강하게 선호한다.
×	×	×	R				17. 60~90cm 거리에서 움직이는 물체에 주목한다.
×	×	×		+			18. 물체를 바라보고 손을 뻗어 접촉하는 행위들이 동시에 이루어지는 것이 아니라 별개로 (순차적으로) 이루어진다.

3. CVI Range 5~6(레벨): 아동은 기능적 과제를 수행하는 데 시각을 사용한다.
아동은 ~한다.

O	I	D	R	+	+/-	-	검사 문항
×		×			+/-		19. 2~3가지 색상으로 된 물체도 바라볼 수 있다.
×	×	×		+			20. 빛은 더 이상 시각적 주의를 방해하지 않는다.
	×	×		+			21. 피곤하거나, 스트레스를 받거나, 과도한 자극을 받는 경우에만 시각적 (반응) 지연이 일어난다.
		×		+			22. '움직임'은 시각적 주의를 유도하는 중요한 요소로 계속하여 작용한다.
×		×		+			23. 작은 배경 소음을 견디며 시각적 주의를 한다(작은 소음이 시각적 주의를 방해하지 않는다).
		×			+/-		24. 안면 접촉에 눈 깜박임이 일관되게 나타난다.
		×		+			25. 시각적 위협에 눈 깜박임이 간헐적으로 나타난다.
×	×	×		+			26. 120~180cm(중간 거리)에서도 시각적 주의를 할 수 있다.
×		×			+/-		27. 말소리와 경쟁하지 않을 때(사람들의 말소리가 들리지 않을 때)만 친숙한 사람의 얼굴을 바라볼 수 있다.

4. CVI Range 7~8(레벨): 아동은 시각적 호기심을 보인다.

아동은 ~한다.

O	I	D	R	+	+/-	-	검사 문항
×		×		+			28. 장난감이나 물체의 선정에 제한이 적으며, 이들에 대한 1~2회 정도의 '워밍업'만 필요할 수 있다
×	×	×				-	29. 청각 자극(소리)을 견디며 무언가를 바라볼 수 있다. 즉, 아동은 음악이 나오는 물체나 장난감에도 시각적 주의를 계속 유지할 수 있다.
		×				-	30. 시각적 위협에 일관되게 눈 깜박임이 나타난다.
	×	×				-	31. 시각적 (반응) 지연이 거의 없다(드물게 일어난다).
×	×	×					32. 3m 거리까지, 움직이는 대상(물체)에 시각적 주의를 한다.
×		×			+/-		33. 대상이 근거리에 있는 경우, 시각적 주의를 유도하기 위해 대상(물체)을 움직일 필요가 없다.
×	×	×			+/-		34. 친숙한 사람의 얼굴과 새로운(낯선) 사람의 얼굴을 바라보거나 미소 지을 수 있다.
×	×	×				-	35. 거울에 비친 자기 얼굴 이미지를 바라보며 즐거워할 수 있다.
×		×				-	36. 대비가 높은 색상이나 친숙한 패턴(무늬)을 바라보고 해석한다.
	×	×				-	37. 단순한 그림책, 그림 카드, 상징을 바라보고 해석한다.

5. CVI Range 9~10(레벨): 아동은 또래에 근접하게(정상에 가깝게) 대부분의 기능적 활동에 시각을 자발적으로 사용한다.

아동은 ~한다.

O	I	D	R	+	+/-	-	검사 문항
×	×	×				-	38. 장난감이나 물체의 선정은 친숙한 것으로 제한하지 않아도 된다. 새로운 환경에서 시각적 호기심을 보인다.
×		×				-	39. 매우 복잡한 환경에서만 시각적으로 반응하는 데 영향을 받는다.
		×				-	40. 시각적 반응의 지연이 없다.
×	×	×				-	41. 선호하는 특정 색상이나 패턴(무늬)이 없다.
×	×	×				-	42. 6m 이상의 거리에서도 환경에 대한 시각적 주의와 해석이 가능하다.

×		×				–	43. 백라이트(후광 조명)가 없는 2차원 자료와 단순한 이미지의 정보를 보고 해석한다.
×		×				–	44. 다른 사람의 동작(행동)을 보고 모방한다.
×	×					–	45. 사건을 시각적으로 기억한다(즉, 주변 사건을 제대로 보았다는 것을 설명한다).
×	×	×				–	46. 또래와 유사한 시각적–사회적 반응을 보여 준다.
×		×				–	47. 시야 영역(방향)에 제한이 없다.
×	×					–	48. 대상(물체)을 바라보고 손을 뻗어 접촉하는 행위들이 동시에 이루어진다.
×	×	×				–	49. 복잡하고 시각적 밀도가 높은 (정보량이 많은) 배경에 제시되고 백라이트가 없는 2차원 이미지 정보를 보고 해석한다.

평가척도 II : CVI 고유한 개별 특성 영향 평가표

CVI의 고유한 10가지 특성 각각의 영향 정도를 평정한 후, 개별 특성의 평정 점수를 합산하여 종합 점수를 산출한다. 아동에게 해당되는 평정 점수(0, .25, .75, 1)에 '○'으로 표시한다('CVI 진전도 차트'를 평정 지침으로 사용할 수 있음).

	평정 점수와 기준
0	CVI의 고유한 특성이 완전하게 영향을 미치고 있다.
.25	CVI의 고유한 특성으로 인한 시각적 행동이 변화하거나 개선되기 시작하였다.
.5	CVI의 고유한 특성이 시기능에 영향을 미치는 시간의 비율은 대략 50% 정도이다.
.75	CVI의 고유한 특성이 시기능에 때때로(가끔) 영향을 미친다.
1	CVI의 고유한 특성이 해결되었거나 또래와 같은 시각적 반응을 보인다.

CVI의 고유한 10가지 특성	평정 점수				
1. 특정 색상 선호 의견: 선호하는 색상으로 새로운 자료에 강조 표시를 한다.	0	.25	.5	(.75)	1
2. 움직임에 대한 요구(끌림) 의견: Kathy는 대상이 움직이지 않으면 자신의 몸이나 머리를 흔들어 움식임을 만든다.	0	.25	(.5)	.75	1

3. 시각적 (반응) 지연	0	.25	(.5)	.75	1
4. 특정 시야 선호 의견: Kathy는 대상을 찾기 위해 머리를 우측으로 돌린다.	0	.25	(.5)	.75	1
5. 시각적 복잡성의 어려움 의견: Kathy는 단순한 배경에 1~2개의 색상으로 된 대상을 제시하면, 대상을 바라보는 동안 작은 크기의 목소리를 용인한다.	0	.25	(.5)	.75	1
6. 빛에 대한 요구(끌림)	0	.25	.5	(.75)	1
7. 원거리 보기의 어려움	0	.25	.5	(.75)	1
8. 비전형적인 시각 반사	0	.25	.5	(.75)	1
9. 시각적 새로움의 어려움	0	.25	(.5)	.75	1
10. 시각적으로 안내된 신체 도달의 어려움 의견: 움직이거나 반사하는 속성의 노란색이나 빨간색 물체를 선택한 다. 단, 이 물체는 소리가 나지 않는다.	0	.25	(.5)	.75	1

〈표 3-28〉 Kathy의 면담 및 관찰 정보와 해석

면담 및 관찰 정보	해석(함의)
• 부모는 Kathy를 데리고 안과를 방문하여 검사를 받았다. Kathy의 상태는 안정적으로 유지되고 발작은 적절히 통제되어, 새로운 약을 처방받지는 않았다. 부모는 안과 의사가 Kathy의 시각 검사 결과가 정상이고, Kathy가 피곤할 때 우측 눈이 안쪽으로 쏠리는 경우가 있다고 말하였고, 특별한 약물이나 치료 방법을 추천하지 않았다고 말한다.	• Kathy의 의료 기록에 CVI 진단이 기록되어 있다.
• 부모와 담임교사는 Kathy가 계속해서 다른 색상의 물체보다 노란색 물체를 선호한다고 말한다. 그러나 시각장애 특수교사는 Kathy가 빨간색 물체와 교실 보조원이 가끔 입는 빨간색 셔츠를 쳐다보는 것을 보았다고 말한다. 또한 어머니는 Kathy가 주로 빨간색의 장난감을 좋아하고, 몇 가지 새로운 장난감도 빨간색이라고 말한다.	• 이 정보는 Kathy의 '특정 색상 선호'와 '시각적 새로움의 어려움' 특성의 개선 가능성을 나타낸다. • 시각장애 특수교사는 노란색 그리고/또는 빨간색의 친숙한 물체와 새로운 물체를 모두 Kathy에게 제시하는 직접 평가를 실시할 필요가 있다.

• 교실 보조원, 보행 전문가, 작업치료사는 Kathy 가 교실에서 움직이는 사람들과 자료 때문에 시각적 주의가 산만해진다고 말한다. 교실 보조원은 Kathy가 벽에 매단 작품이 선풍기 바람에 흔들리면 지나치게 시각적 관심을 보이는 것 같다고 말한다. 보행 전문가는 Kathy가 랜드마크를 시각적으로 더 잘 인식하고 올바른 방향으로 이동할 수 있도록 랜드마크에 금색의 반사하는 재료를 붙여서 계속 사용하고 있다고 말한다.	• Kathy는 계속해서 '움직임에 대한 요구' 특성의 영향을 많이 받는다. 움직임은 Kathy가 필요한 대상에 시각적 주의를 기울이는 데 도움이 되기도 하지만, 의도하지 않은 방해나 주의 산만을 일으키기도 한다. • 시각장애 특수교사는 '움직임에 대한 요구' 특성을 확인하기 위해 움직이지 않거나 움직이는 노란색/빨간색 자료를 Kathy에게 제시할 필요가 있다. 또한 사람들과 자료의 움직임이 적은 교실에 Kathy를 배치하는 것을 검토할 필요가 있다.
• 담임교사는 Kathy가 점심 식사 직후 그리고 때때로 하교 시간 직전에 '무언가에 주목하는 데 조금 더 오랜 시간이 필요한 것 같다'고 말한다.	• Kathy는 학교 식당에서 시끄럽고 시각적으로 산만한 시간을 보낸 후에 신체 피로감과 시각적 (반응) 지연을 보일 수 있다. • 시각장애 특수교사는 학교 식당에서 점심시간에 Kathy를 관찰할 계획을 세우고, Kathy가 친숙한 것과 새로운 것에 대한 시각적 (반응) 지연에 차이가 있는지를 직접 평가할 필요가 있다.
• 작업치료사, 물리치료사, 보행 전문가 모두가 Kathy가 좌측에서 이루어지는 활동이나 자료에 반응하는 속도가 더 느린 것 같다고 말한다. 체육교사는 Kathy가 공이 우측으로 굴러갈 때 공을 훨씬 빨리 알아차리는 것 같다고 말한다.	• Kathy는 좌측에서 접근하는 대상을 볼 수는 있지만, 우측 시야를 좌측 시야보다 더 잘 사용한다. • 시각장애 특수교사는 움직이는 노란색/빨간색 조명이나 물체를 사용하여 '수정된 대면법 검사'를 실시할 필요가 있다.
• 부모에 따르면, 아버지와 Kathy 둘이서만 식사할 때 Kathy가 손을 사용하여 스스로 음식을 먹을 수 있다. 그러나 Kathy가 부모 및 세 자매와 함께 식사를 할 때는 접시에서 음식을 찾는 것이 더 어려워 보인다. • 어머니는 Kathy가 가장 좋아하는 것은 노란색 고무 오리, 노란색 탬버린, 노란색과 빨간색 공이라고 말한다. Kathy는 노란색이나 빨간색의 다른 단순한 물체를 가지고 놀기 시작하였으나, 이러한 물체 중 상당수는 또래가 즐겨하는 놀이 도구가 아니다(예를 들어, Kathy는 빨간색 옷걸이를 얼굴 앞에서 흔드는 것을 좋아한다). 담임교사는 Kathy가 빨간색 엘모(Elmo) 인형 캐릭터의 팝업 그림책에 시각적 주의를 기울이는 것을 보았다고 말한다.	• Kathy는 너무 많은 감각 정보가 있을 때 또는 여러 감각 기관으로 동시에 정보를 처리해야 할 때 대상(물체)을 보는 데 어려움을 겪는다. '감각 환경의 복잡성'의 영향으로, Kathy는 식사 시간에 대화가 오고 가면 접시에 있는 음식을 보는 데 어려움이 나타난다. • Kathy는 '특정 색상 선호'와 '시각적 복잡성의 어려움' 특성뿐만 아니라 '시각적 새로움의 어려움' 특성의 영향으로, Kathy가 선호하는 노란색 또는 빨간색의 단색 물체를 계속 사용할 필요가 있다. • Kathy가 시각적 주의를 시작하거나 유지하도록 '움직임'을 계속 활용한다. • Kathy는 2차원 자료를 보기 시작하였다. 이 자료는 Kathy가 좋아하는 빨간색에 움직이는 속성이 있는 팝업 형식의 엘모 캐릭터 그림책이다.

	• 시각장애 특수교사는 Kathy가 여러 감각 자극(정보)과 경쟁해야 할 때 친숙한 자료나 새로운 자료를 얼마나 잘 볼 수 있는지 직접 평가를 실시할 필요가 있다. 또한 복잡성이 증가하는 환경(배경)에 단색 물체를 제시하여 시각적 반응을 평가할 필요가 있다. Kathy에게 친숙하지만 내부에 세부 정보(요소)가 있는 자료를 제시할 필요가 있다. 예를 들어, 2차원 그림 속에 조금 더 많은 세부 정보가 있을 때 Kathy가 그림 속에서 엘모를 찾을 수 있는지 확인할 필요가 있다.
• 보행 전문가는 Kathy가 교실에서 음악실까지 휠체어로 이동할 수 있지만, 이 경로를 역으로 되돌아올 수는 없다고 말한다. 음악실에서 교실로 되돌아오는 경로에서 Kathy는 벽의 커다란 창문과 마주치게 되고, 창문의 빛이 Kathy의 시선을 사로잡는 것 같다고 말한다. 어머니도 Kathy가 때때로 천장 조명을 응시한다고 말한다.	• Kathy는 어느 정도 빛을 계속 응시하는 행동을 한다. 시각장애 특수교사는 학교와 집에서 Kathy를 관찰하여 빛을 응시하는 행동의 정도를 결정하고, 교실에서 Kathy를 어디에 배치하는 것이 좋을지를 담임교사에게 추천할 필요가 있다. 시각장애 특수교사와 보행 전문가는 환경 수정과 지원 또는 이동 경로의 변경 필요성을 협력하여 평가할 필요가 있다.
• 보행 전문가와 물리치료사는 Kathy가 최대 1m 80cm~2m 40cm 떨어져 있는 랜드마크인 '금색의 빛을 반사하는 속성의 물체'를 알아차리고, 휠체어로 이동한다고 말한다. 부모는 Kathy가 1m 80cm 이상 떨어져 있는 방으로 들어갈 때 '금색의 빛을 반사하는 속성의 물체'를 알아보는 것 같다고 말한다.	• Kathy의 원거리를 보는 능력은 특히 복잡성이 낮은 환경에서 개선되고 있다. 시각장애 특수교사는 친숙하고 움직이는 물체와 움직이지 않는 물체를 사용하여 Kathy가 이들 물체를 얼마나 멀리서 알아볼 수 있는지 비교할 필요가 있다. 또한 이를 통해 Kathy에게 가장 적절한 교육 거리를 담임 및 교과 담당 교사에게 추천하면 도움이 될 것이다.
• 시각장애 특수교사는 체육 수업 시간과 운동장에서의 Kathy의 행동을 관찰하였다. 빠르게 움직이는 풍선이나 공을 사용하는 게임에서 Kathy는 때때로 이들 물체가 자기 얼굴을 향해 빠르게 다가올 때 눈을 깜박이고, 실제로 얼굴에 닿을 때마다 항상 눈을 깜박이는 것을 보았다고 말한다.	• 시각장애 특수교사는 Kathy의 안면 접촉과 시각적 위협에 따른 눈 깜박임 반사를 평가할 필요가 있다.
• 부모는 지난번 생일 파티에서 Kathy가 새로운(처음 보는) 선물보다 생일 촛불에 더 관심을 보였다고 말한다. 담임교사는 아침 서클 타임에 가끔 Kathy가 학습 자료를 응시하도록 Kathy가 가장 선호하는 것(물체 등)을 먼저 보여 주는 방식으로 활동을 시작한다고 말한다.	• Kathy가 물체 또는 대상을 보고 인식하는 능력이 '시각적 새로움의 어려움' 특성에 영향을 받을 수 있다. • 시각장애 특수교사는 Kathy가 친숙하고 좋아하는 물체의 두드러진 특징을 공유하는(유사한) 다른 물체를 얼마나 잘 바라보고 구별할 수 있는지 직접 평가를 실시할 필요가 있다. 교사는 Kathy에게 물체를 제시할 때 새로움 정도가 점진적으로 증가하는 물체를 제시할 필요가 있다.

- 시각장애 특수교사와 작업치료사는 Kathy가 물체를 바라보고, 물체로부터 시선을 돌린 다음, 물체에 손을 뻗어 접촉하는 것을 보았다고 말한다. 어머니와 교실 보조원은 검은색 식탁 매트에 Kathy가 좋아하는 노란색 젤리를 한 번에 1개씩 놓아두면 젤리를 바라보면서 동시에 사탕을 향해 손을 뻗는다고 말한다.

- Kathy는 다양한 상황에서 '시각적으로 안내된 신체 도달의 어려움' 특성을 보여 준다. Kathy는 복잡성이 낮은 배경에 아주 친숙하고 동기유발이 되는 물체를 제시할 때만 시각적으로 안내된 도달을 사용할 수 있다(대상을 바라보면서 동시에 손을 뻗을 수 있다).
- 시각장애 특수교사는 Kathy의 눈-손 협응이 일어나거나 촉진하는 조건들이 무엇인지를 확인하기 위해 단순한 배경과 복잡성이 증가하는 배경에 친숙한 물체와 친숙하지 않은 물체를 제시할 때 '시각적으로 안내된 신체 도달의 어려움' 특성의 영향 정도를 직접 평가할 필요가 있다.

〈표 3-29〉 Kathy의 'CVI 진전도 차트' 작성 사례

CVI의 고유한 10가지 특성	CVI I 단계		CVI II 단계	CVI III 단계	
	• 시각적 행동 구축 시기 • 주로 등쪽 경로 시각 기능의 사용 • 레벨 I 환경 고려사항		• 시각과 기능의 통합 시기 • 배쪽 경로 시각 기능의 사용 시작 • 레벨 II 환경 고려사항	• CVI 특성 정교화(refinement) 시기 • 주로 배쪽 경로 시각 기능의 개선과 사용 • 레벨 III 환경 고려사항	
	CVI Range 1~2(0)	CVI Range 3~4(.25)	CVI Range 5~6(.50)	CVI Range 7~8(.75)	CVI Range 9~10(1)
특정 색상 선호	~~아동은 선호하는 1가지 색상에 시각적 주의를 한다.~~	아동에게 지배적인 (우세한) 선호하는 색상이 있다: 1~2가지 색상이 아동의 시각적 주의를 유도하거나 촉진할 수 있다.	채도가 높은 형광 색상이 아동의 시각적 주의를 촉진한다.	자료 또는 환경을 색상으로 강조 표시하는 것이 아동에게 때때로(가끔) 필요하다.	아동은 색상이나 패턴(무늬)에 대한 선호가 없다. 또래보다 특정 색상의 사용이 더 중요하지 않다.
움직임에 대한 요구 (끌림)	~~아동이 바라보는 물체는 일반적으로 움직임이 있거나 빛을 반사하는 속성이 있다.~~	~~아동은 자료를 좀 더 일관되게 찾는다. 움직이고 빛을 반사하는 속성이 있는 자료에 짧은 고시가 이루어진다.~~	아동의 시각적 주의를 유발하는 중요한 요소로 '움직임'이 계속해서 작용한다.	근거리에서는 아동의 시각적 주의를 끌기 위해 움직임이 요구되지 않는다.	아동은 움직이는 대상에 또래와 같은 반응을 보인다.
시각적 (반응) 지연	~~아동은 장시간의 시각적 반응의 지연을 보인다.~~	~~아동은 일정 시간 대상을 바라본 후, 시각적 (반응) 지연이 약간 감소한다.~~	아동이 피곤하거나 스트레스를 받거나 과도하게 자극을 받을 때에만 시각적 (반응) 지연이 나타난다.	아동에게 시각적 (반응) 지연이 드물게 나타난다.	아동에게 더 이상 시각적 (반응) 지연이 나타나지 않는다.

특정 시야 선호	아동에게 뚜렷한 특정 시야 영역(방향)의 의존성이 나타난다.	아동에게 특정 시야 영역(방향)의 선호가 나타난다.	아동에게 친숙한 정보와 자극을 제시할 때는 특정 시야 영역(방향)의 선호가 감소한다.	아동은 좌측 시야와 우측 시야 영역(방향)을 번갈아 가며 사용할 수 있다. 아동은 하측 시야 영역(방향)을 보는 데 어려움으로 인해 안전 문제와 아래에 있는 대상(물체)을 찾는 데 계속 영향을 받을 수 있다.	아동에게 시야 영역(방향)의 제한이 없다.
시각적 복잡성의 어려움	아동은 엄격하게 통제된 환경(복잡성 통제)에서만 시각적 반응을 보인다. 아동은 일반적으로 사람들의 얼굴을 바라보지 않는다.	아동은 환경을 통제해 주면 시각적으로 고시할 수 있다. 아동은 친숙한 사람들의 얼굴을 바라본다. 아동은 시각적 주의를 위해 3차원 자료를 필요로 한다. 아동이 선호하는 대상(물체)을 제시하면 짧은 눈 맞춤을 한다.	아동은 낮은 수준의 소음이 있는 친숙한 배경에서 시각적 주의를 유지한다. 아동은 말소리가 없을 때(목소리와 경쟁하지 않을 때) 친숙한 사람들의 얼굴을 바라본다.	아동은 시각적 대상과 경쟁하는 청각 자극(소리)을 견디며, 대상을 바라본다. 아동은 음악 소리가 나는 물체에 시각적인 주의를 유지한다. 아동은 거울에 비친 자기 얼굴 이미지를 바라보고, 친숙한 사람과 눈 맞춤을 할 수 있다. 아동은 단순한 그림책이나 상징을 바라보고, 구별한다.	아동은 매우 복잡한 환경에 있을 때에만 시각적 반응에 영향을 받는다. 아동은 세부 특징(요소)을 포함하는 책이나 2차원 자료의 정보를 보고, 구별한다. 아동은 또래와 같은 시각적·사회적 반응을 보인다.
빛에 대한 요구 (끌림)	아동은 물체나 사람 얼굴의 위치를 짧은 시간에 찾을 수 있으나 길게 고시하지 못한다. 아동은 빛에 시각적으로 지나치게 끌린다.	아동은 빛에 덜(적게) 끌린다. 즉, 빛에서 다른 대상(물체)으로 시선을 돌릴 수 있다.	빛이 나는 대상이나 백라이트 화면(라이트 박스 등)을 사용하면 아동은 2차원 대상(이미지, 그림)을 구별한다.	아동이 피곤하거나 스트레스를 받을 때에만 1차 광원(빛)에 시각적 끌림이 일어난다.	아동의 빛에 대한 반응은 또래와 같다.
원거리 보기의 어려움	아동은 30cm 이하의 근거리에서만 시각적 주의를 한다.	아동은 60~90cm 거리에서 친숙하고 움직이는 대상 또는 커다란 대상(물체)에 때때로(가끔) 시각적 주의를 한다.	아동은 120~180cm 거리에서 시각적 주의를 한다. 크고 움직임 있는 대상(물체)에는 시각적 주의가 3m 까지 증가한다.	아동은 움직임이 있는 대상(물체) 또는 친숙하거나 복잡하지 않은 곳(환경)에 있을 때는 대상(물체)에 대한 시각적 주의가 3m까지 증가한다.	아동의 시각적 주의가 6m 이상이거나 또래와 같은 수준이다.

비전형적 시각 반사	~~아동은 안면 접촉이나 시각적 위협에 눈을 깜박이지 않는다.~~	~~아동은 안면 접촉에 눈을 깜박이지만, 눈 깜박임이 지연되어 일어난다.~~	~~아동은 안면 접촉에 눈 깜박임이 일관되게 일어난다. 아동은 시각적 위협에 눈 깜박임이 간헐적으로 일어난다.~~	아동은 시각적 위협에 눈 깜박임이 일관되게 일어난다 (안면 접촉과 시각적 위협에 90% 정도 눈 깜박임이 일어난다).	안면 접촉과 시각적 위협에 대한 아동의 시각적 반사 (눈 깜박임 반사)가 또래와 유사하게 일어난다.
시각적 새로움의 어려움	~~아동은 단지 좋아하거나 친숙한 물체에 시각적 주의가 일어난다.~~	~~아동은 친숙한 물체의 두드러진 특징과 유사한 다른 물체를 바라볼 수 있다(view). 아동은 시각적 호기심이 거의 없거나 전혀 없다.~~	아동은 새로운(낯선) 3차원 자료 또는 일부 2차원 자료에 시각적 주의가 일어날 수 있지만, 시각적 이미지(visual display)를 해석하지 못한다.	아동은 새로운(낯선) 물체나 이미지를 두드러진 특징으로 구별하고 인식하고 또는 확인한다. 아동은 대부분의 새로운(낯선) 환경에서 시각적 호기심을 보인다.	또래와 같이 새로운 자료, 사람, 환경에 대한 시각적 주의와 호기심을 보인다.
시각적으로 안내된 신체 도달의 어려움	~~아동이 대상(물체)을 바라보고 손을 뻗어 접촉하는 행위들이 각각 분리되어 순차적으로 이루어진다(동시에 이루어지지 않음). 아동은 크고 그리고/또는 움직이는 물체를 바라보고 손을 뻗어 접촉한다.~~	~~아동은 친숙하고 빛이 나거나 빛을 반사하는 속성이 있는 더 작은 물체를 바라보고 손을 뻗어 접촉한다. 보는 행위와 손을 뻗어 접촉하는 행위가 여전히 분리되어 각각 일어난다.~~	시각적으로 안내된 신체 도달(물체를 바라보며 동시에 손을 뻗어 접촉하는 행위)은 친숙한 물체 또는 선호하는 색상과 단순한 배경 그리고/또는 조명(빛)의 지원을 받는 물체에 일어난다.	아동이 물체를 바라보고 손을 뻗어 접촉하는 행위들이 순차적으로 빠르게 일어나기는 하지만, 항상 동시에 일어나지는 않는다.	아동이 물체를 바라보고 동시에 손을 뻗어 접촉하는 행위들이 항상 동시에 이루어진다.

[표시 방법]
- 표의 칸에 기술한 '시각적 행동(문항)'이 해결되었다면 'X' 표시를 한다.
- 표의 칸에 기술한 '시각적 행동(문항)'이 아동의 현재 시기능을 나타낸다면 '☐' 표시를 한다
- 표의 칸에 기술한 '시각적 행동(문항)'이 CVI와 함께 있는 안구 시각장애 질환으로 인해 전형(일반)적으로 도달할 수 없는 시각 기술들이라면 '◯' 표시를 한다.

〈부록 3A〉

평가척도 l 의 검사 지침서

이 검사 지침서는 면담, 관찰, 직접 평가의 3가지 평가 방법을 사용하여 검사 문항을 평가하는 절차를 제시하고 있다. 평가자는 지침서를 그대로 따르거나 평가할 아동의 연령이나 관심사에 따라 검사 자료 및 절차를 변경할 있다.

CVI l 단계

CVI Range 1~2(레벨): 아동은 최소한의 시각적 반응으로 시기능을 사용한다.

검사 문항 1: 물체 또는 사람 얼굴의 위치를 찾을 수 있으나, 제대로 고시하지 못한다.

- 아동에게 친숙한 물체를 선정한다.
- 다양한 시야 영역(방향)[아동이 선호하는 시야를 알고 있다면, 선호하는 시야 영역]에 물체를 제시한다.
- 아동의 시각적 주의를 끌기 위해 물체를 움직이거나 그리고/또는 빛을 반사하는 속성의 재료와 물체를 사용할 수 있다.
- 이때 물체를 아동에게 접촉하거나 소리로 단서를 주지 않는다.
- 아동의 반응을 기다려 준다[시각적 (반응) 지연을 허용한다].

검사 문항 2: 광원(빛) 또는 선풍기를 지속적으로 바라본다.

- 아동에게 다른 물체나 활동을 제공할 때, 머리 위의 천장 조명, 개인 스탠드 조명, 창문의 자연광 또는 발광(조명) 기능이 있는 물체를 자주 바라보는지 관찰하거나 관련 인사(부모 등)에게 물어본다.
- 아동에게 다른 물체나 활동을 제공할 때, 천장이나 벽에 부착된 선풍기를 자주 바라보는지 관찰하거나 관련 인사(부모 등)에게 물어본다.

검사 문항 3: 시각 과제의 수행에서 장시간의 시각적 반응의 지연을 보인다.

- 다양한 시야 영역(아동이 선호하는 시야를 알고 있는 경우, 선호하는 시야 영역)에 아동에게 친숙한 물체를 제시한다.
- 아동이 물체의 위치를 찾거나 물체를 향해 바라보는 데 걸리는 시간을 관찰하여 기록한다.
  - 새로운(낯선) 물체를 사용할 때의 반응 결과와 비교한다.

- 평가 초반, 중반, 후반에 나타나는 반응의 결과를 비교한다.
• 아동을 알고 있는 인사에게 (아동이) "평소에 물체를 보여 주자마자 알아차리나요?"라고 물어본다.

검사 문항 4: 엄격히 통제된 환경에서만 시각적으로 반응한다.

• 아동의 일상 환경이나 학습 환경에서 관찰한다. 아동이 다음의 행동을 하는지 살펴본다.
  - 물체, 사람이나 사람 얼굴에 시각적 주의를 하는가?
  - 환경의 특징이나 환경에서 하는 활동으로부터 다른 곳으로 시선을 돌리는가?
  - 빛을 응시하거나 빈 공간을 응시하는가?
  - 또래에 비해 시각적 호기심(visual curiosity)이 부족한가?
• 교육적 수정이 이루어지지 않은 환경에서 물체나 활동을 제시한다.
• 다음의 교육적 수정이 이루어진 환경에서 물체나 활동을 제시할 때 시각적 행동(반응)을 비교한다.
  - 조도(밝기)가 낮고 시각적 혼란이 없도록 수정된 환경(시각 사용이 필요한 과제에 참여하는 동안에 작은 음악 소리나 목소리 정도만이 있을 수 있음)에서 제시한다.
  - 모든 소리를 제거하고 조도가 매우 낮으며 패턴(무늬)이 없는 단색 배경(고도로 통제된 환경)에서 제시한다.

검사 문항 5: 1가지 색상으로 된 물체만 바라본다.

• 아동이 선호하는 색상의 좋아하는 물체를 제시한다.
• 아동이 선호하지 않는 색상의 물체를 아동에게 제시한다.
• 아동에게 표면에 여러 색상이나 패턴(무늬)이 있는 물체를 제시한다.
• 앞의 모든 상황에서 아동의 시각적 주의를 비교한다.

검사 문항 6: 움직이거나, 빛이 나오거나, 반짝이는 속성의 물체만 바라본다.

• 아동에게 움직이는 속성이 있는 물체(예: 슬링키, 컬러 바람개비 등)를 제시한다.
• 아동에게 반짝이거나 빛을 반사하는 속성이 있는 물체(예: 마일러 재질의 털뭉치나 풍선 등)를 제시한다.
• 아동이 선호하는 단일 색상이지만, 움직이거나 반짝이는 속성이 없는 물체를 제시한다.
• 아동이 주변 환경의 물체에 시각적 주의를 기울이는지 관찰한다. 특히 선풍기 또는 가까운 곳에 있는 사람의 움직임이나 기타 움직임에 시각적 주의를 기울이는지 관찰한다.
• 아동이 움직임(움직이는 대상)에 시각적 주의를 하는지 부모에게 물어본다(예: 움직이는 차 안에서 창 밖에 시각적 주의를 기울이나요?, 텔레비전 화면 속의 움직임에 주목하는 것처럼 보이나요? 등).

검사 문항 7: 근거리에 있는 대상에만 시각적으로 주의를 기울인다.

- 아동이 시각적으로 대상(물체)을 감지하거나 시각적 주의를 할 수 있는 일반적인 거리와 최대 거리를 부모에게 물어본다.
- 아동으로부터 최대 150cm 이내의 다양한 거리에서 선호하는 물체를 제시한다.
- 아동에게 친숙한 대상에 시각적 반응이나 주의가 일어나는 거리와 비교한다.

검사 문항 8: 안면 접촉이나 시각적 위협에 눈을 깜박이지 않는다.

- 아동에게 말하거나 예고하지 않고 아동의 양 눈 사이의 콧대를 빠르게 살짝 접촉한다.
- 아동에게 말하거나 예고하지 않고 아동의 얼굴을 향해 손을 빠르게 갖다 댄다.
- 위와 같이 아동의 안면을 접촉하거나 위협하는 행동에 즉시 눈을 깜박이는지, 늦게 눈을 깜박이는지, 안면 접촉과 시각적 위협 중 하나 또는 둘 모두에 눈을 깜박이지 않는지 관찰한다.

검사 문항 9: 사람들의 얼굴을 바라보지(응시하지) 않는다.

- 아동이 거울에 비친 자기 얼굴이나 친숙한 사람 또는 친구의 얼굴을 쳐다보는지 부모와 교사에게 물어본다.
- 아동이 친숙한 사람, 새로운(낯선) 사람, 자기 거울 이미지를 대면하게 될 때 아동의 행동(반응)을 관찰한다.
  - 아동이 사람들의 얼굴에 시각적 주의를 하는지, 눈 맞춤을 하는지, 사람들의 얼굴을 보지 않는지(못 본 척 하는지) 관찰한다.
  - 말을 하고 있는 사람의 얼굴과 말을 하지 않고 있는 사람의 얼굴에 대한 아동의 반응을 비교한다.
- 아동에게 말을 하지 않고 예고 없이 다가가는 경우, 아동이 상대방 얼굴을 알아차리는지, 어떻게 반응하는지 부모에게 물어본다.

CVI Ⅰ~Ⅱ단계

CVI Range 3~4(레벨): 아동은 더욱 일관된 시각적 반응을 보인다.

검사 문항 10: 환경이 통제될 때만 시각적으로 고시한다.

- 낮은 수준의 청각 자극, 시각 자극(목표 시각 자극 외의 시각 자극), 촉각 자극이 있을 때 아동이 목표 물체에 눈 맞춤을 하는지 관찰한다.

- 아동에게 시각적으로 친숙하거나 선호하는 물체를 제시한다. 그다음 낮은 수준의 대화, 작은 소리의 음악 같은 청각 자극(정보)을 추가할 때 시각적 반응을 관찰한다.
- 음악, 소리, 진동이 발생하는 단순한(2가지 이하 색상) 물체를 아동에게 제시한다.
- 엄격하게 통제된 환경에서 아동이 확실하게 볼 수 있는 물체를 제시한 다음, 낮은 조도의 실내 조명등 또는 환경음을 추가할 때 시각적 반응을 비교한다.
  - 아동이 환경(배경)의 조명등이나 소리로 인해 대상(물체)에 대한 시각적 주의를 빼앗기는지, 시각적 주의를 유지하는지 관찰한다.

검사 문항 11: 빛에 관심을 덜 보이며, 빛으로부터 다른 곳으로 시선을 돌릴 수 있다.

- 아동이 주요 광원(천장 조명, 개인용 스탠드 조명, 창문의 자연광)으로부터 시각적 주의를 다른 곳이나 물체로 돌릴 수 있는지, 그렇지 않으면 이들 조명을 끄거나 제거할 때에만 빛을 응시하는 것을 멈추는지 관찰한다.
- 부모에게 아동이 빛을 쳐다보는지 물어본다.
- 조명을 완전히 끄지 말고 조도(밝기)를 조절한다.
- 빛이 발생하는 물체와 그렇지 않은 물체를 아동에게 제시한다.
  - 아동은 빛이 발생하는 물체만 바라보는가?
  - 면담이나 관찰, 직접 평가 결과, 아동이 주로 백라이트(예: 텔레비전, 태블릿 기기 등)에 제시되는 물체에 시각적 주의를 하는가?
- 컬러 필터가 부착된 손전등을 아동 얼굴에 비추어도, 아동은 눈을 감지 않는다.

검사 문항 12: 일정 시간 응시한 후, 시각적 (반응) 지연 시간이 약간 감소한다.

- 아동에게 대상(물체)을 제시하는 시점과 처음으로 시각적 반응을 보이는 시점 간에 시각적 (반응) 지연 여부를 관찰한다.
- 아동의 시각적 주의가 지연되거나 시각적 주의가 일관되게 나타나지 않는지 부모와 교사에게 물어본다.
- 아동이 선호하는 대상(물체)을 사용하는 활동을 할 때, 아동이 시각적으로 '워밍업(warmed up)'이 이루어지면 시각적 (반응) 지연 시간이 감소하는지 확인한다.
- 평가자는 활동 초기에 시각적 (반응) 지연 시간(초 단위)을 측정하고, 일정 시간 활동이 이루어진 후에 시각적 (반응) 지연 시간을 다시 측정하여 '(반응) 지연 시간'의 변화를 비교한다.

검사 문항 13: 친숙한 물체와 유사한 특징을 가진 새로운 물체를 바라볼 수 있다.

- 부모와 교사에게 아동에게 매우 친숙한 물체가 무엇인지 물어본다.
- 아동에게 친숙하거나 평소 좋아하는 물체를 제시한다.

- 아동이 평소 좋아하는 물체와 '색상, 시각적 복잡성 수준(물체 표면에 1~3가지 색상), 빛의 발생, 움직임, 반사 속성' 등이 유사한 새로운 물체를 제시한다.
  - 아동의 시각적 주의 여부를 관찰한다: 아동은 이전에 알고 있던 물체와 유사하지만 새로운 물체에 시각적 주의를 하는가?
  - 이전에 알고 있던 물체와 시각적으로 유사하지만 새로운 물체를 제시할 때 시각적 (반응) 지연이 더 길어지는가?
  - 이전에 알고 있던 물체와 시각적으로 유사하지만 다른 물체에 시각적으로 주의를 하지 못하는가?

검사 문항 14: 안면 접촉이나 시각적 위협에 눈을 깜박이지만, 눈 깜박임이 지연되어 일어나거나 일관되게 나타나지 않는다.

- 말을 하거나 예고하지 않고 아동의 양 눈 사이의 콧대를 빠르게 살짝 접촉한다.
- 말을 하거나 예고하지 않고 아동의 얼굴을 향해 손을 빠르게 갖다 댄다.
- 아동이 안면 접촉이나 시각적 위협을 받으면 동시에 눈을 깜박이는지, 늦게 눈을 깜박이는지, 안면 접촉과 시각적 위협 중 하나 또는 둘 모두에 눈을 깜박이지 않는지 관찰한다.

검사 문항 15: 특정 색상을 선호한다.

- 부모와 교사에게 아동이 평소 '선호하는 색상'이 있는지 물어본다.
- 색상만 다르고 그 외의 특징은 동일한 물체(예: 다양한 색상의 슬링키) 또는 불빛의 색상만 다르고 그 외의 특징은 동일한 빛이 나오는 물체(예: APH에서 판매하는 컬러 캡을 씌운 조명)를 제시하고, 색상에 따라 아동의 시각적 주의에 차이가 있는지 확인한다.
- 아동이 선호하는 물체를 관찰하고, 이들 물체가 특정 색상이거나 같은 색상인지 확인한다.

검사 문항 16: 특정 시야 영역(방향)을 강하게 선호한다.

- 아동이 특정 위치, 즉 시야 영역(방향)에 있는 대상(물체)만 알아차리는지 부모와 교사에게 물어본다.
- 다양한 환경에서 아동을 관찰할 때 아동이 어느 시야 영역(방향)에 물체가 있을 때 시각적 주의를 기울이거나, 물체를 향해 손을 뻗거나, 머리를 돌리는지 확인한다.
- 아동이 걸어갈 때, 지면의 변화, 낙하지점, 장애물을 알아차리는지 관찰한다.
- 수정된 대면 시야 검사 방법으로 시야를 검사한다.
  - 평가자는 컬러 캡을 씌운 손전등을 사용하여 아동의 뒤에서 주변 시야 영역(우측, 좌측, 상측, 하측 방향)으로 손전등을 움직인다.
  - 아동이 평소 선호하는 색상이 있다면 선호하는 색상의 손전등을 사용한다.

– 검사를 진행하는 동안 아동에게 말을 걸지 않는다.
– 검사를 진행할 때 손전등이 아동의 시각적 주의를 끌지 못하면 반짝이거나 마일러 재질의 물체로 바꾸어 검사를 다시 실시한다.

검사 문항 17: 60~90cm 거리에서 움직이는 물체에 주목한다.

• 아동이 평소 시각적으로 대상(물체)을 감지하거나 시각적 주의를 하는 일반적인 거리와 최대 거리를 부모에게 물어본다.
• 최대 2m 40cm 거리까지, 다양한 거리에서 아동이 선호하는 물체를 제시한다.
• 아동이 친숙한 대상(물체)에 시각적 주의를 하는 거리를 비교한다.
• 아동이 친숙한 사람의 움직임이나 텔레비전 화면의 움직임을 평소보다 더 먼 거리에서 가끔씩 알아차릴 수 있는지 확인한다.

검사 문항 18: 물체를 바라보고 손을 뻗어 접촉하는 행위들이 동시에 이루어지는 것이 아니라 별개로 (순차적으로) 이루어진다.

• 아동에게 시각적으로 동기를 유발하고 시각적 주의에 필요한 특징(속성)을 가진 물체를 제시한다.
– 검은색 배경 또는 단순한 배경에서 제시한다.
– 빛이 발생하거나 움직이는 속성의 물체를 사용할 수 있다.
– 아동이 선호하는 색상에 물체 표면(외형)이 복잡하지 않은 물체를 사용할 수 있다.
• 아동이 물체를 바라보고, 시선을 다른 곳으로 돌린 후, 물체를 향해 손을 뻗어 접촉하는지 관찰한다.
• 아동이 운동기능장애로 팔이나 손을 움직일 수 없다면, 이 문항을 생략한다.

CVI II단계

CVI Range 5~6(레벨): 아동은 기능적 과제(functional tasks)를 수행하는 데 시각을 사용한다.

검사 문항 19: 2~3가지 색상으로 된 물체도 바라볼 수 있다.

• 아동이 평소 좋아하거나 선호하는 물체를 사용하여 관찰한다.
– 아동이 교사가 지목한 물체와 눈 맞춤을 하는 경우, 해당 물체의 색상 수를 확인한다.
– 아동이 좋아하는 물체에 추가적인 감각 정보(예: 소리, 음악, 음성 등)가 포함되어 있는지 확인한다.
–아동이 좋아하는 물체에 불빛이 나오거나 움직이는 속성이 있는지 확인한다.

- 아동에게 2가지, 3가지, 4가지 색상이나 패턴(무늬)이 있는 물체를 제시하고, 어떤 물체에 눈 맞춤을 하는지 확인한다.

검사 문항 20: 빛은 더 이상 시각적 주의를 방해하지 않는다.

- 아동이 주요 광원(천장 조명, 개인용 스탠드, 창문 자연광)에 시각적 주의를 기울이는지, 시각적 끌림을 보이는지 관찰한다.
- 아동이 가끔 빛을 쳐다볼 때가 있는지 부모에게 물어본다.
- 아동을 위해 조명 환경을 수정하거나 조절하지 않는다.
- 빛을 발생하는 물체와 그렇지 않은 물체를 아동에게 제시한다.
  - 아동이 빛이 나오는 물체만 바라보는가?
  - 면담, 관찰, 직접 평가에서 아동이 주로 백라이트(예: 텔레비전, 태블릿 기기 등)에 제시된 물체에 일관되게 시각적 주의를 하는가?
- 아동이 창문이나 조명등을 마주 보도록 자리를 배치하고, 빛을 응시하는 행동 없이 익숙한 활동(과제)에 참여할 수 있는지 확인한다.
- 컬러 필터를 씌운 손전등의 불빛을 아동의 얼굴에 비출 때 아동이 눈을 감는다.

검사 문항 21: 피곤하거나, 스트레스를 받거나, 과도한 자극을 받는 경우에만 시각적 (반응) 지연이 일어난다.

- 아동이 가장 피로해 보이는 시간을 관찰하고, 아동에게 시각적 (반응) 지연이 일어나는지 확인한다.
- 아동이 평소 시각적 주의를 기울이지 않는 것처럼 보이는 시각적 행동이 관찰되는지 부모와 교사에게 물어본다.
  - 아동이 시각적 주의를 기울이지 않을 때 시각적 대상(물체)을 제시한다.
  - 이때 아동에게 시각적 지연 반응이 나타나는지 관찰한다.
- 아동이 피곤하지 않거나, 스트레스를 받지 않거나, 과도한 자극을 받지 않을 때와 그러할 때 시각적 (반응) 지연에 차이가 있는지 비교한다.
- 참조: 아동이 발작 후에는 시각적 (반응) 지연이 증가할 가능성이 있다.

검사 문항 22: '움직임'은 시각적 주의를 유도하는 중요한 요소로 계속하여 작용한다.

- 아동이 가장 일관되게 시각적 주의를 보이는 대상이 있는지 부모와 교사에게 물어본다.
  - 해당 대상(물체)이 '움직이거나 반짝이는 속성'이 있는지 확인한다.
- 다양한 환경에서 아동을 관찰하고, 아동이 시각적 주의를 기울이는 대상에 '움직이는' 속성이 있는지 확인한다.

- 다양한 패턴(무늬)이 있는 배경에서 아동 가까이에 물체를 제시한다.
  - 아동이 '반짝이거나 움직이는' 속성이 있는 물체를 그렇지 않은 물체보다 시각적으로 더 잘 알아차리는지 확인한다.
- 아동에게 움직임이 있거나 움직임이 없는 단순한 2차원 이미지를 제시한다.
  - '움직임'이 있는 화면(예: 태블릿 기기)이 아동의 시각적 주의를 더 많이 유도하는지 확인한다.

검사 문항 23: 작은 배경 소음을 견디며 시각적 주의를 한다(작은 소음이 시각적 주의를 방해하지 않는다).

- 교실, 가정, 사회적 환경에서 아동을 관찰한다.
  - 작은 크기의 음악 소리나 청각 자극(정보)이 있을 때도 아동이 목표 대상(물체)에 시각적으로 주의를 하는지 확인한다.
  - 작은 크기의 목소리가 들리는 동안에도 아동이 목표 대상에 시각적으로 주의를 하는지 확인한다.
- 아동에게 소리(음악 또는 음성 등)가 나오는 물체를 제시한다. 먼저, 아동이 물체에 시각적 주의를 기울이면 그다음에 소리가 나오게 한다.
  - 청각 자극(소리)이 나올 때 아동이 물체가 아닌 다른 곳으로 시선을 돌리는지, 아니면 물체에 시각적 주의를 유지하는지 확인한다.
- 소리와 다양한 대상(물체)을 함께 제시한다.

검사 문항 24: 안면 접촉에 눈 깜박임이 일관되게 나타난다.

- 말을 하거나 예고하지 않고 아동의 콧대를 가볍고 빠르게 접촉한다.
- 아동의 안면을 접촉하자마자 눈을 깜박이는지, 늦게 눈을 깜박이는지, 또는 눈을 깜박이지 않는지 관찰한다.
- 평가하는 동안 다음의 절차를 여러 번 반복한다.
  - 각 시도마다 아동의 콧대를 2~3회 접촉한다.
  - 아동이 안면 접촉에 익숙해질 가능성, 즉 이러한 익숙함이 시각적 (반응) 지연에 영향을 미칠 가능성을 고려하여 일정한 시간 간격을 두어 반복한다.

검사 문항 25: 시각적 위협에 눈 깜박임이 간헐적으로 나타난다.

- 말을 하거나 예고하지 않고 아동의 얼굴 중앙을 향해 손을 빠르게 갖다 댄다.
- 아동이 시각적 위협과 동시에 눈을 깜박이는지, 늦게 눈을 깜박이는지, 또는 눈을 깜박이지 않는지 관찰한다.
- 평가하는 동안 다음의 절차를 여러 번 반복한다.
  - 각 시도마다 시각적 위협을 2~3회 실시한다.
  - 아동이 시각적 위협에 익숙해질 가능성, 즉 이러한 익숙함이 시각적 (반응) 지연에 영향을 미칠 가능성을

고려하여 일정한 시간 간격을 두어 반복한다.

검사 문항 26: 120~180cm(중간 거리)에서도 시각적 주의를 기울일 수 있다.

- 아동이 특정 대상의 위치를 일관되게 찾을 수 있는 최대 거리를 부모와 교사에게 물어본다.
- 친숙한 환경과 낯선 환경에서 아동을 관찰하고, 아동이 시각적 주의를 기울이는 물체, 사람, 환경의 특징을 확인한다.
- 친숙한 환경이나 낯선 환경에서 친숙한 물체와 새로운 물체를 제시하고, 교사가 말하는 물체를 찾도록 한다.
- 아동에게 매우 친숙한 물체를 사용한다. 평가자는 아동을 향해 양손을 대칭이 되게 뻗되, 한 손에는 친숙한 물체를 들고 아동 쪽으로 천천히 손을 뻗는다. 아동이 처음 물체를 알아차리는 거리를 확인한다.
  - 3m 거리에서 (아무런 말도 하지 않고) 아동을 향해 물체를 이동한다.
  - 아동이 선호하는 시야 영역(방향)에서 실시한다.

검사 문항 27: 말소리와 경쟁하지 않을 때(사람들의 말소리가 들리지 않을 때)만 친숙한 사람의 얼굴을 바라볼 수 있다.

- 아동에게 말을 하지 않고 예고 없이 다가갈 때 상대방의 얼굴을 알아차리거나 반응하는지 부모에게 물어본다.
- 친숙한 사람, 낯선 사람, 자기 거울 이미지를 마주할 때 아동의 시각적 반응을 관찰한다.
  - 상대방의 얼굴에 시각적 주의를 하는지, 상대방과 눈 맞춤을 하는지, 상대방의 얼굴을 보지 않는지(못 본 체 하는지) 관찰한다.
  - 말을 하는 사람의 얼굴과 말을 하지 않는 사람의 얼굴에 대한 아동의 반응을 비교한다.

CVI Ⅱ~Ⅲ 단계

CVI Range 7~8(레벨): 아동은 시각적 호기심을 보인다.

검사 문항 28: 장난감이나 물체의 선정에 제한이 적으며, 이들에 대한 1~2회 정도의 '워밍업'만 필요할 수 있다.

- 아동이 여전히 선호하는 물체가 있는지 부모와 교사에게 물어본다.
- 아동이 평소 새로운 물체에 어떻게 반응하는지 부모와 교사에게 물어본다.
  - 아동은 아주 새로운 물체에 시각적 주의를 하는 데 어려움을 보인다.
  - 새로운 물체에 대한 아동의 시각적 주의가 증가한다면, '시각적 새로움의 어려움' 특성이 해결되고 있다는

신호일 수 있다.

- 아동이 시각적 호기심(visual curiosity)을 보이는지 관찰한다.
  - 아동은 새로운 물체, 사람 또는 자료에 시각적 주의를 하는가?
  - 아동은 새로운 환경에서 시각적 주의를 하는가?
- 친숙한 물체, 친숙한 물체와 유사한 특징을 가진 다른 물체, 전혀 다른 새로운 물체를 한 번에 1개씩 아동에게 제시한다.
  - 아동이 어떤 물체에 시각적 주의를 하고, 어떤 물체를 시각적으로 보지 않는지(못 본 체하는지) 확인한다.
  - 아동에게 새로운 물체가 '친숙한' 물체로 바뀌는 데 걸리는 시간(몇 회기 또는 며칠 노출 후)을 확인한다.

검사 문항 29: 청각 자극(정보)을 견디며 무언가를 바라볼 수 있다. 즉, 아동은 음악이 나오는 물체나 장난감에도 시각적 주의를 계속 유지할 수 있다.

- 가정과 학교 환경에서 아동을 관찰한다.
  - 추가적인 감각 자극(정보)이 있더라도 아동이 자료와 사람에 눈 맞춤을 하고 유지할 수 있는지 확인한다.
- 아동이 시각 과제에 참여하는 동안, 다양한 새로운 감각 자극(예: 사람의 목소리, 음악과 목소리, 텔레비전과 목소리, 기계음과 목소리)을 추가로 제시한다.
  - 시각과 경쟁하는 청각 자극이 공존하는 동안, 대상을 바라보며 그 소리를 들을 수 있는지 확인한다.
  - 교사의 구두 지시나 다른 감각 자극(정보)이 있더라도 2차원 자료에 시각적 주의를 하는지 확인한다.

검사 문항 30: 시각적 위협에 일관되게 눈 깜박임이 나타난다.

- 말을 하거나 예고하지 않고, 아동의 얼굴 중앙을 향해 손을 빠르게 갖다 댄다.
- 아동이 시각적 위협과 동시에 눈을 깜박이는지, 늦게 깜박이는지, 또는 눈을 깜박이지 않는지 관찰한다.
- 평가하는 동안 다음의 절차를 여러 번 반복한다.
  - 각 회기 시도마다 시각적 위협을 2~3회 실시한다.
  - 시각적 위협이 익숙해질(반복적으로 제시되는 자극에 주의를 덜 기울이고, 반응이 감소하는 현상) 가능성, 즉 이러한 익숙함이 시각적 (반응) 지연에 영향을 미칠 가능성을 고려하여 일정한 시간 간격을 두어 반복한다.

검사 문항 31: 시각적 (반응) 지연이 거의 없다(드물게 일어난다).

- 아동에게 시각적 대상이 제시되는 시점으로부터 대상에 처음 시각적 주의를 하는 시점 간에 시각적 지연이 있는지 부모와 교사에게 물어본다.
- 'CVI Range' 평가에서 대상이 제시되는 시점으로부터 대상에 처음 시각적 주의를 하는 시점 간에 시각적

(반응) 지연이 있는지 확인한다.

- – 평가 회기의 시작, 중반, 후반에 아동에게 시각적 (반응) 지연이 나타나는지 확인한다.
- – 아동이 피곤하거나, 배가 고프거나, 기분이 좋지 않거나, 발작을 한 후, 시각적 (반응) 지연이 일어나는지 물어보거나 관찰한다.

검사 문항 32: 3m 거리까지, 움직이는 대상(물체)에 시각적 주의를 한다.

- 아동이 시각적으로 대상(물체)을 감지하거나 시각적 주의를 하는 일반적인 거리와 최대 거리를 부모에게 물어본다.
- 최대 6m의 다양한 거리에서 아동이 좋아하는 물체와 새로운 물체를 제시한다.
  - – 일부 물체는 10cm 이하 크기로 한다.
- 아동에게 친숙한 대상(물체)에 따라 시각적 주의를 하는 거리를 비교한다.
- 아동이 평소보다 먼 거리에서 사람들의 움직임이나 환경에 있는 물체의 움직임을 가끔 알아차리는지 확인한다.

검사 문항 33: 대상이 근거리에 있는 경우, 시각적 주의를 유도하기 위해 대상(물체)을 움직일 필요가 없다.

- 다양한 수준의 복잡성이나 패턴(무늬)이 있는 배경에서 친숙한 물체를 아동에게 제시한다.
  - – 검은색 배경에서 시작하고, 2가지 색상으로 된 배경, 더 다양한 색상의 배경으로 복잡성 수준을 증가시켜 나간다.
  - – 검은색 배경이나 패턴(무늬)이 있는 배경 위에 작은 물체(2.5~7.5cm)나 간식(2.5~10cm)을 무작위로 놓는다.
  - – 이때 아동이 물체를 찾을 수 있는지 확인한다. 아동이 물체를 시각적으로 찾을 수 없는 경우, 물체가 움직이는 것처럼 보이게 배경을 이동시킨다.
  - – '움직임'을 추가하면 아동에게 물체에 대한 시각적 주의나 시각적 고시가 이루어지는지 확인한다.
  - – 아동이 물체나 간식을 찾지 못하면, 2.5~7.5cm 크기의 마일러 조각이나 반짝이는 공(이러한 재료는 실제로 움직이지 않아도 움직이는 것처럼 보이는 효과가 있음)을 사용하여 절차를 반복한다.
  - – 아동이 반짝이는 공의 위치를 찾는지 확인한다.
- 태블릿 기기의 화면이나 라이트 박스에 단순한 2차원 이미지를 제시한다.
  - – 움직이는 2차원 이미지와 움직이지 않는 2차원 이미지에 대한 아동의 시각적 주의에 차이가 있는지 확인한다.

검사 문항 34: 친숙한 사람의 얼굴과 새로운(낯선) 사람의 얼굴을 바라보거나 미소 지을 수 있다.

- 아동에게 말을 하지 않고 예고 없이 다가가는 경우, 아동이 상대방의 얼굴을 알아차리는지 또는 어떻게 반응하는지 부모와 교사에게 물어본다.
- 모르는 사람이 아동에게 다가갈 때 모르는 사람의 얼굴에 시각적 주의를 하는지, 또는 어떻게 반응하는지 부모와 교사에게 물어본다.
  - 조용히 있거나, 미소 짓거나, 눈을 마주치거나 불안해하는 등 아동이 보이는 행동을 확인한다.
- 친숙한 사람, 낯선 사람, 그리고 자기 거울 이미지와 마주할 때 아동의 시각적 행동(반응)을 관찰한다.
  - 아동이 사람들의 얼굴에 시각적 주의를 하는지, 눈 맞춤을 하는지, 얼굴을 보지 않는지(못 본 체하는지) 관찰한다.
  - 말을 하는 사람의 얼굴과 말을 하지 않는 사람의 얼굴에 대한 아동의 반응을 관찰한다.

검사 문항 35: 거울에 비친 자기 얼굴 이미지를 바라보며 즐거워할 수 있다.

- 아동이 거울에 비친 자기 이미지를 보는 것을 좋아하는지 부모와 교사에게 물어본다.
- 아동의 얼굴로부터 45~60cm 떨어진 거리에 거울을 놓는다.
  - 아동이 자기 얼굴 이미지를 쳐다보는지, 얼굴 이미지에 손을 뻗어 접촉하는지, 미소 짓는지, 거울에 비친 자기 얼굴 표정을 바꾸어 보는지 확인한다.
  - 아동이 거울에 반사되는 빛에 대한 시각적 끌림으로 자기 얼굴 이미지를 쳐다보지 않는지 확인한다.

검사 문항 36: 대비가 높은 색상이나 친숙한 패턴(무늬)을 바라보고 해석한다.

- 아동이 가장 좋아하는 물체가 무엇인지 부모 또는 교사에게 물어본다.
  - 이들 물체의 색상이나 패턴이 유사한지, 다양한 패턴(무늬)을 가지고 있는지 확인한다.
- 가정이나 교실에서 아동의 환경과의 상호작용을 관찰한다.
  - 아동이 표면(외형)이 단순하고 단색인 물체, 표면이 2가지 색상인 물체, 또는 표면이 더 다양한 색상인 물체의 위치를 찾을 수 있는지 확인한다.
- 아동에게 표면(외형)이 단색, 2가지 색상, 더 다양한 색상을 가진 물체를 제시한다.
  - 아동이 이들 물체를 동일하게 바라보거나, 관심을 보이거나, 상호작용하는지 또는 아주 복잡하고 새로운 물체인 경우에 시각적으로 보지 않는지(못 본 체하는) 확인한다.

> **검사 문항 37**: 단순한 그림책, 그림 카드, 상징을 바라보고 해석한다.

- 아동이 책이나 다른 2차원 자료에 시각적으로 주의를 하는지 부모와 교사에게 물어본다.
- 아동이 1개 또는 2개의 이미지로 구성된 페이지를 바라보는지 관찰한다.
  - 아동이 페이지 넘기는 것을 바라보는지 확인한다.
  - 아동이 개별 이미지를 시각적으로 조사하는지 확인한다(예: 개별 이미지를 만지거나, 가까이 다가가서 조사하거나, 어른의 지시에 따라 만져 보는 등).
- 아동에게 검은색 배경과 컬러 배경에 단색의 상징을 제시한다.
  - 배경이 조금 달라지더라도 동일한 상징을 찾을 수 있는지 확인한다.

CVI Ⅲ단계

CVI Range 9~10(레벨): 아동은 또래에 근접하게(정상에 가깝게) 대부분의 기능적 활동에 시각을 자발적으로 사용한다.

> **검사 문항 38**: 장난감이나 물체의 선정은 친숙한 것으로 제한하지 않아도 된다. 새로운 환경에서 시각적 호기심을 보인다.

- 새로운 물체가 제시될 때 아동이 시각적으로 어떻게 반응하는지 부모와 교사에게 물어본다.
  - 면담 등을 통해 아동이 새로운 물체나 자료를 좋아하는지 확인한다.
  - 아동이 새로운 물체나 자료의 두드러진 특징을 인식하는지 확인한다.
  - 아동이 두드러진 시각적 특징을 확인할 수 있는지 또는 기존에 알고 있던 대상(물체)과 같은 종류에 속하지만 모습이 다른 대상을 구별하고, 인식하고, 확인할 수 있는지 알아본다.
- 아동이 새로운 물체나 자료에 시각적 호기심을 보이는지 관찰한다.
  - 연령에 적합한 다양한 새로운 물체를 아동에게 제시한다.
  - 아동이 새로운 물체를 시각적으로 조사하고, 새로운 물체의 두드러진 특징에 시각적 주의를 기울이거나 탐색하는지 확인한다.

> **검사 문항 39**: 매우 복잡한 환경에서만 시각적으로 반응하는 데 영향을 받는다.

- 새롭고 시각적으로 복잡한 환경에서 아동의 시각적 행동(반응)이 달라지는지 부모와 교사에게 물어본다.
  - 이러한 환경에서 방향 감각을 잃어버리는가?
  - 어른이나 또래의 언어적 또는 신체적 지원에 더 많이 의존하거나 이들의 옆에 붙어서 이동하는가?

- 새로운 환경이나 복잡한 환경에서 아동을 관찰한다.
  - 아동이 부자연스러운 속도로 이동하는가?
  - 아동이 환경에 시각적 호기심을 보이지 않는가?
  - 아동에게 친숙한 대상(물체) 또는 이미 알고 있는 것과 같은 환경의 특징(색상, 빛, 움직임, 반짝임 등)을 이용하여 자신의 위치를 확인하는가?
- 새로운 환경이나 매우 복잡한 환경으로 아동을 데리고 간다.
  - 이들 환경에서 아동에게 친숙한 물체와 새로운 물체를 무작위로 제시한다.
  - 아동에게 미리 이름을 말해 주지 않고 물체를 찾아보도록 한다.
  - 아동이 물체를 찾을 수 있는지, 어느 정도 거리에서 찾는지, 또는 복잡한 배경에서도 찾을 수 있는지 확인한다.
  - 아동이 친숙한 물체만 찾을 수 있는지, 친숙한 물체와 새로운 물체 모두를 찾을 수 있는지 확인한다.
  - 물체를 찾을 수 있는 거리와 시야 영역(예: 좌측 시야, 우측 시야 등)을 확인한다.

검사 문항 40: 시각적 반응의 지연이 없다.

- 아동에게 대상이 제시되는 시점과 처음 대상을 찾아 바라보는 시점 간에 시각적으로 지연된 반응을 보인 적이 있는지 부모와 교사에게 물어본다.
- 아동에게 대상을 제시한 시점과 아동이 처음 물체를 찾거나 고시하는 시점 간에 시각적으로 지연된 반응을 보이는지 관찰한다.
  - 하루 중 다양한 환경과 시간대에 관찰한다.
  - 배고픔, 피로, 여러 감각 자극(정보)이 있을 때 시각적 (반응) 지연을 보이는지 확인한다.
- 수정된 대면 시야 검사를 실시하는 동안('검사 문항 16'의 절차 참조), 빛이 나오거나 움직이는 속성의 물체를 아동의 주변 시야 영역(방향)으로 움직일 때 시각적 반응에 지연이 있는지 확인한다.

검사 문항 41: 선호하는 특정 색상이나 패턴(무늬)이 없다.

- 아동이 가장 시각적 주의를 기울이거나 좋아하는 것처럼 보이는 물체나 자료를 부모와 교사에게 물어본다.
  - 아동이 선호하는 자료들이 패턴(무늬), 복잡성 정도, 색상에 있어 유사한 점이 있는지 확인한다.
- 다양한 자료를 이용하여 아동의 시각적 행동을 관찰한다.
  - 아동이 선호하는 자료들이 패턴, 복잡성의 정도, 색상에 있어 유사한 점이 있는지 확인한다.
- 아동의 연령과 흥미를 고려한 다양한 자료를 제시한다.
  - 아동이 3차원 물체와 2차원 자료에서 동일한 물체나 이미지를 찾을 수 있는지 확인한다('이것과 같은 것을 찾아보세요.').
  - 아동이 물체 또는 이미지의 이름을 듣고('○○를 찾아보세요.'), 해당 물체나 이미지를 인식할 수 있는지

확인한다. 아동이 두드러진 특징을 확인할 수 있는가? 아동이 점점 더 복잡해지는 배경에서 특정 물체나 이미지를 찾을 수 있는가?

- 아동이 질문('이것을 무엇이라고 부릅니까?')을 듣고, 해당 물체 또는 이미지를 아는지(이름을 말할 수 있는지) 확인한다. 아동이 두드러진 특징을 확인할 수 있는가? 아동이 점점 더 복잡해지는 배경에서 특정 물체나 이미지의 위치를 찾을 수 있는가?

검사 문항 42: 6m 이상의 거리에서도 환경에 대한 시각적 주의와 해석이 가능하다.

- 아동이 물체를 일관되게 찾을 수 있는 최대 거리를 부모와 교사에게 물어본다.
- 다양한 환경에서 아동을 관찰한다.
  - 아동이 대상(물체)을 시각적으로 인식하거나 찾을 수 있는 거리를 확인한다.
- 아동으로부터 3~9m 거리 사이에 친숙한 물체(크기가 최대 10cm 이하)를 놓는다.
  - 아동이 물체를 찾을 수 있는 최대 거리를 확인한다.
  - 아동이 찾을 수 있는 물체가 위치한 조건이나 환경을 기록한다. 예를 들어, 아동이 찾은 물체는 시각적 복잡성이 낮은 환경에만 있음, 조명 근처에 있음, 움직이는 속성이 있음 등이 있다.
  - 아동이 시각적 주의를 할 수 있는 최대 거리를 알아볼 때 복잡성 정도, 빛(조명)의 여부와 밝기 정도, 움직임 속성 여부에 따라 물체를 찾을 수 있는 거리를 확인한다.
  - 표지판, 음수대, 간판 같은 환경의 특징을 이용하여 평가할 수 있다.

검사 문항 43: 백라이트(후광 조명)가 없는 2차원 자료와 단순한 이미지의 정보를 보고 해석한다.

- 아동이 친숙한 책과 새로운 책 또는 다른 2차원 자료에서 특정 이미지를 확인할 수 있는지 부모와 교사에게 물어본다.
- 아동이 1개, 2개, 3개 이상의 세부사항(요소)이 있는 배열(그림 배경)에서 교사가 말한 이미지를 찾거나 손으로 가리키는지 관찰한다.
- 아동에게 최대 10개의 이미지가 있는 책의 페이지나 2차원 자료를 제시한다.
  - 아동이 2차원 자료에서 동일한 이미지('이것과 같은 것을 찾아보세요.')를 찾을 수 있는지 확인한다. 아동이 두드러진 특징을 확인할 수 있는가? 아동이 점점 더 복잡해지는 배경에서 특정 물체나 이미지를 찾을 수 있는가?
  - 물체나 이미지의 이름('○○를 찾아보세요.')을 듣고, 해당 이미지를 인식할 수 있는지 확인한다. 아동이 두드러진 특징을 확인할 수 있는가? 아동이 점점 더 복잡해지는 배경에서 물체나 이미지를 찾을 수 있는가?
  - 아동이 질문('이것은 무엇입니까?')을 듣고 해당 이미지가 무엇인지 아는지 확인한다. 아동이 두드러진 특징이 무엇인지 확인할 수 있는가? 아동이 점점 복잡해지는 배경에서 물체나 이미지를 찾을 수 있는가?

검사 문항 44: 다른 사람의 동작(행동)을 보고 모방한다.

- 아동이 다른 사람의 동작(행동)을 보고 따라할 수 있는지 부모와 교사에게 물어본다.
- 아동이 다른 사람의 동작(행동)을 모방하는지 관찰한다. 예를 들면 다음과 같다.
  - 어른이나 또래가 손을 흔드는 것을 보고, 아동도 손을 흔들어 인사한다.
  - 노래나 시와 관련된 동작(율동)을 보고 따라 한다.
- 구두 설명 없이 몸짓(제스처)을 보여 주고, 아동에게 따라 하도록 요구한다.

검사 문항 45: 사건을 시각적으로 기억한다(즉, 주변 사건을 제대로 보았다는 것을 설명한다).

- 아동이 주변의 장소, 사건 또는 활동을 시각적으로 인식하는지 부모와 교사에게 물어본다.
  - 아동이 상황을 인식하고 있다는 신호를 시각적 반응이나 사회적 반응으로 보여 주는지 확인한다[예를 들어, 자가용이 집 앞으로 들어올 때 아동은 미소를 짓는다. 친숙한 장소, 사건 또는 활동에 대해 인식하고 있다는 것을 말로 표현한다. 또는 불쾌한 환경(병원 진료실, 치과 등)에 들어갈 때 괴롭다는 표정을 짓거나 표현을 한다].
- 친숙한 장소, 사건, 활동에 접근하거나 시작할 때 아동의 반응을 관찰한다.
  - 아동이 시각적 인식, 즐거움 괴로움 등의 신호를 상황에 맞게 표현하는지 확인한다.

검사 문항 46: 또래와 유사한 시각적-사회적 반응을 보여 준다.

- 친숙한 사람과 낯선 사람이 있을 때 아동이 어떻게 반응하는지 부모와 교사에게 물어본다.
- 아동에 대해 보고된 내용이 사회적으로 전형적인(일반적인) 반응에 해당하는지 확인한다.
  - 좋아하는 삼촌이 방에 들어오면 웃는다.
  - 물리치료사가 들어오면 입이 삐죽 나온다. 물리치료사와 하는 스트레칭이 힘들기 때문이다.
  - 아이 방에 들어가서 말을 걸기 전에 나를 보고 미소를 짓는다.
- 다양한 환경에서 성인이나 또래와 함께 있을 때 아동의 행동을 관찰한다.
  - 아동이 성인이나 또래를 시각적으로 인식하고, 누구인지에 따라 반응이 달라지는지 확인한다.
- 웃는 얼굴 표정, 찡그린 얼굴 표정 또는 우는 얼굴 표정의 사진 이미지를 아동에게 제시한다.
  - 아동이 사진의 얼굴 표정에 따라 다른 반응을 보이는지 확인한다.

검사 문항 47: 시야 영역(방향)에 제한이 없다.

- 아동이 연석, 계단, 단차, 모퉁이 또는 장애물이 예상되는 곳에서 보행에 어려움을 보이는지 부모와 교사에

게 물어본다.

– 특정 시야 영역(방향)에 있는 장애물에 어려움이 있는지 확인한다.

• 근거리와 원거리에서 아동을 관찰한다.

– 아동이 모든 주변 시야 영역(방향)에 위치한 물체나 장애물을 찾을 수 있는지 확인한다.

• 수정된 대면 시야 검사를 실시한다('검사 문항 16'의 절차 참조).

– 아동의 뒤에 서서 우측, 좌측, 상측, 하측 시야 영역(방향)으로 빛이 나오는 물체를 움직일 때 아동이 이를 인식하는지 확인한다.

• 계단, 낙하지점, 장애물이 있는 낯선 환경으로 아동을 데려간다.

– 아동이 발을 잘못 디디거나 낙하 장소를 찾지 못하거나 장애물과 충돌하는지 확인한다.

– 특정 시야 영역(방향)에 위치한 장애물에 어려움을 보이는지 확인한다.

검사 문항 48: 대상(물체)을 바라보고 손을 뻗어 접촉하는 행위들이 동시에 이루어진다.

• 아동이 대상(물체)을 바라보면서 동시에 손을 뻗어 접촉하는지 부모와 교사에게 물어본다.

• 아동이 대상(물체)을 바라보면서 동시에 손을 뻗어 접촉하는지 관찰한다.

– 단순한 배경과 복잡한 배경에서 다양한 크기의 물체를 제시할 때 아동이 물체를 바라보고 손을 뻗어 접촉하는 행위들에 차이가 있는지 확인한다.

• 단순한 배경과 복잡한 배경에서 아동에게 다양한 물체를 제시한다.

– 아동이 물체를 바라보면서 동시에 손을 뻗어 접촉하는지 확인한다.

– 더 복잡한 환경에서 수행하거나 더 작은 물체를 사용하는 경우, 아동이 물체를 바라보고, 다른 곳으로 시선을 돌린 후, 손을 뻗어 접촉하는지 확인한다.

검사 문항 49: 복잡하고 시각적 밀도가 높은(정보량이 많은) 배경에 제시되고 백라이트가 없는 2차원 이미지(그림) 정보를 보고 해석한다.

• 세부 수준, 이미지나 상징의 개수, 배경의 복잡성 정도에 따라 아동이 자료를 사용하는 데 어려움을 보이는지 부모와 교사에게 물어본다.

• 새로운 자료를 사용하여 아동을 관찰한다.

– 새로운 상징, 사진, 삽화, 이미지를 선택한다.

– 일부 아동에게는 새로운 단어나 숫자를 사용할 수 있다.

• 아동에게 제공할 자료의 예시는 다음과 같다.

– 두드러진 특징을 가진 새로운 3차원 물체 그룹에서 특정 물체를 찾는다[예를 들어, 다양한 동물이 있는 복잡한 배열(배경)에서 '개를 모두 찾으라.' 또는 다양한 자동차가 있는 복잡한 배열(배경)에서 '트럭을 모두 찾으라.'].

- 상징, 사진, 삽화, 이미지의 복잡한 배열(배경)에서 아동에게 개별 상징, 그림, 이미지가 무엇인지 확인하도록 요구한다.
- 아동에게 적절한 경우, 복잡한 배열(배경)에서 개별 단어나 숫자가 무엇인지 확인하도록 요구한다.
- 아동의 연령에 적절한 경우, 숨은 그림 찾기의 복잡한 배경 그림에서 특정 이미지를 찾도록 요구한다.
- 아동에게 대상 이미지의 세부 요소를 보고, 이와 동일한 이미지를 찾거나 동일한 범주(종류)에 속하는 이미지끼리 분류하도록 요구한다(예: '고양이에 해당하는 그림을 모두 찾아보세요.').

〈부록 3B〉

CVI Range 평가척도 I의 평정 지침

이 평정 지침서는 CVI의 고유한 10가지 특성을 평가할 때 검사 문항별로 R, +, +/-, -로 평정하기 위한 기준(시각적 행동의 예시)을 제시하고 있다. 'CVI Range 평가 양식'의 검사 문항은 CVI의 고유한 10가지 특성에 따른 시각적 행동을 기술하고 있다.

CVI 단계	CVI Range 레벨	검사 문항	CVI의 고유한 특성	평정 기준			
				R	+	+/-	-
CVI I단계	1~2	물체 또는 사람의 얼굴을 찾을 수 있으나, 제대로 고시하지 못한다.	• 특정 색상 선호 • 움직임에 대한 요구(끌림) • 시각적 (반응) 지연 • 특정 시야 선호 • 시각적 복잡성의 어려움 • 시각적 새로움의 어려움	물체나 사람들의 얼굴을 고시한다.	물체나 사람들의 얼굴에 가끔 힐끗 볼 수 있지만, 시각적 주의가 간헐적이며, 눈과 대상 간의 눈 맞춤이 드물다.	물체나 사람들의 얼굴에 일관성 없는 짧은 시각적 주의를 한다(이것은 관찰이 아니라 보고서에 의해서만 확인되는 경향이 있음).	보고서 또는 관찰에 의하면, 어떠한 물체나 사람들의 얼굴을 향한 시각적 주의도 없다.
	1~2	광원(빛) 또는 선풍기를 지속적으로 바라본다.	• 특정 색상 선호 • 시각적 복잡성의 어려움 • 빛에 대한 요구(끌림)	일차 광원(빛)이 있는 곳에서도 대상(물체)을 응시할 수 있다.	실내와 실외의 광원을 응시한다. 빛을 차단하지(조명을 끄지) 않으면 다른 대상으로 시각적 주의를 할 수 없다. 빛으로부터 떨어진 곳에 자리 배치하는 것이 필요하다.	1차 광원이 있는 곳에서도 가끔 대상(물체)에 시각적 주의를 할 수 있다.	빛이 나오는 대상이나 다른 대상에도 시각적 주의를 하지 못한다.

범위		범주			
1~2	• 시각 과제의 수행에서 장시간의 시각적 반응의 지연을 보인다.	• 시각적 (반응) 지연	• 대상을 바라보는 데 지연이 거의 또는 전혀 일어나지 않는다.	• 대상을 바라보거나, 새로운 물체를 제시하거나, 새로운 활동을 시작할 때마다 거의 매번 지연이 일어난다.	• 대상을 바라보는 데 심각한 지연이 일어난다. 대상을 바라보는 경우가 드물다.
1~2	• 엄격히 통제된 환경에서만 시각적으로 반응한다.	• 시각적 복잡성	• 1가지 이상의 대상(물체), 소리, 촉각 자극이 존재하는 곳에서도 대상에 시각적 주의를 한다.	• 단지 시각적·청각적·촉각적 방해물이 없을 때만 대상에 시각적 주의를 한다.	• 특정한 또는 친숙한 시각적·청각적·촉각적 방해물이 없는 곳에서 대상에 때때로(가끔) 시각적 주의를 한다. • 어떠한 시각적 대상에 대해서도 시각적 주의가 나타나지 않는다.
1~2	• 1가지 색상으로 된 물체만 바라본다.	• 특정 색상 선호 • 시각적 복잡성 어려움 • 시각적 새로움 어려움	• 어느 색상으로 된 물체도 바라본다.	• 1가지 색상의 물체를 힐끗 보거나 그리고/또는 1가지 이상의 색상으로 된 물체도 바라본다.	• 1가지 색상의 물체를 힐끗 보거나 짧게 고시한다. 이러한 1가지 색상의 보통 아동이 선호하는 색상이 있다. • 선호하는 색상의 물체를 힐끗 보거나 짧게 고시한다. 때때로 다른 색상의 물체도 힐끗 보거나 짧게 고시한다. • 어느 색상의 대상에 대해서도 시각적 주의가 나타나지 않는다.
1~2	• 움직이거나, 빛이 나오거나, 반짝이는 속성이 있는 물체만 바라본다.	• 움직임에 대한 요구(끌림)	• 물체가 움직이지도, 빛이 나오지도 하지 않더라도 물체를 바라본다.	• 단지 움직이거나 움직이는 부분이 있는 물체만을 바라보거나, 빛이 나오거나, 반사하는 물체가 필요할 수 있다.	• 시각적 주의를 시각(유도)하기 위해 움직이거나 그리고/또는 빛이 나오거나 반사하는 물체가 필요할 수 있다. 움직임의 속성이 없는 물체에도 때때로(가끔) 시각적 주의가 일어난다. • 움직임이 있거나 움직임 주의가 는 시각적 주의가 나타나지 않는다.

단계	점수	설명	특성	수준 1	수준 2	수준 3
CVI I∼II 단계	1∼2	• 근거리에 있는 대상에게만 시각적으로 주의를 기울인다.	• 시각적 복잡성의 어려움 • 원거리 보기의 어려움	• 45cm 이내 거리에 있는 물체를 바라본다.	• 45cm 이상 떨어져 있는 물체를 때때로(가끔) 힐끗 바라보거나 짧게 고시를 한다.	• 물체가 어느 거리에 있더라도 시각적 주의가 나타나지 않는다.
	1∼2	• 안면 접촉이나 시각적 위협에 눈을 깜박이지 않는다.	• 비전형적 시각 반사	• 안면 접촉이나 얼굴을 향한 시각적 위협에 눈을 깜박이지 않는다.	• 안면 접촉이나 시각적 위협에 시각적 때때로 눈을 깜박인다.	• 보통 양눈을 뜨지 않고 있다(감고 있다).
	1∼2	• 사람들의 얼굴을 바라보지(응시하지) 않는다.	• 시각적 복잡성의 어려움 • 시각적 새로움의 어려움	• 사람들의 얼굴을 똑바로 쳐다본다.	• 눈 맞춤을 하지 않더라도, 사람들이 얼굴을 때때로 힐끗 바라본다.	• 이러한 종류의 대상에 대해서도 시각적 주의를 하지 않는다.
	1∼2	• 환경이 통제될 때만 시각적으로 고시한다.	• 시각적 복잡성의 어려움	• 시각 자극이나 다른 감각 자극이 있더라도 한 번에 한 가지 감각 자극에만 반응한다. • 대상을 바라보는 동안 눈맞춤을 한다.	• 시각적·청각적·촉각적 방해물이 감소되거나 제거될 때에만 간헐적으로 눈 맞춤을 한다. • 대상을 바라보는 동안 낮은 수준의 감각 자극(정보)은 견딜 수 있다.	• 매번 눈과 물체 간이 눈 맞춤을 한다. 그러나 교사를 위한 환경 조건이 변할 수 있다. • 대상을 향해 신체를 돌릴 수도 있지만, 눈과 물체 간에 눈 맞춤은 하지 않는다.
	3∼4	• 빛(lights)에 관심을 덜 보이며, 빛으로부터 다른 곳으로 시선을 돌릴 수 있다.	• 빛에 대한 요구(끌림)	• 1차 광원(빛)을 응시하지 않는다.	• 빛을 응시하지만, 통제된 환경에서 대상을 제거하면 시각적 주의를 빛에서 대상으로 돌릴 수 있다. • 대상에 대한 시각적 주의를 위해 1차 광원을 제거해야 한다.	• 대상에 대한 시각적 주의를 위해 모든 1차 광원을 통제해야 한다.

3~4						
3~4	• 일정 시간 응시한 후, 시각적 (반응) 지연이 약간 감소한다.	• 시각적 (반응) 지연	• 친숙한 물체를 바라보는 데는 지연이 일어나지 않는다.	• 대상을 바라보는 데 시간이 다소 걸리거나 짧은 시간의 지연이 일어난다. • 지속적으로 시각을 사용하는 상황에서는 시각적 (반응) 지연이 사라질 수 있다.	• 대상을 바라보는 데 자주 시각적 (반응) 지연이 일어나지만, 친숙한 물체를 제시할 때는 지연이 일어나지 않는다.	• 대상을 바라볼 때 항상 시각적인 지연이 일어난다.
3~4	• 친숙한 물체와 유사한 특징을 가진 새로운 물체를 바라볼 수 있다.	• 시각적 새로움의 어려움	• 좋아하는 물체와 유사하거나, 전에 본 적이 없거나 상관없이 물체를 바라보거나 물체와 눈 맞춤을 할 수 있다.	• 새로운 물체가 친숙한 물체와 색상, 움직임, 또는 낮은 복잡성의 특징이 일치하면 새로운 물체를 바라보거나 눈 맞춤을 할 수 있다.	• 유사한 특징이 거의 없지만, 색상, 움직임 복잡성 중 1가지만 일치하는 새로운 물체를 바라보거나 눈 맞춤을 할 수 있다.	• 아주 친숙한 물체 몇 개 정도만 힐끗 바라보거나 눈 맞춤을 할 수 있다.
3~4	• 안면 접촉이나 시각적 위협에 눈을 깜박이지만, 눈 깜박임이 지연되어 일어나거나 일관되게 나타나지 않는다.	• 비전형적 시각 반사	• 안면 접촉 그리고/또는 얼굴을 향한 시각적 위협에 눈을 깜박인다.	• 안면 접촉 그리고/또는 얼굴을 향한 시각적 위협에 간헐적으로 눈을 깜박인다.	• 안면 접촉에는 눈을 깜박이지만, 얼굴을 향한 시각적 위협에 눈 깜박임이 일어나지 않거나 다소 지연된다.	• 안면 접촉이나 얼굴을 향한 시각적 위협에도 눈 깜박임이 일어나지 않는다.
3~4	• 특정 색상을 선호한다.	• 특정 색상 선호	• 특정 색상에 상관없이, 물체에 시각적 주의를 한다.	• 여러 색상의 물체에서 특정 1가지 색상의 물체를 일관되게 바라보거나 눈 맞춤을 한다.	• 선호하는 색상은 대상을 바라보는 것을 안내할 수 있다. • 시각적 주의를 유도하기 위해 대상(물체)의 일부에 선호하는 색상을 넣을 수 있다.	• 물체에 대한 시각적 주의가 나타나지 않는다.

3~4	특정 시야 영역(방향)을 강하게 선호한다.	특정 시야 선호	모든 시야 영역(방향)에서 시각적 주의를 한다.	• 특정 주변 시야 영역(방향) 그리고/또는 중심 시야 영역(방향)에 대상을 제시할 때 힐끗 바라보거나 눈 맞춤을 한다. • 특정 시야 선호는 'CVI Range 1~2(레벨)'보다 강력하지 않다.	• 특정 시야 선호가 약간 남아 있지만, 대부분의 시야 영역(방향)에서 대상을 힐끗 쳐다보거나 눈 맞춤을 한다.	• 1가지 시야 영역(방향)에서만 물체를 힐끗 쳐다보거나 눈 맞춤을 한다.
3~4	60~90cm 거리에서 움직이는 물체에 주목한다.	• 움직임에 대한 요구(끌림) • 시각적 복잡성의 어려움	• 60cm 이상 거리에서 움직이거나 반사하는 속성이 없는 물체에 시각적 주의를 한다.	• 60cm 이내 거리에서 움직이는 물체나 빛이 나오거나 반사하는 속성의 물체를 힐끗 바라보거나 눈 맞춤을 한다.	• 시각적 주의를 위해 움직이거나 는 속성이 물체를 필요로 한다. • 시각적 주의를 위해 물체를 구성하는 1가지 요소라도 움직이거나 빛이 나오거나 반사하는 속성이 필요하다.	• 시각적 주의를 위해 반사하거나 움직이는 자료가 필수 속성이고, 보는 거리는 45cm 이내이어야 한다.
3~4	물체를 바라보고 손을 뻗어 접촉하는 행위들이 동시에 이루어지는 것이 아니라 별개로 (순차적으로) 이루어진다.	시각적으로 안내된 신체 도달의 어려움	• 대상을 바라보고 손을 뻗어 도달하는 행위들이 거의 동시에 일어난다.	• 대상에 손을 뻗어 접촉하거나 두드리는 시도를 하지만, '시각적으로 안내된 신체 도달'을 하지 않는다. • 대상을 바라보고, 그다음 개를 돌리고, 그다음 손을 뻗어 접촉한다.	• 때때로(가끔) '시각적으로 안내된 신체 도달'을 한다.	• 대상에 손을 뻗어 접촉하거나 두드리는 시도가 없다.

CVI II단계	5~6	• 2~3가지 색상으로 된 물체도 바라볼 수 있다.	특정 색상 선호 · 시각적 복잡성의 어려움	• 선호하는 색상에 상관없이, 다채로운 색상이나 패턴이 있는 상에 시각적 주의를 한다.	• 2~3가지 색상의 패턴이 있는 대상을 바라본다. • 선호하는 색상이 대상을 구성하는 1가지 요소로 포함된다.	• 선호하는 1가지 색상의 물체에만 시각적 주의를 한다.
	5~6	• 빛은 더 이상 시각적 주의를 방해하지 않는다.	빛에 대한 요구 (끌림)	• 높은 수준과 낮은 수준의 빛 밝기 모두에 정상적으로 반응한다.	• 빛을 응시하는(끌리는) 행동이 없다. • 백라이트(주광 조명) 장치가 시각적 주의를 를 지원한다.	• 빛을 응시하는 행동이 일관되게 나타난다.
	5~6	• 파편하거나, 스트레스를 받거나, 과도한 자극을 받는 경우에만 시각적 (반응) 지연이 일어난다.	시각적 (반응) 지연 · 시각적 복잡성의 어려움	• 친숙한 대상이나 복잡하지 않은 대상에 시각적 주의를 하는 데 지연이 일어나지 않는다.	• 피곤하거나 부적절한 수준의 다감각 정보를 가진 대상에 시각적 주의가 지연된다.	• 대상에 대한 시각적 주의가 매매로(가끔) 지연되어 나타난다.
	5~6	• '움직임'은 시각적 주의를 유도하는 중요한 요소로 계속하여 작용한다.	움직임에 대한 요구(끌림)	• 근거리에서 또는 최대 1.8m 거리까지는 시각적 주의를 위해 움직이고, 빛이 나거나 반사하는 자료가 필요하지 않는다.	• 움직이거나, 빛이 나거나, 반사하는 자료에 시각적 주의가 매매로 일관되게 나타난다. • 대상(물체)의 일부 요소가 움직임의 속성이 있어야 한다. 즉, 시각적 주의를 위해 대상 전체가 움직이거나, 빛이 나거나, 반짝이거나 할 필요는 없다.	• 움직임의 요소가 있는 자료만이 시각적 주의를 유도하거나 유지한다.

연령						
5~6	• 작은 배경 소음을 견디며, 시각적 주의를 한다.	• 시각적 복잡성이 어려움	• 일반적인 다감각 환경에서 시각적 주의를 하고 유지한다.	• 작은 소리, 친숙한 목소리 또는 친숙한 환경음이 있는 곳에서도 시각적 주의를 유지한다.	• 소리가 나는 곳에서도 때때로 시각적 주의를 유지할수 있다. • 대상을 바라보는 동안 1~2가지의 소리를 견디지만, 많은 종류의 소리에는 시각적 주의가 방해를 받는다.	• 다감각 자극(정보)이 있는 곳에서 시각적 주의를 전혀 하지 못하거나 거의 하지 못한다.
5~6	• 안면 접촉에 눈 깜박임이 일관되게 나타난다.	• 비전형적 시각반사	• 안면 접촉에 눈 깜박임이 일관되게 나타난다.	• 안면 접촉과 동시에 눈 깜박임이 일관되게 나타난다.	• 안면 접촉에 눈 깜박임이 없거나 시각적 주의를 한다.	• 안면 접촉에 눈 깜박임이 없거나 시각적 주의(가끔) 나타난다.
5~6	• 시각적 위협에 눈 깜박임이 간헐적으로 나타난다.	• 비전형적 시각반사	• 시각적 위협에 눈 깜박임이 일관되게 나타난다.	• 시각적 위협에 눈 깜박임이 50% 정도 나타난다.	• 시각적 위협에 눈 깜박임이 나타나지 않는다.	• 시각적 위협에 눈 깜박임이 나타나지 않는다.
5~6	• 120~180cm(중간 거리)까지 시각적 주의를 할수 있다.	• 시각적 복잡성이 어려움 • 한거리 보기의 어려움	• 1.8m 이상 거리에서 도 대상에 대한 눈 주의 또는 눈 맞춤을 한다.	• 6m 떨어져 있는 대상을 찾고 교정할수 있다. • 1.2~1.8m 거리의 물체나 움직임을 감지하거나 눈동자가 있는 환경이 하는 능력으로 복잡성 정도에 좌우된다.	• 시각적 배경이 복잡하지 않은 경우, 때때로 1.8m 떨어져 있는 대상을 찾고 교정하는 능력을 보여준다.	• 90cm 이내 거리에서만 시각적 주의나 눈 맞춤을 한다.
5~6	• 말소리와 경쟁하지 않을 때(사람들의 말소리가 들리지 않을 때) 친숙한 사람의 얼굴을 바라볼수 있다.	• 시각적 복잡성이 어려움 • 시각적 새로움의 어려움	• 일관되지 않더라도 사람 얼굴에 눈 맞춤을 하고 맞소리가 있을 때도 눈 맞춤을 할 수 있다.	• 친숙한 사람이 말하지 않을 때만 얼굴을 힐끗 보거나 쳐다볼수 있다.	• 친숙한 사람의 얼굴을 힐끗 보거나 쳐다볼 수 있지만, 일관되지 않거나 일시적이다.	• 사람의 얼굴을 바라보지 않는다.

단계	점수				
CVI II~III 단계	7~8	• 장난감이나 물체의 선정에 제한이 적으며, 이들에 대한 1~2회 정도의 '위밍업'만 필요할 수 있다.	• 시각적 복잡성의 어려움 • 시각적 새로움의 어려움	• 친숙한 물체와 같은 속성을 가진 새로운 물체를 바라본다. • 1~2회 정도 제시하면 새로운 물체를 인식하기 시작한다.	• 친숙한 물체를 바라본다. • 새로운 물체는 아주 많이 유사해야 한다.
	7~8	• 청각 자극(소리)을 견디며 무언가를 바라볼 수 있다. 즉, 아동은 음악이 나오는 물체나 장난감에도 시각적 주의를 계속 유지할 수 있다.	• 시각적 복잡성의 어려움	• 복잡성이 요구 조건에 부합하는 새로운 물체를 바라본다. • 음악이나 소리가 나오는 물체를 바라볼 수 있다.	• 다른 감각 자극(정보)이 있는 동안에도 때때로(가끔) 시각적 주의를 유지할 수 있다. • 특정 유형의 감각 자극(정보)이 시각적 주의를 방해할 수 있다.
	7~8	• 시각적 위협에 일관되게 눈 깜박임이 나타난다.	• 비전형적 시각반사	• 감각 정보의 양이 시각 주의를 방해하지 않는다(상관이 없다).	• 얼굴 중앙을 향해 물체나 손바닥이 빠르게 접근할 때에 동시에 눈을 깜박인다.	• 시각적 주의는 낮은 수준이거나 추가적인 감각 정보의 여부에 달려 있다.
	7~8	• 시각적 (반응) 지연이 거의 없다(드물게 일어난다).	• 시각적 (반응) 지연	• 복잡한 환경에서 예상치 못한 시각적 위협에 눈을 깜박인다. • 시각 자극(정보)에 지연이 전혀 없다.	• 대상을 제시하면 이를 인식하는 데 지연이 나타나는 경우가 거의 없다.	• 시각적 위협에 눈을 깜박이지 않는다.
	7~8	• 3m 거리까지 움직임이 있는 대상에 대한 시각적 주의를 한다.	• 움직임에 대한 요구 • 시각적 복잡성의 어려움 • 원거리 보기의 어려움	• 움직임이 있는 대상에 대한 시각 주의가 3m 이상 거리에서도 가능하다. 그리고/또는 정지된 대상에 대한 시각 주의도 3m 거리까지 가능하다.	• 3m 거리에서 특징 매칭을 찾거나 고시한다. 특히 움직이는 대상에 대해 더욱 그러하다. • 3m 거리에서 시각적 주의는 환경의 복잡성 수준에 좌우된다.	• 새로운 대상과 친숙한 대상이 모두에 지연이 일관되게 나타난다. • 환경에서 다른 감각 자극(정보)이 동반되면, 때때로 3m 거리에서 시각적 주의를 하지 못한다. • 3m 거리에서는 어떤 대상이라도 시각적 주의를 하지 못한다.

연령					
7~8	• 대상이 근 거리에 있는 경우, 시각적 주의를 유도하기 위해 대상(물체)을 '움직일' 필요가 없다.	• 움직임에 대한 요구(필답) • 시각적 복잡성이 어려움	• 근거리가 아니어도, 움직이거나 빛이 나오거나 반사하는 속성이 없는 대상을 시각적으로 인식할 수 있다.	• 45~60cm 이내 거리에서 움직이거나 빛이 나오거나 반사하는 속성이 없는 대상을 발전하고 시각적 주의를 할 수 있다.	• 떼때로(기금) 60cm 이상 거리에서도 매우 선호하는 대상을 발전하고 대상을 으로 발전하고 시각적 주의를 할 수 있다. • 60cm 이상 거리에서는 정지된 대상을 인식하거나 시각적 주의를 할 수 없다.
7~8	• 친숙한 사람의 얼굴과 새로운(낯선) 사람의 얼굴을 보거나 미소 지을 수 있다.	• 시각적 복잡성이 어려움 • 시각적 새로움이 어려움	• 대부분의 사람 얼굴에 눈 맞춤을 한다. 알고 있는 사람과 새로운(처음 보는) 사람을 구별한다.	• 친숙한 얼굴이나 새로운 얼굴을 힐끗 보거나 눈 맞춤을 한다.	• 떼때로(가금) 친숙한 사람의 얼굴을 힐끗 보거나 눈 맞춤을 한다. • 사람들의 얼굴이나 시각적 주의를 하지 않는다.
7~8	• 거울에 비친 자기 얼굴 이미지를 바라보며 즐거워할 수 있다.	• 시각적 복잡성이 어려움 • 시각적 새로움이 어려움	• 거울에 비친 자기 얼굴에 눈 맞춤을 일관되게 유지한다.	• 거울에 비친 자기 얼굴에 눈 맞춤을 하지 않더라도, 자기 얼굴 이미지를 일관되게 힐끗 보거나 바라본다.	• 거울에 비친 얼굴 이미지를 힐끗 바라보지만, 이러한 행동이 일관되게 나타나지는 않는다. • 거울을 주로 거울에 반사되는 빛을 응시하는 기구에 지나지 않는다.
7~8	• 대비가 높은 색상이나 친숙한 패턴(무늬)을 바라보고 해석한다.	• 특정 색상 선호 • 시각적 복잡성이 어려움 • 시각적 새로움이 어려움	• 선호하는 색상이 포함되지 않은, 2~3가지 색상으로 구성된 자료에 시각적 주의를 한다.	• 여러 색상으로 구성된 단순한 패턴(무늬)이 물체의 시각적 주의를 할 수 있으며, 특히 선호하는 색상으로 밝은 색상의 물체에 시각적 주의를 한다.	• 몇 가지 단순한 패턴(무늬)의 물체에 시각적 주의를 할 수 있으며, 특히 선호하는 색상으로 밝은 색상의 물체나 친숙한 물체에 더욱 시각적 주의를 한다. • 선호하는 색상은 물체의 구성 요소로 필수적이다.

7~8	• 단순한 그림책, 그림 카드, 상징을 바라보고 해석을 한다.	• 시각적 복잡성 어려움 • 시각적 새로움 어려움	• 연령에 적합한 도서, 2차원 자료 속에 있는 구성 요소(elements)를 시각적으로 확인할 수 있다. • 복잡하지 않고 1~2가지 색상이 이미지로 이루어진 2차원 자료에 시각적으로 주의를 한다.	• 몇 가지 2차원 자료에 시각적 주의를 하지만, 새로운 상황에서 이들 자료의 이미지를 일반화하지 못한다. 2차원 자료의 세부 사항(요소)에 시각적 주의를 촉진하기 위해 라이트 박스를 사용할 수 있다. • 2차원 자료에 시각적 주의를 하지 않는다.
9~10	• 장난감이나 물체의 선정은 친숙한 것으로 제한하지 않아도 된다. 새로운 환경에서 시각적 호기심을 보인다.	• 시각적 복잡성 어려움 • 시각적 새로움 어려움	• 새로운 물체나 자료에 시각적 호기심을 보이고 조사하려고 한다. • 어떤 색상, 어떤 패턴(무늬)의 물체도 시각적으로 조사하고 상호작용을 할 수 있으며, 그것이 새로운 것이더라도 그러하다.	• 한 번의 사전 경험으로 새로운 물체를 시각적으로 인식하거나 시각적 주의를 한다. • 친숙한 물체의 특징(구성 요소)을 가진 다른 물체에 시각적 주의를 한다.
9~10	• 매우 복잡한 환경에서지만 시각적으로 반응하는 데 영향을 받는다.	• 시각적 복잡성 어려움 • 시각적 새로움 어려움	• 복잡한 환경에서 시각적 호기심을 보이거나 6m 이내 거리에서 환경의 새로운 요소(elements)를 확인하거나 시각적 주의를 한다. • 감각적 복잡성이 매우 심한 환경을 제외하고, 친숙한 환경과 새로운 환경에 시각적 호기심을 보인다.	• 감각적 복잡성 수준이 낮은 친숙한 환경에서지만 시각적 호기심을 보인다. • 시각적 호기심을 보이지 않는다.
9~10 CVI Ⅲ단계	• 시각적 (반응) 지연이 없다.	• 시각적 (반응) 지연이 없다.	• 바람이나 요구를 표현하기 위해 눈으로 응시한다. • 대상을 제시하면 대상을 시각적으로 인식하는 데 지연이 없다.	• 피곤하거나 과도한 자극이 있을 때 대상에 대한 시각적 지연이 일어난다.

연령					
9~10	• 선호하는 특정 색상이나 패턴(무늬)이 있다.	• 특정 색상 선호	• 또래처럼 색상이나 패턴(무늬)에 시각적 주의를 한다.	• 시각적 주의를 위해 세상으로 강조 표시하거나 패턴을 사용할 필요가 없다.	• 몇 가지 새로운 패턴(무늬)이나 상징의 경우, 시각적 주의를 위해 세상으로 강조 표시하는 것이 필요하다. • 대상의 두드러진 특징이나 세부사항(요소)에 대한 시각적 주의를 위해 이를 위해 세상으로 강조 표시하는 것이 필요하다.
9~10	• 6m 이상 거리에서도 환경에 대한 시각적 주의와 해석이 가능하다.	• 원거리 보기의 어려움	• 또래처럼 원거리에서 대상을 시각적으로 찾거나 고시할 수 있다.	• 6m 내외의 거리에서 대상을 시각적으로 찾거나 고시할 수 있다.	• 6m 거리에서 움직이거나, 빛이 나오거나, 반사하는 속성이 있는 대상을 시각적으로 찾을 수 있다. • 3~6m 거리에서는 움직이는 속성이 없는 대상을 시각적으로 고시할 수 있다. 환경의 복잡성이 원거리 보기에 영향을 계속 미칠 수 있다. • 3m 거리에서 대상을 시각적으로 고시할 수 있다.
9~10	• 백라이트(후광 조명)가 없는 2차원 자료와 단순한 이미지의 정보를 보고 해석한다.	• 시각적 복잡성의 어려움	• 수정 없이도, 2차원 자료의 두드러진 특정을 확인한다.	• 단순한 구성의 도서에서 그림이나 상징을 인식하거나 확인한다.	• 2차원의 친숙하고 단순한 자료에 있는 친숙한 요소(특징)를 인식하거나 확인한다. • 2차원 자료에 시각적 주의를 기울이지 않는다.
9~10	• 다른 사람의 동작(행동)을 보고 모방한다.	• 시각적 복잡성의 어려움	• 다른 사람의 동작을 모방한다.	• 다른 사람의 동작을 단계적으로 보고 모방한다.	• 시각적 그리고 신체적 촉진을 받아 동작을 모방한다. • 동작을 모방하지 못한다.

연령	특성			
9~10	• 사건을 시각적으로 기억한다(즉, 주변 사건을 제대로 보았다는 것을 설명한다). • 시각적 복잡성의 어려움 • 원거리 보기의 어려움	• 현재 환경의 시각 단서에 기초하여 행동이나 사건을 예상한다.	• 과거에 일어난 사람, 장소, 사건을 시각적으로 인식하고 있음을 증명한다.	• 반복적인 일과 활동에서 마주하는 사람, 장소, 사건을 시각적으로 인식하고 있음을 증명한다.	• 반복적인 일과 활동에서 마주하는 행위(actions)나 사건을 시각적으로 인식하지 못한다.
9~10	• 또래와 유사한 시각적-사회적 반응을 보여 준다. • 시각적 복잡성의 어려움	• 사회적 상호작용을 시작하거나 친숙하지 않은 사람들 속에서 소극적인 모습을 보인다.	• 성인이나 친구의 얼굴 표정이나 제스처에 적절한 감정적·사회적 반응을 보인다.	• 친숙한 사람에게 적절한 감정·사회적 반응을 보인다.	• 성인이나 친구에게 신뢰할 수 있는 감정적 또는 사회적 반응을 하지 않는다.
9~10	• 시야 영역(방향)에 제한이 없다. • 특정 시야 선호	• 중심 시야와 주변 시야 영역(방향) 모두 잘 사용한다.	• 주변 시야 영역(방향)은 모두 잘 사용한다. 몇몇 중심 시야 영역(방향)이 어려움은 복잡성의 영향을 받는다.	• 주변 시야에 대한 의존도가 높다. 2차원 자료를 근거리에서 볼 때 주변 시야를 계속 사용한다.	• 특정 시야 선호를 보인다.
9~10	• 대상(물체)을 바라보고 시선을 빼고 점축하는 행위들이 동시에 이루어진다. • 시각적으로 안내된 신체 도달	• 대상의 크기 또는 배경의 복잡성에 상관없이 '시각적으로 안내된 신체 도달'을 일관되게 한다.	• '시각적으로 안내된 신체 도달'을 하지만, 대상의 크기 또는 배경의 복잡성에 영향을 받는다.	• 배경의 복잡성이 감소되어야만 '시각적으로 안내된 신체 도달'을 한다.	• '시각적으로 안내된 신체 도달'을 하는 경우가 드물다.
9~10	• 복잡하고 시각적 밀도가 높은 (정보량이 많은) 배경에 제시되고 배열되어 이트가 없는 2차원 이미지(그림) 정보를 보고 해석한다. • 시각적 복잡성의 어려움	• 시각적으로 아주 복잡한 배경에 조금 수정하거나 수정하지 않은 '연령에 적합한' 2차원 자료의 두드러진 특징과 부사항(요소)을 확인할 수 있다.	• 시각적으로 아주 복잡한 배경에 '수정하지 않은' 2차원 자료의 두드러진 특징과 세부사항(요소)을 확인할 수 있다.	• 복잡성이 낮은 배경이 '수정한 2차원 자료'의 두드러진 특징을 확인할 수 있다.	• 2차원 자료가 두드러진 특징을 확인할 수 없다.

'*' 표시의 검사 문항은 학생이 'CVI와 안구 시각장애'를 모두 가진 경우에, CVI의 고유한 특성들이 해결되지 않을 수 있음을 나타낸다.

〈부록 3C〉

CVI Range 평가척도 II의 평정 지침

이 평정 지침서는 평가척도 II의 검사 문항을 적절히 평정하는 데 도움이 된다. CVI의 고유한 107지 개별 특성에 대해 0, .25, .5, .75, 1(점)로 평정이 가능한 시각적 행동의 기준(예)을 제공한다.

CVI의 고유한 특성들	평정 점수				
	0	.25	.5	.75	1
특정 색상 선호	• 1가지의 선호하는 색상에 시각적 주의를 한다.	• 선호하는 색상에 좌우된다. • 추가적인 1~2가지 색상이 시각적 주의를 유도하거나 촉진할 수 있다.	• 아주 짙은 색이나 형광색이 시각적 주의를 촉진한다. • 특정 색상의 선호가 감소한다. • 3차원이나 2차원이 두드러진 특성을 색상으로 강조 표시하는 것이 필요하다.	• 자료나 환경에 대한 색상의 강조 표시가 때때로(가끔) 필요하다.	• 또래처럼, 색상은 더 이상 시각적 주의에 중요한 요소가 아니다.
움직임에 대한 요구(끌림)	• 움직이거나 반사하는 속성의 물체에 시각적 주의를 한다. • 선풍기에 시각적으로 끌릴 수 있다.	• '움직임'은 시각적 주의를 유도하거나 유지하는 데 필요하다. • 근거리에서는 관련 없는 주변 움직임에 시각적 주의가 방해받을 수 있다. • 대상을 바라보려고 고개나 몸을 돌릴 수 있다.	• '움직임'은 시각적 주의를 유도하는 데 필요하지만, 시각적 주의를 지속하는 데는 필요하지 않다. • 최대 2.4~3m 거리까지 움직임에 시각적 주의를 할 수 있다. • 최대 2.4m까지 관련 없는 주변 움직임에 시각적 주의가 방해받을 수 있다.	• 때때로(가끔) '움직임'은 시각적 주의를 유도하는 데 필요하다. • 최대 6m 거리까지 관련 없는 주변 움직임에 시각적 주의를 할 수 있다.	• '움직임'은 시각적 주의를 유도하거나 유지하는 데 필요하지 않다. • '움직임'은 아동에게 시각적 호기심을 일으키지만, 움직임에 사로잡히지는 않으며(방해받지 않는다).

시각적 (반응) 지연	• 대상(물체)을 제시하고 보려고 시도할 때마다 긴 시각적 (반응) 지연이 일어난다.	• 대상에 시각적 주의를 하려는 시도의 50% 정도만 긴 지연이 일어난다. • 시각적 (반응) 지연이 자주 일어나지만, 대상을 일정 시간 바라보면 지연이 약간 감소한다.	• 시각적 (반응) 지연은 드물게 일어나고, 비교적 짧다. • 시각적 (반응) 지연이 아동이 시각적으로 피로하거나 과도한 발작이 일어나거나 과도한 자극을 받고 있다는 신호이다.		• 시각적 반응에 있어 지연이 없다. • 지연 없이 대상을 바라본다.
특정 시야 선호 (우측, 좌측, 상측, 하측 시야)	• 한쪽 측면 시야 영역(방향)에 국한하여 위치를 알아차린다.	• 한쪽 측면 시야 영역(방향)에 국한하여 대상의 위치를 알아차리거나 짧은 교시를 한다. 그리고 1개의 추가적인 측면 시야 영역(방향)에서 시각 주의를 하기 시작한다.	• 2개의 측면 시야 영역(방향)에서 대상의 위치를 알아차리거나 짧은 교시를 한다. 그리고 1개의 추가적인 측면 시야 영역(방향)에서 시각적 주의를 하기 시작한다.	• 3개의 시야 영역(방향)에서 교시가 안정적으로 이루어진다. • 하측 시야 기능은 일반적이지 않다.	• 우측 시야, 좌측 시야, 상측 시야, 하측 시야 영역(방향)에서 교시가 이루어진다.
시각적 복잡성의 어려움 (1) 물체(표면)의 복잡성	• 1가지 색상의 물체에 시각적 주의를 하고, 금방 위치를 알아차린다.	• 2가지 이상의 색상이 있는 물체에 위치를 알아차리고 교시를 한다.	• 3~4가지 색상이나 패턴(무늬)이 있는 물체에 고시를 하고, 물체를 구별한다. • 2차원 이미지는 배경이도 2차원 이미지에 제시하여 볼 수 있다.	• 4~5가지 색상이나 패턴이 있는 물체에 고시하고, 물체를 인식하거나 확인한다. • 이제 배경이도 없어도 2차원 이미지에 접근하여 볼(볼) 수 있다.	• 또래처럼 물체에 고시하고, 물체를 구별하고, 인식하거나 확인한다.
(2) 시각적 배열의 복잡성	• 약간 어둡게 한 방에서 검은색 배경에 단순한 시험 물체를 제시할 때만 물체에 시각적 주의를 하고, 금방 위치를 찾는다.	• 보통 밝기의 방에서 검은색 배경에 물체를 제시할 때 물체의 위치를 찾고 짧은 교시를 한다.	• 2~3가지 색상의 배경에 제시된 물체에 고시한다. • 3~4가지 추가적인 요소(elements)가 있는 배경(그림)에서 단순한 2차원 이미지를 인식한다.	• 복잡한 패턴(무늬)이 있는 배경에 제시된 3차원 물체에 고시한다. • 최대 20개의 추가적인 요소(elements)가 있는 배경(그림)에서 2차원 이미지를 인식한다.	• 또래처럼, 어느 배경에서라도 대상의 위치를 찾는다.

(3) 감각 환경의 복잡성	• 시각, 청각, 다른 감각 자극(정보)이 없는 방에서 물체를 제시할 때만 시각적 주의를 하고 급방 위치를 찾는다.	• 작은 크기의 친숙한 소리나 다른 1가지의 감각 자극(정보)이 있을 때도 물체 위치를 찾고 짧은 교사를 한다.	• 보통 수준으로 친숙하거나 새로운 감각 자극(정보)이 있을 때도 물체에 고시를 한다. • 매매로 1가지 감각 자극(정보) 이상이 있더라도 물체에 시각적 주의를 유지한다.	• 정생하는 친숙한 감각 자극(정보)이 있을 때도 물체를 고시를 한다. • 복잡한 감각 자극(정보)이 있는 새로운 환경에서는 시각적 주의를 하거나 대상의 위치를 찾는 능력이 감소할 수 있다.	• 대상에 대한 시각적 주의, 위치 찾기, 교사가 또래와 유사하다.
(4) 사람 얼굴의 복잡성	• 사람들이 얼굴에만 시각적 주의를 하지 않는다.	• 친숙한 사람들의 얼굴에 금방 시각적 주의를 하거나 위치를 찾는다. • 사람 얼굴을 보는 게 아니라 얼굴을 관통하여 보는 것 같다고 주변 사람들이 말한다.	• 부모 등 친숙한 사람들의 얼굴에 짧게 고시한다. • 가울이 자기 얼굴 이미지에 짧은 맞춤을 한다.	• 대부분의 사람 얼굴에는 맞춤을 한다. • 새로운 사람이나 친숙하지 않은 사람의 얼굴에는 시각 주의가 감소한다. • 거울 속의 자기 얼굴 이미지에 일반적인 반응을 한다.	• 모든 사회적 상호작용에서 사람들의 얼굴에 시각적 주의가 또래와는 맞춤이 이루어진다. • 새로운 환경에 있더라도 사람들의 얼굴에 반응을 얻어낸다.
빛에 대한 요구(끌림)	• 빛 또는 빛이 나는 속성의 물체에만 시각적 주의를 한다. • 1차 광원으로부터 빛이 나다른 곳으로 시각적 주의를 돌릴 수 없다. • 강한 빛이 눈으로 들어와 다른도 눈을 감아 방어하지 않는다.	• 시각적으로 위치를 찾거나 고시하는 것은 빛이 발생하는 속성의 물체에 대한 시각적 주의에서 시작한다. • 1차 광원(orient)을 향해 바라보지만, 환경 조명의 밝기가 감소되거나 조절될 때는 다른 대상으로 시선을 돌릴 수 있다. • 강력한 빛(조명)에 짧게 눈을 감아 방어할 수 있다. • 빛과 함께 제시하는 물체에 시각적 주의를 한다.	• 1차 광원이 방해가 될 수는 있지만, 환경 조명이 변화(수정) 없어도 시각적 주의를 다른 곳으로 돌릴 수 있다. • 라이트 박스, 백릴롯 기간은 백라이트에 제시하는 2차원 자료에 교시를 한다.	• 아동이 피곤하고, 과도한 자극을 받고, 또는 아플 때에만 1차 광원에 대한 시각적 주의 포함이 일어난다. • 배터라이트(주광 조명)는 2차원 자료(1개의 이미지, 여러 개의 이미지의 배열을 시각적으로 구별하고, 인식하고, 확인하는 것을 지원한다.	• 또래처럼 빛에 반응한다.

원거리 보기의 어려움	•45cm 이내 거리에 제시되는 대상의 위치를 찾는다.	•60~90cm 이내 거리에 제시되는 대상의 위치를 찾거나 찾게 고시한다.	•최대 1.8m 거리에 제시되는 대상의 위치를 찾고, 고시한다. •때때로(가끔) 3m 거리에 있는 커다란 움직이는 대상이나 사람들의 시각적 주의를 한다.	•최대 3m 거리의 친숙한 환경이나 새로운 환경에 있는 대상의 위치를 찾고 고시한다. •4.5~6m 거리에 있는 커다란 움직이는 대상에 시각적 주의를 할 수 있다.	•시각적 주의를 하는 거리는 또래와 유사하다.
비정형적 시각 반사 (눈 깜빡임 반사)	•안면 접촉이나 시각적 위협에도 눈을 깜빡이지 않는다.	•안면 접촉에 간헐적으로 또는 지연되어 눈을 깜빡인다. •시각적 위협에 눈을 깜빡이지 않는다.	•안면 접촉에 일관되게 눈을 깜빡인다. •시각적 위협에 눈을 깜빡이지 않는다.	•안면 접촉에 일관되게 눈을 깜빡인다. •시각적 위협에 간헐적으로 또는 지연되어 눈을 깜빡인다.	•안면 접촉에 일관되게 눈을 깜빡인다. •시각적 위협에 일관되게 눈을 깜빡인다.
시각적 새로움의 어려움	•매우 친숙한 물체에만 시각적 주의를 하거나 금방 위치를 찾는다. •시각적 호기심을 보이지 않는다.	•평소 친숙한 물체와 유사한 물체의 위치를 찾거나 찾게 고시한다. •시각적 호기심을 보이지 않는다.	•친숙한 물체 그리고 친숙한 물체와 유사한 물체에 고시를 한다. •새로운 물체는 빛 반의 시각적 노출이 이루어지면 고시를 하게 된다. •새로운 3차원 물체나 몇 가지 2차원 자료에 시각적 주의가 일어날 수 있지만, 이들 시각적으로 제대로 해석할 수는 없다. •새로운 환경에서 때때로(가끔) 시각적 호기심을 보인다.	•새로운 물체나 이미지를 '두드러진 특징'을 이용하여 구별하고, 인식하고, 해석한다. •대부분의 새로운 환경에서 시각적 호기심을 보인다.	•또래처럼, 시각적 새로움은 시각적 주의나 시각적 호기심을 유발한다.

시각적으로 안내된 신체 도달의 어려움 (대상을 바라보면서 동시에 손을 뻗어 접촉하는 행위의 어려움)	• 대상을 바라보고 손을 뻗어 접촉하는 행위들이 분리되어 일어난다(동시에 일어나지 않는다). 즉, 대상을 보고, 고개를 다른 곳으로 돌린 후, 손을 뻗어 접촉한다.	• CVI 조건들(conditions)에 대한 완전한 지원(검은색 배경, 빛과 물체 함께 제시, 움직임, 추가적인 감각 정보의 차단)이 이루어져야만, 대상을 바라보면서 동시에 손을 뻗어 접촉하는 행위가 드물게 일어난다.	• 배경이 통제되거나, 빛이 발생하거나, 움직이는 속성의 3차원 대상(물체)일 때 대상을 바라보면서 동시에 손을 뻗어 접촉한다.	• 대상을 바라보면서 동시에 손을 뻗어 접촉하는 행위가 75% 이상 이루어진다. • 아주 새롭거나 매우 복잡한 자료에는 바라보고 손을 뻗어 접촉하는 행위들이 분리되어 일어난다(동시에 일어나지 않는다).	• 또래처럼 '시각적으로 안내된 신체 도달'을 한다. • 아동이 상지 기능에 제한이 있는 경우, 추가 시간을 주면 '시각적으로 안내된 신체 도달'을 할 수 있다.

<부록 3D>
Kathy의 평가에 관한 서술식(내러티브) 보고서

아동 이름: Kathy Wong **부모(보호자)**: Cam Wong
평가자: Christine Roman **아동 연령**: 6세
전화: 010-7777-9999 **작성일자**: 2017년 12월 12일

Kathy는 2017년 12월 12일부터 '소아 시각 향상 프로그램'에 참여하였다. 이 프로그램에 참여한 목적은 Kathy가 기능시각을 어느 정도 사용하고 있는지와 시각 사용을 방해하는 CVI의 고유한 특성들을 확인하는 데 있었다. Kathy는 다양한 병력과 CVI와 관련된 신경학적 질환도 가지고 있다. Kathy는 사시 검사를 받았고, 안경 교정은 필요하지 않았다. Kathy는 일상생활 훈련, 물리치료, 작업치료, 순회 교육 등의 서비스를 받고 있다.

Kathy의 기능시각 평가('CVI Range' 평가)는 2시간 30분 동안 이루어졌다. 관찰 평가에서 Kathy는 주로 노란색이나 빨간색의 물체(장난감)를 가지고 노는 것이 확인되었다. Kathy는 물체를 흔들거나 두드리는 등 물체에 움직임을 만들며 노는 것을 좋아하였다. Kathy는 부모를 바라보고, 부모와 이야기하거나 부모를 확인할 수 있었다. 그리고 부모의 모든 구두 지시에 정확하게 반응하였다. Kathy는 프로그램 참여 시간 내내 편안해 보였고, 1가지 활동에서 다른 활동으로 전환하는 데에도 별다른 어려움이 없었다.

'CVI Range' 평가에서 Kathy는 'CVI Range 5~6'으로 확인되었다. Kathy는 CVI 고유한 특성의 영향으로 인한 시각 문제를 해결하고 시각 기술을 발달시킬 수 있는 맞춤형 중재와 환경 수정을 필요로 한다. 그리고 중재는 Kathy의 일과 활동에 통합하여 실시하는 것이 효과적이다. Kathy의 CVI의 고유한 10가지 특성의 영향에 대한 평가 결과는 다음과 같다.

1. 특정 색상 선호

대부분의 CVI 아동과 마찬가지로 Kathy는 특정 색상의 물체에 더 빠르게 시각적으로 반응한다. Kathy가 선호하는 색상은 노란색이어서 노란색 물체에 시각적 반응이 더 빠르고 자발적으로 일어난다. 그러나 '특정 색상 선호' 특성이 조금씩 개선되고 있다. Kathy의 빨간색 물체에 대한 반응이 노란색 물체만큼 빨라지고 있다. 그러나 아직 다른 색상의 물체는 시각적으로 인식하지 못한다. 물체, 상징 또는 환경의 특징에 노란색이나 빨간색으로 강조 표시를 해 주면 시각적으로 인식하는 능력이 향상된다. '색상'은 CVI 아동의 시각적 반응을 지원하는 일종의 시각적 '닻(anchor)'으로서 역할을 한다. 이제 Kathy에게 선호하는 색상이 예전만큼 중요하지는 않지만, 여전히 선명하고 채도가 높은 색상은 시각적 주의를 유도하고 유지하는 데 도움이 된다.

2. 움직임에 대한 요구(끌림)

많은 CVI 아동은 움직이거나 빛을 반사하는 속성의 물체에 시각적으로 더 잘 반응한다. 빛을 반사하거나 반짝이는 속성의 물체는 뇌에서 '강한 움직임'으로 해석되어 더 많은 시각적 주의를 유도하고 유지한다. '움직

임'에 대한 시각적 주의는 뇌의 '어디 시스템(등쪽 경로 시각 시스템)'과 관련되며, 이 시스템은 '움직임' '형태 (form)' '빛'과 관련성이 높다. 오늘 Kathy는 '움직임'의 속성이 있는 물체를 반복하여 바라보았다. Kathy의 주변 시야 영역(방향)에서 물체를 앞뒤로 움직여 주지 않으면 친숙한 물체조차도 인식하지 못하였다.

3. 시각적 (반응) 지연

'시각적 (반응) 지연' 특성은 대상(물체)이 제시되는 시점부터 아동이 처음 알아차리는(시각적으로 반응하는) 시점 간의 시간이 또래보다 지연되는 것이다. Kathy는 평가 동안 가끔 시각적 지연 반응을 보였다. 부모는 Kathy가 피곤하거나 스트레스를 받거나 또는 발작이 일어난 직후에 더 긴 시각적 (반응) 지연을 보인다고 말 하였다. 또한 주변 환경이 매우 시끄럽거나 시각적으로 복잡한 경우, 시각적 (반응) 지연 시간은 더 길어졌다. 시각적 (반응) 지연은 학습과 일상 활동에서 고려해야 할 중요한 요소이다. Kathy에게 새로운(낯선) 대상을 제 시해야 하거나 Kathy가 피곤하거나 과도한 자극을 받는 상황이라면 부모와 교사는 Kathy의 더 긴 시각적 (반 응) 지연 시간을 허용하고 기다려 주어야 한다.

4. 특정 시야 선호

많은 CVI 아동이 특정 시야를 선호하는 경향이 있다. CVI 아동의 경우, 특정 시야 선호의 경향은 망막 질환 같 은 안구의 손상으로 인한 것이 아니라, 뇌의 시각 경로 손상으로 인해 발생한다. Kathy는 물체가 좌측 시야 영 역(방향)에 제시되면 상당히 긴 시각적 (반응) 지연을 보이지만, 우측 시야 영역(방향)에 제시되면 시각적 (반 응) 지연 없이 대상(물체)을 알아차린다. 또한 Kathy는 노란색이고 빛을 반사하고 움직이는 속성이 있는 물체 라도 하측 시야 영역(방향)에 제시되면 알아차리는 데 어려움을 보인다. 이러한 문제는 Kathy의 보행 안전과 도 관련된다. Kathy는 하측 시야나 좌측 시야 영역(방향)에 있는 물체와 낙하지점(단차)을 알아차리지 못해 충돌하거나 넘어질 가능성이 많다. 교실에서 Kathy가 선호하는 우측 시야 영역(방향)을 효과적으로 사용할 수 있는 자리에 배치하고, Kathy로부터 45cm 이하 거리의 약간 우측 시야 영역(방향)에서 과제를 수행하는 것이 필요하다.

5. 시각적 복잡성의 어려움

'시각적 복잡성의 어려움'은 물체 표면의 복잡성, 시각적 배열의 복잡성, 감각 환경의 복잡성, 사람 얼굴의 복 잡성의 4가지 하위 특성으로 이루어진다. Kathy는 4가지 하위 유형의 복잡성 모두에 어려움을 보인다. 첫째, 물체의 표면에 많은 무늬가 있을 때 물체를 보는 것을 회피하거나 주목하지 않는 것처럼 보인다. 자료의 색상 이 2~3가지를 넘지 않아야만 해당 자료를 사용하는 활동에 참여하거나 수행할 수 있다. 둘째, 패턴(무늬)이 있 는 배경에 제시되는 물체를 인식하는 데 상당한 어려움을 보인다. 예를 들어, 4가지 색상으로 된 식탁보에 노 란색 곰 젤리(간식)를 놓았을 때 Kathy는 테이블보를 잡아당겼다. 하지만 검은색 테이블보에 동일한 곰 젤리 를 놓았을 때 곰 젤리를 바라보고 손을 뻗어 잡았다. Kathy에게 복잡하지 않은 배경을 만들어 주려면 검은색 접이식 보드가 도움이 된다. Kathy와 복잡한 공간 사이에 검은색 보드를 놓는 것이다. 셋째, Kathy의 시각 사 용 능력은 과제 수행 장소의 시각적·청각적 산만함 정도에 영향을 받는다. 음악이나 사람들의 대화 소리가 들

복잡한 공간을 대형 검은색 보드로 가려서 단순화한 사례

리면 Kathy는 과제 활동으로부터 시각적 주의가 벗어나거나 산만해진다. 따라서 교실에 여러 감각 정보(시각 정보, 청각 정보, 촉각 정보 등)가 있는지 살펴보고, 이를 제거하거나 감소시키는 것이 필요하다.

마지막으로, 많은 CVI 아동은 사람들의 얼굴을 구별하는 데 어려움을 겪는다. 사람의 얼굴은 CVI 아동이 해석하기 어려운 복잡한 시각적 장면으로 보일 수 있다. Kathy는 친숙한 사람들의 얼굴을 바라볼 수 있고, 부모님과 거울 속의 자기 이미지를 짧은 시간 눈 맞춤을 할 수 있다. 그러나 Kathy는 사진 속에 있는 다른 사람들의 얼굴을 구별하지 못하고, 학급 친구의 목소리를 듣기 전에는 누구인지 모른다.

6. 빛에 대한 요구(끌림)

일부 CVI 아동은 일차 광원을 오랜 시간 응시하는 경향이 있다. Kathy에게는 빛을 응시하는 행동이 관찰되지 않았다. 부모와 교사에 따르면, Kathy는 때때로 머리 위의 천장 조명을 응시하는 것으로 확인되었다. Kathy가 과도한 자극을 받거나 피곤하거나 기분이 좋지 않을 때마다 빛을 응시하는 행동이 일어나거나 증가한다. Kathy의 빛에 대한 응시는 휴식 시간이 필요하거나 과제 활동에 시각적 주의를 하거나 유지하지 못하고 있다는 신호일 수 있다. 따라서 교사는 이러한 신호를 알아차리고 적절한 중재를 제공해야 한다.

7. 원거리 보기의 어려움

Kathy는 1.8m 정도 떨어진 거리에서 비교적 단순한 배경에 제시된 물체를 인식할 수 있었다. 평가 환경이 시각적으로 단순하였기 때문에 Kathy가 단순하지 않은 환경에서도 물체를 인식하거나 찾을 수 있다고 가정할 수 없다. Kathy는 복잡한 환경에서 자신이 가장 좋아하는 7~8cm 크기의 노란색 Big Bird 인형을 찾지 못하였다. Kathy가 원거리에서 시각을 사용하는 능력은 환경의 복잡성, 대상(물체)의 친숙성, 색상에 좌우된다. 일반적으로 Kathy는 1.2m 이내 거리에 있는 물체를 가장 잘 알아차린다.

Big Bird 인형

8. 비전형적 시각 반사

CVI 아동은 2가지 유형의 눈 깜박임 반사가 일어나지 않는다. 사람들은 누군가가 자기 얼굴의 콧대를 만지면 동시에 눈을 깜박이는 반사를 보인다. 또한 사람들은 자기 얼굴 가까이 빠르게 누군가의 손이 다가오기만 해도 눈을 깜박이는 반사를 보인다. Kathy는 이러한 2가지 행위에 가끔 눈 깜박임 반사를 보이기도 하지만 매번 일관되게 나타나지는 않는다. CVI 아동에게 이러한 눈 깜박임 반사가 일어나지 않는 것에 대한 중재 방법은 없

다. CVI의 다른 특성이나 시기능이 개선되면 자연스럽게 눈 깜박임 반사의 이상도 해결된다. 따라서 CVI 아동의 중재 계획에 '비전형적 시각 반사' 특성에 대한 중재 활동은 포함하지 않는다.

9. 시각적 새로움의 어려움

많은 CVI 아동은 예전에 본 적이 있는 물체나 대상에 시각적으로 주의를 더 잘하는 경향이 있다. 또래와 달리, 오히려 시각적으로 새로운, 처음 보는 것은 시각적으로 바라보거나 인식하지 않을 수 있다. Kathy는 친숙한 물체 또는 친숙한 물체와 색상, 패턴, 움직임 등의 속성이 유사한 다른 물체에 시각적 주의를 한다. 따라서 수업 활동에 사용하는 교재 교구들은 이러한 기준을 고려하여 선정하고, Kathy가 좋아하는 노란색, 빨간색, 반짝이는 속성을 가진 학습 자료로 수정하는 것이 필요하다.

10. 시각적으로 안내된 신체 도달의 어려움

Kathy는 일반적으로 대상(물체)을 바라보고, 다시 시선을 다른 곳으로 돌린 다음, 대상을 보지 않은 채로 손을 뻗어 접촉하는 모습을 보인다. 또래는 보통 대상을 바라보면서 동시에 손을 뻗어 접촉한다. 다만, Kathy는 검은색 배경에 단순하고 선호하는 색상의 자료를 하나만 제시하면 '시각적으로 안내된 신체 도달(대상을 바라보면서 동시에 손을 뻗어 접촉하는)'의 능력이 향상된다.

시각적으로 안내된 신체 도달의 어려움

제4장

CVI 아동의 중재 방법

학습목표

- CVI 아동의 중재 원리를 이해한다.
- CVI 진행 단계별(I단계–II단계–III단계)로 효과적인 중재 방법을 이해한다.
- 'CVI Range' 평가 결과에 근거하여 개별 아동의 맞춤형 중재 계획을 수립한다.

---

1. CVI의 진행과 단계

2. 'CVI Range' 평가 기반 중재

3. CVI 진전도 차트

4. CVI 중재 목표의 설정

5. CVI 중재 프로그램 설계

6. CVI 중재 사례

7. 'CVI Range' 검토 양식과 사용법

8. CVI 아동의 보행 교육

9. Kathy를 위한 계획

1. CVI의 진행과 단계

다른 장애 아동과 마찬가지로, CVI 아동도 강점과 요구를 확인하는 평가가 필요하며, 평가 결과에 근거하여 개별 CVI 아동의 요구를 고려한 맞춤형 중재가 이루어져야 한다. 이를 위해, CVI의 고유한 10가지 시각 특성의 존재 여부와 영향 정도를 평가하여 아동의 CVI 진행 단계를 확인하는 것이 중요하다. 'CVI Range'의 평가척도와 'CVI 진전도 차트(CVI Progress Chart)'는 CVI의 고유한 특성들이 아동의 시기능에 미치는 영향 정도를 결정하여 맞춤형 중재를 제공하고, 아동의 시기능의 발달과 개선 정도를 모니터링할 수 있도록 한다.

CVI 아동의 중재 목적은 아동의 시기능이 CVI I단계와 II단계를 거쳐 III단계(또래에 근접하는 시기능의 단계)까지 개선되도록 돕고, 이를 통해 아동은 학습 및 생활 환경에 시각적으로 접근하고, 자신이 보고 있는 것을 제대로 인식하고 해석함으로써 주변 세계에 대한 개념과 이해를 확장시키는 것이다. 'CVI Range'는 CVI의 고유한 10가지 특성이 아동에게 미치는 영향 정도를 CVI I-II-III의 3가지 단계로 구분하고, 개별 아동의 CVI 단계에 맞는 중재를 개발하도록 한다.

1) CVI I단계

'CVI I단계'에 속한 아동을 위한 중재는 '시각적 행동 구축(building visual behavior)'에 중점을 둔다. 모든 중재 활동은 시각을 거의 사용하지 않는 CVI 아동이 특정 물체만이라도 일관되게 볼 수 있도록 하는 데 목적을 둔다. CVI I단계 아동은 교사가 통제한 환경에서 반복적으로 제시하는 물체를 시각적으로 인식할 수 있게 된다.

CVI I단계 아동은 주로 대상의 '움직임과 위치를 탐지/발견하는' 것과 관련되는 '어디 시스템(where system)'이라 부르는 '등쪽 경로(dorsal stream)' 시각 시스템에 의존한다. 등쪽 경로 시각 시스템은 CVI I단계에서 가장 활성화되므로, 이 단계의 아동은 빛(light), 움직임(movement)을 향해 고개나 몸을 돌릴 수 있지만, 눈과 물체 간에 시각적 고시가 이루어지지 못한다.

2) CVI II단계

CVI II단계의 중재 목표는 '시각과 기능의 통합(integrating vision with function)'에 중점을 둔다. 즉, CVI II단계로 진행하게 되면 CVI 아동이 특정 대상(물체)을 바라보거나 손을 뻗어서 자신의 바람이나 요구를 나타내는 데 시각을 사용하기 시작한다. CVI II단계 아동은 모든 활동에서 몇 가지 물체를 작동하거나 조작하는 데 시각을 사용할 만큼 일관되게 바라보는 시각적 행동이 관찰된다. CVI II단계의 아동은 더 이상 수동적/소극적으로 바라보지 않고, 능동적/적극적으로 물체에 대한 행위나 시각적 반응을 할 수 있다. 예를 들어, CVI II단계 아동은 조명이 켜진 보완대체의 사소통기기(AAC)의 스위치를 향해 시선을 돌리는(CVI I단계 행동에 해당) 것뿐만 아니라, 스위치를 고시하면서 스위치에 손을 뻗어 접촉할 수 있게 된다. 'CVI II단계 초기'의 아동이 눈과 물체 간의 접촉인 '시각적 고시(visual fixation)'를 하는 모습이 관찰되기 시작한다.

CVI 아동의 눈과 물체 간에 '눈 맞춤'을 보여 주는 시각 능력은 '배쪽 경로(ventral stream)' 시각 시스템인 '무엇 시스템(What system)'의 활성화를 통해 이루어진다. 시각적인 세부사항(요소)을 인식하는 능력의 발달과 관련된 뇌 부위가 작동하기 시작한다. CVI II단계에 진입한 아동은 대상(물체)의 위치를 찾는 것뿐만 아니라, 1가지 물체를 다른 물체와 구별하는 데 사용되는 '정보의 세부사항(요소)'을 시각적으로 확인할 수 있게 된다.

CVI 아동의 경우, 물체를 보는 것(looking)과 물체를 해석하는 것(interpreting)이 동일하지 않다. 즉, CVI 아동이 대상(물체)을 보거나 고시할 수 있다고 해서, 자신이 보고 있는 것이 무엇인지를 제대로 이해하거나 해석할 수 있는 것이 아니다. 따라서 교사와 전문가는 CVI 아동의 '시각적 주의(visual attention)'를 적절한 '언어(language) 및 비교 사고(comparative thought)'와 연결하도록 지원하는 것이 필요하다. '비교 사고'는 사람의 기억을 형성하고 결정적인 공통점과 차이점을 강조하는 중요한 '인지 기술(cognitive skill)'이다. '비교 사고'는 시각 정보를 해석하는 '상급 기술(고차원적 사고와 인지를 촉진하는 기술)'의 하나로, CVI 아동의 중재 방법에 통합하는 것이 필요하다.

배쪽 경로 시각 시스템의 발달은 CVI II단계에서 시작되어 세속 발달하지만, CVI II단계에서 완전하게 발달이 이루어지는 것은 아니다. 그러나 CVI II단계 아동

은 CVI I단계 아동처럼 단순히 대상(물체)의 위치를 찾는 것이
아니라, 대상(물체)을 구성하는 핵심 요소들을 시각적으로 분
리하고, 각각 무엇인지 확인할 수 있게 된다. 예를 들어, 처음
에는 빨간색 마일러 털뭉치(Mylar pom-pom)를 향해 그냥 바라
보던 것이, CVI II단계부터는 '눈과 물체 간의 눈 맞춤(고시)'을
하기 시작한다. CVI II단계의 아동은 대상(물체)의 핵심 세부
요소를 볼 수 있기 때문에, 라디오를 그냥 바라만 보는 것이 아

마일러 털뭉치

니라 라디오를 켜는 빨간색 전원 스위치처럼 대상의 특정 부분
을 찾을 수 있다. 즉, CVI II단계의 아동은 대상(물체)을 구성하는 주요 요소들까지
도 볼 수 있게 된다. 아직 CVI II단계의 아동이 물체를 보면서 동시에 손을 뻗어 접
촉하는 능력까지는 없더라도, '시각적 응시(visual regard)를 이용한 선택'도 가능해
진다. CVI II단계 아동의 이러한 시각적 개선은 대상(물체)의 세부사항(요소)을 확
인하고 시각 정보를 구별할 수 있도록 한다.

　　CVI II단계 아동은 이제 적극적인 참여를 통해 세상에 영향을 미치고 상호작용할
수 있는 자신의 능력을 인지할 수 있게 된다. 일종의 '인지 루프(cognitive loop)'는 바
라보는 행위에서 시작하여 대상에 손을 뻗어 접촉하도록 하는 자극을 만들어 낸다.
이로써 아동은 대상을 신체적으로 접촉하고자 하는 동기가 유발되고, 대상(물체)에
손을 뻗어 접촉하거나 작동시킨다. 이러한 과정을 통해 아동은 대상에 대한 통제감
(통제력)을 형성하게 되며, 자연적 보상을 얻게 된다. 또한 이러한 성취는 아동에게
시각적 행동에 대한 자신감을 발달시키게 된다. 따라서 교사와 전문가가 CVI 아동
의 일과 활동 중에 '시각-동기-행동-보상-역량(자신감) 루프(vision-motivation-
action-reward-competence loop)'의 기회가 만들어지도록 중재해야 한다.

3) CVI III단계

　　CVI III단계의 중재 목표는 'CVI의 고유한 특성들의 정교한 개선(refinement)'에 중
점을 둔다. CVI I단계와 II단계를 거치면서 CVI의 고유한 특성들이 어느 정도 해결
되었지만, CVI III단계에서 CVI의 고유한 특성들에 대한 지속적인 정교한 개선이 이
루어져야 한다. CVI III단계에서 CVI의 정교한 개선은 주로 '배쪽 경로'의 시각 기능
들에 대한 섬세한 조정(fine-tuning)과 관련되어 있다. 이를 통해 CVI 아동이 '복잡한

배열' 속에 제시된 대상(물체)과 두드러진 세부사항(요소)을 확인하도록 돕는 '세부적인 시각적 주의(particular attention)'가 이루어진다. 이를 통해 CVI 아동이 '이미지, 상징, 원거리 보기(distance viewing)'와 관련하여 세부사항(요소)을 구별하는 능력을 계속 발달시키게 된다.

CVI Ⅲ단계 아동은 어느 정도 시각 기능을 사용할 수 있으므로, 주변 사람들이 아동이 CVI 아동인지를 쉽게 알아차리지 못할 수 있다. 그렇더라도 CVI Ⅲ단계 아동도 여전히 'CVI Range' 평가를 통해 기능시각 사용 능력과 시각 지원의 요구를 계속 확인하고, 그에 따른 맞춤형 중재를 제공해야 한다. CVI Ⅲ단계 아동은 하루 일과 내내 시각적 주의를 잘 하고 있는 모습을 보여 주지만, 근거리와 원거리에 있는 대상(물체)에 시각적으로 접근하도록 환경이나 자료에 대한 수정과 전문적인 중재를 계속 필요로 한다. 즉, CVI Ⅲ단계 아동은 CVI의 고유한 특성들과 관련된 시각적 행동이 또래에 근접하는 수준에 도달할 수 있으나, CVI의 고유한 특성들과 이에 따른 시각적 행동이 완전히 정상화되기는 어렵다. 아동의 CVI로 인한 시각 문제가 괄목할 정도로 개선될 수는 있지만, 평생 CVI의 고유한 특성들로 인한 영향이 지속된다는 점도 기억해야 한다.

2. 'CVI Range' 평가 기반 중재

교육 팀은 CVI 아동을 평가하여 'CVI Range' 평가 양식과 'CVI 진전도 차트'를 작성하고, 이들 자료를 아동의 맞춤형 교육 중재 계획을 개발하는 데 사용한다. 그리고 CVI 아동의 중재 목표와 계획은 '개별화가족서비스계획(IFSP)' 또는 '개별화교육프로그램(IEP)'에 공식적으로 통합하여 관리해야 한다.

'CVI Range'는 아동이 CVI의 고유한 특성들에 영향을 받는 정도를 객관적으로 확인할 수 있는 평가 도구이자 중재 도구이다. [그림 4-1]의 순서도는 아동이 'CVI(피질 시각장애)'가 있는지 확인하는 단계부터 중재 계획과 실행 그리고 중재 후 지속적인 평가와 모니터링 단계까지의 절차를 나타낸다.

CVI 아동을 중재할 때에 아동을 단지 정보에 노출시키는 것에 그쳐서는 안 되며 '시각 정보를 아동에게 제공하는 형태와 질'이 중요하다는 점을 기억해야 한다. 일반적으로 세부사항(요소)이나 새로운(처음 보는) 대상을 감지하기 어려운 CVI 아동

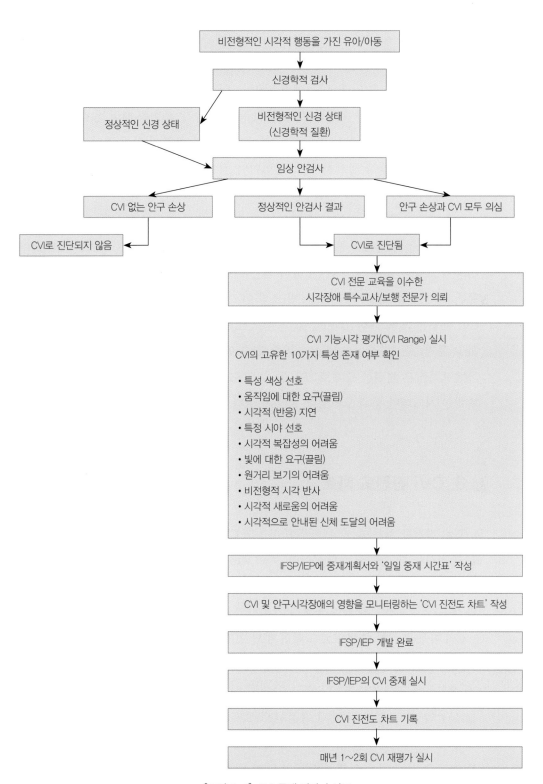

[그림 4-1] CVI 중재 절차 순서도

은 또래에게 '시각적 주의'를 주는 대상(물체)에 시각적 반응을 하지 못할 수 있다. 또래나 안구 시각장애 아동에게 시각 정보를 제공하는 방식으로는 CVI 아동에게 별다른 효과가 없을 수 있다. 아동에게 CVI의 고유한 특성들이 미치는 영향 정도를 고려하여 환경과 자료를 수정하고, 적절히 통제한 감각 정보를 제공할 필요가 있다. 즉, CVI 아동의 경우, 청각 자극이나 정보가 풍부한 환경에 있는 것이 오히려 시각적 혼란을 주어 정작 필요한 시각 경험이나 정보를 적절히 해석하지 못하게 할 수 있다.

　CVI 아동의 중재는 아동이 영향을 받고 있는 CVI의 고유한 특성들에 맞추어져야 한다. 예를 들어, CVI 아동과 안구 시각장애 아동 모두에게 라이트 박스(light box)의 사용이 도움이 될 수 있지만, 도움이 되는 이유와 결과는 다르다. 안구 시각장애 아동은 라이트 박스로부터 나오는 빛(조명)이 대비를 높여 도움이 될 수 있다. 그러나 CVI 아동은 '빛에 대한 요구(끌림)' 특성으로 수업 자료에 대한 '시각적 주의'를 유도하고 유지하는 데 라이트 박스가 필요할 수 있다. 또한 CVI 아동의 '빛에 대한 요구(끌림)' 특성은 적절한 중재로 개선될 수 있으므로, 라이트 박스는 특정 CVI 단계에 속하는 시기에만 중재 도구로 유용할 수 있다.

3. CVI 진전도 차트

　'CVI 진전도 차트'는 중재 이후에 아동의 CVI의 고유한 특성들에 대한 영향 변화를 추적하는 데 사용되는 양식이다. 'CVI Range' 평가가 완료된 다음에 'CVI 진전도 차트'를 작성한다. 'CVI 진전도 차트'는 'CVI Range' 평가 정보를 아동의 교육 환경과 목표에 적용하도록 관련 정보를 기록하고 관리해 나가는 양식이다.

　CVI 아동을 위한 중재 프로그램의 계획 초기에는 'CVI Range'의 '평가척도 I'과 '평가척도 II'로 산출된 점수들을 모두 고려할 필요가 있다. 개별 아동의 맞춤형 중재를 계획하기 위해 'CVI의 고유한 10가지 특성을 각각 평가하는 평가척도 II'의 결과를 사용할 때 '1(점)'보다 낮게 평정된 CVI의 고유한 특성들을 모두 고려해야 하며, 다만 '비전형적 시각 반사' 특성만 중재에서 제외한다. '비전형적 시각 반사' 특성은 특징 교수 및 중재에 의해 개선되지 않기 때문이나. 서부펜실베니아병원의 소아피질 시각장애 아동 시각 지원 프로그램인 'VIEW Program'에 따르면, 아동의 CVI의 단계(I단계, II단계, III단계)와 CVI 레벨(CVI Range 1~2, 3~4, 5~6, 7~8, 9~10레벨)이 개선되면, 비전형적 시각 반사가 자연스럽게 개선되는 것으로 나타났다.

'CVI Range'의 '평가척도 I'과 '평가척도 II'의 평가와 채점이 완료되면 평가자는 'CVI 진전도 차트'에 아동의 CVI 평가 점수를 기록한다(〈표 4-2〉 참조). 〈표 4-1〉은 Jasmine의 'CVI Range' 평가척도 II 의 점수를 나타내고 있다. Jasmine의 평가척도 II 의 총점은 4점이다. Jasmine의 IFSP/IEP는 CVI Range 평가 서식과 CVI 진전도 차트에 기록된 점수와 서술식 의견에 기초하여 작성하고, '특정 색상 선호, 움직임에 대한 요구(끌림), 시각적 (반응) 지연, 특정 시야 선호, 시각적 복잡성의 어려움, 원거리 보기의 어려움, 시각적 새로움의 어려움, 시각적으로 안내된 신체 도달의 어려움' 같은 CVI의 고유한 특성들의 영향과 관련된 'CVI 중재 목표들'이 포함되어야 한다.

〈표 4-2〉는 Jasmine의 'CVI 진전도 차트'로, Jasmine이 CVI I단계에서 CVI II단계로 진행(개선)하고 있음을 보여 준다. Jasmine의 CVI의 고유한 특성들에 대한 점수들을 살펴보면 대부분이 CVI I단계와 CVI II단계의 경계에 위치해 있고, 일부는 여전히 CVI I단계에 머물러 있으며, 일부는 CVI II단계로 진행하고 있다. 따라서 Jasmine의 중재 계획을 세울 때 일부는 계속해서 CVI I단계인 '시각적 행동의 구축'이라는 목표에 도달하도록 중재 계획을 세우지만, 일부는 CVI II단계인 '기능과 시각의 통합'이라는 목표에 도달하도록 중재 계획을 세워야 한다. Jasmine에게 적절한 중재 목표의 예는 다음과 같다.

중재 목표
Jasmine은 식사 시간에 검은색 식탁 매트 또는 식탁보에 놓인 주황색 숟가락을 바라보고 손을 뻗어 잡는다.

〈표 4-1〉 Jasmine의 'CVI Range 평가척도 II'의 평가 결과

평가척도 II : CVI 고유한 개별 특성 영향 평가 방법

CVI의 고유한 10가지 특성 각각의 영향 정도를 평정한 후, 개별 특성의 평정 점수를 합산하여 종합 점수를 산출한다. 아동에게 해당되는 평정 점수(0, .25, .75, 1)에 '○'으로 표시한다('CVI 진전도 차트'를 평정 지침으로 사용할 수 있음).

평정 점수와 기준
0   CVI의 고유한 특성이 완전하게 영향을 미치고 있다.
.25   CVI의 고유한 특성으로 인한 시각적 행동이 변화하거나 개선되기 시작하였다.
.5   CVI의 고유한 특성이 시기능에 영향을 미치는 시간의 비율은 대략 50% 정도이다.
.75   CVI의 고유한 특성이 시기능에 때때로(가끔) 영향을 미친다.
1   CVI의 고유한 특성이 해결되었거나 또래와 같은 시각적 반응을 보인다.

CVI의 고유한 10가지 특성	평정 점수				
1. 특정 색상 선호 의견: 선호하는 색상은 형광 주황색이다.	0	(.25)	.5	.75	1
2. 움직임에 대한 요구(끌림) 의견: 밝은 주황색 슬링키와 마일러(mylar)에 시각적으로 끌린다.	0	(.25)	.5	.75	1
3. 시각적 (반응) 지연 의견: 수업을 시작할 때, 점심 식사가 끝난 후, 물리치료 활동이 끝난 후에 시각적 지연 시간이 증가한다.	0	.25	(.5)	.75	1
4. 특정 시야 선호 의견: 물체가 우측 주변 시야에 있을 때 시각적 주의가 증가한다.	0	(.25)	.5	.75	1
5. 시각적 복잡성의 어려움 의견: 단일 색상의 물체와 검은색 배경을 선호하고, 대상을 보는 동안 청각이나 촉각 정보가 없어야 시각적 주의를 잘한다.	0	(.25)	.5	.75	1
6. 빛에 대한 요구(끌림) 의견: 빛은 시기능에 더 이상 영향을 미치지 않는다.	0	.25	.5	.75	(1)
7. 원거리 보기의 어려움 의견: 물체를 보기 위한 적절한 거리는 30~45cm이다.	0	(.25)	.5	.75	1
8. 비전형적 시각 반사 의견: 안면 접촉과 시각적 위협에 눈 깜빡임 반사가 때때로 일어난다.	0	.25	(.5)	.75	1
9. 시각적 새로움의 어려움 의견: 움직이거나 반짝이는 주황색 물체를 선택한다.	0	.25	(.5)	.75	1
10. 시각적으로 안내된 신체 도달의 어려움 의견: 검은색 배경에 움직이는 주황색 물체만 때때로(가끔) 바라보고 손을 뻗어 잡는다.	0	(.25)	.5	.75	1

4. CVI 중재 목표의 설정

교육 팀은 'CVI Range' 평가로 아동에 대한 정보를 수집하고, 이를 기초로 'CVI 진전도 차트'를 작성한 다음, 아동의 IFSP/IEP 개발에 사용한다. 교육 팀은 'CVI Range 평가 보고서'와 'CVI 진전도 차트'에 기록된 정보로 아동의 중재 목표를 개발한다. 이때 아동에 대한 기타 자료도 함께 활용한다.

'CVI Range'의 '평가척도 I'과 '평가척도 II'에서 수집된 정보는 아동의 개별화 교육 프로그램을 구성하는 데 통합할 수 있다. 평가척도 I에서 '+'로 평정한 검사 문항은 아동의 현재 '시기능 레벨'을 설명한다. 즉, '+'로 표시된 모든 검사 문항은 CVI의 고유한 특성들에 대한 아동의 시각적 행동을 설명한다. '평가척도 II'의 '1(점) 미만'의 점수를 받은 검사 문항은 중재 요구가 있는 것으로 환경 및 자료의 수정을 필요로 한다.

예를 들어, Marwan은 '평가척도 I'에서 4점을 받았고, '+'로 평정된 아래의 검사 문항이 Marwan의 '현재 시기능 레벨'을 설명하는 데 사용된다.

- 환경에서 소리(소음) 및 시각적 혼란을 통제해 주면 Marwan은 눈과 물체 간의 눈 맞춤 또는 시각적 고시를 할 수 있다.
- Marwan은 때때로 광원(빛)을 쳐다보지만, 광원(빛)으로부터 다른 대상(물체)으로 시각적 주의를 전환할 수 있다.
- Marwan은 '시각적 (반응) 지연'이 있지만, 시각적 요구에 맞게 수정된 자료를 사용하면 시각적으로 과제에 더 잘 참여하고, 시각적 (반응) 지연 시간도 감소한다.
- Marwan은 일관되게 노란색 대상(물체)의 위치를 찾을 수 있고, 밝은 주황색이나 빨간색 대상(물체)에도 시각적 주의를 한다.

Marwan은 '평가척도 II'에서 '3.75(점)'을 받았고, 다음의 평가 정보는 수업에 필요한 환경과 자료의 조정과 수정 방향을 안내한다.

- 시각적 (반응) 지연(0.25점): Marwan에게 대상(물체)을 보도록 요구할 때 추가

시간을 주어야 한다. Marwan은 대상(물체)을 바라보기까지 최대 10초의 추가 시간이 필요할 수 있다. 그리고 Marwan의 시각적 (반응) 지연 시간이 증가하면 Marwan이 피로감을 느끼고 있는 것으로, 휴식 시간을 제공할 필요가 있다.

- 특정 시야 선호(0.25점): 자료를 제시할 때 Marwan가 선호하는 좌측 시야 영역 (방향)에 제시해야 한다. Marwan는 하측 시야 영역(방향)의 대상(물체)을 보는 데 어려움이 있기 때문에 경사 보드 또는 수직 보드에 부착하여 제시해야 한다.

| 우측 시야 선호 | 경사 보드 | 삼중 접이식 수직 보드 |

- '시각적 배열의 복잡성'(0.25점): Marwan의 활동 공간이 어수선하지 않도록 하고, 배경을 회색이나 검은색으로 수정하는 것이 좋다. 부모와 교사는 Marwan과 활동하는 동안 단색에 무늬가 없는 옷을 입는 것이 좋다. 교사가 무늬가 있는 컬러 셔츠를 입었다면 검은색이나 회색 앞치마를 입어 셔츠 무늬를 가린다.

| 단순한 활동 공간으로 수정 | 단순한 책상 공간으로 수정 |

- 빛에 대한 요구(끌림, 0.25점): 작은 대상(물체)을 조작하는 소근육 활동은 라이트 박스 또는 태블릿 기기 같은 백라이트(후광 조명) 모니터 위에서 수행한다.

라이트 박스를 활용한 활동

　앞서 살펴본 것과 같이, 'CVI Range' 평가를 통해 CVI의 고유한 특성들이 아동에게 영향을 미치는 정도를 확인하고, 맞춤형 중재 계획 개발과 환경 및 자료의 수정에 활용할 수 있다. 교사와 부모는 'CVI Range' 평가 정보를 사용하여 아동의 기능 시각을 이해하고 적절한 교육 지원 방법을 고려할 수 있다.

〈표 4-2〉 Jasmine의 CVI 진전도 차트

CVI 진전도 차트

• 작성일자: 6월 7일　　　　　　• 학생 이름: Jasmine Douhlas　　　　　　• 평가자 : C. Roman

이 차트는 아동의 IEP 목적과 목표 개발이 필요한 CVI 특성 영역들을 확인하는 데 도움이 된다.

CVI의 고유한 10가지 특성	CVI I 단계		CVI II 단계	CVI III단계	
	• 시각적 행동 구축 시기 • 주로 등쪽 경로 시각 기능의 사용 • 레벨 I 환경 고려사항		• 시각과 기능의 통합 시기 • 배쪽 경로 시각 기능의 사용 시작 • 레벨 II 환경 고려사항	• CVI 특성 정교화(refinement) 시기 • 주로 배쪽 경로 시각 기능의 개선과 사용 • 레벨 III 환경 고려사항	
	CVI Range 1~2(0)	CVI Range 3~4(.25)	CVI Range 5~6(.50)	CVI Range 7~8(.75)	CVI Range 9~10(1)
특정 색상 선호	~~아동은 선호하는 1가지 색상에 시각적 주의를 한다.~~	아동에게 지배적인 (우세한) 선호하는 색상이 있다: 1~2가지 색상이 아동의 시각적 주의를 유도하거나 촉진할 수 있다.	채도가 높은 형광 색상이 아동의 시각적 주의를 촉진한다.	자료 또는 환경을 색상으로 강조 표시하는 것이 아동에게 때때로(가끔) 필요하다.	아동은 색상이나 패턴(무늬)에 대한 선호가 없다. 또래보다 특정 색상의 사용이 더 중요하지 않다.

움직임에 대한 요구 (끌림)	아동이 바라보는 물체는 일반적으로 움직임이 있거나 빛을 반사하는 속성이 있다.	아동은 자료를 좀 더 일관되게 찾는다. 움직이고 빛을 반사하는 속성이 있는 자료에 짧은 고시가 이루어진다.	아동의 시각적 주의를 유발하는 중요한 요소로 '움직임'이 계속해서 작용한다.	근거리에서는 아동의 시각적 주의를 끌기 위해 움직임이 요구되지 않는다.	아동은 움직이는 대상에 또래와 같은 반응을 보인다.
시각적 (반응) 지연	아동은 장시간의 시각적 반응의 지연을 보인다.	아동은 일정 시간 대상을 바라본 후, 시각적 (반응) 지연이 약간 감소한다.	아동이 피곤하거나 스트레스를 받거나 과도하게 자극을 받을 때에만 시각적 (반응) 지연이 나타난다.	아동에게 시각적 (반응) 지연이 드물게 나타난다.	아동에게 더 이상 시각적 (반응) 지연이 나타나지 않는다.
특정 시야 선호	아동에게 뚜렷한 특정 시야 영역(방향)의 의존성이 나타난다.	아동에게 특정 시야 영역(방향)의 선호가 나타난다	아동에게 친숙한 정보와 자극을 제시할 때는 특정 시야 영역(방향)의 선호가 감소한다.	아동은 좌측 시야와 우측 시야 영역(방향)을 번갈아 가며 사용할 수 있다. 아동은 하측 시야 영역(방향)을 보는 데 어려움으로 인해 안전 문제와 아래에 있는 대상(물체)을 찾는 데 계속 영향을 받을 수 있다.	아동에게 시야 영역(방향)의 제한이 없다.
시각적 복잡성의 어려움	아동은 엄격하게 통제된 환경(복잡성 통제)에서만 시각적 반응을 보인다. 아동은 일반적으로 사람들의 얼굴을 바라보지 않는다.	아동은 환경을 통제해 주면 시각적으로 고시할 수 있다. 아동은 친숙한 사람들의 얼굴을 바라본다. 아동은 시각적 주의를 위해 3차원 자료를 필요로 한다. 아동이 선호하는 대상(물체)을 제시하면 짧은 눈 맞춤을 한다.	아동은 낮은 수준의 소음이 있는 친숙한 배경에서 시각적 주의를 유지한다. 아동은 말소리가 없을 때(목소리와 경쟁하지 않을 때) 친숙한 사람들의 얼굴을 바라본다.	아동은 시각적 대상과 경쟁하는 청각 자극(소리)을 견디며, 대상을 바라본다. 아동은 음악 소리가 나는 물체에 시각적인 주의를 유지한다. 아동은 거울에 비친 자기 얼굴 이미지를 바라보고, 친숙한 사람과 눈 맞춤을 할 수 있다. 아동은 단순한 그림책이나 상징을 바라보고, 구별한다.	아동은 매우 복잡한 환경에 있을 때에만 시각적 반응에 영향을 받는다. 아동은 세부 특징(요소)을 포함하는 책이나 2차원 자료의 정보를 보고, 구별한다. 아동은 또래와 같은 시각적·사회적 반응을 보인다.
빛에 대한 요구 (끌림)	아동은 물체나 사람 얼굴의 위치를 짧은 시간에 찾을 수 있으나 길게 고시하지 못한다. 아동은 빛에 시각적으로 강하게 끌린다.	아동은 빛에 덜(약하게) 끌린다. 즉, 빛에서 다른 대상(물체)으로 시선을 돌릴 수 있다.	빛이 나는 대상이나 백라이트 화면(라이트 박스 등)을 사용하면 아동은 2차원 대상(이미지, 그림)을 구별한다.	아동이 피곤하거나 스트레스를 받을 때에만 1차 광원(빛)에 시각적 끌림이 일어난다.	아동의 빛에 대한 반응은 또래와 같다.

원거리 보기의 어려움	~~아동은 30cm 이하의 근거리에서만 시각적 주의를 한다.~~	아동은 60~90cm 거리에서 친숙하고 움직이는 대상 또는 커다란 대상(물체)에 때때로(가끔) 시각적 주의를 한다.	아동은 120~180cm 거리에서 시각적 주의를 한다. 크고 움직임 있는 대상(물체)에는 시각적 주의가 3m까지 증가한다.	아동은 움직임이 있는 대상(물체) 또는 친숙하거나 복잡하지 않은 곳(환경)에 있을 때는 대상(물체)에 대한 시각적 주의가 3m까지 증가한다.	아동의 시각적 주의가 6m 이상이거나 또래와 같은 수준이다.
비전형적 시각 반사	~~아동은 안면 접촉이나 시각적 위협에 눈을 깜박이지 않는다.~~	~~아동은 안면 접촉에 눈을 깜박이지만, 눈 깜박임이 지연되어 일어난다.~~	아동은 안면 접촉에 눈 깜박임이 일관되게 일어난다. 아동은 시각적 위협에 눈 깜박임이 간헐적으로 일어난다.	아동은 시각적 위협에 눈 깜박임이 일관되게 일어난다 (안면 접촉과 시각적 위협에 90% 정도 눈 깜박임이 일어난다).	안면 접촉과 시각적 위협에 대한 아동의 시각적 반사 (눈 깜박임 반사)가 또래와 유사하게 일어난다.
시각적 새로움의 어려움	~~아동은 단지 좋아하거나 친숙한 물체에 시각적 주의가 일어난다.~~	~~아동은 친숙한 물체의 두드러진 특징과 유사한 다른 물체를 바라볼 수 있다(view). 아동은 시각적 호기심이 거의 없거나 전혀 없다.~~	아동은 새로운(낯선) 3차원 자료 또는 일부 2차원 자료에 시각적 주의가 일어날 수 있지만, 시각적 이미지(visual display)를 해석하지 못한다.	아동은 새로운(낯선) 물체나 이미지를 두드러진 특징으로 구별하고 인식하고 또는 확인한다. 아동은 대부분의 새로운(낯선) 환경에서 시각적 호기심을 보인다.	또래와 같이 새로운 자료, 사람, 환경에 대한 시각적 주의와 호기심을 보인다.
시각적으로 안내된 신체 도달의 어려움	~~아동이 대상(물체)을 바라보고 손을 뻗어 접촉하는 행위들이 각각 분리되어 순차적으로 이루어진다(동시에 이루어지지 않음). 아동은 크고 그리고/또는 움직이는 물체를 바라보고 손을 뻗어 접촉한다.~~	아동은 친숙하고 빛이 나거나 빛을 반사하는 속성이 있는 더 작은 물체를 바라보고 손을 뻗어 접촉한다. 보는 행위와 손을 뻗어 접촉하는 행위가 여전히 분리되어 각각 일어난다.	시각적으로 안내된 신체 도달(물체를 바라보며 동시에 손을 뻗어 접촉하는 행위)은 친숙한 물체 또는 선호하는 색상과 단순한 배경 그리고/또는 조명(빛)의 지원을 받는 물체에 일어난다.	아동이 물체를 바라보고 손을 뻗어 접촉하는 행위들이 순차적으로 빠르게 일어나기는 하지만, 항상 동시에 일어나지는 않는다.	아동이 물체를 바라보고 동시에 손을 뻗어 접촉하는 행위들이 항상 동시에 이루어진다.

[표시 방법]
- 표의 칸에 기술한 '시각적 행동(문항)'이 해결되었다면 'X' 표시를 한다.
- 표의 칸에 기술한 '시각적 행동(문항)'이 아동의 현재 시기능을 나타낸다면 '☐' 표시를 한다
- 표의 칸에 기술한 '시각적 행동(문항)'이 CVI와 함께 있는 안구 시각장애 질환으로 인해 전형(일반)적으로 도달할 수 없는 시각 기술들이라면 '◯' 표시를 한다.

1) CVI I단계(Range 0~3)

CVI I단계는 매우 통제된 환경에서만 시각을 사용할 수 있는 CVI 아동을 위해 '일관된 시각적 행동의 구축'을 중재 목표로 한다. CVI I단계의 아동은 주로 '등쪽 경로 시각 시스템'에 의존하여 시각을 사용한다. CVI I단계의 아동은 대상(물체)을 똑바로 바라보는 일이 드물다. CVI I단계 아동의 대부분은 특정 색상에 대한 선호가 있고, 움직이는 속성의 대상(물체)에 더 많은 흥미를 보이며, 많은 패턴(무늬)이 표면에 있는 물체나 패턴(무늬)이 있는 배경에 제시되는 물체를 잘 인식하지 못한다. 또한 아동에게 친숙한 물체를 제시하더라도 '시각적 (반응) 지연'이 일어나 상당한 시간을 기다려 주어야 한다. 그리고 아동이 더 잘 인식하는 물체의 유형이 있으며, 특히 새로운(낯선) 물체에 지연된 인식을 보이거나 인식하지 못한다.

표면(외형)이 1가지 색상인 물체(가운데 사진)와 다양한 색상인 물체(가장자리 사진)

단색이지만 패턴(무늬)이 있는 배경에 제시된 물체

다음은 CVI I단계 아동을 위한 중재 활동의 지침이다.

- CVI I단계에서는 아동이 볼 수 있는 대상(물체)의 선택 폭이 좁더라도, 아동의 시각적 주의를 높이고, 안정적이고 지속적인 보기가 가능하도록(즉, 일관된 시각적 행동의 구축) 모든 활동을 계획해야 한다. 예를 들어, 아동이 노란색 털뭉치(pom-pom), 노란색 슬링키, 노란색 빛(조명등)이 나오는 공을 볼 수 있지만, 다른 물체는 마치 못 본 체하는 것처럼 행동할 수 있다. 일반적으로 CVI 아동은 물체의 위치를 찾기(물체 방향으로 몸을 돌리는) 시작하고, CVI I단계가 끝난 무렵(CVI I단계 후기)에 눈과 물체 간의 짧은 눈 맞춤이 가능해진다.

- CVI I단계 아동은 시각을 사용하려면 환경에 존재하는 여러 감각 정보(시각 정보, 청각 정보 등)를 엄격하게 통제해 주어야 한다. 즉, 아동이 시각적 주의를 기울여야 하는 대상(물체)을 제외한 다른 시각적·청각적·촉각적 정보(방해 요소)를 제거하거나 최소화하는 노력이 필요하다.

| 노란색 슬링키 | 빛이 나오는 공 |

다음은 CVI I단계 아동의 IEP 개발 사례이다.

　　Juan은 'CVI Range' 평가에서 '3(점)'을 받아 CVI I단계에 속한다. 따라서 Juan의 중재 목표는 '일관된 시각적 행동 구축'에 중점을 둔다. Juan이 보여 주는 CVI의 고유한 특성 2가지는 '특정 색상 선호(0.25점)'와 '움직임에 대한 요구(끌림, 0점)'이다. 따라서 교육 팀은 다음의 장기 중재 목표를 설정하였다.

중재 목표
Juan은 일과 중에 이루어지는 기능적인 학업 활동, 자조 활동, 여가 활동에 시각 사용이 증가할 것이다.

　　교육 팀은 Juan이 보여 주는 CVI의 고유한 특성들을 고려하여 중간 목표 및 중재 활동을 선정하였다.

- '특정 색상 선호' 특성: Juan은 자조 활동을 수행할 때 빨간색의 생활 용품과 도구에 시각적 주의를 기울일 것이다. 예를 들어, 외투를 옷장에 걸려고 다른 사

람의 도움을 받기 전에 Juan은 빨간색 옷장의 위치를 찾거나 그 방향으로 몸을 돌릴 것이다.

- '움직임에 대한 요구(끌림)' 특성: Juan은 자조 활동을 수행할 때 움직이거나 움직이는 속성이 있거나 빨간색의 반짝이는 생활 용품과 도구에 시각적으로 주의를 기울일 것이다. 예를 들어, Juan은 물을 받기 위해 정수기의 반짝이는 금색 레버를 찾을 것이다.

| 빨간색 옷장 | 간식 활동에 빨간색 식판과 수저 사용 |

2) CVI II단계(Range 3+~7)

CVI II단계는 '기능과 시각의 통합'을 중재 목표로 한다. CVI II단계의 아동은 선호하는 색상의 물체에 일관되게 눈과 물체 간의 눈 맞춤을 보여 주고, 1~2개의 색상과 단순한 패턴(무늬)이 있는 물체도 바라보기 시작한다. CVI II단계가 끝날 무렵(CVI II단계 후기)에 대상(물체)에 대한 시각적 고시가 안정적으로 지속되는데, 이것은 뇌의 '배쪽 경로 시각 시스템'이 계속 발달하고 있음을 의미한다. 'CVI Range'의 평가 점수가 '5(점)' 정도가 나오면, 백라이트에 제시된 2차원 이미지(그림)들을 구별할 수 있으며, 대상(물체)의 '두드러진 시각적 특징(요소)'에 대한 지도도 시작할 수 있다.

다음은 CVI II 단계 아동을 위한 중재 활동의 지침이다.

- CVI II단계 아동을 위한 모든 활동은 아동의 시기능 개선을 위해 시각의 사용

을 촉진하고, 자기주도적 보상(self-directed reward)을 경험하도록 계획해야 한다. 이를 위해 아동이 물체를 직접 접촉하여 조작하지 않으면 의도한 대로 반응(작동)하지 않는 물체를 사용해야 한다. 선풍기나 진동 장난감을 작동시키려면 전원 버튼을 눌러야 하는 것처럼 시각(vision)과 기능(function)을 통합하여 사용하도록 한다.

아동이 버튼을 누르면 빛이 들어오는 장난감

아동이 스위치를 누르면 조명등이 켜짐

단순한 배경에 선호하는 색상의 물체 제시

단순한 배경에 선호하는 색상의 일정한 개수 이하의 물체를 제시하면, II단계 아동의 '시각적으로 안내된 신체 도달(대상을 보면서 동시에 손으로 접촉하는 행위)'을 촉진함

백라이트(후면 조명) 모니터에 이미지와 물체 제시

2가지 이상의 색상으로 된 물체

- 이제부터 II단계 아동의 활동은 대상(물체)에 눈 맞춤을 하고, 손을 뻗어 접촉하거나 두드리는 시각적 행동이 통합되도록 계획해야 한다. 이러한 활동 유형에는 선택 활동, 자조 활동, 소근육 발달 활동, 인지 과제(cognitive tasks), 놀이 활동이 포함될 수 있다. 아동이 선호하는 색상이나 빛을 반사하는 재료(마일러 등)로 강조 표시한 머리빗을 검은색 수건에 놓고 아동에게 머리빗을 찾아 잡도록 하는 것이 자조 활동에서의 '기능과 시각의 통합' 활동 사례에 해당한다.
- CVI II단계 아동은 일반적으로 다소 친숙한 배경 소음(소리)이 있는 상황이나 손을 사용하는 동안에도 대상(물체)과의 눈 맞춤을 유지하는 능력이 향상된다.

다음은 CVI II단계 아동에 대한 중재 계획의 사례이다.

Eliana는 'CVI Range' 평가에서 '6(점)'을 받아 CVI II단계에 속한다. 따라서 Eliana의 중재 목표와 활동은 '기능과 시각의 통합'에 중점을 두었다. Eliana는 CVI의 고유한 특성들 중 '시각적 복잡성의 어려움(0.5점)'과 '특정 시야 선호(0.75점)'에 어려움이 큰 것으로 나타났다. 교육 팀은 다음의 장기 중재 목표를 설정하였다.

중재 목표
Eliana는 대근육 및 소근육 운동 활동에 참여할 때 시각을 사용할 것이다.

교육 팀은 장기 목표 달성을 위해 다음과 같은 중간 목표와 활동을 선정하였다.

- '시각적 복잡성의 어려움' 특성: Eliana는 3개 이하의 물체 배열(예: 검은색 매트에 놓인 컵, 냅킨, 숟가락)에서 '컵' 같은 단색 물체를 바라보고 손을 뻗어 잡을 것이다.
- '특정 시야 선호' 특성: Eliana는 소근육 활동이나 자조 활동에 필요한 물체와 도구(예: 빗 등)를 잡거나 물체를 작동시키는 스위치(선호하는 색상의 스위치)를 누르기 위해 물체나 스위치가 있는 하측 시야 영역(방향)을 바라보고 손을 뻗어 접촉할 것이다.

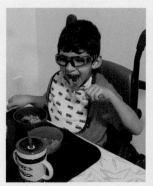

단순한 배경에서 선호하는 색상의 식사 도구를 제공하여 음식을 바라보고
수저로 떠서 먹도록 중재

3) CVI Ⅲ단계(Range 7+~10)

　CVI Ⅲ단계는 아동에게 영향을 미치는 CVI의 고유한 특성들의 '정교화된 개선(refinement)'을 촉진하는 것이 목표이다. CVI Ⅲ단계 아동은 일반적으로 'CVI Range' 평가에서 9(점) 이상은 받지 못한다. 이것은 CVI의 고유한 특성들이 완전히 해결되기 어렵다는 것을 의미한다. CVI Ⅲ단계 아동은 일반적으로 사용되는 자료와 학습 환경에 있어 '시각적 배열의 복잡성으로 인한 어려움'을 보인다. 이러한 이유로 CVI Ⅲ단계 아동은 복잡하고 새로운(낯선) 환경(환경에 다양한 물체와 요소가 있어 배열의 복잡성이 존재)에서 방향을 잃어버리기도 한다. CVI Ⅲ단계 아동은 여전히 하측 시야 영역(방향)을 보는 데 어려움이 있다. 또한 외형이 복잡한 대상(물체)의 세부사항(요소)을 시각적으로 인식하도록 하려면 선호하는 색상, 움직임, 백라이트를 추가로 사용하는 것이 필요할 수 있다.

복잡한 방의 수정　　　　　　　　　　　　복잡한 교실의 수정

CVI Ⅲ단계 아동을 위한 중재 활동의 지침은 다음을 포함한다.

- CVI Ⅲ단계 아동은 수정하지 않은 자료에서 '두드러진 특징'이나 '세부사항(요소)'을 찾을 수 있게 되기 전까지는 2차원 자료(이미지, 사진, 인쇄물, 상징)의 배경에 세부사항(요소)을 단계적으로 1개씩 추가해 나가는 것이 좋다. 예를 들어, CVI Ⅲ단계 아동이 처음에는 검은색 배경(그림) 속에 '보트 그림'이 1개만 있을 때 보트를 찾을 수 있는지 확인한다. 그다음 배경 속에 '파도 그림'을 추가하고 다시 보트를 찾을 수 있는지 확인한다. 그다음 '구름 그림'을 추가하고, 보트 안에 '사람 그림'을 추가하고, 바닷속에 '물고기 그림' 등을 단계적으로 계속 추가해 나가면서 '보트 그림'을 찾도록 한다. 그리고 '두드러진 시각적 특징'을 확인하도록 하는 교육은 아동이 다른 '두드러진 특징'을 활용하여 다른 모습(version)의 동종의 대상을 확인하도록 할 수 있다(예: 고양이들의 생김새와 스타일이 다르더라도 동일한 '두드러진 특성'을 가지고 있어 모두 고양이로 인식할 수 있음).

- '복잡성'이라는 근본적인 문제는 환경에서 해결해야 한다. 즉, CVI 아동은 친숙하지 않은 실내 환경이나 실외 환경에서 '두드러진 특징'의 위치를 찾을 수 있어야 한다. 예를 들어, 사진에서 '정지 신호 표지판'을 찾을 수 있는 CVI Ⅲ단계 아동은 사진과 달리 추가적인 세부사항(요소)이 있는 실제 거리 환경에서 '정지 신호 표지판'을 시각적으로 인식하는 방법을 배울 필요가 있다. 2차원 자료에서 '두드러진 특징'을 시각적으로 인식하도록 단계적으로 교육하는 방법처럼,

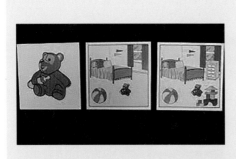

배경 그림에 세부사항(요소)이 단계적으로
증가하는 그림

사진에서 '정지 신호 표지판'을 찾을 수 있는
CVI Ⅲ단계 아동이라도 실제 복잡한 거리 환경에서
는 정지 신호 표지판을 인식하는 법을
다시 배울 필요가 있음

실제 환경의 복잡성도 단계적으로 증가시켜 나가며 교육해야 한다.
- CVI III단계의 아동은 하측 시야 영역(방향)을 잘 인식하지 못하는 문제로 내려 가는 계단, 낙하지점, 지면 변화를 알아차리는 데 어려움을 보일 수 있다. 따라 서 이러한 아동은 보행 전문가의 보행 평가와 보행 교육이 필요할 수 있다.

다음은 CVI III단계 아동인 Ruby를 위한 중재 목표와 활동을 개발한 사례이다.

　　Ruby는 'CVI Range'에서 '7.5(점)'을 받아 CVI III단계에 해당된다. 'CVI Range' 의 평가척도 II의 점수들을 살펴보면 '원거리 보기의 어려움'이 0.75(점), '시각적 복잡성'이 0.5(점)이다. 교육 팀은 다음의 장기 중재 목표를 설정하였다.

중재 목표
Ruby는 근거리와 원거리 활동에서 시각 기술의 사용이 향상될 것이다.

Ruby의 중재 목표 달성을 돕기 위한 활동은 다음과 같다.

- '원거리 보기의 어려움' 특성: Ruby는 최대 6m 거리에서 실내의 랜드마크(예: 출구 표지판)를 시각적으로 확인할 것이다. 그리고 타인의 도움을 적게 받고도 랜드마크를 활용하여 목적지까지 도달할 수 있을 것이다.
- '시각적 복잡성의 어려움' 특성: Ruby는 대상(물체)의 크기가 작아지거나 배경

여러 가지 색상과 패턴(무늬)의 식탁 매트

이 복잡해지더라도 대상(물체)을 시각적으로 찾을 것이다. 예를 들어, 5색으로 된 '식탁 매트'에 놓인 '과자류(Cheerio)'를 바라보면서 동시에 손을 뻗어 잡을 것이다.

4) CVI 단계별 교수와 조정의 사례

교사는 CVI 아동이 수업 활동과 자료에 접근할 수 있도록 개별화교육계획서 (IFSP/IEP)에 CVI로 인한 교수 방법, 환경 조성, 자료 수정 등에 관한 사항을 기록할 필요가 있다. CVI 3가지 진행 단계(CVI I-II-III단계)에 따라 전문화된 교수와 조정 이 이루어질 수 있다.

(1) CVI I단계 교수와 조정의 예

- 아동이 가장 좋아하는 물체인 'Big Bird 인형' 같은 노란색 물체(자료)를 활용한다.
- 아동이 선호하는 우측 시야 영역(방향)에 물체를 제시하거나 '모빌'처럼 매달아서 움직이게 한다.
- 아동의 시각적 (반응) 지연을 허용하고 최대 60초 정도 추가로 기다려 준다.
- 소리가 나지 않는 장난감이나 물체를 활용한다.

Big Bird 인형

(2) CVI II단계 교수와 조정의 예

- 아동이 선호하는 노란색으로 강조 표시한 물체를 활용한다.
- 아동이 선호하는 우측 또는 좌측 시야 영역(방향)에 물체를 제시하고 물체를 살짝 움직여 준다.
- 아동의 시각적 (반응) 지연을 허용하고 15~30초 정도 추가로 기다려 준다.
- 작은 소리가 나는(소리가 크지 않은) 물체를 활용한다.

노란색으로 수정한 물체

(3) CVI III단계 교수와 조정의 예

- 아동이 선호하는 색상으로 2차원 상징의 윤곽선을 그려 강조 표시한다.
- 하측 시야 영역(방향)을 제외한 나머지 시야 영역(방향)들에 자료를 제시한다.
- 발작이 일어난 후에는 시각적 (반응) 지연을 허용하고 기다려 준다.
- 물체, 환경, 사람들의 '두드러진 특징'을 교육한다.

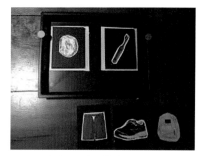

노란색으로 강조 표시한 그림 상징

5. CVI 중재 프로그램 설계

CVI 아동의 중재 목적은 환경과 자료에 대한 아동의 시각적 접근을 가능하게 하고, 궁극적으로 시각 기능이 CVI I단계로부터 CVI III단계로 발달(개선)하도록 촉진하는 것이다. CVI 아동은 교사와 부모가 적절하게 수정한 시각 경험을 통해 주변 환경을 인식하고 해석하게 된다. CVI 아동이 또래처럼 기능시각을 사용하는 것뿐만 아니라 인지, 언어, 학습 등을 전반적으로 향상시키는 시각 경험을 하도록 환경을 조성하고 자료를 수정할 필요가 있다.

또래 또는 안구 시각장애 아동이 굴절 이상에 맞는 교정 렌즈를 처방받아야 하는 것처럼, CVI 아동을 위한 중재는 CVI의 고유한 10가지 특성이 개별 아동에게 미치는 영향 정도를 평가하고 이에 근거하여 맞춤형 중재를 계획하는 것이 중요하다. 근시가 있는 아동에게 동일한 도수의 안경을 제공하면 시력 개선의 효과가 없는 것처럼, CVI 아동에게 동일한 CVI 중재 방법을 제공하게 되면 중재 효과가 없거나 낮을 수밖에 없다.

'CVI Range' 평가 양식과 'CVI 진전도 차트'는 CVI의 고유한 특성들이 아동에게 미치는 영향의 정도를 결정하고, 아동의 CVI 단계(CVI I-II-III)와 시기능 레벨(CVI 1~2, 3~4, 5~6, 7~8, 9~10레벨)에 맞추어 중재하는 데 사용한다. 아동은 자신이 눈으로 무엇인가를 바라보고 인식할 수 있어야 한다. 어떤 CVI 아동이 빨간색을 볼 때 최상의 시기능을 발휘할 수 있다면 이 아동의 중재 계획은 일과 활동에 빨간색의 물체와 자료를 도입하여 사용하는 것이 포함되어야 한다.

일반적으로 CVI 아동의 중재는 'CVI Range' 평가 결과를 기초로 계획해야 한다. 예를 들어, CVI 아동이 빨간색 물체에 시각적 주의가 증가하지만, 다른 색상의 물체는 시각적으로 무시하는(마치 못 본 것처럼) 경우, 이 아동의 중재는 다른 색상에도 시각적 주의를 하도록 하는 데 초점을 두기보다는 빨간색 물체를 사용하여 시기능이 발달하도록 하는 것이 우선적으로 필요하다. 그 이유는 먼저 이 아동이 시각을 사용하여 빨간색 물체를 제대로 보고 인식하도록 중재하여야만, 빨간색 물체뿐만 아니라 노란색 물체도 보기 시작할 수 있기 때문이다. 이 아동이 다른 색상의 물체도 바라보기 시작하였다는 것은 아동의 시기능이 더 높은 CVI 단계와 시기능 레벨로 발달하고 있으며, 그에 적합한 새로운 중재를 위해 'CVI Range'의 재평가가 필요하다는 신호일 수 있다. 따라서 교사는 CVI 아동이 이러한 변화 시점에 있다고 생각되면 'CVI Range' 평가를 다시 실시하여 그 결과에 맞는 중재 계획을 세워야 한다. 현재 CVI 아동의 시각적 행동은 CVI의 고유한 특성들의 개선 여부와 중재 방법의 변화 필요성에 대한 단서를 제공하기 때문에, 교사가 아동의 시각적 행동을 주의 깊게 관찰하는 것이 중요하다.

일부 교사는 아동이 현재 능력을 넘어서서 도전하도록 활동을 구성하는 것을 선호한다. 이와 달리 CVI 아동은 CVI의 고유한 특성들의 영향에 따른 중재 방법과 활동을 선정할 때 CVI 아동에게 시각적으로 도전이 되지 않도록 고려하는 것이 필요하다. 교사는 일반적으로 CVI 아동이 시각을 사용하는 방법을 학습하는 메커니즘이 또래나 안구 시각장애 아동과 다르다는 점을 유념해야 한다. 교사가 제시한 시각적 대상(물체)을 아동이 바라보지 않는다면 해당 대상(물체)을 사용하는 활동에는 참여하지 못할 수밖에 없다. 따라서 'CVI Range' 평가로 확인되는 개별 아동의 CVI의 고유한 특성들의 '시기능 레벨'에 근거한 적절한 중재 방법으로 아동의 시각 발달과 개선을 효과적으로 촉진할 수 있다. CVI 아동의 '시각적 잠재력'이 또래처럼 완전하게 회복(발달)하는 것은 어렵더라도, 위와 같은 접근 방법을 통해 CVI의 고유한 특성들의 영향을 점차 감소시키고, 기능시각의 개선을 촉진할 수 있다. CVI 아동의 중재는 개별 아동에 대한 CVI의 고유한 특성들의 존재 여부와 영향 정도, 연령 및 발달 수준, 학업 능력 및 수준 등에 따라 달라진다. 따라서 CVI 중재 프로그램을 계획할 때 이 장에서 제시하는 '기본 원칙'을 따르는 것이 필요하다.

아동이 CVI I단계 또는 II단계 초기에 위치해 있는 동안에는 인지적 잠재력(인지능력)의 수준을 정확하게 확인하기 어렵다. 일부 CVI 아동은 주변 세계에 의미 있는 시각적 접근을 하고, 고차원적인 인지 처리 능력을 촉진하는 풍부한 시각 경험을 제공받기 전까지 병원의 안과 검사 결과가 정상 범위에 속한다 하더라도 CVI의 고유한 특성들의 영향에 의한 일종의 '시각적 경험의 박탈' 상태에 놓여 있을 수 있다는 것을 기억해야 한다. 따라서 CVI 아동을 위한 중재는 의학적 치료가 아니라, 시각을 효과적으로 사용하는 접근 방법의 중재라는 점을 이해하는 것이 중요하다. CVI 아동의 시각 개선(발달)을 위한 중재 방법은 학습 활동, 자조 활동, 여가 활동 등 일상의 기능적 활동에 통합되어 사용될 때 더욱 효과적이다. 교실에서 CVI 아동에게 단지 손전등 같은 특정 물체를 바라보도록 하는 것처럼, 일과 활동

반짝이는 속성이 있는 '마일러' 재료

과 분리되고 의미 없는 중재 활동은 '중재한 시각 기술'이 학습이나 일상의 의미 있는 활동에 일반화되어 사용하기 어렵다. 만일 CVI 아동이 '빨간색 마일러 재질'의 풍선에 '시각적 주의'를 기울인다면, 빨간색 마일러를 칫솔이나 양치 컵에 감아 두거나 평소 사용하는 보완대체의사소통(AAC) 기기의 상징의 테두리로 표시하여 강조함으로써 일상 활동에 중재를 자연스럽게 통합할 수 있다.

　우리가 주의 깊게 아동의 일과 활동을 살펴보면, CVI 아동이 하루 중에 '시각적 주의'를 기울이도록 할 만한 의미 있는 중재 기회를 찾을 수 있다. CVI 아동을 위한 중재 계획은 일과 활동과 분리된 교실 수업 활동에서 이루어지기보다 아동의 일과 활동에 자연스럽게 삽입하거나 통합되어야 한다. 예를 들어, 아동의 숟가락을 파란색 마일러로 감아서 파란색 마일러를 통해 숟가락을 시각적으로 인식하고 손을 뻗어 잡도록 하는 것이다. CVI 아동에게 사용되는 이러한 수정은 또래가 하는 활동에 동등하게 접근하도록 한다. 또한 CVI의 고유한 10가지 특성이 완전히 별개로 각각 아동에게 영향을 미치는 경우는 드물기 때문에 일과 활동에 대한 수정이나 중재가 이루어질 때 1가지 이상의 CVI 특성을 함께 다룰 수 있다는 점도 기억해야 한다. 예를 들어, 교사가 일과 활동에 '소리가 나지 않고 반짝이며 노란색인 단색 물체'를 CVI 아동에게 사용하였다면 이것은 CVI의 '특정 색상 선호' 특성, '물체 표면의 복잡성으로 인한 어려움' 특성, '감각 환경의 복잡성으로 인한 어려움' 특성, '움직임에 대한 요구(끌림)' 특성을 모두 고려한 것이다. 즉, 단색의 노란색이라는 속성은 '특정 색상 선호'와 '물체 표면의 복잡성'을 고려한 중재이고, 소리가 나지 않는 속성은 '감

각 환경의 복잡성'을 고려한 중재이며, 반짝이는(반짝임은 마치 움직이는 것 같은 시각적 효과가 있음) 속성은 '움직임에 대한 요구(끌림)'를 반영하여 중재한 것이다.

학습하거나 생활하는 환경의 작은 변화가 CVI 아동의 '시각적 주의'나 '시각적 행동'의 수준을 변화시키는 요인이 될 수 있다는 점을 기억해야 한다. 예를 들어, 노란색 칫솔을 검은색 수건에 제시하면 CVI 아동은 칫솔을 바라보면서 손을 뻗어 잡을 수 있다. 그러나 무늬가 있는 셔츠를 입은 부모가 동일한 칫솔을 제시하면 아동은 무늬가 있는 셔츠로 인한 배경의 복잡성으로 칫솔을 시각적으로 인식하지 못하여 혼자서 잡을 수 없게 된다.

우리가 CVI 아동을 적절히 지원하려면 '아동에게 생긴 변화가 무엇인가?'보다 '아동의 주변 환경에서 무엇이 변화되었는가?'의 질문에 초점을 두고 살펴보는 것이 더 중요하다. CVI 아동의 기능시각 사용을 감소시키는 요인으로 피로감, 스트레스 등이 있다. 또래는 피곤할 때 복잡한 퍼즐을 하거나 뜨개질을 하기도 한다. 그러나 피로감이나 질병은 CVI 아동의 시각 사용 능력의 감소와 관련될 수 있다. 다양한 요인으로 CVI 아동의 시기능(시각 사용 능력)이 감소하면 시각적 휴식 시간을 주는 중재 방법도 사용할 필요가 있다.

1) CVI 아동을 위한 중재 원리

CVI 아동의 성공적인 중재 프로그램 계획을 위해 다음의 원리가 도움이 된다.

(1) 정확성

'CVI Range'의 평가 목적은 현재 시기능 수준에 맞는 중재 프로그램을 계획하기 위해 아동의 CVI 단계 및 시기능 레벨, 즉 CVI의 고유한 10가지 특성이 아동에게 영향을 미치는 정도를 확인하는 데 있다. 개별 아동의 CVI의 고유한 10가지 특성의 영향 정도를 정확히 평가하여 적합한 중재를 제공하는 것이 '정확성(precision)'이다. CVI 아동에 대한 획일적인 중재 방법은 효과적이지 않다는 사실을 기억해야 한다. 'CVI Range' 평가에서 1~3(점)을 받은 아동은 일반적으로 거울이나 2차원 자료를 사용하는 중재 방법과 활동이 별로 도움이 되지 못한다. 단지 라이트 박스에 과제를 제시하거나 반짝이는 마일러 털뭉치를 바라보도록 요구하는 것만으로는 적절한 중재라고 볼 수 없다. 따라서 개별 아동의 CVI Range 평가 결과에 근거하여 맞춤형 중

재를 계획하여 실행하지 않는다면, 중재가 아동의 실제
적인 시각 문제와 요구를 해결하지 못할 가능성이 높다.

마일러 털뭉치

(2) 의도성

CVI 아동의 중재 목적과 방법은 매우 명확하고 구체적
이어야 기대한 효과가 나타날 수 있다. 개별 CVI 아동이
현재 어떤 수준에서 시기능을 사용하고 있으며, 다음 단
계에서는 어느 수준에서 시기능을 사용하기를 기대하는
지가 중요하다. 이러한 기대 수준을 고려하여 중재를 계
획하는 것이 의도성(intentionality)이다.

(3) 상호주의

상호주의(reciprocity)는 상대방의 관점이나 입장을 공유하고 고려하는 과정을 말
한다. 교사는 CVI 아동이 보내는 신호(cues)에 민감해야 한다. 예를 들어, 평소 CVI
아동이 휠체어를 타고 자신의 교실을 찾아갈 수 있지만, 때때로 교실로 가는 방향을
잊어버려 이동하지 못하는 경우, 교사는 CVI 아동의 관점에서 교실 주변 환경의 변
화 가능성을 살펴보는 것이 필요하다. 발렌타인 데이를 축하하려고 교실 출입문에
빨간색과 분홍색의 하트 스티커를 잔뜩 붙여 놓았다고 가정해 보자. 학급 친구는 하
트 장식을 보고 즐거워할 수 있지만, CVI 아동은 이 하트 장식으로 교실 주변 환경
의 복잡성이 증가하여 교실 출입문을 시각적으로 인식하지 못할 수 있다.

CVI 아동이 학습하거나 생활하는 환경에서 '복잡성' '색상 개수' '여러 움직임' 등
이 증가하면, 마치 교실 출입문을 처음 보는 것처럼 교실 문을 제대로 인식하지 못
해 방향 감각을 잃어버릴 수 있다. 이 사례의 경우, 'CVI 아동의 시각이 변화한 것인
가?' 아니면 '주변 환경이 변화한 것인가?' 앞서 언급한 바와 같이, CVI 아동이 시각
적 주의를 기울이지 못하는 것은 아동의 시기능이나 시각적 행동이 날마다 또는 시
시각각 변하고 있어서가 아니라, 오히려 생활 환경의 작거나 큰 변화 때문에 시각적
으로 접근하기 어렵다는 신호일 수 있다. 이때 교사는 생활 환경의 무엇이 변화되었
는지를 확인하기 위해 CVI 아동의 관점에서 생활 환경을 주의 깊게 분석하는 것이
필요하다.

(4) 변화의 기대

일반적으로 CVI 아동에게 기대하는 것은 기능시각의 개선(향상)이다. CVI 아동은 안구 시각장애 아동과 달리 시기능의 개선 가능성이 높기 때문에 안구 시각장애 아동과는 전혀 다른 중재 방법이 필요하다. 안구 시각장애가 있는 저시력 아동은 잔존 시각을 효율적으로 사용하기 위해 확대경, 확대독서기 사용, 추시, 추적 같은 시기능 교육을 받거나 시력이 더욱 나쁜 경우라면 점자, 보행 같은 보상적 교육을 받는다. 이와 달리 CVI 아동은 시각 발달과 시기능의 개선에 목적과 기대를 둔 중재를 계획해야 한다.

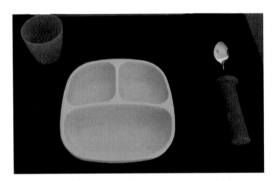

검은색 식사 매트(단순한 배경)에 놓인 단색 컵

(5) 환경 전반에 대한 관심

CVI의 고유한 10가지 특성 중에 '시각적 복잡성의 어려움' 특성을 중재하기 위해 아동이 학습하거나 생활하는 환경에 관심을 갖는 것이 매우 중요하다. 대체로 CVI 아동의 일관되지 않은 시각적 행동이나 반응은 아동의 시각이 변한 것이 아니라 예상치 않은 환경의 어떤 요소 때문이다. 패턴(무늬)이 없는 단순한 검은색 배경에 있는 물체를 시각적으로 인식하던 CVI 아동이 어수선하고 복잡한 환경에서 동일한 물체를 인식하지 못하는 것을 자주 관찰할 수 있다. 'CVI Range'의 평가 점수가 '3~4(점)'인 CVI 아동은 단색의 식탁 매트에 놓인 빨간색 컵을 찾을 수 있지만, 격자 무늬 식탁 매트에 놓인 동일한 컵은 매트(배경)의 복잡성으로 알아차리지 못하거나 주변에 있던 선풍기나 조명등으로 시선을 돌려 복잡성을 회피할 수 있다. 가정, 교실, 야외에서의 예상치 못한 환경의 작은 요소나 변화는 CVI 아동이 과제 수행 또는 학습 자료에 무관심한 것으로 오해를 불러일으킬 수 있다. 교사는 '환경의 복잡성'으로 나타나는 CVI 아동의 시각적 행동을 인식하고 환경을 적절히 수정하는 중재를 제공해야 한다.

2) 환경의 중재

CVI 아동은 환경의 영향을 많이 받는다. CVI의 고유한 특성들의 영향을 많이 받는 아동일수록 환경에 대한 중재, 즉 환경 수정이 더 많이 요구된다. CVI 아동의 중재를 계획할 때 시각 자극(정보)에 주의를 기울이도록 주변 환경이 아동을 지원하는지, 아니면 방해하는지를 확인하는 것이 중요하다. 일반적으로 CVI 아동이 CVI 진행 단계(I단계, II단계, III단계) 중 어디에 위치해 있는지를 확인하고, 각 단계의 중재 지침에 따라 환경을 수정하는 것이 필요하다. 대체로 CVI I단계는 '레벨(level) I 환경 중재 지침', CVI II단계는 '레벨 II 환경 중재 지침'에, CVI III단계는 '레벨 III 환경 중재 지침'을 따른다.

(1) 레벨 I 환경 중재

레벨 I 환경 중재는 'CVI Range' '0~3(점)' 범위에서 시기능을 사용하는 CVI 아동에게 필요하다. 이 점수 범위의 CVI 아동은 CVI의 고유한 특성들로부터 영향을 매우 많이 받기 때문에 시각적 주의를 산만하게 만드는 요소들은 주변 환경에서 제거해야 하며, 다른 감각 정보(청각 정보 등)가 있는지를 주의 깊게 확인하여 통제해야만(감각 환경의 복잡성을 낮추어야) CVI 아동이 대상에 시각적 주의를 기울일 수 있다. 즉, CVI I단계 아동은 일반적으로 엄격히 통제된 환경에서만 시각적 주의를 기울일 수 있다는 점을 고려하여 생활 환경에 대한 꽤 많은 수정이 필요할 수 있다. 대체로 레벨 I 수준의 환경 수정을 필요로 하는 CVI 아동은 CVI I단계에 속하므로, 안정되고 일관된 방식으로 시각을 사용하도록 하려면 환경에 대한 상당한 수정과 지원이 필요하다. 또래와 함께 생활하는 학교 환경에서는 레벨 I의 환경 통제나 수정을 하고 유지하는 것이 어려울 수 있다. 따라서 삼중 접이식 수직 보드, 경사 보드, 교실에 시각적으로 단순한 별도 공간 조성 등의 중재 방법을 활용할 수 있다. CVI 아동의 일과 활동이 이루어지는 환경에 대한 수정을 적극적으로 고려해야 한다.

(2) 레벨 II 환경 중재

레벨 II의 환경 중재는 중간 수준의 환경 수정이 이루어진다. 레벨 II 환경 중재를 필요로 하는 CVI 아동은 일반적으로 'CVI Range'에서 '3+~7(점)'을 받으며, CVI II단계에 속한다. 이 점수 범위에 속하는 CVI 아동은 일반적으로 작은 소리의 청각 자극(정보)이나 친숙한 청각 자극(정보)이 있더라도 교사가 제시하는 시각 자극과 정보에 시각적 주의를 기울일 수 있다. 레벨 II의 아동은 환경 수정을 계속 필요로 하지만, 배경에 시각 정보량이 적으면 시각적 복잡성의 어려움이 감소하여 환경

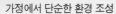

◆ 환경 중재(수정)의 다양한 사례 ◆

가정에서 단순한 환경 조성

단순한 교구함

수정의 수준과 요구가 적다. 예를 들어, 이전에 커다란 검은색 배경에 1개의 물체만 제시해야 이 물체를 시각적으로 인식할 수 있었던 CVI 아동이 CVI II단계로 진행 (개선)함에 따라 검은색의 작은 매트에 제시하더라도 물체를 인식할 수 있게 된다. CVI II단계 아동은 여전히 근거리 배경에 시각적 혼란이 적은 것이 좋다. 예를 들어, 학습 환경에서 CVI II단계 아동이 노란색과 빨간색 숟가락을 분류하게 하려면 검은색 테이블보에 숟가락들을 놓아두는 환경 수정이 필요할 수 있다. 교실에서 친구가 활동하는 동안에 복잡성을 줄이기 위해 CVI 아동을 검은색 배경이 있는 공간에 배치할 수 있다.

(3) 레벨 III 환경 중재

레벨 III의 환경 중재는 환경을 대체로 수정하지 않는다. 일반적인 환경에서도 어느 정도 시각 사용을 할 수 있게 된 CVI 아동은 'CVI Range' 평가에서 '7+∼10(점)'(실제 10점에 도달하는 CVI 아동은 거의 없음)을 받는다. 이 점수 범위의 아동은 CVI의 고유한 특성들의 상당수가 해결되었으며, '원거리 보기의 어려움', '시각적 복잡성의 어려움', 시각-운동 수행(visual-motor performance) 영역에 있어서만 약간의 어려움이 남아 있을 수 있다. CVI III단계 아동에게 CVI 일부 특성들이 계속 영향을 미치고 있지만, 시각적 주의를 기울이도록 특별한 환경 수정을 요구하지 않을 정도로 기능시각이 발달한다. 다만, '책' 같은 2차원 자료의 경우에는 대비를 높이고 복잡성을 줄여주는 간단한 수정들이 계속 필요할 수 있다. 예를 들어, CVI 아동이 시각적으로 보아야 하는 상징이나 이미지를 배경으로부터 분리하기 위해 일종의 가림판을 사용하여

복잡성을 줄이기 위한 가림판(cutout window)

노란색 테이프로 그림 상징 강조 표시　빨간색 마커로 단어 강조 표시

주변 배경을 가릴 수 있으며, 특정 상징이나 이미지에 시각적 주의를 기울이도록 유색 마커로 윤곽선을 그려 강조 표시를 할 수도 있다.

3) 중재 계획서와 중재 시간표

'중재 계획서와 중재 시간표'는 교육 팀이 아동의 CVI의 고유한 특성들에 따른 지원 요구를 일과 활동에 통합하여 중재하는 데 활용한다. '중재 계획서'를 작성하는 것은 개별 아동에게 효과적인 맞춤형 CVI 중재 프로그램을 계획하기 위한 중요한 과정이다. '중재 계획서'의 첫 번째 영역은 '여전히 해결되지 않아 중재 계획에서 다루어야 하는 CVI의 고유한 특성들'을 요약한다. '일일 중재 시간표(Daily Schedule Planning Table)'는 CVI 아동의 시각 사용을 촉진하기 위해 환경 수정이 가능한 '일과 활동 목록'을 하루의 시간 순서에 따라 작성한 것이다. CVI 중재를 위한 별도의 시간을 정하기보다 매일 매일 자연스럽게 이루어지는 아동의 일과 활동을 CVI 중재 시간(기회)으로 활용하는 것이 효과적이다.

마일러로 만든 별을 출입문에 부착

아침 서클 타임 활동 장면

〈표 4-3〉에 완성된 '중재 계획서와 중재 시간표'는 'CVI Range' 평가에서 '3~4(점)'에 속하는 Roberto의 사례이다. 중재 계획서에 포함된 '일일 중재 시간표'는 Roberto의 하루 중 첫 번째 일과 활동인 '셔틀버스를 타고 학교에 내려 교실로 이동하기'에 대한 CVI 중재를 통해 CVI의 고유한 특성들로 인한 시각적 어려움을 해결하고 있다. 교실까지 가는 여러 경로 중에 시각적으로 복잡하지 않은 이동 경로를 선택하고 있으며, 이동 경로에 있는 건물 출입문, 복도 정수기, 교실 출입문에 노란색이나 빨간색 마일러 재료로 만든 별 그림을 부착하여 강조 표시를 하고 있다.

또한 오전의 첫 수업인 '서클 활동(circle activity)'에도 CVI 중재를 통합할 수 있다. 교사는 Roberto에게 친숙한 물체를 가지고 서클 활동을 시작하고, 수업에 사용하는 물체에 노란색 또는 빨간색으로 강조 표시를 함으로써 시각적 주의를 유도할 수 있다. 그리고 검은색 보드(배경)에 물체를 제시하여 환경의 복잡성을 줄이고, 가장 선호하는 시야 영역(방향)에 물체를 제시하며, 시각적 (반응) 지연을 고려하여 반응할 시간을 충분히 기다려 준다.

〈표 4-3〉 IFSP/IEP의 중재 계획서와 중재 시간표

CVI 중재 계획서와 중재 시간표

이 양식은 개별화교육계획서(IFS/IEP)와 일과 활동에 적용할 수 있는 'CVI 고려사항'을 개발하는 데 도움이 된다.

- 아동 이름: Roberto Sanchez
- 'CVI Range' 점수: 3~4(점)
- 교육 팀 구성원: 부모, 작업치료사, 담임교사, 물리치료사, 시각장애 특수교사, 보행 전문가

- 작성일자: 2017. 11. 14.
- CVI 단계: II단계

◎ CVI의 고유한 10가지 특성 중, 아동의 시기능에 더 이상 영향을 미치지 않는 특성에 ○ 표시하시오.

____ 특정 색상 선호

____ 움직임에 대한 요구(끌림)

____ 시각적 (반응) 지연

____ 특정 시야 선호

____시각적 복잡성의 어려움
  ____물체 표면의 복잡성
  ____시각적 배열의 복잡성
  ____감각 환경의 복잡성
  ____사람 얼굴의 복잡성
____ 빛에 대한 요구(끌림)
____ 원거리 보기의 어려움
____ 시각적 새로움의 어려움
____ 시각적으로 안내된 신체 도달의 어려움

◎ CVI의 고유한 10가지 특성 중, 아동의 시기능에 영향을 미치고 있는 특성에 × 표시하시오.
__×__ 특정 색상 선호
__×__ 움직임에 대한 요구(끌림)
__×__ 시각적 (반응) 지연
__×__ 특정 시야 선호
__×__ 시각적 복잡성의 어려움
  __×__ 물체 표면의 복잡성
  __×__ 시각적 배열의 복잡성
  __×__ 감각 환경의 복잡성
  __×__ 사람 얼굴의 복잡성
__×__ 빛에 대한 요구(끌림)
__×__ 원거리 보기의 어려움
__×__ 시각적 새로움의 어려움
__×__ 시각적으로 안내된 신체 도달의 어려움

〈일일 중재 시간표〉

시간별 일과 활동	일과 활동과 관련된 CVI 특성	일과 활동의 중재 방법
오전 9:00 – 버스에서 내려 교실로 이동	• 움직임에 대한 요구(끌림) • 시각적 배열의 복잡성으로 인한 어려움 • 빛에 대한 요구(끌림) • 원거리 보기의 어려움	• Roberto가 선호하는 노란색이나 빨간색 마일러 재료를 보행 랜드마크에 붙여 강조 표시를 한다. • 교실로 가는 경로는 복잡성이 적은 경로를 선택한다. • 보행 단서로 조명(빛)을 이용한다.
오전 9:30 – 아침 서클 활동	• 특정 색상 선호 • 시각적 (반응) 지연 • 특정 시야 선호 • 시각적 복잡성의 어려움 • 빛에 대한 요구(끌림) • 시각적 새로움의 어려움	• 검은색 보드(배경)에 자료를 제시한다. • Roberto에게 친숙한 물체로 활동을 시작한다. • Roberto가 선호하는 노란색 또는 빨간색으로 강조 표시를 한다. • 아침 서클 시간에 사용할 2차원 자료를 태블릿 기기로 찍어 태블릿 화면에 제시한다.

		• 태블릿 기기의 확대 기능을 사용하여 대상 이미지를 확대하고 주변 배경이 화면에 안보이도록 하여 복잡성을 줄인다. • Roberto가 반응할 때까지 충분한 시간을 기다려 준다. • Roberto가 잘 볼 수 있는 시야 영역(방향)에 자료를 제시한다.
오전 10:15 – 작업치료사 또는 교실 보조원과 소근육 운동 활동	• 특정 색상 선호 • 움직임에 대한 요구(끌림) • 특정 시야 선호 • 물체 표면/시각적 배열/감각 환경의 복잡성으로 인한 어려움	• 검은색 삼중 접이식 수직 보드에 자료를 제시한다. • 2가지 이상의 색상으로 된 새로운 자료는 사용하지 않는다. • Roberto가 대상(물체)을 보는 동안 교사가 구두 지시/구어 촉진을 하지 않고(감각 정보의 복잡성을 만들지 않기 위해), Roberto가 대상을 바라보기 전이나 바라본 후에 구두 지시나 구어 촉진을 시작한다. • Roberto가 잘 볼 수 있는 시야 영역(방향)에 자료를 제시한다.
오전 11:00 – 읽기 준비 활동 (pre-reading)	• 특정 색상 선호 • 특정 시야 선호 • 시각적 복잡성의 어려움 • 시각적 새로움의 어려움	• Roberto에게 친숙한 물체를 가지고 활동을 시작한다. • Roberto가 선호하는 노란색으로 '두드러진 특징'을 강조 표시를 한다. • 2~3개의 두드러진 시각적 특징에 대해 구어 설명을 제공한다. • 검은색 경사 보드나 수직 보드에 대상(물체)을 제시한다.
오후 1:00 – 물리치료사, 보행 전문가, 교실 보조원과 대근육 운동 활동	• 특정 색상 선호 • 움직임에 대한 요구(끌림) • 특정 시야 선호 • 감각 환경의 복잡성 • 빛에 대한 요구(끌림) • 원거리 보기의 어려움	• Roberto가 선호하는 노란색이나 빨간색의 물리치료 기구를 사용한다. • 원거리 활동을 위해 빛이 나오거나 움직이는 속성의 대상(물체)을 사용한다. • 일부 물리치료 활동은 동시에 여러 다감각을 사용하는 활동이라 Roberto가 시각을 사용하는 데 어려움을 고려하여 수정한다. • 최적의 주변 시각(시야)을 잘 사용할 수 있도록 자리 배치를 한다. • Roberto로부터 90cm 이상 떨어진 대상(물체)을 사용하는 활동에는 도움을 준다.
오후 1: 45 – 자조와 관련된 일과 활동	• 특정 색상 선호 • 특정 시야 선호 • 시각적 복잡성의 어려움 • 시각적 새로움의 어려움	• 검은색 수건에 비누, 칫솔, 머리빗을 제시한다. • 자조 활동에 단색(노란색 또는 빨간색)의 생활 용품을 사용한다. • Roberto에게 친숙한 생활 용품을 사용한다. • Roberto가 시각을 잘 사용할 수 있는 시야 영역(방향)에 생활 용품을 제시한다.

오후 2:00 – 언어 교육 활동	• 특정 색상 선호 • 물체 표면/시각적 배열의 복잡성으로 인한 어려움 • 시각적 새로움의 어려움	• 복잡성을 줄이기 위해 단순한 2차원 자료(1~2가지 색 상이나 아이템의 자료)를 사용한다. • Roberto에게 친숙한 자료나 물체로 언어 교육 활동을 시작한다. • Roberto가 선호하는 노란색으로 대상의 '새로운 특징' 을 강조 표시하여 소개한다. • 검은색 경사 보드에 자료를 제시한다.
오후 2: 45 – 하교 준비	• 특정 색상 선호 • 특정 시야 선호 • 시각적 복잡성의 어려움 • 빛에 대한 요구(끌림) • 원거리 보기의 어려움	• 개인 사물함 등 일과 활동과 관련된 환경 요소에 노란 색 마일러를 부착한다. • Roberto가 보기 쉽도록 검은색의 보드에 가방에 넣을 용품을 놓아둔다. • 통학버스까지 가는 이동 경로는 복잡성이 적은 경로 로 선택한다. • 보행 단서로 조명(빛)을 이용한다.

◎ **CVI 중재에 적합하지 않은 일과 활동 목록**

1. 카페테리아에서 점심 식사
2. 교실에서 친구 생일 축하 파티
3. ○○○
4. ○○○
5. ○○○

• 예: 교실 생일 파티는 생일인 아동의 부모가 준비하는 사회적 행사이므로, 아동의 CVI 요구에 따라 쉽
게 수정하기 어렵다.

검은색 보드에 선호하는 색상의
물체 제시

검은색 경사 보드에
선호하는 색상의 그림과 글자 제시

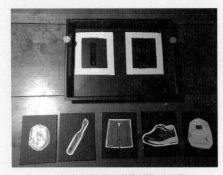

| 그림 상징에 시각적 주의를 하도록
노란색으로 강조 표시 | 단어에 시각적 주의를 하도록
빨간색으로 강조 표시 |

4) CVI 중재 제안

다음은 CVI 진행 단계별(CVI I-II-III)로 아동의 CVI 중재를 일과 활동에 통합하기 위한 제안이다.

(1) CVI I단계 아동의 중재

CVI I단계의 아동('CVI Range' 평가: 0~3)은 일반적으로 시각적 대상(물체)에 일관되지 않은 시각적 주의를 보여 준다. I단계의 아동은 다른 감각 자극(청각, 촉각 등)과 경쟁하지 않도록 시각 이외의 감각 자극을 통제할 필요가 있다. 만일 시각적 요구뿐만 아니라 촉각 또는 후각의 자극도 함께 다루어야 한다면 환경 지원을 필요로 한다. CVI I단계의 아동은 일반적으로 다음의 지원을 필요로 하다.

- 단색의 물체
- 선호하는 색상의 물체
- 반짝이거나 빛을 반사하거나 움직이는 속성의 물체
- 단순한 배경에 제시되는 물체
- 평소 친숙한 물체

단순한 배경에 선호하는 단색의 친숙한 물체   반짝이거나 움직이는 속성의 물체

CVI 아동의 중재를 계획할 때 아동의 일과 활동에 가능한 한 많이 통합하는 것이 중재 효과를 높일 수 있다. 예를 들어, 식사 활동, 여가 활동, 손 씻기 같은 위생 활동, 소근육과 대근육 운동 활동, 보행 활동 등이 포함될 수 있다. 만일 교사가 CVI 아동이 선호하는 색상이나 물체에 대해 모른다면 아동이 평소 좋아하는 물체들로 꾸러미 세트를 만들 수 있다. 이 꾸러미 세트에 있는 물체의 색상은 학습이나 생활 환경에서 아동이 자주 선택하거나 접촉하는 물체의 색상을 관찰하거나 부모에게 물어서 확인할 수 있다. 다음과 같이 개별 CVI 아동에게 의미가 있는 3~5개의 물체로 꾸러미 세트를 구성하여 중재에 활용할 수 있다.

- 슬링키
- 빛을 반사하는 재료로 만든 바람개비
- 바람자루/바람양말
- 엘모 인형 같은 아동에게 친숙한 캐릭터

노란색 슬링키   반짝이는 재질의 바람개비

바람자루(windsock)   엘모 인형

CVI I단계 아동에게 적합한 환경 조건을 조성하고, CVI 중재를 위한 꾸러미 세트의 물체를 아동에게 반복적으로 노출하는 것이 중요하다. CVI I단계에서 다음 원칙을 고려하여 중재한다.

- 치료 모델(therapy model)을 삼간다. CVI 중재는 치료 활동이 아니라, 아동의 일상 활동에 자연스럽게 삽입되거나 통합되어야 한다.
- 중재 목적으로 '손전등'을 사용해야 할 때 손전등만 단독으로 사용하는 것을 피한다(아동의 빛에 대한 끌림으로 다른 활동에 시각적 주의와 참여를 방해할 수 있음).
- 기능적인 활동(functional activities)에 삽입하고, 사용하기 어려운 자료는 가급적 피한다.
- 아동에게 사용할 중재 자료를 바꾸고자 할 때 아동에 대한 관찰이나 재평가 결과에 근거한다.

아동에게 CVI 중재를 실시하였음에도 불구하고 아동이 시각적 주의를 기울이지 않거나 CVI I단계 어디쯤에 멈춰서 있는(더 이상 CVI의 개선이 되지 않는) 것처럼 보인다면, 아동의 시각 반응과 발달을 방해할 만한 다른 요인들이 있는지를 살펴보아야 한다.

- '시각적 (반응) 지연' 및 '특정 시야 선호' 특성들과 관련된 시각적 문제가 있는지 평가한다. '아동이 시각적 반응을 보일 충분한 시간을 주었는가?' '아동이 선호하는 적절한 시야 영역(방향)에 물체를 제시하였는가?' 등을 점검할 수 있다.

- '감각 환경의 복잡성' 특성, 즉 아동이 주변 환경에 주의 산만을 일으키거나 방해가 될 만한 것들이 있는지 평가한다. '주변에 있는 사람들이 떠들거나 대화를 하고 있는가?' '주변의 조명(빛)이 목표 대상(물체)에 대한 시각적 주의를 방해하지 않는가?' '물체의 표면(외형)에 패턴(무늬)이나 색상 수가 너무 많지 않은가?' '물체가 제시되는 배경이 복잡하거나 너무 많은 시각 정보가 포함되어 있지 않은가?'를 점검하는 것이다.
- 아동의 신체 자세(position)를 고려해야 한다. 특히 지체장애를 수반한 시각중복장애 아동의 경우에 더욱 중요하다. '아동이 신체적으로 불안정하거나 1가지 자세로 너무 오랜 시간을 보내고 있지 않은가?' '아동의 에너지가 시각적 상호작용에 사용되지 못하고 안정된 자세를 유지하려는 데 소비되고 있지 않은가?' 교육 팀은 물리치료사, 작업치료사와의 협력하여 가장 적절하고 편안한 자세를 취할 수 있도록 아동의 자세를 지원함으로써 신체 피로와 스트레스로 인한 영향을 줄이고 시각 활동에 집중하도록 도울 수 있다.
- 아동이 스트레스를 받거나 피로를 느끼고 있다는 다음의 징후를 주의 깊게 살펴보아야 한다.
  - 딸꾹질, 하품, 시선 회피, 빛 응시
  - 눈을 감거나 자주 졸음, 찡그린 얼굴 표정
  - 손이나 손가락의 긴장도, 반사적 웃음(reflexive laughing), 고음의 발성

앞의 모든 요인을 살펴본 후에도 아동이 여전히 시각적 반응을 보이지 않는다면 다음의 지침을 고려한다.

- 하루 내내 아동이 시각을 사용할 다양한 기회를 보장한다.
- 아동 주변 환경의 복잡한 자극들을 더 줄이기 위해 환경을 재구성(수정)한다.
- 아동이 선호하는 색상의 물체를 더 오랜 시간 동안 제시한다.
- 아동 주변을 서성이지 않는다. 아동이 혼자서 직접적이고 지속적으로 물체에 집중하여 접촉할 시간을 준다.

〈표 4-4〉 CVI 중재를 위한 반짝이고, 빛을 반사하고, 움직이는 속성의 재료와 자료

빛을 반사하고 움직이는 속성을 가진 재료는 사람의 시각을 더욱 자극할 수 있으므로, 아동의 시각적 주의를 유도할 수 있다. CVI 아동에게 다음 재료가 유용하게 사용될 수 있다.

- 아동이 선호하는 색상의 단색 마일러 털뭉치
  - 황금색 마일러는 노란색을 선호하는 아동에게 효과적이다.
- 그림이나 무늬가 없는 마일러 풍선
  - 풍선에 무늬가 있는 경우, 아동이 선호하는 1~2가지 색상으로 제한해야 한다. 또한 풍선에 추를 매달아 이동하지 않게 고정함으로써 아동이 풍선에 손을 뻗거나 접촉할 기회를 준다.

| 다양한 색상의 마일러 | 마일러 재질의 털뭉치 | 마일러 재질의 풍선 |

- 소리가 거의 또는 전혀 나지 않는 셰이커 또는 딸랑이가 유용하다. 아동이 손에 들고 있는 물체를 계속적으로 바라보고 손을 뻗어 접촉하는 것이 목표인 경우에 사용할 수 있다.

| 구슬이 들어 있어 소리가 나는 일반 딸랑이 (×) | 소리 나지 않는 빨간색 딸랑이 (○) |

- 빛을 반사하는 재료를 사용한 '커프'는 식사 시간에 아동이 숟가락이나 포크 같은 식사 도구를 시각적으로 인식하여 사용하도록 촉진할 수 있다. 이들 재료가 아동이 선호하는 색상이라면 시각 사용에 더욱 효과적이다.

반사하는 재질을 사용한 커프　　물병에 선호하는 색상의 끈 부착　　빨간색의 빛이 나는 수저 사용

• '움직이는' 속성이 있는 재료는 유색(컬러) 털뭉치, 바람양말, 라바램프, 유아용 애니메이션 등이 있다.

라바 램프　　CVI 유아용 움직이는 그림 애니메이션

(2) CVI Ⅱ단계 아동의 중재

　　CVI Ⅱ단계 아동('CVI Range' 평가: 3+~7점)은 기능적 방법(functional ways)으로 시각을 사용할 수 있다. Ⅱ단계의 아동은 이제 물체를 바라보거나 원하는 물체에 손을 뻗어 접촉하거나, 자신의 바람이나 요구를 표현하고자 대상을 응시하는 등의 일관된 시각적 행동을 보여 준다. Ⅱ단계 아동은 1가지 이상의 색상으로 구성된 물체에 시각적 주의를 할 수 있고, 1m 20cm~1m 50cm(CVI Ⅱ단계 후기에서는 최대 3m 이상) 거리에 있는 물체도 알아차릴 수 있으며, 작은 배경 소음 있더라도 대상(물체)에 시각적 주의를 유지할 수 있다. 그리고 시각적 (반응) 지연도 매우 드물게 일어난다.

　　CVI Ⅱ단계 아동을 위한 중재에는 교사가 다음과 같은 사항을 고려해야 한다.

• '복잡성'을 계속 통제해 주는 것이 필요하지만, 아동이 CVI Ⅱ단계로 진행하면서 더 많은 패턴(무늬)이 있는 3차원 물체도 보고 해석할 수 있다. 그리고 CVI

II단계 중기에 있는 아동에게는 단순한 2차원 이미지(그림)도 사용할 수 있다 (2차원 자료에 관해서는 CVI III단계 아동을 위한 중재에서 자세히 다룸).

- '빛을 응시하는 행동'은 일반적으로 CVI II단계에서 해결이 된다. 그러나 II단계 아동의 시각적 주의를 유도하고, 2차원 자료에 대한 시각적 주의를 높이는 데 라이트 박스 또는 백라이트 장치 등이 계속 유용하게 사용될 수 있다.

- CVI I단계에서 사용했던 반짝이거나 빛을 반사하는 속성의 재료를 CVI II단계에서 사용할 물체에 적용할 수 있다. 반짝이거나 빛을 반사하는 띠(strips)를 물체에 부착하면 II단계 아동이 일과 활동에 사용하는 모든 물체와 도구에 시각적 주의를 높일 수 있다. 예를 들어, 컵, 칫솔, 스위치 등에 반짝이거나 빛을 반사하는 재료를 감아 줄 수 있다.

- 검은색 배경이나 단순한 배경에 물체를 제시하면 '시각적으로 안내된 신체 도달(눈으로 대상을 바라보면서 동시에 손을 뻗어 접촉함)'을 촉진할 수 있다. 대상을 눈으로 바라보고 손을 뻗어 접촉하는 능력은 뇌의 등쪽 경로와 배쪽 경로 시각 기능의 통합으로 이루어진다.

- 아동에게 친숙하거나 좋아하는 물체의 특징(traits)을 고려하여 중재에 사용할 새로운 물체를 선정할 수 있다. 예를 들어, 아동이 원래 선호하던 물체가 빨간색 엘모 인형이었다면, 중재에 새로 도입할 물체도 '단순하고 빨간색'이라는 공통된 특징이 있는 물체라면 더 효과적이다.

| 빛이 나는 소재의
발광 테이프 | 빛을 반사하는 속성이 있는
마일러 | 반짝이는 재료를
스위치에 부착 |

(3) CVI III단계 아동의 중재

CVI III단계 아동('CVI Range' 평가에서 7점 이상)에게 적용할 수 있는 중재 고려사항은 다음과 같다.

- '시각적 (반응) 지연' 특성은 CVI Ⅲ단계 전반에서 계속 남아 있기는 하지만, 일반적으로 시각적 (반응) 지연 시간이 감소한다. 아동이 발작(간질)이 있거나 다른 질환이 있다면, 이로 인해 시각적 (반응) 지연이 증가할 가능성이 있다.
- CVI Ⅲ단계 아동에게 시각적 호기심(visual curiosity)이 관찰될 수 있다. 주변 상황이나 환경을 아동이 자발적으로 탐색하거나 조사하려는 행동이 포함된다.
- CVI Ⅲ단계의 아동은 '특정 시야 선호' 특성이 또래와 동일하게 개선되지 않더라도 보다 정상에 가깝게 시야를 사용할 수 있다. 그러나 여전히 하측 시야 기능의 결함이 남아 있을 수 있다.
- '시각적으로 안내된 신체 도달의 어려움' 특성이 여전히 남아 있을 수 있다.
- 복잡한 이미지 또는 보완대체의사소통 기기의 그림 상징처럼, 2차원 자료가 복잡하다면 시각적 어려움을 계속 보일 수 있다.
- 아동은 3m~4m 50cm 이상 떨어져 있는 물체를 인식하는 것이 가능할 수 있다. 다만, 매우 복잡하거나 새로운(낯선) 환경(배경)이 아동의 시각적 수행을 계속 방해할 수 있다.

따라서 교사는 CVI Ⅲ단계 아동의 중재 계획에 이를 고려해야 한다.

- 책이나 인쇄물 같이 2차원 자료로 시각 정보를 제시해야 하는 경우, 포함된 시각 정보의 양을 줄여 준다(2차원 자료를 사용하기 위한 제안은 〈표 4-5〉 참조).
  - 가림판을 사용해 아동이 보아야 하는 '이미지나 상징'을 제외한 나머지 부분을 가려 준다.
  - 아동이 시각적 주의를 기울여야 하는 '상징이나 그림의 중요한 특징(예: 알파벳 글자 d와 p의 차이)'에 선호하는 색상으로 강조 표시하거나 윤곽선을 그려 준다.

복잡한 2차원 자료를 단순화하기 위해 가림판 사용

숫자의 모양을 빨간색 윤곽선으로 강조 표시　　　단어의 모양을 노란색 윤곽선으로 강조 표시

- 아주 새로운 환경이나 과도하게 자극이 많은 환경에서 '복잡성' 및 '시야'와 관련된 시각 문제를 효과적으로 다루기 위해 다음의 지원을 제공한다.
  - 아동에게 새로운 환경에 대해 사전에 알려 주어 환경에 친숙해지도록 한다.
  - 배경 소음이 너무 심하거나 여러 소음원이 존재하는 장소라면 헤드폰을 사용하도록 한다.
  - 필요에 따라 아동이 선호하는 색상으로 랜드마크에 강조 표시를 한다. 예를들어, 빨간색 삼각형이나 빨간색 상징을 정수기에 부착하면 아동의 시각적 주의를 정수기(랜드마크)로 유도할 수 있다. 이러한 중재 방법으로 나중에 빨간색 강조 표시를 제거하더라도 자연스럽게 정수기를 랜드마크로 계속 인식할 수 있다.
  - 필요에 따라 환경을 안전하게 이동하는 데 어른이나 또래의 도움을 받는다.
  - '시각적 복잡성'이 높은 환경에서는 아동이 흰지팡이를 사용하는 것을 고려한다.
- '색상' '빛' '움직임' 같은 환경의 특징을 참고점(referencing features)으로 사용함

으로써 '원거리 보기의 어려움' 특성을 해결할 수 있다.

- 아동이 선호하는 색상 단서를 추가하여 환경의 세부 요소나 보행 단서를 더 잘 찾도록 한다.
- 친숙한 장소와 새로운(낯선) 장소를 모두 가 보고, 두 장소 간의 두드러진 특징을 비교한다.
- 아동이 이동 경로의 구조와 보행 단서 및 특징을 이해하는 데 'Chang Kits'의 촉지도 제작 교구(검은색 배경에 노란색 모양 조각으로 구성됨)를 사용하여 보행 환경을 지도한다.
- 아동이 대상(랜드마크, 단서)을 보는 거리를 단계적으로 증가시켜 나간다.

Chang Kits(촉지도 제작 도구)

〈표 4-5〉 2차원 자료(그림, 사진, 이미지) 사용의 제안

여기에 제시한 제안은 CVI 아동의 일과 활동에 2차원 자료를 삽입하여 중재하는 방법이다. 태블릿 기기 같은 백라이트 시스템을 사용하여 2차원 이미지를 제시하지 않아도 되려면 일반적으로 아동이 'CVI Range' 평가에서 6점 이상을 받아야 한다. 슬링키, 털뭉치, 공 같은 3차원 물체를 2차원 자료(이미지, 사진, 그림)로 전환하려면 CVI 아동에게 2차원 자료가 시각적으로 도전이 되지 않아야 한다. 다음의 제안은 주로 '시각적 복잡성의 어려움' 특성과 관련된 시각적 문제를 해결할 수 있지만, '특정 색상 선호' '시각적 새로움의 어려움' 특성들에도 도움이 될 수 있다.

- 아동에게 친숙한 물체의 그림(사진)처럼 단순하고 반투명의 컬러 그림을 라이트 박스에 제시하는 방법은 아동이 그림을 구별하고, 인식하고, 확인하는 데 도움이 된다.
- 의사소통에 사용하는 AAC 기기와 일과 활동을 나타내는 캘린더 박스의 '그림 상징'을 선호하는 색상, 친숙한 물체, 낮은 수준의 복잡성 등을 고려하여 수정하면 아동이 보다 쉽게 시각적으로 인식할 수 있다.

검은색 의사소통판에 선호하는 색상을 사용한
2차원 그림 상징

빨간색 의사소통판에 비닐 코팅으로
반짝이는 속성이 있는 그림 상징

- 책의 양쪽 페이지에 1개의 그림이 들어가도록 수정하면 더 단순한 그림책이 된다. 동화책을 아동이 선호하는 색상, 친숙한 대상, 단순함으로 수정하거나 직접 제작한다.
- '내가 먹는 음식' '내가 입는 옷' '내가 좋아하는 장난감' 같이 주제 중심의 그림책을 시중에서 구입하거나 교사가 직접 제작할 수 있다. 처음에는 윤곽선 그림을 사용한다. 아동이 CVI Ⅲ 단계('CVI Range' 평가에서 7+점 이상)로 진행하기 전까지는 그림 내부에 세부 정보(요소)가 적게 있거나 없는 그림을 사용하는 것이 좋다.

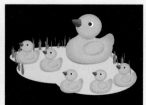

그림 배경에 대상이 1개만 있는 그림책(좌),
여러 개의 대상이 있는 그림책(우)

CVI Book Builder Kit를
활용한 그림책 제작

- 시중에 판매되는 단순한 그림책 중, 아동이 선호하는 색상, 흥미 등을 고려하여 선택한다.
- 사진을 도입할 때 친숙한 사람들의 얼굴만 있는 사진부터 시작하여 점차 단순한 배경에 친숙한 사람들의 전체 모습(전신)이 있는 사진으로 단계적으로 복잡성을 증가시켜 나간다.

얼굴만 있는 사진

전체 모습이 있는 사진

• 다양한 공, 동물 사진처럼 아동이 관심을 갖는 주제를 중심으로 사진첩을 만들어 지도한다.
• CVI 아동이 사진에서 자신의 모습을 찾을 수 있는 시기는 일반적으로 거울에 비친 자기 이미지를 시각적으로 인식하는 시기('CVI Range' 평가에서 7~8점)부터라는 점을 고려한다.

① '두드러진 시각적 특징'의 확인과 구별

CVI Ⅲ단계 중재는 일반적으로 2가지로 나눌 수 있다. Ⅲ단계 아동이 대상의 '두드러진 시각적 특징'을 확인하도록 하는 중재와 '배경의 복잡성'이 증가할 때 대상을 구별하도록 하는 중재이다.

먼저, 대상의 '두드러진 시각적 특징'은 하나의 대상을 다른 대상과 구별하도록 하는 요소이고, 그림(이미지), 물체, 환경, 사람을 시각적으로 인식하도록 하는 정보의 핵심 요소이다. 예를 들어, '왕궁이 있는 공원' 이미지는 디즈니월드를 떠올리게 한다. 우리의 정보에 대한 인식과 회상(recognition and retrieval)은 '시각적 노출 경험' '언어(명칭 붙임)' '비교 사고(comparative though)'에 뿌리를 둔다. '비교 사고'는 둘 이상의 대상, 이미지, 환경, 사람들 간의 공통점과 차이점을 알아보는 과정이다.

다음으로, 복잡한 배열 속에 대상(물체)이 제시될 때 이를 시각적으로 구별하고, 인식하고, 확인하는 능력을 다룬다. 이러한 기술과 능력은 '두드러진 특징'과 '비교 사고'가 뒷받침되어야 한다. 예를 들어, 아동이 『Where's Waldo?』('Waldo'라는 주인공이 복잡한 사람들 속에 숨어 있음)라는 책을 보려면 주인공 Waldo를 시각적으로 인식할 수 있어야 한다. 그러기 위해서는 'Waldo의 두드러진 특징' 또는 'Waldo를 정의할 수 있는 요소'에 대한 지식이 있어야 한다. Waldo를 찾을 때까지 Waldo와 유사한 특징을 가진 사람들의 이미지를 시각적으로 구별하여야 한다.

Where's Waldo?: 왈도를 찾아보세요

어린 아동은 '분류 기술(sorting skills)'을 통해 '비교 사고'와 '두드러진 특징'을 경험할 수 있다. 분류 활동은 CVI 아동이 주요 '시각적 특징'에 기초하여 대상(물체) 간에 공통점과 차이점을 이해하도록 하는 데 도움이 된다. CVI 아동과의 상호작용과 교수 활동에 '비교 언어(comparative language)'를 통합하면 대상(물체) 간의 공통점과 차이점을 인식하는 능력을 강화하는 데 도움이 된다. 예를 들어, 통학버스를 이용할 때 교사는 통학버스가 승용차와 어떠한 공통점과 차이점이 있는지 설명할 수 있다. 또한 아동이 녹색 블록과 녹색 공을 분류하는 활동을 할 때 교사는 블록과 공이 어떠한 공통점과 차이점이 있는지 설명할 수 있다. 생활하는 환경에서 '두드러진 특징'을 구별하는 기술은 CVI 아동이 의미를 생성하고 시각적·인지적 스키마(schemes)를 확장하도록 돕는다. CVI 아동이 특정 정보를 학습하고 일반화를 잘하게 되면(예: 이것은 공이고, 저것은 공이 아니다) 주변 환경을 보다 정확하게 이해할 수 있게 된다. 학습 대상(물체)을 배경이나 주변 환경의 다른 요소들과 구별하는 법을 배우면 세부사항(요소)을 시각적으로 구별하는 능력이 향상되고, 복잡한 물체나 환경에서도 시각을 더욱 효과적으로 사용할 수 있게 된다.

버스가 승용차와 다른 '두드러진 특징(길다란 앞문, 측면의 많은 창문)'을
검은색 배경에 빨간색으로 강조 표시하여 지도

눈에 띄는 빨간색 캐릭터(커다란 빨간색 개–클리퍼드) 그림책을 사용하여 CVI 아동이 '두드러진 특징'을 인식하도록 지도할 수 있으며, 그 절차는 다음과 같다.

ⓐ 봉제 인형 같은 '3차원 물체'의 배열 속에서 클리퍼드 찾기
ⓑ '팝업북'에서 클리퍼드 찾기
ⓒ 교사가 '배경을 복잡하지 않게 수정한 책'에서 클리퍼드 찾기
ⓓ 클리퍼드의 강아지 버전인 '아기 클리퍼드' 찾기

ⓔ '○○한 행동(예: '손을 흔들고 있는 클리퍼드')'을 하고 있는 클리퍼드 찾기

ⓕ '세부사항(요소)'(예: 꼬리를 흔드는 클리퍼드 카드 찾기)이 동일한 클리퍼드 카드 끼리 분류하기

ⓖ '더 많은 세부 정보(요소)'가 있는 복잡한 배경 그림에서 '작은 크기의 클리퍼드' 찾기

클리퍼드 봉제 인형 (3차원 물체)	클리퍼드 그림책	복잡한 환경에서 커다란 클리퍼드 찾기
다양한 환경에서 작은 클리퍼드 찾기	다양한 클리퍼드 그림 카드 세트	복잡한 환경에서 작은 클리퍼드 찾기

코끼리의 두드러진 특징인 '코'와 '귀'에 CVI 아동이 선호하는 색상(빨간색)으로
윤곽선을 그려 강조 표시하여 지도

CVI Ⅲ단계 아동과 활동하는 교사는 아동의 반응과 CVI가 미치는 영향을 주의 깊게 관찰해야 한다. CVI 아동의 기능시각은 스트레스, 과도한 자극들, 신체 피로감, 너무 새로운 것, 질병, 배고픔, 발작 같은 요인들에 영향을 받을 수 있다.

〈표 4-6〉은 2013년 메릴랜드주의 'CVI 아동 교육 워크숍'에서 개발된 대상의 '두드러진 특징'의 예이다. 이러한 예는 CVI 전문가 및 가족이 CVI 아동에게 대상(물체)에 대한 '두드러진 특징'과 '핵심 설명문(key descriptors)'을 직접 개발하는 데 참고가 될 수 있다.

〈표 4-6〉 '두드러진 특징'과 '비교 사고'의 사례

학습 대상	'두드러진 특징'	비교 사고를 위한 대상	비교 사고를 위한 핵심 설명(문)
칫솔	• 한쪽 끝의 강모 • 길고 가느다란 손잡이	헤어브러시	칫솔과 헤어브러시는 모두 한쪽 끝에 강모와 잡을 수 있는 손잡이가 있다. 그러나 헤어브러시는 칫솔보다 크고, 강모가 더 많으며, 손잡이가 훨씬 더 두껍다.
숟가락	• 타원형 • 한쪽 끝이 움푹 파임 • 길고 가느다란 손잡이	포크	숟가락과 포크는 모두 길고 가느다란 손잡이를 가지고 있다. 그러나 숟가락은 한쪽 끝에 타원형으로 움푹 들어가 있고, 포크는 한쪽 끝에 4개의 뾰족한 갈래가 있다.
머그컵	• 원통형 • 한쪽 끝이 열려 있음 • 손잡이 • 불투명	유리컵	머그컵과 유리컵은 모두 한쪽 끝이 열려 있는 원통형이다. 그러나 머그컵은 손잡이가 있고 불투명한 반면, 유리컵은 손잡이가 없고 투명하다.
티슈	• 흰색 • 매우 얇음 • 부드러움 • 사각형	종이 타월	티슈와 종이 타월은 모두 흰색의 사각형이다. 그러나 종이 타월은 티슈보다 크고 두껍고 거칠다.
연필	• 가는 원통 • 나무 • 한쪽 끝은 날카롭고 뾰족함 • 다른 쪽 끝은 원통형 고무	크레용	연필과 크레용은 모두 한쪽 끝이 뾰족하고 종이에 흔적을 남기며 원통형이다. 그러나 연필은 나무로 만들어 단단하고 뾰족한 끝이 있고 다른 쪽 끝에 원통형 고무가 붙어 있는 반면, 크레용은 왁스로 만들어 밀랍 같은 촉감에 조금 뾰족한 끝이 있으며 다른 쪽 끝은 평평하다.

목욕 타월	• 직사각형 • 두꺼운 천 • 커다란	수건	목욕 타월과 수건 모두 신체 부위를 닦는데 사용한다. 목욕 타월은 크고 직사각형의 크고 두꺼운 천 조각이지만, 수건은 직사각형의 작고 얇은 천 조각이다.
블라우스	• 카라(깃) • 단추	티셔츠	블라우스와 티셔츠 모두 상의(윗옷)이다. 블라우스는 목에 깃이 있고 옷의 중앙선을 따라 단추가 달려 있는 반면, 티셔츠는 그러한 것들이 없다.
사과	• 매끄러운 • 둥근 • 단단한	딸기	사과와 딸기는 모두 과일이다. 그러나 사과는 둥글고 겉이 매끄럽고 딱딱한 반면, 딸기는 달걀 모양으로 더 작고 으깨질 수 있으며 겉에 작은 씨가 있어서 울퉁불퉁하다.
코끼리	• 펄럭이는 큰 귀 • 긴 코 • 아주 큰 동물 • 회색	하마	코끼리와 하마는 모두 매우 크고 회색 피부를 가진 동물이다. 그러나 코끼리는 큰 귀와 아주 긴 코를 가지고 있는 반면, 하마는 작은 귀와 머리 아래에 2개의 콧구멍이 있다.
승용차	• 양쪽에 2개의 바퀴 • 양쪽에 2개의 창문 • 크다	스쿨버스	승용차와 스쿨버스 모두 사람이 타는 자동차이다. 승용차는 양쪽에 바퀴가 2개이고 창문이 2개 있는 차량이지만, 스쿨버스는 양쪽에 바퀴가 2개이고 양쪽에 더 많은 창문들이 일렬로 있으며 더 큰 차량이다.

② CVI의 고유한 특성들은 해결되는가

CVI 아동이 CVI Ⅲ단계로 진행하면서 기능시각 수준이 안정적으로 유지될 수 있는지와 지속적으로 더 개선될 수 있는지에 대해 궁금할 것이다. CVI Ⅲ단계에 들어서면 아동의 'CVI Range' 점수가 더욱 느리게 향상되지만, 학습할 시각 기술과 내용에 따라 차이가 있다. 예를 들어, 'CVI Range' 평가에서 7~8점 사이의 점수를 받은 Ⅲ단계 아동은 인쇄한 글을 유창하게 읽거나 상징이 복잡하게 배열된 의사소통판 기기에서 원하는 상징을 선택하는 것을 배울 수 있다. 그러나 동일한 아동이 사람들의 얼굴 표정을 구별하거나, 4.5m 이상 떨어진 대상(물체)을 찾거나, 새로운 환경을 혼자 탐색하는 등에는 어려움을 보일 수 있다. CVI Ⅲ단계 아동에게 CVI의 고유한 특성들의 영향이 감소하는 것을 관찰할 수 있지만, CVI의 고유한 특성들의 영향이 여전히 남아 있을 수 있다는 점을 기억할 필요가 있다.

CVI Ⅲ단계 아동은 하루의 오랜 시간 동안 시각을 '활성화하여' 과제 수행에 사용할 수 있게 된다. 이제 아동의 'CVI Range' 점수가 높아지면서 하루 중에 시각을 사용하는 활동이 늘어나 시각적 피로 같은 다양한 시각 문제도 발생하게 되므로, 아동에 대한 보다 다양한 지원이 필요할 수 있다. 아동의 CVI의 고유한 특성들의 영향이 완전히 해결될 것이라고 기대하는 것은 현실적이지 않다. CVI의 고유한 특성들은 평생 동안 미미하게라도 영향을 계속 미칠 것이다. 따라서 CVI 아동은 일생 동안 성공적인 시각 사용과 독립 보행을 위해 지원이 필요할 수 있다.

〈표 4-7〉 **생활 주변 물체의 '두드러진 특징'의 예**

여기에 제시된 물체의 '두드러진 특징'을 설명하는 '핵심 설명문'은 'CVI Ⅲ단계 워크숍' 참석자들에 의해 작성되었다. 다만, 이들 설명문이 각 물체의 두드러진 특징을 나타내는 가장 좋은 설명문은 아닐 수 있으므로, 현장 교사가 보완하여 사용하길 바란다.

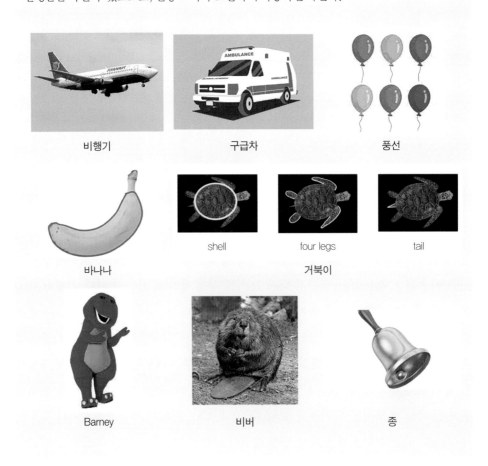

비행기 구급차 풍선

shell four legs tail

바나나 거북이

Barney 비버 종

- 비행기: 중앙에 2개의 긴 날개, 뒤에 3개의 짧은 날개가 있다.
- 구급차: 차량에 조명과 글자, 빨간색과 하얀색이 있고, 직사각형 모양이다.
- 사과: 둥글고 매끄럽다. 위아래 움푹 들어간 곳이 있다.
- 공: 원형이고 가지고 놀 수 있다(바닥에 튀기고, 굴리고, 발로 차고, 잡는다).
- 풍선: 둥글고 줄이 연결되어 있다.
- 바나나: 노란색이고, 기다랗고, 손잡이가 있다.
- 거북이: 타원형의 등껍질이 있고, 앞쪽에 2개의 긴 다리와 뒤쪽에 2개의 짧은 다리가 있으며, 삼각형의 꼬리가 1개 있다.
- Barney: 몸이 보라색이고 배는 녹색이며, 크고 하얀 미소를 짓는다.
- 비버: 납작한 꼬리와 큰 앞니가 있다.
- 종: 빛이 나고 안쪽에 작은 공이 매달려 있다.
- 자전거: 2개의 바퀴가 있고, 페달과 핸들이 있다.

6. CVI 중재 사례

CVI 중재의 접근은 CVI의 고유한 특성들이 개별 아동의 시각적 행동에 미치는 영향 정도를 고려하는 맞춤형 중재가 되어야 한다. 여기에 제시한 사례는 교사와 가족들이 CVI 아동을 위해 일과 활동을 어떻게 수정할 수 있는지의 아이디어를 제공한다.

〈표 4-8〉은 CVI의 3가지 단계(I-II-III단계)로 진행한 5세 아동의 중재 활동을 제시하고 있다. 이 아동의 중재는 일과 활동에 통합되어 이루어졌다. 일부 일과 활동은 2개 이상의 CVI의 고유한 특성을 동시에 고려하여 시각 문제를 다루기도 한다.

라이트 박스는 일반적으로 조명에 의한 '대비 증가'를 목적으로 안구 시각장애 아동에게 사용한다. 그러나 CVI 아동의 경우, '빛에 대한 요구(끌림)' 특성을 고려하여 라이트 박스를 사용하면 아동의 '시각적 주의'를 유도할 수 있다. 라이트 박스는 미술 활동, 보완대체의사소통 등 다양한 학습 및 일과 활동에서 아동의 시각적 주의를 촉진할 수 있다. 〈표 4-9〉는 라이트 박스를 사용한 활동과 지침을 제시하고 있다.

또한 〈부록 4A〉는 실제 아동의 사례를 기초로 CVI 단계 및 고유한 특성에 따른 중재 활동을 제안하고 있다. 개별 CVI 아동의 요구에 따라 맞춤형 중재를 제공할 것을 다시 한 번 강조한다.

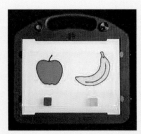

라이트 박스(light box)와 활용 사례

미국맹인인쇄소(APH)의 라이트 박스 활동 교구 세트(Light Box Materials Level 1, 2, 3)

〈표 4-8〉 CVI 단계별 중재 활동: 5세 CVI 아동의 사례

CVI의 고유한 특성	CVI I단계 중재 활동	CVI II단계 중재 활동	CVI III단계 중재 활동
특정 색상 선호 (예: 노란색)	• 노란색 털뭉치를 휠체어에 매단다.	• 누르면 음악이 나오는 노란색 스위치를 사용한다.	• 보완대체의사소통 기기의 '새로운 상징'에 노란색으로 강조 표시를 한다.
움직임에 대한 요구(끌림)	• 노란색 털뭉치를 휠체어에 매단다(휠체어로 이동할 때 자연스럽게 털뭉치가 움직임).	• 스위치를 금색 마일러로 감싼다(마일러는 반짝여서 움직이는 것처럼 보임).	• 금색 마일러로 강조 표시한 음수대를 4.5m 거리에서 보고 방향정위를 한다.

시각적 (반응) 지연	• 노란색 털뭉치를 찾는 데 최소 20초 기다려 준다 (시간 지연 전략).	• '새로운 물체'에 눈 맞춤을 위해 최소 20초 기다려 준다. • 아동이 피곤하거나 과도한 자극을 받거나 시각적 주의를 하지 않을 때 20초 기다려 준다.	• 아주 새로운(낯선) 자료를 사용하거나 매우 복잡한 환경에 있을 때 5~10초 기다려 준다.
특정 시야 선호	• 우측 상단 시야 영역(방향)에 노란색 털뭉치를 제시한다.	• 노란색 스위치 또는 금색 마일러 부착 자료를 우측이나 좌측 시야 영역(방향)에 제시한다. 아동은 눈과 물체 간의 눈 맞춤을 하고 물체의 세부사항(요소)을 조사하기 위해 물체를 향해 고개를 돌린다.	• 새로운 환경이나 복잡한 환경에서 지속적으로 바닥(보도)과 눈 맞춤을 촉진하는 방법으로 빨간색 볼팁의 흰 지팡이를 사용한다.
시각적 복잡성의 어려움	• 검은색 수직 보드에 노란색 털뭉치를 제시한다. • 아동이 바라보는 동안 다른 소리를 내지 않고, 아동의 신체도 접촉하지 않는다.	• 검은색 경사 보드에 놓인 스위치를 누르면 작동하는 노란색 물체(장난감 등) 또는 노란색과 다른 1가지 색이 혼합된 물체를 제시한다. • 음악이나 말소리가 있을 때도 대상(물체)에 시각적 주의를 유지한다.	• 복잡한 배경에 제시된 검은색 그림 상징에 노란색 형광펜으로 강조 표시를 한다.
빛에 대한 요구 (끌림)	• 노란색의 라바 조명등을 제시한다. 	• 라이트 박스에 노란색 슬링키 장난감을 제시하여 슬링키를 조작하고 탐색하게 한다. 	• 시각적 주의를 위해 조명(빛)이 필요하지 않다. 이 특성과 관련하여 중재가 더 이상 필요 없다.
원거리 보기의 어려움	• 45cm 거리 이내에서 움직이고 빛이 나는 노란색 물체를 제시한다.	• 1.5~3m 거리 이내에서 노란색이나 금색 마일러로 강조 표시한 보행 랜드마크를 확인하고, 그곳까지 이동한다.	• 6m 거리 이내의 보행 랜드마크를 확인하고, 그곳까지 이동한다.

시각적 새로움의 어려움	• 노란색 털뭉치, 노란색 라바 조명등, 노란색의 커다란 장난감, 노란색 슬링키에 시각적 주의를 한다.	• 모든 소근육 운동 또는 자조 활동을 위해 단순하고 움직이는 속성의 물체에 노란색이나 금색 마일러를 붙여 사용한다. 예를 들어, 칫솔 손잡이에 노란색 마일러, 노란색 물컵, 노란색 손잡이의 숟가락과 포크, 보행 랜드마크에 금색 마일러를 붙여 강조 표시를 한다.	• 학습할 새로운 물체는 더 이상 기존에 알고 있거나 선호하는 물체와 유사한 '두드러진 특징'을 공유할 필요가 없다.
시각적으로 안내된 신체 도달의 어려움 (대상을 바라보면서 동시에 손을 뻗어 접촉하는 행위의 어려움)	• 대상(물체)을 바라보고 가끔 손으로 탐색하지만, 눈으로 바라보면서 동시에 손을 뻗어 접촉하거나 두드리지는 못한다. • 슬링키 장난감 또는 기타 친숙한 물체를 손을 뻗어 만지려고 하는 동안 고개를 다른 방향으로 돌린다.	• 노란색이나 금색 마일러 재질의 친숙한 물체를 바라보고 고개를 돌린 후 손을 뻗어 접촉한다. 아주 친숙한 물체는 가끔 시각적으로 안내된 신체 도달을 할 수 있다. 다만, 단순한 배경에 제시할 때에만 가능하다.	• 시각적으로 매우 복잡한 배경이 아니라면, 시각적으로 안내된 신체 도달을 한다. • 여러 가지 패턴(무늬)과 여러 가지 색상으로 구성된 게임 판에서 게임 조각을 잡아야 할 때 가끔 손을 뻗어 조각을 잡기도 하지만, 게임 조각을 놓치는 경우도 있다.

〈표 4-9〉 라이트 박스를 사용한 중재 제안

여기에 제시된 라이트 박스 활동의 대부분은 시중에서 구할 수 있는 재료를 사용하고 있다. 일부는 교사가 직접 제작할 수도 있으며, 일부는 미국맹인인쇄소(American Printing House: APH)에서 구입할 수 있다. 여기에 제시된 활동은 별도의 교실 활동이 아닌 놀이, 소근육 운동 또는 학습 등의 일과 활동이나 치료 지원 활동에 통합할 수 있다.

1. 지퍼백과 라이트 박스 활용 활동

CVI 아동의 시각적 행동을 개선하고 '시각적으로 안내된 신체 도달의 어려움' 특성을 해결하는 데 라이트 박스와 지퍼 백을 사용하는 활동이 도움이 될 수 있다. 지퍼백에서 내용물이 빠져 나오는 것을 방지하기 위해 2개의 지퍼백으로 이중 포장하여 사용한다. 감전 같은 전기 사고를 방지하기 위해 건전지를 사용하는 라이트 박스를 구입한다.

라이트 박스 활동	관련된 CVI의 고유한 특성들
지퍼백에 투명한 헤어 젤을 채우고 식용 색소를 몇 방울 넣는다. 아동이 지퍼백을 누를 때마다 젤과 색소가 섞이고, 색상, 빛, 움직임의 속성들이 아동의 시각적 주의를 유도한다. 처음에는 1가지 색상의 색소를 사용하는 것으로 시작하고, 점차 색상의 수를 늘려 나간다. 	• 특정 색상 선호 • 움직임에 대한 요구(끌림) • 시각적 복잡성의 어려움 • 빛에 대한 요구(끌림)
지퍼백에 따뜻한 물을 채우고 물에 반투명 컬러 구슬들을 넣는다. 지퍼백을 손으로 만지면 소리가 나지 않으면서 구슬이 움직여야 한다. 색상, 빛, 움직임의 속성들은 아동의 시각적 주의를 유도한다. 지퍼백을 살짝 만져도 구슬의 움직임이 생겨 아동과 지퍼백 간의 상호작용을 촉진할 수 있다. 	• 특정 색상 선호 • 움직임에 대한 요구(끌림) • 시각적 복잡성의 어려움 • 빛에 대한 요구(끌림)
지퍼백에 물이나 젤을 채우고 밝은 단색(점차 2가지 색상 사용 가능)의 아세테이트지를 여러 가지 모양의 조각으로 잘라 넣는다. 이때 문구점에서 모양 펀치(punches)를 구입하여 사용할 수 있다. 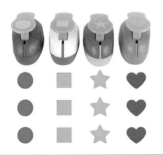	• 특정 색상 선호 • 움직임에 대한 요구(끌림) • 시각적 복잡성의 어려움 • 빛에 대한 요구(끌림)

지퍼백 속에 넣을 만한 반투명 컬러 물체를 구입한다. 지퍼백이 찢어지 거나 안전 문제를 고려하여 모서리가 둥근 물체를 선택한다. 빙고 칩이 나 작은 플라스틱 공이 지퍼백 속에서 잘 움직인다.  	• 특정 색상 선호 • 움직임에 대한 요구(끌림) • 시각적 복잡성의 어려움 • 빛에 대한 요구(끌림)

2. 그 밖의 라이트 박스 활동

활동	CVI 관련 특성들
시각적으로 안내된 신체 도달 연습하기, 배열하기/짝짓기/분류하기 활 동을 위해 라이트 박스에 반투명 컬러 물체와 용기를 놓으면 시각적 주 의를 유도할 수 있다. 라이트 박스의 빛이 반투명 물체와 용기를 통과하 여 대비를 높여 줌으로써 아동이 물체를 모양에 따라 배열하고 분류하 는 활동을 지원한다.    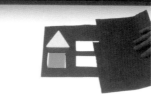	• 특정 색상 선호 • 시각적 복잡성의 어려움 • 빛에 대한 요구(끌림) • 시각적 새로움의 어려움 • 시각적으로 안내된 신체 도달의 어려움
검은색 격자판과 컬러 페그(A black grid and color pegs; APH에서 구 입 가능)는 시각적으로 안내된 신체 도달 연습하기 활동, 배열하기/분 류하기/짝짓기 활동에 사용할 수 있다. 이들 활동을 할 때 아동이 선호 하는 시야 영역(방향)에 선호하는 색상을 사용하는 것이 효과적이다.	• 특정 색상 선호 • 시각적 복잡성의 어려움 • 빛에 대한 요구(끌림) • 시각적 새로움의 어려움 • 시각적으로 안내된 신체 도달의 어려움

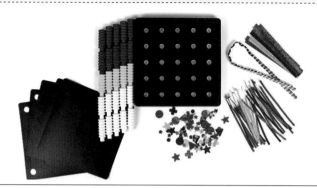

| 친숙한 물체 그림 세트(Familiar Object Pictures; APH에서 구입 가능)는 2차원 정보를 시각적으로 인식하는 교육에 매우 유용하다. 이 그림 세트는 형태와 색상이 단순한 15가지 생활 용품 그림으로 구성되어 있다.

 | • 시각적 복잡성의 어려움
• 빛에 대한 요구(끌림) |

| 반투명 회전판과 패턴 교구(Plexiglass Spinner and Patterns; APH에서 구입 가능)는 라이트 박스 위에 놓고 사용할 수 있다. 이 교구는 아동이 회전판을 손으로 접촉하여 움직이며, 시각적 주의를 산만하게 하는 소리가 발생되지 않는다.

 | • 특정 색상 선호
• 시각적 복잡성의 어려움
• 빛에 대한 요구(끌림)
• 시각적으로 안내된 신체 도달의 어려움 |

기초 퍼즐(APH에서 구입 가능)은 검은색 폼 보드와 컬러 모양 조각들로 구성되어 있다. 먼저, 단순한 모양과 좋아하는 색상의 퍼즐부터 시작한다. 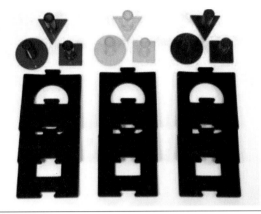	• 특정 색상 선호 • 시각적 복잡성의 어려움 • 빛에 대한 요구(끌림) • 시각적으로 안내된 신체 도달의 어려움
라이트 박스 놀이에는 반투명에 단색이며 만질 때 소리가 나지 않는 물체를 사용한다. 	• 특정 색상 선호 • 시각적 복잡성의 어려움 • 빛에 대한 요구(끌림) • 시각적 새로움의 어려움 • 시각적으로 안내된 신체 도달의 어려움

7. 'CVI Range' 검토 양식과 사용법

어떤 CVI 아동은 때때로 시기능 발달이 정체되어 있는 것처럼 보인다. 아동의 'CVI Range' 평가 점수가 몇 달 또는 몇 년간 변화가 없어 아동이 CVI I단계 또는 II단계에 멈춰 있다고 생각할 수 있다. CVI 아동의 기능시각 개선은 발작, 불안정한 뇌 상태, 다른 질병 등의 영향을 받을 수 있다. 그러나 CVI 아동이 'CVI Range' 평가 점수에 변화가 없고 특정 점수에 계속 머물러 있는 것처럼 보인다면 그럴 만한 이유들이 있을 수 있다. 예를 들어, CVI 평가와 중재에 있어 현재 아동에 대한 환경 지원이 부적절할 가능성이 있다. 또는 하루 일과에서 환경이나 자료의 적절한 수정을 통한 시각 활용 기회가 부족할 수 있다. 따라서 아동의 'CVI 일일 중재 시간표'가 개발되었더라도 계획에 따라 제대로 실행이 되고 있는지 또는 중재 시간표와 활동이 아동에게 적합한지를 검토하는 것이 필요하다. 'CVI Range 검토 양식'은 아동의 CVI의 진보(개선)를 방해할 수 있는 요소를 교육 팀이 다시 한 번 주의 깊게 살펴볼 기회를 제공한다.

〈표 4-10〉의 'CVI Range 검토 양식'은 여러 개의 영역으로 구성되어 있다. 이 검토 양식의 첫 번째 영역은 교육 팀이 아동의 'CVI Range' 평가 점수가 정확한지를 다시 확인하도록 한다. 6가지 질문은 CVI 아동을 평가하는 데 사용된 '방법의 정확성'을 확인하고, 아동의 점수에 영향을 미칠 수 있는 주요 요인을 환기시키는 역할을 한다. 'CVI Range'의 평가 점수가 정확하지 않다면 아동을 위한 중재와 환경 및 자료 수정도 부적절할 수밖에 없다. 이 영역에 대한 신뢰할 수 있는 검토 결과를 얻으려면 CVI 평가와 중재에 참여한 모든 구성원이 이 질문에 응답하는 것이 필요하다. 6가지 질문 중에 1가지 질문이라도 교육 팀의 구성원이 '아니요'라고 응답하였다면 해당 질문과 관련된 평가의 정확성을 다시 확인해야 하고, 'CVI Range' 평가 점수를 수정할 필요가 있다.

이 검토 양식의 두 번째 영역은 6가지 질문으로 확인된 부정확한 부분들을 수정한 후에 작성한다. 두 번째 영역은 아동의 CVI 중재들이 'CVI Range' 평가에 따른 CVI의 고유한 특성들의 영향 정도에 적합한지를 조사하는 데 사용한다. CVI 아동의 '시각 사용의 빈도' '수정의 적합성' '환경의 적합성'을 확인한다. 시각 사용의 빈도는 'CVI Range' 평가 점수에 근거하여 '수정한 활동'에 아동이 실제로 참여할 기회를 제공한 횟수를 말한다. '수정의 적합성과 환경의 적합성'은 아동의 현재 시기능 레벨에 부합하도록 활동 자료와 환경을 수정하였는지를 말한다. 아동의 'CVI Range' 평가 점수에 부합하지 않는 중재 방법과 활동 그리고 시각 사용의 기회 부족은 CVI의 진보(개선)를 방해할 수 있다. 교육 팀의 구성원 모두가 CVI의 고유한 10가지 특성별로 '기회 빈도' '수정 적합성' '환경 적합성' 범주에 대해 점수를 매겨 보는 것이 필요하다. 단, '비전형적 시각 반사' 특성은 점수를 매기지 않는데, 그 이유는 앞서 밝힌 바와 같이 별도의 수정이나 중재 방법이 없기 때문이다. 따라서 '비전형적 시각 반사' 특성은 아동의 CVI 단계의 진행(CVI Ⅰ-Ⅱ-Ⅲ단계)에 따라 이 특성의 변화를 모니터링하되, 중재 목표로 설정하지는 않는다. CVI의 고유한 10가지 특성별로 '기회 빈도' '수정 적합성' '환경 적합성'을 '1, 2, 3' 숫자(3점 척도)로 평정하되, '1 또는 2'로 평정된 CVI 특성들은 다시 수정할 필요가 있다. '1'로 평정된 특성들은 교육 팀의 '중재 조정'이 가장 시급한 것으로 볼 수 있다. '3'으로 평정된 특성들은 교육 팀에서 적절하게 다루고 실행하는 것으로 볼 수 있다. 이 영역의 검토를 통해 '시각 사용의 빈도, 수정 적합성, 환경 적합성'을 다시 조정하여 중재하고, 3~4개월 후에 이 검토 양식의 평정 결과와 아동의 CVI 개선 여부를 다시 확인한다.

세 번째 영역은 교육 팀이 통제할 수 없는 요인을 고려하는 것으로, CVI 아동이 질병 또는 기타 요인으로 중재 활동이나 교육 활동에 참여할 수 없을 때 사용한다. 이 영역은 아동의 기능시각의 개선(즉, CVI I‒II‒III으로 진행)이 잘 이루어지지 않는 이유를 설명하는 데 필요할 수 있다.

정리하면, 'CVI Range 검토 양식'의 사용 목적은, 먼저 아동의 'CVI Range' 평가 점수의 정확성과 정보 수집 방법의 적합성을 살펴보는 것이다. 두 번째 목적은 아동에게 제공되는 CVI 중재 방법의 질과 양(빈도)을 검토하여 CVI의 고유한 10가지 특성별로 계획한 현행 중재 방법의 교체나 조정이 필요한지를 확인하는 것이다.

〈표 4‒10〉 'CVI I단계와 II단계' 아동용 'CVI Range' 검토 양식

CVI Range 검토 양식

아동 성명: 검토일자:
'CVI Range' 점수: CVI 단계:
교육 팀 구성원:

I. 'CVI Range' 평가 점수가 정확한가?
다음 질문에 '예 또는 아니요'로 응답한다.

질문	예	아니요
1. 면담, 관찰, 직접 평가 방법을 사용하여 자료를 수집하였습니까?		
2. a. 관찰 자료는 자연스러운 환경에서 수집되었습니까?		
b. 통제된 환경에서 수집된 직접 평가 자료는 아동의 최근 'CVI 단계'와 일치합니까?		
3. 'CVI Range'의 '평가척도 I'과 '평가척도 II'에서 아동이 획득한 두 점수 간 차이가 1.5점 이내입니까?		
4. '평가척도 II'의 점수가 '평가척도 I'의 점수와 같거나 더 낮습니까?		

5. '평가척도 I'에서 '천장 효과'까지 자연스럽게 진행되었습니까(natural progression)?		
6. '평가척도 II'의 CVI 개별 특성의 점수들은 비슷한 점수 분포를 보입니까?		

위 질문의 응답이 모두 '예'가 될 때까지 다음을 실행한다.

- 부모, 교사, 간호사 또는 가족과 추가 면담을 한다.
- 녹화 영상(물)을 사용한 경우, 영상을 다시 보면서 검토한다.
- 다시 한 번 다른 평가자와 공동으로 평가한다.
- CVI 아동 교육 및 중재에 전문성이 있는 교사 또는 전문가의 자문을 구한다.
- '평정 지침서'를 이용하여 검토한다.

II. CVI 중재 활동은 CVI 평가 결과(CVI Level)에 부합하는가?
가. 다음 4가지 측면에서 CVI의 고유한 특성들에 따른 중재의 적합성을 점검한다.
- 시각 사용의 기회 빈도
- 'CVI Range' 점수에 따른 '수정의 적합성'
- 'CVI Range' 점수에 따른 '환경의 적합성'
- 통제할 수 없는 요인

나. [가]의 평정 방법은 다음과 같다.
다음 '평정 기준'을 보고, 'CVI의 고유한 개별 특성'에 대해 평정 점수를 기록한다.

- 시각 사용의 기회 빈도의 평정 기준(3점 척도)

1(점): 하루 중 25% 미만 2(점): 하루 중 50% 이상 3(점): 하루 중 75% 이상

- 수정 적합성 정도의 평정 기준(3점 척도)

1(점): 아동을 위해 선택한 자료를 일부 수정하고 있다. 2(점): 아동의 CVI 단계에 기초하여 대략적으로 수정하고 있다. 3(점): 아동의 'CVI Range' 점수에 부합하게 수정하고 있다.

- 환경 적합성 정도의 평정 기준(3점 척도)

1(점): 아동의 'CVI Range' 점수와 부합하게 환경을 거의 통제하지 못하고 있다. 2(점): 아동의 'CVI Range' 점수와 부합하게 환경을 하루의 50% 이상 통제한다. 3(점): 아동의 'CVI Range' 점수와 부합하게 환경을 하루의 75% 이상 통제한다.

다. CVI의 고유한 개별 특성을 고려한 '중재의 적합성' 평가표

CVI 중재 방법의 조정이 가장 시급한 CVI의 고유한 특성은 '1(점)'로 평정된 항목이다. CVI 중재 조정이 필요한 특성들은 '시각 사용의 빈도 증가' '자료의 수정' '환경의 수정'을 다시 실행하고, 3~4개월 후에 중재 적합성 평가표를 다시 작성한다.

CVI의 고유한 특성	시각 사용 기회 빈도	수정 적합도	환경 적합도
특정 색상 선호			
움직임에 대한 요구(끌림)			
시각적 (반응) 지연			
특정 시야 선호			
시각적 복잡성의 어려움			
(1) 물체 표면의 복잡성			
(2) 시각적 배열의 복잡성			
(3) 감각 환경의 복잡성			
(4) 사람 얼굴의 복잡성			
빛에 대한 요구(끌림)			
원거리 보기의 어려움			
시각적 새로움의 어려움			
시각적으로 안내된 신체 도달의 어려움			

라. 통제할 수 없는 요인

아동의 CVI의 진보(개선)가 정체된 이유가 '질병으로 중재 활동에 참여할 수 없다.'처럼 교사가 통제할 수 없는 요인이라면, 다음의 3점 척도로 평정한다.

> 평정 점수:
> 1(점): 아동은 학교생활의 50% 이상을 참여하는 것을 방해하는 결석이나 건강 문제가 있다.
> 2(점): 아동은 학교생활의 25~50%를 참여하는 것을 방해하는 결석이나 건강 문제가 있다.
> 3(점): 아동은 교육 팀이 기대하는 수준으로 학교생활이나 학습 환경에 참여하고 있다.

※ '1(점) 또는 2(점)'로 평정된 '통제할 수 없는 요인들'은 CVI 진보(개선) 정체의 잠재 요인으로 고려할 수 있다.

8. CVI 아동의 보행 교육

　CVI 아동도 보행 교육이 필요한지 확인하기 위해 보행 평가가 필요할 수 있다. '안구 시각장애' 아동과 달리, CVI 아동은 CVI의 고유한 특성들의 영향으로 방향정위에 필요한 랜드마크와 단서를 인식하거나 해석하는 데 어려움이 있을 수 있다.

> Charles는 학교 수업 시간의 절반 정도를 특수학급에서 보내고 있는 8세 아동이다. Charles는 희귀 증후군을 가지고 있으며, 이 질환으로 CVI 진단도 받았다. Charles는 신체 운동 기능에는 문제가 없지만, 방향정위에 어려움을 보이며, 친구의 팔이나 등을 잡고 이동하는 것을 더 선호한다. Charles는 계단 근처에서 발로 더듬거리고, 가끔 계단이나 단차가 있는 곳에서 넘어지곤 한다. 교실에서 가만히 앉아서 하는 활동을 싫어해서 자기 자리를 이탈하여 교실을 돌아다니는 경우가 자주 있다. Charles는 천장이나 벽에 매단 움직이는 장식물이나 조명등에 시각적으로 끌리는 것처럼 보인다. 학교 심리학자는 부모에게 Charles가 '주의력 결핍/과잉행동 장애(ADHD)'의 가능성이 있다고 말했지만, 부모는 학교 심리학자의 의견에 동의하지 않았다.
>
> Charles는 지난 2년 간 보행 교육을 받고 있다. 보행 전문가는 Charles를 평가한 후, 주요 실내 환경과 이동 경로를 교육하고, 친숙하지 않은 보행 환경과 장소를 이해시키고자 단순한 지도(map)를 사용하였다. Charles가 선호하는 색상을 활용한 수정은 학교 실내 환경의 보행 단서를 시각적으로 학습하고 인식하는 데 도움이 되었다. 이제는 보행 전문가가 '반짝이는 노란색 물체나 재료'를 부착하는 수정을 하지 않아도, Charles는 자기 교실을 찾아간다. Charles는 교실에서 주요 광원을 등지고 앉도록 배치하고, 시각적 복잡성을 일으키는 자극이나 정보를 차단하고자 검은색 수직 보드를 사용하고 있다. Charles는 현장 학습을 갈 때, 여전히 다른 사람의 도움이 필요하지만, 흰지팡이를 능숙하게 사용하게 되면서 혼자서 이동하려는 시도가 많아졌다.

　Charles의 사례는 CVI 아동이 주변 사람들에게 '주의력결핍/과잉행동 장애(ADHD)'로 잘못 해석될 가능성이 있음을 나타낸다. Charles가 독립적으로 이동하는 데 어려움을 보이는 것은 '시각적 복잡성(복잡한 보행 환경)' '특정 시야 선호(하측 시야 기능의 결함)' '원거리 보기의 어려움(멀리 떨어진 랜드마크와 단서 확인의 어려움)' 같은 CVI의 고유한 특성들의 결과일 수 있다. 교실에서 Charles의 주의 산만도 '시각적 복잡성(복잡한 교실 환경)' '빛에 대한 요구(벽이나 천장 조명에 끌림)' '움직임에 대한 요구(천장에 매달려 움직이는 장식물에 끌림)' 같은 CVI의 고유한 특성들의 영향으로 학습 활동에 참여하는 데 어려움을 보였을 수 있다. 교사가 Charles를 주의 깊게 평가하기 전까지 이러한 행동이 CVI의 고유한 특성들의 영향인지, 'ADHD'의 문제인지 판단하기 어렵다. Charles가 방향정위를 하여 효율적으로 목적지까지 이동하는 데 어려움이 있다면, 보행 전문가는 'CVI Range' 평가를 통해 CVI의 고유한 특성들이 아동의 보행에 영향을 미치는 정도를 확인할 필요가 있다. CVI Range 평가 결과는 보행 교육에 중점을 둔 'CVI 보행 진전도 차트(CVI O & M Progress Chart)'와 함께 사용할 수 있다.

〈표 4-11〉의 'CVI 보행 진전도 차트'는 'CVI 진전도 차트'와 대체로 동일하다. 'CVI 보행 진전도 차트'는 'CVI의 고유한 특성별 영향 정도' 'CVI 단계 확인' '아동에게 필요한 환경 수정 레벨' 등에 관한 정보를 통합한 문서로 볼 수 있다. 아동의 CVI 여부를 확인하는 데 사용하는 'CVI Range 평가척도 I과 평가척도 II' 평가 양식들과 달리, 'CVI 보행 진전도 차트'는 보행 영역의 진전도(개선)를 모니터링하고, 맞춤형 보행 교육 프로그램을 개발하는 데 활용된다.

빨간색 문틀: 보행 환경의 '두드러진 특징'을 아동이 선호하는 색상으로 강조 표시한 사례

'CVI 보행 진전도 차트'는 기본적으로 'CVI Range'의 평가 정보를 활용하여 작성하지만, 보행 전문가가 보행 영역의 전문성을 고려하여 해석하는 것이 필요하다. 'CVI 보행 진전도 차트'는 CVI 아동이 안전하고 독립적인 보행을 하는 데 있어 CVI의 고유한 특성들의 영향 정도와 변화(개선)에 대한 정보를 제공한다. '보행 진전도 차트'는 'CVI 진전도 차트'와 대체로 동일한 방법과 절차로 작성한다.

- CVI 아동의 현재 해결된 시각적 행동을 기술하는 검사 문항'의 칸에 'X' 표시를 한다.
- CVI 아동의 현재 존재하는 시각적 행동을 기술하는 검사 문항의 칸에 '☐' 표시를 한다.
- CVI 아동이 '안구 시각장애를 수반하고 있어 일반적으로 할 수 없는' 시각적 행동'을 기술하는 칸에 '◯' 표시를 한다.

CVI 아동의 보행 교육 프로그램을 계획할 때도 CVI 중재를 위한 기본 지침과 원칙을 따르는 것이 필요하다. 보행 환경의 수정과 교수법은 CVI의 고유한 특성들과 그 영향 정도를 고려하여 계획해야 한다. 또한 CVI 보행 중재는 별도의 분리된 중재 활동이 아니라, 실제 보행 교육 활동 속에 CVI 중재 방법을 자연스럽게 삽입하여 통합하는 것이 효과적이다. 즉, CVI 아동의 보행 중재는 전통적으로 안구 시각장애 아동에게 적용해 온 보행 방법을 CVI의 고유한 특성들을 반영하여 수정할 필요가 있다. 예를 들어, 방향정위를 위해 사용하는 지도(map)는 CVI 아동이 선호하는 색상을 사용하고, 지도의 시각적 복잡성을 감소시키는 수정이 필요하다.

또한 CVI 아동을 위한 보행 수정은 보행 환경의 랜드마크와 단서에도 필요하다. 예를 들어, CVI 아동이 '특정 색상 선호(예: 노란색)' '움직임에 대한 요구(끌림)' '시각적 복잡성의 어려움' 같은 CVI의 고유한 특성들의 영향을 받고 있다면 보행 전문가는 아동이 자기 교실 입구를 확인하는 보행 단서가 되는 '정수기'에 '노란색의 빛을 반사하는 속성의 물체나 재료'를 추가로 부착할 수 있다. 이를 통해 CVI 아동은 '정수기'에 시각적 주의를 할 수 있게 되고, 나중에 정수기에서 '노란색의 반사하는 물체'를 제거하더라도 정수기를 시각적으로 확인하고 자기 교실을 찾아갈 수 있게 된다. 그러나 '노란색의 반사하는 속성을 가진 물체'를 벽에 부착하여 사용하는 것은 적절하지 않다. 그 이유는 벽은 아동이 목적지로 가는 경로를 확인하는 데 도움이 되는 보행 단서가 아니기 때문이다. 즉, 벽은 모든 교실마다 있는 것으로, 나중에 벽에 부착한 '노란색의 반사하는 물체'를 제거하게 되면 자기 교실을 일반 벽만 보고 확인하기 어렵다. 일반적으로 벽은 보행 환경의 두드러진 특징, 즉 랜드마크나 보행 단서로 활용하지 않는다.

이렇게 아동의 CVI의 고유한 특성들이 많이 해결되었더라도, 매우 새롭고(낯선) 복잡한 환경에서 보행하는 데 여전히 어려움을 보일 수 있다. 일반적으로 CVI Ⅲ단계의 아동은 '원거리 보기의 어려움' '특정 시야 선호' '시각적 복잡성의 어려움' 특성들이 계속 영향을 미친다. CVI Ⅲ단계의 아동은 시각 사용이 필요한 다양한 활동을 독립적으로 수행할 수 있고, 여전히 해결되지 못한 CVI의 고유한 특성들도 미묘한 정도로만 영향을 미치기 때문에 주변 사람들은 아동의 CVI의 고유한 특성들에 따른 시각적 행동을 쉽게 알아차리지 못한다.

안구 시각장애 아동과 마찬가지로, CVI 아동은 보행 전문가로부터 보행 교육을 받을 권리가 있다. 보행 전문가는 CVI 아동의 보행 능력과 CVI의 고유한 특성들의 영향 정도를 고려하여 맞춤형 보행 교육 프로그램을 제공해야 한다. 독립 보행은 모든 시각장애 아동의 중요한 목표이므로, CVI 아동의 보행 목표도 보행 전문가가 참여하는 교육 팀에 의해 결정되어야 한다.

| 아동이 선호하는 빨간색으로 표지판 수정 | 아동이 선호하는 노란색으로 이동 방향 표시 |

〈표 4-11〉 CVI 보행 진전도 차트

CVI의 고유한 특성들	CVI I단계		CVI II단계		CVI III단계
	• 시각적 행동 구축 시기 • 레벨 I 환경 중재		• 시각과 기능의 통합 시기 • 레벨 II 환경 중재		• CVI 특성의 정교화된 개선 시기 • 레벨 III 환경 중재
	CVI Range 1~2(0)	CVI Range 3~4(.25)	CVI Range 5~6(.50)	CVI Range 7~8(.75)	CVI Range 9~10(1)
특정 색상 선호	아동은 환경에서 가까운 거리에 있는 단색 특징(요소)에 시각적 주의를 할 수 있다.	아동은 강렬한 단색에 대한 선호가 지속된다.	아동은 1.2~1.8m 거리에 있는 2~3가지 색상의 물체나 환경의 특징(요소)에 시각적 주의를 할 수 있다.	아동은 더 많은 색상과 높은 대비의 지역에서도 시각적 주의를 할 수 있다.	아동은 보행을 위해 특정 색상 단서에 의존하지 않는다.
움직임에 대한 요구 (끌림)	아동이 바라보는 대상은 움직임 그리고/또는 빛을 반사하는 속성을 가지고 있다. 아동은 선풍기에 시각적으로 끌릴 수 있다.	환경에서 주변 요소의 '움직임'은 아동의 대상(보행 단서)에 대한 시각적 주의를 방해할 수 있다.	아동의 대상(보행 단서)에 대한 시각적 주의를 유도하는 데 '움직임'이 필요할 수 있다.	90cm~1m 20cm 거리에서는 아동의 시각적 주의를 유도하기 위해 대상의 '움직임'이 필요하지 않다. 다만, 그 이상의 거리에서는 대상의 '움직임'이 필요하다.	이제 아동은 근거리나 원거리에 있는 대상에 시각적 주의를 하기 위해 '움직임'이 필요하지 않다.

시각적 (반응) 지연	아동은 장시간의 시각적 (반응) 지연이 일어난다.	아동은 일정 시간 대상을 바라본 후에 시각적 (반응) 지연이 약간 감소할 수 있다.	아동이 피곤하거나, 스트레스가 있거나, 과도한 자극을 받을 때에만 시각적 (반응) 지연이 일어난다.	아동에게 시각적 (반응) 지연이 일어나는 경우가 드물다.	아동에게 더 이상 시각적 (반응) 지연이 없다.
특정 시야 선호	아동은 뚜렷한 특정 시야 선호를 보인다. 한쪽 눈은 주변 시각을 사용하고, 다른 쪽 눈은 중심 시각을 사용할 수 있다.	아동은 우측과 좌측 주변 시야를 모두 사용할 수 있으며, 주변 시야에 대한 강한 선호를 계속 보인다.	아동의 특정 시야 선호가 계속된다.	아동은 근거리와 원거리 활동에 우측과 좌측 주변 시야의 사용이 증가한다. 다만, 하측 시야 기능의 사용에 어려움이 지속될 수 있다.	이제 아동은 시야 사용에 제한이 없다.
시각적 복잡성의 어려움	아동은 감각적 방해(혼란)가 없는 엄격하게 통제된 환경에서만 시각적 주의를 한다. 아동은 타인의 보조를 받아 이동한다.	아동은 감각적 방해(혼란)가 통제된 환경의 경우, 근거리(90cm 거리 이내)에서 단순한 대상(보행 단서 등)에 시각적 주의나 고시를 한다.	아동은 친숙한 배경에서는 작은 소음을 견디면서 친숙한 대상에 시각적 주의를 유지할 수 있다. 아동은 수정한 보행 단서를 이용하여 정해진 경로를 따라 이동할 수 있다.	주변의 청각(소리) 자극을 견디면서 단순한 랜드마크나 보행 단서를 시각적으로 인식하고 활용하여 친숙한 경로를 이동할 수 있다.	아동은 매우 복잡한 환경에서만 독립 보행에 영향을 받는다. 아동은 환경에 설치된 표지판을 독립 보행(방향정위)에 사용할 수 있다.
빛에 대한 요구 (끌림)	아동은 빛에 지나치게 끌린다. 따라서 조명(빛)의 밝기를 낮추는 것이 필요할 수 있다.	아동은 빛에 덜(적게) 끌린다. 따라서 조명(빛)에서 다른 대상으로 시선을 돌릴 수 있다.	환경의 빛(조명)은 더 이상 아동의 시각적 주의를 방해하지 않는다. 아동에게 보행 환경의 랜드마크에 관한 사전 교육을 할 때 백라이트 장치를 사용하는 것이 도움이 된다.	조명(빛)은 아동에게 시각적 주의를 위한 닻(anchor)으로 기능을 하거나 방향정위에 도움이 될 수 있다.	아동의 빛에 대한 반응은 또래와 유사하다.

원거리 보기의 어려움	아동은 단지 근거리에서만 시각적 주의를 한다.	아동은 90cm~1m 20cm 거리에서도 단순한 환경이나 친숙한 환경의 움직이거나 커다란 친숙한 대상(물체)에 때때로(가끔) 시각적 주의를 한다.	아동의 시각적 주의가 1.2~1.8m 거리까지 증가한다. 환경이 복잡하면 이 거리가 감소할 수 있다.	움직임이 있는 대상(물체) 또는 친숙한 지역이나 복잡하지 않은 지역에서는 시각적 주의가 3m까지 증가한다. 대상(물체)의 '색상, 움직임, 크기'가 아동의 시각적 주의를 유도할 수 있다.	아동이 시각적 주의를 하는 거리가 6m 거리까지 증가한다. 아동은 이동 경로와 보행 단서 및 랜드마크를 기억하며 독립적으로 이동할 수 있다.
비전형적 시각 반사	아동은 안면 접촉 그리고/또는 시각적 위협에 눈 깜박임이 일어나지 않는다.	안면 접촉에 눈 깜박임이 있으나, 지연되어 일어난다.	아동은 안면 접촉에 일관된 눈 깜박임이 일어난다. 아동은 시각적 위협에 눈 깜박임이 간헐적으로 일어난다.	아동은 시각적 위협에 일관된 눈 깜박임이 일어난다. 아동은 장애물들이 다가오는 것을 예상할 수 있다.	시각 반사가 또래와 비슷하게 나타난다.
시각적 새로움의 어려움	아동은 친숙한 물체에만 시각적으로 반응한다.	아동은 평소 친숙한 물체의 특징을 가진 다른 물체나 환경의 특징에도 시각적 주의를 한다.	아동은 친숙한 색상으로 강조 표시한 랜드마크나 보행 단서에 시각적 주의를 한다.	몇 번의 친숙화 교육으로 기억하고 있는 환경의 물체와 보행 단서는 새로운 환경에서 시각적 주의를 불러일으킨다.	특별히 수정하지 않은 보행 환경에서도 랜드마크와 물체나 보행 단서를 선정하는 것이 가능하다.
시각적으로 안내된 신체 도달의 어려움	아동은 대상을 보고, 손을 뻗어 접촉하는 행위들이 별개로 (순차적으로) 일어난다.	아동은 1개의 선호하는 물체에 시각적으로 안내된 신체 도달이 가끔 일어난다(물체를 눈으로 보면서 동시에 손을 뻗어 접촉하는 행위가 일어난다).	아동은 친숙한 물체, 백라이트 자료, 단순한 형태 그리고 선호하는 색상의 물체에 시각적으로 안내된 신체 도달이 일어난다.	아동은 대상을 보고 손을 뻗어 도달하는 행위들이 동시에 일어나는 경우가 많다.	이제 아동은 대상을 보고 손을 뻗어 접촉하는 행위들이 항상 동시에 일어난다.

[표시 방법]

■ 표의 칸에 기술한 '시각적 행동(문항)'이 해결되었다면 '×' 표시를 한다.

■ 표의 칸에 기술한 '시각적 행동(문항)'이 아동의 현재 시기능을 나타낸다면 '▭' 표시를 한다

■ 표의 칸에 기술한 '시각적 행동(문항)'이 CVI와 함께 있는 안구 시각장애 질환으로 인해 일반적으로 도달할 수 없는 시각 기술과 시각적 행동이라면 '◯' 표시를 한다.

9. Kathy를 위한 계획

　이 절에서는 Kathy의 사례를 통해 CVI 중재 프로그램을 개발하는 방법을 보여 준다. Kathy는 해결해야 하는 CVI의 고유한 특성들을 가지고 있다. 부모, 담임교사, 시각장애 특수교사, 작업치료사, 물리치료사, 보행 전문가로 구성된 교육 팀은 Kathy의 개별화교육계획(IFSP/IEP)에 포함할 'CVI 중재 계획서와 일일 중재 시간표 (〈표 4-12〉 참조)'를 개발하였다. Kathy의 일과 활동과 관련하여 CVI 중재와 수정이 필요한 8가지 활동을 선정하였다. 또한 'CVI 중재 계획서와 일일 중재 시간표'는 교육 팀 구성원들이 Kathy의 CVI 중재를 통합할 일과 활동을 확인하는 데 도움이 된다. 교육 팀은 카페테리아, 교실 파티, 음악 수업 활동에 CVI 중재를 통합하여 다루기 어렵다고 결정하였다. 이들 활동은 사회적 또는 언어적 활동이므로, CVI 중재를 위한 환경 수정을 적용하는 것이 적절하지 않다고 판단하였기 때문이다.

〈표 4-12〉 Kathy의 CVI 중재 계획서와 일일 중재 시간표

개별화교육(IFSP/IEP)의 CVI 중재 계획서와 일일 중재 시간표

이 양식은 개별화교육계획서(IFS/IEP)와 일과 활동에 적용할 수 있는 'CVI 중재 고려사항'을 개발하는 데 도움이 된다.

아동 이름: Kathy Wong　　　　　날짜: 2017. 12. 12.
IFSP/IEP 팀 구성원: 부모, 작업치료사, 담임교사, 물리치료사, 시각장애 특수교사, 보행 전문가
'CVI Range' 점수: 5~6점　　　　　CVI 단계: II단계

◎ CVI의 고유한 10가지 특성 중, 아동의 시기능에 더 이상 영향을 미치지 않는 특성에 × 표시하시오.
＿＿특정 색상 선호
＿＿움직임에 대한 요구(끌림)
＿＿시각적 (반응) 지연
＿＿특정 시야 선호
＿＿시각적 복잡성의 어려움
　＿＿물체 표면의 복잡성
　＿＿시각적 배열의 복잡성
　＿＿감각 환경의 복잡성
　＿＿사람 얼굴의 복잡성

_____ 빛에 대한 요구(끌림)
_____ 원거리 보기의 어려움
_____ 시각적 새로움의 어려움
_____ 시각적으로 안내된 신체 도달의 어려움

◎ CVI의 고유한 10가지 특성 중, 아동의 시기능에 영향을 미치고 있는 특성에 × 표시하시오.
 × 특정 색상 선호
 × 움직임에 대한 요구(끌림)
 × 시각적 (반응) 지연
 × 특정 시야 선호
 × 시각적 복잡성의 어려움
  × 물체 표면의 복잡성
  × 시각적 배열의 복잡성
  × 감각 환경의 복잡성
  × 사람 얼굴의 복잡성
 × 빛에 대한 요구(끌림)
 × 원거리 보기의 어려움
 × 시각적 새로움의 어려움
 × 시각적으로 안내된 신체 도달의 어려움

〈일일 중재 시간표〉

시간별 일과 활동	활동과 관련된 CVI의 고유한 특성들	일과 활동의 CVI 중재와 수정
오전 9:00 버스에서 내려 교실로 이동하기	• 움직임에 대한 요구(끌림) • 시각적 배열의 복잡성 • 빛에 대한 요구(끌림) • 원거리 보기의 어려움	• Kathy가 이동 경로에서 방향을 바꾸어야 하는 곳인 '랜드마크와 코너'에 강렬한 색상의 마일러 재료를 붙여 강조 표시한다. • 교실로 가는 경로 중 복잡하지 않은 경로를 선정한다. • 태블릿 기기로 보행 랜드마크를 촬영해 모니터로 보여 주고, 실제 랜드마크와 연계해 지도한다. • 자연스러운 환경 조명(빛)을 보행 단서로 이용한다.
오전 9:30 아침 조회	• 특정 색상 선호 • 시각적 (반응) 지연 • 특정 시야 선호 • 시각적 복잡성의 어려움 • 빛에 대한 요구(끌림) • 시각적 새로움의 어려움	• 검은색 보드에 아침 조회 자료를 제시한다. • Kathy에게 친숙한 물체부터 제시하며 시작한다. • 아침 조회에 사용되는 자료의 주요 요소를 아동이 좋아하는 선명한 색상으로 강조 표시한다. • 아동에게 반응할 충분한 시간을 준다. Kathy의 시각적 참여가 활발해지면 시각적 (반응) 지연 시간도 점차 감소한다. • Kathy가 선호하는 시야 영역(방향)에 자료를 제시한다.

오전 10:15 작업 치료사 또는 교실 보조원과 소근육 운동 활동	• 특정 색상 선호 • 움직임에 대한 요구(끌림) • 특정 선호 시야 • 물체 표면/시각적 배열/감각 환경의 복잡성으로 인한 어려움	• 검은색 수직 보드에 자료를 제시하거나 Kathy가 다른 활동을 등지도록 자리 배치를 한다. • 새로운 자료에는 3가지 이하의 선호하는 색상을 사용한다. • Kathy가 대상을 바라보는 동안에는 구두 지시나 구어 촉진을 피하고, 바라보기 전과 후에 구두 지시 또는 구어 촉진을 시작한다. • Kathy가 선호하는 시야 영역(방향)에 자료를 제시한다.
오전 11:00 읽기 전 활동 (pre-reading)	• 특정 색상 선호 • 시각적 복잡성의 어려움 • 시각적 새로움의 어려움	• Kathy에게 친숙한 단어나 그림 상징으로 활동을 시작한다. • 선명한 색상으로 두드러진 특징에 강조 표시한다. • 두드러진 특징에 대해 구어 설명을 제공한다.
오후 13:00 물리 치료사, 보행 전문가, 교실 보조원과의 대근육 운동 활동	• 특정 색상 선호 • 움직임에 대한 요구(끌림) • 특정 시야 선호 • 감각 환경의 복잡성으로 인한 어려움 • 빛에 대한 요구(끌림) • 원거리 보기의 어려움	• 선명한 색상의 물리치료 기구를 선택한다(공, 밴드 등). • 원거리 활동에 빛이 나거나 움직임의 속성이 있는 물체를 사용한다. • 물리 치료 활동 중 일부는 Kathy에게 너무 다감각적이므로(감각 환경의 복잡성), 시각을 사용하도록 수정을 고려한다. • Kathy가 선호하는 시야 영역(방향)을 사용하도록 자세와 자리 배치를 한다.
오후 13:45 위생 및 자조 활동	• 특정 색상 선호 • 특정 시야 선호 • 시각적 복잡성의 어려움 • 시각적 새로움의 어려움	• 검은색 수건에 비누, 칫솔, 머리빗을 제시하되, 한번에 2~3개 이하의 물체를 제시한다. • 자조 활동에 선명한 색상의 생활 용품을 사용한다. • 친숙한 용품 또는 친숙한 용품과 유사한 특징을 가진 다른 용품을 사용한다. • Kathy가 선호하는 시야 영역(방향)에 제시한다.
오후 14:00 언어 활동	• 특정 색상 선호 • 물체 표면/시각적 배열의 복잡성으로 인한 어려움 • 시각적 새로움의 어려움	• 시각적 복잡성을 낮추기 위해 1~2가지 색상이나 이미지만 있는 단순한 2차원 자료를 선택한다. • 백라이트를 제공하기 위해 태블릿 기기를 사용하고, 2차원 자료에서 관련성이 없는 세부사항(요소)을 줄이거나 제거한다. • 친숙한 자료나 물체로 활동을 시작한다. • 노란색이나 빨간색으로 새로운 특징에 강조 표시를 한다. • 검은색 경사 보드에 자료를 제시한다.
오후 14: 45 하교 준비	• 특정 색상 선호 • 특정 시야 선호 • 시각적 복잡성의 어려움 • 빛에 대한 요구(끌림) • 원거리 보기의 어려움	• 하교 준비와 이동 경로의 환경 특징을 나타낼 때 선명한 색상의 대상(물체)을 사용한다. • 검은색 수직 보드 앞에 가방에 넣을 용품을 놓는다. • 셔틀버스까지 가는 경로는 복잡하지 않은 이동 경로를 선택한다. • 자연스러운 환경 조명을 보행 단서로 사용한다.

1. 카페테리아에서 점심 식사
2. 교실에서 친구 생일 축하 파티
3. ○○○
4. ○○○
5. ○○○

- 예: 교실 생일 파티는 생일인 아동의 부모가 준비하는 사회적 행사이므로, 아동의 CVI 요구를 고려하여 쉽게 수정하기 어렵다.

〈부록 4A〉

CVI 단계별 중재 제안(추천)

2003년부터 2008년까지 메릴랜드주, 델라웨어주, 버몬트주, 웨스트 버지니아주의 공동 프로젝트인 'CVI 멘토십 프로젝트'가 진행되었다. 이 프로젝트는 각 주에 CVI 중재 전문가(멘토)를 양성하고, CVI 아동, 가족 및 서비스 제공자들에게 전문화된 CVI 평가 및 중재 서비스를 제공하는 것이 목적이었다. 이 프로젝트는 크리스틴 로만 박사가 주도하여 CVI 멘토들을 훈련시켰다. 이 프로젝트 과정에서 나온 CVI 중재에 사용할 수 있는 제안과 아이디어를 제시하였다.

여기에는 교사 및 여러 분야의 전문가들이 CVI 아동과 활동할 때 사용할 수 있는 중재 방법을 제안하고 있다. 이 제안은 CVI 아동의 실제 사례에 기초하고 있으며, 이 사례와 동일한 CVI 단계에 있거나 동일한 CVI의 고유한 특성들과 지원 요구가 있는 아동을 중재하는 데 아이디어를 제공할 수 있다. 이들 제안과 아이디어는 완벽한 것이 아니라, 개별 CVI 아동을 평가한 후에 고려할 수 있는 중재 아이디어이다. 모든 CVI 아동에게 동일한 중재 방법을 제공하는 것은 적절하지 않으며, 개별 CVI 아동의 요구를 고려한 맞춤형 중재를 제공할 것을 다시 한 번 강조한다.

부록에 제시한 중재 제안이 CVI I단계, II단계, III단계에 따라 크게 다르지 않은 것처럼 보이는 경우도 있지만, CVI의 고유한 특성들의 영향 정도에 따라 이들 제안을 실행하는 데에는 차이가 있다. 예를 들어, '시각적 (반응) 지연' 특성과 관련하여 이를 해결하기 위한 중재 방법으로 CVI I단계와 II단계 모두 아동이 반응할 때까지 계속 기다려 줄 수 있지만, II단계에서는 I단계에 비해 시각적 (반응) 지연 시간이나 (반응) 지연 빈도가 감소한다. '시각적 복잡성의 어려움' 특성은 CVI II단계에서도 여전히 단순한 물체의 사용이나 환경의 수정이 필요할 수 있지만, CVI I단계에 비해 물체나 환경이 아동에게 미치는 영향이 감소하여 환경의 복잡성을 낮추기 위한 통제 정도가 감소한다.

1. 일반적인 중재 제안(추천)

1) CVI I단계: 시각적 행동 구축 시기

- Lekisha는 시각을 사용하지 못하기 때문에, 학교의 일과 활동 시간에 시각 사용을 연습할 수 있도록 중재 계획을 세워야 한다.
- Min이 일과 시간을 보내는 장소마다 Min이 볼 수 있도록 좋아하는 장난감이나 애장품을 놓아둔다. 예를 들어, Min이 의자에 앉아 있을 때 반짝이는 마일러 재질의 풍선을 의자 가까이의 좌우 측면에 두어 바라볼 수 있도록 한다. Min이 바닥에 누워 있을 때 놀이 기구(play gym frame)의 양쪽 측면에 '로프 조명등'을 매달아 바라보는 연습을 한다. Min이 일과 시간을 보내는 장소에 좋아하는 물체를 두어 바라보는 연습을 할 기회를 제공한다.

실내 놀이 기구

로프 조명

- Rashaun에게 무언가 바라보는 연습을 할 수 있는 다양한 기회를 제공한다. Rashaun이 휠체어나 자세유지기기에 앉아 있을 때 좋아하는 물체를 근거리에 놓거나 매달아 두어 볼 수 있게 한다.

아동의 근거리에 좋아하는 물체 제공

- Kaylee는 이제 시각을 사용하기 시작했으므로, 다양한 감각 자극이 통제된 환경에서 시각을 사용하는 연습 기회를 제공하는 것이 필요하다. Kaylee는 우선 장난감을 일관되게 바라볼 수 있어야 하고, 바라보는 물체의 개수를 단계적으로 늘려 나갈 필요가 있으며, 눈과 손을 함께 사용하도록 시도하는 것이 필요하다.

2) CVI II단계: 기능과 시각의 통합 시기

- 식사, 목욕, 장난감 놀이, 물리 치료 등 일과 활동에 친숙한 물체를 사용하고, 일과 활동에 시각을 통합하여 사용하도록 중재한다. Jennifer가 물체를 바라보고, 그 다음에 물체에 손을 뻗어 접촉하거나 사용하게 한다. 예를 들어, 식사할 때 밝은 색상의 숟가락을 사용하고, 숟가락으로 한 입 먹기 전에 먼저 숟가락을 잠시 바라보게 한다.

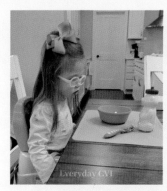

식사 환경 수정

• 일과 활동에서 Carlos가 가장 선호하는 색상의 물체를 사용하여 활동에 시각을 자연스럽게 통합하여 사용하도록 한다. Carlos가 물체를 바라본 다음, 손을 뻗어 접촉하거나 사용한다.

일과 활동에 시각 사용 기회 제공

• Judy의 중재 목표는 일과 활동에서 시각을 사용하고, 시각을 사용하여 주변 환경에 대해 배우고, 눈과 손을 함께 사용하는 것이다.
• Artie가 하루 중 머무는 장소마다 좋아하는 장난감이나 물체가 있다. Artie의 침대 옆에 좋아하는 장난감이나 물체를 둔다. Artie가 거실 바닥에서 놀 때 좋아하는 장난감을 옆에 놓아둔다.
• Boyd에게 장난감을 제시할 때 바라보지 않는다면 더 친숙한 장난감을 제시하여 바라보도록 한다. Boyd가 장난감을 바라본다면 적절한 물체를 사용하고 있는 것이지만, 바라보지 않는다면 더 단순하고 선호하는 색상의 물체를 더 선호하는 시야 영역(방향)에 제시하거나 다른 문제(아동이 피곤하거나 배고프거나 등)가 없는지 살펴본다.
• Adam은 매일 시각을 사용하는 연습이 필요하다. Adam이 좋아하는 장난감을 보는 연습에 사용한다. 먼저 Adam에게 장난감을 보여 주고 손을 뻗어 잡도록 한다. 그다음 장난감을 바라보고 손으로 조작할 시간을 준다. 하루 동안 이것을 반복한다.

아동이 좋아하는 장난감을 바라보고 접촉하는 연습

3) CVI III단계: CVI 특성의 정교화된 개선 시기

- 시각 기억(visual memory)을 발달시키기 위해 일과 활동에서 물체를 일관되게 제시한다. 그다음 의사소통 기술을 발달시키는 데 해당 물체(사물 상징)를 사용한다.

3차원 사물 상징 보완대체의사소통

- William과 어떤 활동을 하기 전에 시각 단서(visual cue)를 청각이나 촉각 단서와 짝으로 제시한다. 이를 통해 William은 다음에 하거나 일어날 일을 예상할 수 있다.
- Pilar는 'CVI Range' 평가에서 7~8(점)을 받았다. Pilar는 시각적 호기심이 증가하고 있으며, 주변에 있는 사람, 활동, 물체에 흥미를 보인다. Pilar는 주변에서 일어나는 일에 시각적 주의를 기울이고, 이를 학습할 수 있으며, 2차원 자료(그림, 이미지)를 보기 시작한다.
- Lauren의 시각적 행동은 종종 혼란스럽다. 어떠한 시각적 행동이 나타날 때도 있고, 그렇지 않을 때도 있기 때

문이다. 예를 들어, Lauren이 지난번에 특정 물체를 바라보았더라도, 오늘 동일한 물체를 다시 제시하면 바라보지 않을 수 있다. 아동의 일과 활동, 신체 접촉, 친숙함, 흥미 등은 시각적 주의를 시작하도록 촉진한다.

- Leah가 대상에 시각적 주의를 하고 있는지 확인한다. 만일 대상을 보지 않고 있다면 시각적 주의를 시작하는 전략을 사용할 필요가 있다. Leah의 CVI 중재 목표는 모든 일상 활동에서 자발적으로 시각을 사용하는 것이다.

2. CVI의 고유한 특성들의 중재 제안

1) '특정 색상 선호' 특성

(1) CVI I단계: 시각적 행동 구축 시기

- Jamie의 일관된 보기를 위해 선호하는 빨간색 물체를 사용하는 것이 필요하다. 따라서 Jamie에게는 반짝이거나 빛이 나는 빨간색 물체가 중재 활동에 적절하다. 이러한 속성의 장난감을 사용하여 보는 연습을 반복하면 이들 장난감에 익숙해지게 되어, 시각을 일관되게 사용하도록 하는 데 도움이 된다.

빨간색의 반짝이는 물체

- Latoya가 볼 수 있도록 반짝이는 황금색 물체를 사용한다. 반짝이는 황금색은 Latoya가 가장 좋아하는 색이기 때문에 다른 색상의 물체보다 더 일관되게 바라본다.

황금색의 반짝이는 털뭉치

발광하는 공

- Ming을 위해 반짝이는 속성의 빨간색이나 황금색의 종이, 바람양말, 풍선, 로프 조명 등을 포함하는 중재 꾸러미 세트를 만든다. 이들 물체는 Ming이 대상을 보는 연습을 할 기회를 준다.

  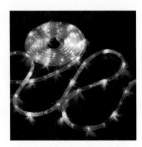

움직이는 빨간색 바람양말   반짝이는 마일러 풍선   로프(형) 조명

- Raymond에게 대상(물체)을 제시할 때는 단색 물체를 사용하고 청각 자극(정보)을 통제한다. Raymond가 가장 좋아하는 장난감으로 놀이를 시작하고, 새로운 장난감을 소개하려면 Raymond가 좋아하고 친숙한 장난감의 두드러진 특징(녹색, 반사하는 속성, 단순한 디자인)을 가진 다른 장난감을 선택한다. Raymond가 평소에 보는 것을 좋아하는 물체를 관찰하여 중재 도구 꾸러미 세트에 포함한다.
- Taylor와 과제나 활동을 시작할 때 빨간색 물체(items)를 제공한다. Taylor는 반사하는 속성의 빨간색 교구를 사용할 때 가장 빠르게 시각적 반응을 보인다. 컵, 숟가락, 칫솔, 빗 등과 같이 매일 사용하는 물체는 빨간색으로 구입하거나 빨간색 천과 종이를 감싸 강조 표시를 한다.

일과 활동에 사용하는 물체에 빨간색으로 강조 표시

(2) CVI II단계: 기능과 시각의 통합 시기

- 1~2가지의 밝은 색상으로 된 장난감을 사용한다. Jon은 다양한 색상을 볼 수는 있지만, 1~2가지의 색상으로 된 장난감을 선호한다.

1가지 색상의 인형

2가지 색상의 인형

- 일과 활동에 Eille가 선호하는 색상(금색, 노란색, 빨간색)의 물체를 사용한다. 예를 들어, 식사나 간식 시간에 빨간색 숟가락을 사용하고, Ed가 입을 열기 전에 숟가락을 먼저 바라보도록 한다. 물을 마시는 노란색 컵을 사용할 때도 이러한 절차를 따른다.

선호하는 색상의 식사 도구

- Benito가 선호하는 색상의 물체를 사용한다. Benito는 여러 색상을 볼 수는 있지만, 파란색을 선호한다. 파란색 장난감과 물체를 사용하여 Benito가 바라보도록 촉진한다.

파란색 인형

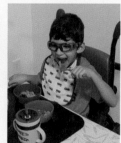

파란색 간식 그릇

- Billy에게 '움직임'의 속성이 있는 새로운 색상의 물체를 도입한다. 예를 들어, Billy는 빨간색과 금색을 바라보므로, 반짝이는 빨간색이나 금색 물체를 먼저 도입한다. 이를 통해 '시각적 새로움의 어려움' 특성과 '움직

임에 대한 요구(끌림)' 특성을 고려할 수 있다.

(3) CVI III단계: CVI 특성의 정교화 시기

• Jake의 시각적 주의를 유도하기 위한 방법으로 색상을 사용한다. Jake가 동화책에서 토끼의 바지 색깔을 이야기한 것처럼, 시각적 주의에 도움이 되는 색상을 활용한다.

아동이 선호하는 색상을 사용한 그림책

• Quentin에게 학습 정보를 제공할 때 필요에 따라 색상 정보를 추가한다. 예를 들어, 학교 환경에서 밝은 색상의 랜드마크를 선정하여 방향정위를 지도한다. Quentin이 흑백 그림을 시각적으로 해석하는 데 도움이 되도록 윤곽선 그림에 색상을 넣는다.

• Sean에게 색상을 시각적 '닻(anchor)'의 수단으로 사용할 때 가장 친숙하고 선호하는 색상(예: 빨간색, 노란색, 파란색, 녹색)을 사용한다.

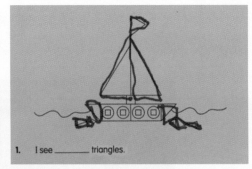

선호하는 색상(빨간색)을 시각적 '닻(anchor)'으로 사용한 사례
−자동차의 구조(좌), 배의 구조(우)

• Jacob은 밝은 색상의 장난감을 바라본다. 이들 장난감은 2~3가지 기본 색상(빨간색, 노란색, 녹색, 파란색)으로 구성된 장난감을 사용한다. 많은 색상의 장난감은 세부적인 요소들이 너무 많아져서 Jacob이 보기에 어렵다.

• Sophie는 선호하는 색상이 없지만, 색상을 사용하여 시각적 주의를 해야 하는 곳을 알도록 지원할 수 있다.

새끼 고양이를 빨간색으로 강조 표시하는 것처럼, 시각적 주의가 필요한 다른 곳에 빨간색으로 강조 표시를 한다.

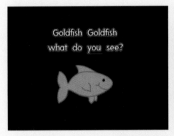

알파벳 글자와 단어에 빨간색으로 강조 표시

- Arnie는 선호하는 색상이 없지만, 색상과 반짝이는 속성의 재료가 시각적 주의를 유도하는 데 도움이 될 수 있다. Arnie가 스위치, 그림(pictures)에 시각적 주의를 하도록 빛이 나거나 반짝이는 재료를 부착할 수 있다.

스위치에 반짝이는 재료 부착   반짝이는 비닐과 빨간색 테두리로 그림 상징 카드 강조 표시

2) '움직임에 대한 요구(끌림)' 특성

(1) CVI I단계: 시각적 행동 구축 시기

- Hunter가 물체에 시각적 주의를 하도록 약간 움직여 준다. 움직이는 것처럼 보이는 반짝이거나 빛을 반사하는 속성의 장난감을 사용한다.

움직이는 속성의 반짝이는 물체

- 움직이거나, 반짝이거나, 반사하는 재료는 대상의 위치를 찾는 데 도움이 된다. 반짝이는 재료를 사용하고 물체를 약간 움직여서 Jimmy가 바라보도록 한다. 바람양말이나 풍선처럼 자연스럽게 움직이는 물체가 유용하다.

자연스럽게 움직이는 풍선과 바람양말

- 움직이거나, 빛이 나거나, 반사하는 속성의 물체가 Carlos에게 도움이 된다. 시각을 사용하는 연습에 반짝이는 빨간색 물체를 이용한다. 예를 들어, 빨간색 빛을 반사하는 금속성 털뭉치, 반짝이는 마일러 풍선, 빨간색 스팽글(sequins), 반짝이는 빨간색 화환 등을 사용할 수 있다. Carlos가 물체를 바라보도록 물체를 약간 움직여 주고 바라볼 때까지 기다려 준다.

반짝이는 털뭉치   반짝이는 빨간색 스팽글   반사하는 빨간색 장식 화환

- Latoya에게 움직임의 속성이 있는 황금색 메탈 재료를 사용한다. 여러 가지 황금색 또는 노란색 물체를 Latoya의 좌측 시야 영역(방향)에 제시하고 물체를 약간 움직이면서 바라볼 때까지 기다려 준다.

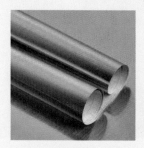

금속성 황금색 종이 재료   반사하는 속성의 물체를 움직여 주기

(2) CVI II단계: 기능과 시각의 통합 시기

• 스위치에 반짝이는(움직임의 속성) 재료를 부착한다. Christy가 스위치를 눌러 작동시키기 전에 먼저 바라보도록 한다.

• Cara의 좌우 측면 영역(방향)에 장난감을 제시하고, 약간 움직여 주어 시각적 주의를 유도한다.

(3) CVI III단계: CVI 특성의 정교화 시기

• Peter가 원거리에 있는 대상에 시각적 주의를 하도록 도움이 되는 '움직임'의 속성을 사용한다. 즉, 멀리 있는 물체에 시각적 주의를 하도록 물체를 움직여 준다. 예를 들어, Peter가 국기에 대한 경례를 위해 깃발을 바라보도록 하려면 깃발을 흔들어 준다.

흔들리는 국기를 바라보는 장면

• Joshua의 시각적 주의를 유도하는 데 '움직임'의 속성이 도움이 된다. 교사가 장난감을 제시할 때 Joshua가 장난감을 바라보지 않는다면 시각적 장난감을 조금 움직여 준다.

• Tim은 빛이 나는 장난감을 더욱 잘 바라보므로, 반짝이는 색상의 장난감을 사용한다. 반짝이는 종이 또는 재료를 장난감에 부착하여 시각적 주의를 유도하고 유지하도록 촉진할 수 있다. 예를 들어, 그림책을 만들 때 밝고 반짝이는 그림이나 모양을 사용한다.

반짝이는 종이

반짝이는 금속 재질의 장난감

별 모양에 반짝이는 재료 부착

- '움직임'은 Jesica의 시선을 집중시키는 데 도움이 된다. Jesica는 시각적 움직임의 효과를 얻기 위해 스스로 머리를 움직이기도 한다. Jesica의 시각적 주의를 유도할 수 있는 반짝이는 재료로 스위치, 사진 등에 강조 표시를 한다.

- Nick이 원하는 물체를 선택하려면 2가지 물체를 번갈아 바라보아야 한다. Nick이 2가지 물체를 번갈아 바라보지 못한다면 교사가 각 물체를 번갈아 가며 흔들어 준다.

3) '시각적 (반응) 지연' 특성

(1) CVI I단계: 시각적 행동 구축 시기

- 시각적 (반응) 지연은 아동에게 무언가를 제시한 시점부터 아동이 그것을 바라보는 시점까지 걸리는 시간이 또래보다 긴 것이다. Chris는 모든 시각 과제를 수행할 때 시각적 (반응) 지연을 보이지만, 선호하는 좌측 시야 영역(방향)에 선호하는 물체(빨간색의 반짝이는 물체)를 제시하면 시각적 (반응) 지연이 감소한다.

- Chris는 물체가 은색이거나 우측 시야 영역(방향)에 제시하면 바라보는 데 더 긴 시간이 필요하다. 그러나 충분한 시간을 기다려 주면 물체를 향해 고개를 돌리고 바라볼 수 있다.

- Teisha와 시각 과제를 수행할 때 과제에 필요한 물체를 바라볼 때까지 기다려 준다. 물체를 제시하고, Teisha가 시각적 반응을 보일 때까지 조용히 기다려 준다.

- Devin에게 장난감을 제시하고 바라볼 때까지 기다려 준다. Devin에게 시각을 사용해 보도록 요구하고, Devin이 시각을 사용하는 중에는 말을 걸거나 다른 청각 자극(정보)을 제공하지 않는다. Devin이 물체를 바라볼 때까지 충분한 시간 동안 선호하는 시야 영역(방향)에 물체를 두고 유지한다.

- Maria는 시각적 (반응) 지연 시간이 매우 길다. Maria의 좌우 시야 영역(방향)에 장난감을 놓으면 시각적으로 인식하고 고개를 돌려 바라보는 데 오랜 시간이 걸린다.

(2) CVI II단계: 기능과 시각의 통합 시기

- Ellie의 모든 활동에 시각적 (반응) 지연을 고려한다. 물체를 제시하고 Ellie가 바라볼 때까지 기다린다. Ellie가 물체를 바라보는 것을 촉진하기 위해 물체를 약간 움직여 줄 수 있다.

- Carrie는 물체를 보는 데 오랜 시간이 걸리는 경우가 잦다. Carrie에게 시각 자극(정보)을 제시할 때 속도를 조절하고 기다려 준다.

- Billy가 장난감을 바라보지 않으면 바라볼 때까지 기다려 준다. 장난감을 약간 움직여 시각적 주의를 유도할 수 있다.

- Benito가 무언가를 바라보는 것은 자연스럽게 일어나는 일이 아니다. 일과 활동에서 물체를 제시하고, Benito가 물체와 상호 작용하거나 물체를 사용하기 전에 먼저 물체를 바라보도록 기다려 준다. 예를 들어, 목욕 시간에 파란색 목욕 타월(또는 목욕 장난감)로 씻기기 전에 먼저 타월을 바라보도록 한다. 모든 일과 활동에 시각 사용을 통합하여 중재하면 매일매일 자연스럽게 시각을 사용할 기회가 주어진다.

(3) CVI Ⅲ단계: CVI 특성의 정교화 시기

- Caleb가 장난감을 바라볼 때까지 기다려 준다. 장난감을 제시하거나 당신이 Caleb에게 다가가서 장난감이나 얼굴을 바라볼 때까지 기다린다.

4) '특정 시야 선호' 특성

(1) CVI Ⅰ단계: 시각적 행동 구축 시기

- Kyle의 좌측 시야와 중앙 시야 영역(방향)에 장난감을 제시한다. Kyle이 해당 시야 영역(방향)의 장난감을 일관되게 바라보면, 장난감을 우측 시야 영역(방향)으로 옮겨 제시한다.
- Latoya가 선호하는 좌측 시야 영역(방향)에 물체를 제시한다.
- Cynthia의 좌우 시야 영역(방향)에 물체를 제시하고, 시야 중앙에는 제시하지 않는다. Cynthia는 좌측과 우측 시야 영역(방향)에 있는 물체를 바라보지만, 시야 중앙에 있는 물체는 보지 못한다.
- Charlie가 원하는 물체를 선택할 수 있도록 물체를 제시할 때 처음에는 좌측 시야 영역(방향)에 물체를 번갈아 제시한다. 그다음에는 좌측 시야 영역(방향)에 2개의 물체를 동시에 제시하고 선택하도록 한다.
- Sammy의 중앙 시야 영역(방향)에 물체를 제시한다. Sammy가 시야 중앙에 제시한 물체에 반응하지 않으면 물체를 약간 움직여 주거나 구어 촉진을 한다('앞에 있는 ○○○을 보거라'). Sammy가 물체에 시각적 반응을 할 때까지 기다려 준다.

(2) CVI Ⅱ단계: 기능과 시각의 통합 시기

- Melanie의 시야 좌측, 우측, 중앙 영역(방향)에 장난감을 제시한다. Melanie가 우측 시야 영역(방향)에서 보는 것이 더 어렵기 때문에 우측 시야 영역(방향)에는 가장 동기를 잘 유발하는 장난감을 제시한다. Melanie가 좌측 시야 영역(방향)을 더 선호하고 더 잘 보기 때문에 좌측 시야 영역(방향)에는 더 복잡한 장난감(여러 가지 색상으로 구성)을 제시한다. 따라서 장난감을 우측 시야 영역(방향)에 제시할 경우, 더 많은 시간을 기다려 주어야 한다.

(3) CVI Ⅲ단계: CVI 특성의 정교화 시기

- Harry의 시야 중앙과 우측 영역(방향)에 장난감을 제시한다. 좌측 시야 사용의 어려움을 보상하기 위해 고개를 좌측 방향으로 더 돌려 보도록 지도한다.
- Michaes는 선호하는 시야 영역(방향)이 없지만, 가끔 도전이 되는 자세(예: 자세유지기기 사용 등)로 서 있는 경우에 하측 시야 영역(방향)에 있는 물체를 알아차리지 못한다. Michaes가 서 있는 자세에서 활동할 때는 가장 좋아하고 시각적으로 동기를 유발하는 장난감을 사용한다.

서기 자세보조기기(stander)

- Lateef가 하측 시야 영역(방향)을 보는 데 어려움이 있는 것을 고려하여 경사 보드에 자료를 제시한다. 경사 보드는 Lateef가 머리를 똑바로 세워서 바라보도록 촉진한다.

경사 보드 사용

5) '시각적 복잡성의 어려움' 특성

(1) CVI I단계: 시각적 행동 구축 시기
- Delonte가 무언가를 보고 있을 때는 다른 것을 할 수 없다. 이것은 Delonte가 많은 것에 자극을 받을 때, 즉 물리치료 활동이나 오전 서클 타임 활동에서 시각을 적절히 사용하기 어려울 수 있음을 의미한다. Delonte는 조용하고 한적한 시간에 대상을 바라보는 연습을 하는 것이 필요하다.
- Chang에게 검은색 배경에 단순한 시각 정보를 제시한다. Chang이 의자에 앉아서 활동할 때 쟁반에 검은색 천을 덮고 천 위에 물체를 놓는다. 그리고 Chang이 바닥에 앉아 활동할 때 전면의 시각적 혼란을 차단하고자 검은색 수직 보드를 놓는다.

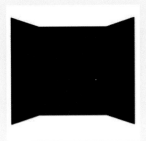

삼중 접이식 수직 보드

검은색 수직 보드로
환경 복잡성 감소

수직 보드로 책상 앞의
복잡성 감소

- Katie는 바닥에서 자세유지기기를 사용하여 편안한 자세로 있을 때 시각을 가장 잘 사용한다. 물리치료 활동처럼 Katie에게 도전이 되는 운동 기술을 수행해야 할 때 시각을 잘 사용하지 못할 수 있다. 따라서 물리치료 활동에 시각 사용을 위해서는 최적의 치료 자세를 취하는 것이 필요하다.

편안하고 바른 자세를 지원하기 위해 자세유지기기 사용

- Stephanie는 대상을 바라보면서 동시에 손을 뻗어 접촉할 수 없다. Stephanie가 물체와 상호작용하기 전에 먼저 물체를 바라보도록 한다. Stephanie에게 노란색 슬링키나 금색 구슬 같은 것을 먼저 보여 주고, 그 다음 손을 뻗어 접촉하도록 한다.

시각적으로 안내된 신체 도달의
어려움

금색 구슬

단순한 배경에 슬링키 제시

- Melika는 소리를 들으면서 대상을 보는 데 어려움이 있다. 시각 사용 능력을 향상시키기 위해 소리가 발생하지 않는 장난감을 사용한다. 장난감에서 음악 소리가 나면 소리로 인해 장난감을 바라보지 못한다.

- Celest가 시각 과제에 집중할 수 있는 조용한 시간대를 선택한다. 외부 소음과 시각적 주의를 산만하게 하지 않게 공간을 조성한다. 머리 위의 조명을 끄고 단순한 배경을 사용하고 주변 소음을 줄여서 감각적으로 복잡하지 않은 교실 공간을 만든다. 교사의 옷, 물체, 벽에 걸려 있는 그림 등 Celeste를 둘러싼 환경의 모든 요소를 고려한다. 본 활동 전에 Celest가 가장 좋아하는 빨간색의 금속성 물체를 준비 활동에 사용할 수 있다.

- 시각을 사용하는 것이 중재 목표라면 경쟁하는 청각 자극(정보) 없이 단색의 물체를 사용한다. Elijah의 장난감 중 상당수가 소리가 나므로, 인과 관계의 학습이나 혼자(독립) 놀이에는 좋다. 그러나 소리가 나는 장난감은 Elijah가 시각을 사용하도록 하는 데 효과적이지 않으며, 오히려 시각 사용을 방해할 수 있다. 장난감이나 물체를 도입할 때, Elijah가 선호하는 친숙한 장난감의 두드러진 특징(예: 빨간색이나 노란색, 반짝이는, 대비가 높은, 단순한)과 유사한 다른 장난감을 사용하되, 단순하고 대비되는 배경에 제시한다.

- Matthew는 사람들의 얼굴을 향해 고개나 몸을 돌린다. Matthew가 상대방의 목소리를 듣고 상대방의 얼굴을 바라볼 때까지 잠시 조용히 기다려 준다. Matthew는 다른 사람의 목소리를 들으면서 얼굴을 바라보는 것을 동시에 하기 어렵다. 얼굴과 목소리가 동시에 제시되면 Matthew는 얼굴을 바라보는 것보다 목소리를 듣는 것을 더 선호할 수 있기 때문에 경쟁하는 청각 자극(목소리 등) 없이 얼굴을 바라볼 시간을 주는 것이 필요하다.

- Elizabeth는 대상을 볼 수 있으나, Elizabeth가 잘 바라보지 않는 물체를 제시할 때는 복잡성을 줄여 주는 것이 필요하다. Elizabeth가 복잡하지 않은 공간에 자리가 배치되어 있는지 확인한다. 예를 들어, 주변 배경이 단순한가? 주변 환경에 많은 소리가 들리지는 않는가를 주의 깊게 살펴본다.

(2) CVI II단계: 기능과 시각의 통합 시기
[참고] CVI II단계의 아동은 물체 또는 환경에 대한 제한이 상대적으로 적다. 약간 더 복잡해도 되며, 청각 자극 또는 시각적 산만함의 통제를 적게 해도 된다.

- 단순하고 선호하는 검은색 배경을 사용하여 시각 정보를 단순하게 제시한다. Tori가 의자에 앉거나 바닥에 앉아서 활동할 때 쟁반에 검은색 천을 덮고 그 위에 물체를 놓아 사용한다.

- 자극이나 정보의 제공을 단순하게 유지한다. Erica는 장난감을 보면서 동시에 소리를 듣는 데 어려움이 있다. Erica는 장난감에서 나오는 음악을 들을 수 있지만 동시에 장난감을 바라보지 못한다. 필요에 따라(인과 관계 지도 등) 이러한 종류의 장난감을 사용할 수 있지만, 이러한 장난감은 소리로 인해 시각의 사용을 방해할 수 있다는 점에 유의한다. 슬링키처럼 Erica가 만지고 놀 때 소리가 나지 않는 장난감을 제공한다.

빨간색 슬링키   소리 나는 장난감

- 어려운 운동 기술을 사용해야 할 때는 슬링키 같은 Jornaya가 좋아하는 물체를 사용한다. 소리가 나지 않는 물체를 제시하여 감각 정보의 복잡성을 줄인다. 장난감을 만지고 소리를 듣기 전에 먼저 장난감을 바라보도록 한다.
- 바닥에서 활동을 하거나 바닥에 장난감을 놓을 때는 Tyrelle이 보기 쉽게 짙은 단색이나 검은색 담요를 사용한다.
- Matt에게 어려운 신체 자세는 시각 사용을 방해한다. 어려운 운동 기술을 배울 때는 반짝이는 금색 털뭉치 같이 Matt가 가장 좋아하는 물체를 사용한다.
- Cam은 시각을 사용하여 여러 가지 색상으로 된 장난감을 볼 수 있고, 복잡한 장난감 배열 속에서 특정 장난감을 찾을 수 있다. 그러나 단순한 배경에 단순한 색상의 장난감을 제시하거나 장난감을 단순하게 배열하면 시각적 주의를 높이고 유지하는 데 도움이 된다.
- 감각 정보의 복잡성을 줄인다. Kelly는 상대방의 얼굴을 바라보면서 동시에 상대방이 하는 말을 듣지 못할 수 있다. 누군가가 Kelly에게 말을 건 후에 잠시 조용히 있으면서 Kelly가 상대방을 바라볼 때까지 기다려 준다.
- Sonia가 활동에 참여하는 동안, 배경 음악, 시끄러운 대화 등을 통제함으로써 감각 환경의 복잡성을 줄인다.
- 어려운 운동 기술을 수행할 때 슬링키나 반짝이는 종이같이 Jordan이 가장 좋아하는 물체를 사용한다. 운동 요구가 높을수록 시각 과제를 더 쉽고 단순하게 수정한다. 시각 과제가 어려운 경우, 보다 편안한 자세를 지원하는 기구(예: 착석 기구)를 제공한다.

착석지원기기   반짝이는 종이

- 조명(빛), 음악, 다양한 색상과 패턴(무늬)이 있는 다감각 장난감의 사용을 제한하여 장난감의 복잡성을 줄인다. Brendan은 음악이 나오는 장난감을 좋아할 수 있다. 이러한 종류의 장난감은 손으로 조작하면 음악이 나오기 때문에 인과 관계를 학습하는 데 도움이 되지만, Brendan은 음악을 들으면서 장난감을 바라볼 수 없다. 따라서 이러한 장난감은 인과 관계를 가르치는 데 사용하고, 시각을 사용하여 장난감의 위치를 찾는 활동에는 이러한 장난감을 사용하지 않는다. Brendan의 기능시각이 점차 향상되면 장난감의 음악 소리를 들으며 볼 수 있다.
- 신체 운동의 요구가 높은 활동(예: 지지된 앉기, 팔로 지지하기)에 참여해야 할 때는 Byron이 평소 보는 것을 가장 좋아하는 물체를 사용한다. 의자에 앉거나 등을 대고 앉기처럼 신체 지지를 잘 받으면 더 어려운 시각 과제도 수행할 수 있다. 예를 들어, Byron이 새로운 장난감을 보도록 하고 싶다면 자세를 보다 완전하게 지지해 주는 기구를 사용하는 것이 도움이 된다. Byron이 운동 기술을 연습하기를 바란다면 반짝이는 바람개비나 좋아하는 장난감을 사용한다.
- 사람들의 얼굴을 바라보도록 촉진한다. 누군가가 Demonte에게 말을 한 후, Demonte가 상대방의 얼굴을 볼 때까지 조용히 기다려 준다. Demont는 타인의 얼굴을 보고 목소리를 듣는 것을 동시에 수행하는 데 어려움이 있다.

사람의 얼굴 바라보기

- 한 번에 제시하는 장난감의 수를 1개로 제한하여 복잡성을 줄인다. Alexi에게 한 번에 너무 많은 장난감을 제시하면 장난감을 바라보는 데 어려움이 증가한다.

편안하게 지지된 자세로 1개의 좋아하는 장난감 제시

(3) CVI Ⅲ단계: CVI 특성의 정교화 시기

'복잡성'은 CVI의 고유한 특성들 중에 가장 해결하기 어려운 특성이다. CVI 아동의 시각적 어려움이 상당히 해결되더라도 복잡성으로 인한 시각적 문제는 계속 남아 있을 수 있다.

- Danny가 과제 수행 중에 장난감이나 사람 얼굴을 보지 않는다면 과제를 더 단순화한다. 한 번에 너무 많은 장난감을 꺼내 놓는 것처럼 과제를 복잡하게 만들 수 있는 요소들이 있는지 살펴본다. 예를 들어, Danny의 앞에 너무 많은 장난감, 조명(빛), 여러 가지 소리, 다양한 움직임이 있거나, 무언가를 보면서 하는 어려운 신체 동작(예: 대상을 보면서 모방해 점프하기), 주변에 많은 사람과 물체, 소음이 있는 새로운 환경 등이 해당된다.
- Kyle이 대상을 바라보도록 구어로 촉진한다. Kyle이 대상을 바라보는 반응이 항상 즉각적으로 이루어지는 것은 아니지만, '여기 보세요.' '공이 빨간색이다.' 같은 구두 정보가 Kyle의 시각 사용을 촉진할 수 있다.
- William은 친숙한 색상과 물체를 더 잘 본다. William에게 어려운 개념이나 새로운 개념을 가르칠 때 William이 선호하는 색상을 사용한다. William이 신체 활동 과제에 참여할 때 시각적으로 더 쉽고 단순하게 만든다. 과제가 어려울수록 과제에 포함된 시각적 구성 요소들을 더 쉽고 단순화한다.
- 라이트 박스를 사용하여 복잡성을 줄인다. 라이트 박스에 놓인 물체는 시각적으로 더 두드러지며 잘 보이는 효과가 있다.

라이트 박스의 활용

- 식당, 복도 같은 매우 복잡한 환경에서 Patrick이 시각을 사용하는 데 어려움을 보일 수 있다는 것을 이해하고, 적절히 지원한다.
- 단순하고 평이한 배경에서는 한 번에 1개의 장난감만 제시하여 시각적 과제의 복잡성으로 인한 영향을 줄인다. 당신이 어떤 옷을 입고 있는지, 벽이나 선반에 어떠한 물체가 있는지, 아동의 앞이나 뒤에 무엇이 있는지 등을 포함하여 주변 배경의 복잡성을 살펴본다. 매우 어수선하고 복잡한 배경은 Tommy가 보아야 하는 대상을 분리하여 보는 것을 방해한다.

<table>
<tr><td>복잡한 배경</td><td>단순한 배경</td></tr>
</table>

- Kenny가 무언가를 보고 손을 뻗어 접촉하기를 바란다면 편안하고 안정된 신체 자세도 복잡성을 줄이는 효과가 있다. 신체 운동 기술을 사용하면서 동시에 보아야 하는 과제는 Kenny에게 어려울 수 있다.
- Joseph은 거울을 볼 준비가 되어 있다. 거울 속에 자기 얼굴 외에 보이는 주변 환경의 이미지로 인한 시각적 복잡성이 생기지 않도록 한다.
- Felipe에게 다음에 할 일을 미리 설명하면 대상을 바라볼 준비를 할 수 있다.
- Nathan은 2차원 자료(그림)를 볼 수 있다. 단순한 배경에 단순한 이미지가 있는 자료를 사용한다. Nathan에게 책을 보여 줄 때 단순화한다. 검은색 가림판으로 필요한 부분만 보이도록 관련 없는 정보를 가린다.

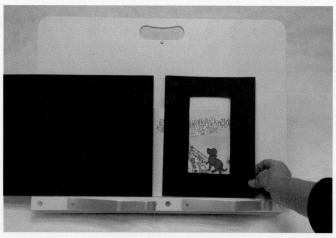

가림판을 사용하여 그림책 보기

- Kim이 반짝이는 수도꼭지에 시각적 주의를 기울이도록 세면대 벽면을 단순한 배경으로 만든다.
- 가능한 한 시각적 혼란을 피한다. Darci가 보아야 하는 대상을 배경으로부터 분리하여 바라볼 수 있도록 간식 시간, 책상에서의 과제 수행 시간, 서클 타임 등의 일과 활동에 단순한 배경을 사용한다.

시각적으로 복잡한 배경

간식 시간의 단순한 배경

책상 주변의 단순한 배경

- 시각적 혼란은 『Where's Waldo?』 그림책을 반복하여 보는 것과 같다. Waldo가 책의 페이지에 혼자 있을 때는 쉽게 찾고 바라볼 수 있지만, 전형적인 'Waldo's Waldo' 책에서는 복잡한 배경에서 Waldo를 찾으려면 오랜 시간을 살펴보아야 한다.

『Where's Waldo』 그림책

혼자 있는 Waldo

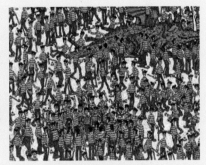
복잡한 배경 속의 Waldo

- Ann-Marie가 자료를 바라보지 않으면, 바라보도록 돕기 위해 자료를 만져 보도록 한다.
- 손 위 손 안내법(hand-over-hand)을 통한 촉진을 삼간다. 어른이 Alana의 손을 잡고 움직이면, Alana가 자신이 하고 있는 것을 바라보지 못하게 방해할 수 있다. 오히려 Alana는 움직이는 손을 볼 수 있다.

손 위 손 안내법 사용하지 않기 (×)

- Sam은 3차원 물체에서 2차원 그림(사진)을 보는 것으로 전환하는 과정에 있다. 3차원 물체에서 2차원 자료로 전환하려면 실제 물체와 물체 그림을 짝지어 제시하는 것이 필요하다. Sam이 보고 있는 물체와 똑같

은 물체 사진이어야 하며, Sam이 좋아하는 장난감과 사람들의 얼굴 사진을 사용한다. 단계적으로 3차원 물체를 소거하고, 특정 그림(사진)이 어떤 물체를 의미한다는 것을 알고 있는지 확인한다.

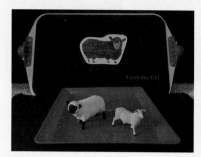

그림과 실물을 짝으로 제시하기

- CVI가 있는 시청각장애아인 Shoshanna를 지도할 때는 FM 보청기 시스템을 사용하도록 함으로써 배경 소음을 차단하고, 환경의 복잡성을 감소시킨다.
- Roberto와 'I spy' 게임을 한다. 이때 목표 물체를 찾는 데 도움이 되는 '두드러진 특징'이나 '색상'을 이용하도록 지원한다.
- 이제 Jessica는 그림(사진)을 볼 준비가 되어 있다. 단순한 배경에 1~2개의 이미지만 있는 그림책을 사용한다. 그림이 점차 복잡해지면 색상 단서를 사용하도록 한다.

'I spy' 게임 활동지　　　　　　　노란색을 단서로 오리 찾기

- 시각적 혼란을 줄이기 위해 책 페이지에 제시된 정보의 양을 줄인다. 정보를 줄이는 방법으로 페이지를 확대하거나 확대경을 사용하거나 정보 양이 적은 페이지 위주로 보는 방법이 있다. 페이지를 확대하거나 확대경을 사용하면 페이지의 주변 정보가 안 보이는 효과가 있다.
- 인쇄 자료의 배경이 시각적 혼란을 주는지 확인한다. Mark는 단순한 단색의 배경을 선호한다.
- Frankie가 과제를 수행하는 장소에 벽에 붙은 장식물이나 사진 같은 시각적 방해 요소가 없는지 확인한다. Frankie가 수행하는 과제와 경쟁하지 않도록 단순한 벽에서 과제를 수행한다.

- Will은 오랜 시간 동안 읽기 활동을 하기 어렵기 때문에 내용이 길고 복잡한 책을 읽을 수 있는 대안적인 방법을 사용한다. 예를 들어, 오디오북이나 컴퓨터 화면 읽기 프로그램을 사용하거나 인쇄 자료를 스캔하여 컴퓨터 모니터에서 확대하여 읽을 수 있다.

- 읽기 활동을 할 때, 점진적으로 읽는 분량을 늘려 나간다. 페이지를 체계적으로 주사하기 등의 읽기 기술을 계속 지도한다. Phillip은 페이지의 글이나 그림을 좌측에서 우측으로, 상측에서 하측 방향으로 체계적으로 주사하며 본다.

| 컴퓨터 모니터를 사용하여 읽기 | 조명을 이용하여 읽기 활동에 시각적 주의 높이기 |

- Tamara는 복잡한 활동지나 책 페이지에서 무언가를 보려면 도움이 필요하다. 교육 팀은 활동지(학습지) 복잡성을 줄이기 위해 다양한 전략을 사용한다. 한 페이지에 있는 단어의 수를 줄이고, 단어를 색상으로 구분하거나 윤곽선으로 강조 표시한다. 또한 그림에 색상으로 윤곽선을 그려 강조한다. 색상으로 윤곽선을 그려 강조하는 전략은 보아야 하는 대상을 주변 배경이나 다른 요소들과 분리하는 데 도움이 된다. Tamara의 학업 활동 전반에서 이러한 전략을 계속 사용한다.

선호하는 색상으로 윤곽선을 그려 강조 표시하기

- Margaret가 시각을 사용하도록 하는 데 구어 전략을 사용한다. Margaret에게 무엇을 찾아야 하는지 설명하면, 시각을 사용하는 데 도움이 될 수 있다. 예를 들어, "모자를 쓴 고양이인 'Sally'는 항상 머리에 빨간 리본을 달고 있어."라고 말해 준다. Margaret가 사진 속에서 'Sally'를 찾는 것을 돕기 위해 Sally의 두드러진 특징을 구어로 설명해 준다.

그림책에서 Sally 찾기

- Cathy가 사람들의 얼굴과 표정에 시각적 주의를 하도록 지도한다. Cathy가 어떠한 얼굴과 표정을 찾아야 하는지 학습하면, 사람들의 얼굴 표정을 더 잘 알아차릴 수 있다.

사람들의 얼굴과 표정 학습

- 친숙한 사람들의 얼굴이 있는 사진을 사용한다. Keva가 얼굴 정보를 분류하는 데 도움이 되는 표정 같은 '두드러진 특징'을 지도한다.
- '알파벳 p는 우측에 원이 있고 긴 꼬리가 있다.' 'd는 좌측에 원이 있고 긴 막대가 붙어 있다.'와 같이 알파벳 글자의 '두드러진 특징'을 이야기한다.

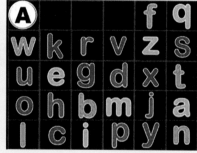

CVI 아동을 위한 알파벳과 숫자 카드: 선호하는 색상이나 윤곽선으로 강조 표시

6) '빛에 대한 요구(끌림)' 특성

(1) CVI I단계: 시각적 행동 구축 시기

- Stevie가 바닥에 있으면 빛이 눈에 더 잘 들어와서 빛을 응시하는 행동이 촉진되므로, 의자에 앉아서 활동을 한다. Stevie가 의자에 앉아 있을 때 앞이나 옆에 마일러 풍선, 엘모 장난감, 바람양말 같은 물체를 놓는다. 특히 풍선이나 바람양말처럼 움직임의 속성이 있는 대상(물체)을 제시하여 시각적 주의를 유도한다. Stevie가 이들 물체를 더 잘 바라보게 될수록 빛을 응시하는 행동이 감소한다.
- Melina가 햇빛이 들어오는 창문을 마주보지 않도록 자리를 배치한다. 교육 팀은 자리 배치를 바꾸어 Melina가 창문이 아니라 물체를 바라보기 바란다.

CVI 아동의 빛에 대한 끌림

- Andre를 광원(빛)으로부터 멀리 배치하고, 머리 위의 조명등을 꺼서 빛을 응시하는 행동을 감소시킨다.
- Jose가 대상을 바라보도록 유도하는 수단으로 '빛'을 활용한다. Jose가 선호하는 파란색 조명이나 녹색 조명을 사용한다. Jose가 물체를 바라보도록 라이트 박스에 물체를 놓거나 물체 뒤에서 조명등을 비추어 물체를 바라보도록 촉진한다.

라이트 박스에 물체 제시   빛이 나는 슬링키   물체 뒤에서 조명 비추기

- Sujin이 대상을 바라보는 행동을 시작하도록 방법으로 '빛'을 사용할 수 있다. 라이트 박스에 친숙한 물체를 제시하거나 손전등을 사용하여 물체를 비춘다. 다만, 아동이 빛 자체를 바라보는 활동이 되지 않도록 유의한다. Sujin이 물체를 바라보도록 빛을 이용하여 과제의 참여를 유도한다.

시각적 주의를 위한 빛의 사용

(2) CVI II단계: 기능과 시각의 통합 시기

- Marisa가 복잡성을 줄인 교실에서 눈과 손을 함께 사용하도록 하는 데 빛이 도움이 되는지를 확인하고자 라이트 박스에 자료를 놓고 사용해 본다.
- Danny의 뒤쪽에서 손전등을 장난감에 비추어 장난감에 시각적 주의를 유도하되, 빛으로 주의가 산만해지지 않게 한다.
- Jillian의 시각적 주의를 산만하게 하는 창문 같은 광원이 있는 곳을 마주 보지 않도록 자리를 배치한다.

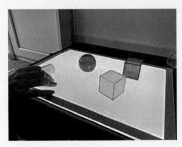

라이트 박스 사용   손전등 사용

- Kellan의 시각적 주의를 높이기 위해 라이트 박스를 사용한다. 라이트 박스를 사용하여 대상의 세부사항(요소)에 시각적 주의를 기울이고 시각 변별 기술을 발달시키는 학습을 지원한다.
- Brent의 시각적 주의를 위해 빛이 나오는 회전 장난감 같은 빛을 활용하고, 라이트 박스에서 활동을 수행한다.

라이트 박스 활동   불빛이 회전하며 나오는 장난감

• Patrick이 광원을 향하여 앉지 않도록 하고, 옆이나 뒤에 광원(빛)이 위치하도록 한다.

(3) CVI Ⅲ단계: CVI 특성의 정교화 시기

[참고] '빛 응시(light-gazing)' 특성은 일반적으로 CVI Ⅲ단계에서 해결된다. 그러나 아동의 시각적 주의를 촉진하기 위해 빛(조명)을 사용할 필요성이 남아 있을 수 있다.

7) '원거리 보기의 어려움' 특성

(1) CVI Ⅰ단계: 시각적 행동 구축 시기

• Lilly에게 물체를 제시할 때는 30~45cm의 근거리에서 제시한다.
• Brenden은 30~45cm의 근거리에 있는 물체만 바라본다. 따라서 Brenden이 볼 수 있도록 물체를 가까운 곳으로 옮긴다.
• Ashley에게 물체를 제시할 때 손이 닿을 수 있는 거리에 둔다. Ashley가 볼 수 있는 거리를 고려하고, 손으로 물체를 탐색할 기회를 준다.

근거리에 자료 제시하기

(2) CVI Ⅱ단계: 기능과 시각의 통합 시기

• Fely로부터 30~60cm 떨어진 거리에 물체를 계속 제시한다. Fely의 동기를 유발하는 물체를 점진적으로 더 멀리서 제시함으로써 원거리에 있는 대상을 볼 수 있도록 한다.
• Nora가 물체와 사람을 바라볼 수 있는 거리를 유지한다.

(3) CVI Ⅲ단계: CVI 특성의 정교화 시기

• Tristan은 어떤 소리가 들리거나 무언가 움직이는 것을 감지하면 시각적 호기심을 보인다. 원거리에 있는 대상에 시각적 주의를 하도록 시각적 호기심을 이용한다.
• 과제를 수행할 환경의 '중요한 특징'을 미리 살펴본다. 일단 Denny가 환경에 친숙해지면 무엇이 있는지 기

억하고 과제를 더 잘 수행할 수 있기 때문이다.

- Marty가 지금 보고 있는 것에 대한 구두 정보를 제공한다. Marty가 시각 정보를 해석하거나 무언가를 찾는 데 도움이 되는 언어 기술(언어 촉진 등)을 사용한다.

- Brittany가 방향정위를 하는 것을 돕기 위해 복도에 밝고 다양한 색상의 랜드마크를 사용한다. 복잡한 보행 환경에서 무엇을 찾아야 하는지 설명해 줌으로써 방향정위 과제를 좀 더 단순하게 만든다. 예를 들어, Brittany에게 복도에 있는 대형 그림이나 큰 화분 같은 물체를 찾도록 한다.

- 교육 팀은 Annie와 가까운 곳에 자료를 놓는다. 반 친구가 칠판을 보면서 과제에 참여할 때 Annie는 자기 책상에서 판서 내용과 동일한 인쇄 자료를 본다. Annie가 칠판처럼 멀리 있는 정보를 가까이서 볼 수 있도록 사본을 제공한다.

- Douglas는 근거리에 있는 대상을 잘 본다. 이제 1~2m 떨어진 곳에 있는 대상에도 시각적 주의를 기울이기 시작한다. Douglas가 좋아하는 장난감을 얼마나 멀리서 볼 수 있는지 확인하고, 볼 수 있는 거리에 제시한다.

8) '시각적 새로움의 어려움' 특성

(1) CVI I단계: 시각적 행동 구축 시기

- Bryce가 일관되게 바라보는 장난감의 속성(특징)과 유사한 새로운 장난감이나 물체를 소개한다. 새로운 물체의 개수는 1~2개로 제한하고, 새로 도입한 물체를 일관되게 바라볼 수 있을 때까지 충분히 연습한다.

- Jamal에게 새로운 장난감을 제시했을 때 바라보지 않는다면, 더 친숙한 장난감을 제시한다. CVI I단계의 중재 목표는 '일관된 시각적 행동을 구축'하기 위한 연습을 제공하는 것이다. CVI 아동의 현재 수준에 맞는 물체를 사용하여 연습하는 것이 중요하다

- 수업에서 Jamal이 일관되게 바라볼 몇 가지 물체를 선정하고, 이 물체를 반복적으로 사용한다. 그리고 이 물체와 유사한 속성을 가진 새로운 물체를 도입하여 지도할 수 있다.

- Kelsey에게 친숙한 물체를 계속 제시한다. Kelsey가 물체를 바라보는 연습을 시작할 때 매일 바라보도록 하고, 선호하는 색상 및 복잡성의 요구가 낮은 물체를 사용한다. Kelsey가 주변 환경의 물체를 스스로 바라보기 시작하면 새로운 다른 물체를 도입할 준비가 된 것이다.

(2) CVI II단계: 기능과 시각의 통합 시기

- Patty가 일관되게 바라보는 장난감의 속성과 유사한 새로운 장난감이나 물체를 도입한다. Patty에게 새로운 장난감을 제시할 때 보지 않는다면 더 친숙한 장난감을 먼저 제시하여 바라보게 한 후에 다시 새로운 장난감을 제시한다. 일과 활동에 사용되는 새로운 물체를 사용한다. 일과 활동 중에 반복적으로 사용하다 보면 Patty가 이들 물체에 친숙해지고 잘 바라볼 수 있게 된다.

- Ramon이 일관되게 바라보는 장난감의 속성(예: 빛이 나는, 선호하는 색상 등)과 유사한 새로운 장난감이나 물체를 도입한다.

- Taylor는 친숙한 물체를 잘 본다. 이와 동일한 종류와 특징의 다른 물체를 사용하면 Taylor가 지루해하지 않

을 것이다. Taylor는 친숙한 장난감을 선호한다. Taylor가 일관되게 보는 장난감의 속성(색상 등)과 유사한 새로운 장난감이나 물체를 도입한다.

• Malik에게 시각적 새로움을 제한한다. Malik가 보고 싶어 하는 물체를 선정하여 해당 물체를 바라보는 연습을 한다. Malik는 시각 정보를 사용하면서 친숙한 물체가 보기에 더 보기 쉽다는 것을 인식하고 있다. 매일매일의 일과 활동에서 동일한 물체를 사용하도록 한다. 예를 들어, 매일매일 식사 시간마다 동일한 파란색 숟가락을 사용한다.

(3) CVI III단계: CVI 특성의 정교화 시기

• Foster는 친숙한 색상과 물체를 더 잘 바라본다. 도형(shapes)처럼 어렵거나 새로운 개념을 지도할 때 Foster가 좋아하는 색상을 사용한다.

아동이 선호하는 색상의 사용

• Thad에게 친숙하고 좋아하는 장난감을 제공하고, 새로운 장난감은 제한한다. 너무 많은 장난감이 새로운 것이면 Thad는 보는 데 관심이 가지 않거나 보지 못할 수 있다. Thad가 이미 볼 수 있는 장난감과 유사성을 가진 새로운 장난감을 제시한다.

• Brooke이 새로운 자료를 배우고 시각적 주의를 하도록 새로운 자료를 손으로 만져 보는 것을 허용한다.

• 교실에서 이루어지는 여러 활동에 동일하거나 유사한 학습 자료를 사용한다. 친숙함은 Kamiah가 시각적 주의를 하는 데 도움이 된다. 학습 자료의 반복적인 사용은 Kamiah가 해당 자료에 친숙해져서 잘 보는 데 도움이 된다.

• Peter는 3차원 물체로부터 2차원 그림(사진)을 보는 것으로 전환하고 있다. 3차원 물체로부터 2차원 자료로 전환하려면 실제 물체와 해당 물체 그림(사진)을 짝을 지어 함께 제시하는 것이 필요하다. Peter가 보고 있는 물체와 똑같은 물체 사진이어야 한다. Peter가 좋아하는 장난감 및 사람의 사진을 사용하고, 점진적으로 실제 물체를 제거하면서 그림이 어떤 물체인지를 이해하고 있는지를 확인한다.

9) '시각적으로 안내된 신체 도달의 어려움' 특성(대상을 바라보면서 동시에 손을 뻗어 접촉하는 행위의 어려움)

(1) CVI I단계: 시각적 행동 구축 시기

- Jennifer가 눈으로 물체를 발견하고, 머리나 눈을 다른 방향으로 돌린 다음, 물체에 손을 뻗어 접촉하도록 한다. 이 과정에 Jennifer에게 말을 걸지 않는다. '물체를 바라본다-고개를 돌린다-다시 물체를 본다' 같은 패턴은 Jennifer가 물체에 손을 뻗어 접촉하기 전에 여러 번 반복될 수 있다.

- Rasheed가 바라보고 손을 뻗어 접촉할 수 있는 곳에 물체를 놓는다. Rasheed가 바닥에 앉아 있을 때는 하측 시야 영역(방향)의 물체를 보기 어려운 점을 고려하여 바닥에 두지 말고 매달아 놓는다. Rasheed의 손목에 금색 마일러 풍선을 부착하여 팔을 움직일때마다 움직이는 풍선을 바라보도록 한다. 이러한 활동은 Rasheed가 눈과 손을 함께 사용하는 법을 학습하도록 돕는다.

시각적으로 안내된 신체 도달의 어려움   손목에 매단 풍선

(2) CVI II단계: 기능과 시각의 통합 시기

- Becky는 자신의 손을 보면서 동시에 손을 사용하기가 어렵다. Becky의 손이 장난감을 접촉하기 전에 먼저 장난감을 바라보도록 한다. Becky가 장난감을 가지고 놀 때 장난감을 쳐다보지 않더라도 장난감을 만지고 조작하기 전에 이미 장난감을 눈으로 보았다. Becky가 바라보고 손을 뻗어 접촉하는 데 사용할 수 있는 적절한 장난감 목록(예: 슬링키 등)을 구성하고, Becky의 시각-운동 기술(visual-motor skills)을 발달시키는 데 사용한다.

좋아하는 물체를 사용한 시각적으로 안내된 신체 도달 연습

• Shawna가 장난감에 손을 뻗어 접촉하기 전에 먼저 장난감을 바라볼 기회를 준다. Shawna의 시각적 지연을 기다려 주고, '움직임에 대한 요구(끌림)' 특성을 고려해 장난감을 움직여 주어 바라보도록 촉진한다.

시각적으로 안내된 신체 도달을 위해 반짝이는 털뭉치를 움직이기

• Paul이 대상을 바라보고 두드리거나 눈과 손을 함께 사용하여 조작하는 법을 배우는 데 작은 놀이방(Lily Nielsen의 Little Room 모델)을 사용한다.

Lily Nielsen의 Little Room

• Zachary는 바람개비를 바라보고 팔을 뻗어 접촉하도록 한다. Zachary가 장난감을 접촉할 수 있는 곳에 놓음으로써 눈과 손을 함께 사용할 수 있도록 돕는다. 바람개비 날개의 움직임은 Zachary가 바람개비를 바라보도록 촉진한다. 처음에는 Zachary가 우연히 바람개비 날개가 회전하도록 하지만, 반복 연습을 통해 자신의 행위가 바람개비 날개를 움직인다는 것을 알게 될 것이다. 또한 마일러 재질의 풍선(파란색, 빨간색, 금색)을 Zachary의 손목에 부착함으로써 팔을 움직일 때마다, 풍선이 움직이고 다시 움직이는 풍선을 바라보게 된다.

(3) CVI Ⅲ단계: CVI 특성의 정교화 시기

- Vince가 양손으로 물체를 접촉하여 조작하기 전에 먼저 물체를 바라보도록 한다.
- Jackson이 손을 사용하는 것을 다른 사람이 도와줄 때, Jackson이 시각도 함께 사용하고 있는지 확인한다. 그렇지 않다면 시각을 함께 사용하도록 지원한다.
- Bobby는 좋아하는 장난감에 손을 뻗고 두드린다. Bobby는 운동장애를 수반하고 있기 때문에 눈과 손을 함께 사용하는 데 어려움이 있다. Bobby는 자신이 원하는 무언가를 바라보고 손을 뻗어 잡을 수 있다는 것을 알고 있다. Bobby가 시각 사용에 집중하도록 안정되고 편안한 신체 자세로 있는지 확인한다. 또한 Bobby가 만지면서 볼 수 있는 적절한 곳에 장난감을 둔다. 마일러 재질의 풍선을 손목에 부착하여 팔을 움직이도록 하고, 팔이 움직일 때마다 움직이는 풍선을 바라보도록 한다.
- Spencer가 '쓰기' 같은 시각-운동 과제를 수행하는 것을 지원하기 위해 써야 할 위치를 시각적으로 인식하도록 노트 라인을 선호하는 색상으로 강조 표시한다. 이제는 Spencer가 무언가를 보기 위해 색상에 의존하지는 않지만, 색상은 보아야 할 것을 배경과 분리하여 보는 데 여전히 도움이 된다. Spencer가 학습지에서 써야 하는 부분을 빨간색으로 강조 표시하면 써야 할 위치를 인식하는 데 도움이 된다.

읽기와 쓰기를 위해 빨간색으로 강조 표시

- Roy는 '쓰기'에 어려움을 보이므로, 쓰기 과제 일부는 구술하도록 한다. Roy는 스마트폰이나 컴퓨터의 음성 인식 프로그램을 사용하여 음성 입력이나 녹음을 한다.
- Jake는 간단한 동작을 바라보고 모방할 준비가 되어 있으나, 운동 기능의 제한으로 모방하는 것이 어려울 수 있다. 흔들기, 쓰다듬기, 박수치기 같은 간단한 동작부터 보고 모방하는 것으로 시작한다. 먼저 다른 사람이 Jake의 동작을 모방하도록 하고, Jake는 다른 사람이 자신을 잘 모방하는지 시각적으로 확인한다. 그다음으로 다른 사람의 친숙한 동작을 Jake가 보고 모방하도록 하고, Jake가 잘 모방하는지 확인한다.
- Corey가 손가락으로 집어 먹는 간식 같은 작은 물체를 바라보면서 동시에 손을 뻗어 접촉하는 연습을 하도록 한다.
- 인과 관계(cause-and-effect)를 강화할 수 있는 시각-운동 기술(visual-motor skills)을 사용한다. Garrett가 좋아하는 장난감에 손을 뻗어 전원을 작동시키도록 한다. 반짝이는 물체처럼 '움직임'의 속성이 있는 장난감을 사용하면 Garrett가 물체에 손을 뻗어 작동시키는 행동을 촉진할 수 있다.

- Ernesto가 장난감이나 물체를 만지면서 상호작용하기 전에 먼저 장난감이나 물체를 바라보도록 한다.
- 때때로 다른 사람이 물체를 Christopher의 손에 접촉하면 Christopher가 물체를 향해 손을 뻗어 접촉하려는 시도를 촉진할 수 있다. 손 위 손 안내법(hand-over-hand)을 사용하여 Christopher가 물체를 향해 손을 뻗어 접촉하는 것을 도우려고 하지 말고, 스스로 손을 뻗어 도달하도록 한다.

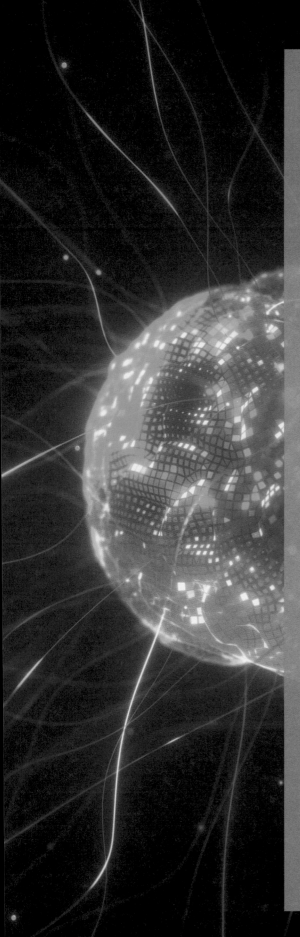

제5장

부모의 역할과 참여

학습목표

- CVI 아동의 평가와 중재 과정에 부모 참여의 중요성을 이해한다.
- CVI 아동의 부모 면담을 효과적으로 실시한다.
- CVI 아동의 교육권이 보장되도록 옹호하고 지원한다.

---

1. 전문가로서의 부모
2. 부모 및 가족 면담의 중요성
3. 가족 면담
4. 전문가의 직접 평가 이해
5. CVI 아동의 옹호와 인식 개선

1. 전문가로서의 부모

부모는 자녀에 대해 가장 잘 아는 사람이다. 부모 및 가족은 CVI 아동이 어떻게 시각적으로 반응하는지와 일상생활에서 CVI의 고유한 10가지 특성이 나타나는지에 관한 중요한 정보를 가지고 있다. 부모가 전문가로부터 CVI 아동의 중재 방법에 대해 듣고 싶은 것처럼, 전문가 역시 CVI의 고유한 특성들이 아동에게 어떻게 영향을 미치고 있는지에 대해 부모 의견을 먼저 듣는 것이 필요하다. 부모는 가장 신뢰할 수 있는 CVI 아동의 관찰자이다.

CVI 전문가들은 평소 CVI 아동에 대해 잘 알고 있는 사람들이 제공하는 정보에 관심을 가질 필요가 있으며, 특히 부모가 하는 말에 경청할 필요가 있다. CVI 전문가들이 부모를 협력자로 인식한다면 CVI 아동의 시각 발달과 기능시각을 개선할 수 있는 최고의 환경과 기회를 만들 수 있다.

딸 Maria는 7세로 경련성 사지마비, 뇌성마비, CVI 등 심각한 복합(중복)장애를 가지고 있다. Maria의 복합장애는 저산소성 허혈성 뇌병증을 포함해 선천성 질식증(birth asphyxia)에 따른 2차 장애이다. Maria가 신생아 중환자실에서 퇴원할 당시에 병원 직원들이 우리를 아주 측은하게 여겼던 것을 기억한다. 그들 중 어느 누구도 Maria에 대해 작은 희망적인 기대도 하지 않았다.

나는 얼마 지나지 않아 Maria가 시각장애와 청각장애도 있다는 사실을 알게 되었다. Maria는 생후 3개월쯤에 병원에서 CVI 진단을 받았다. 내가 가장 힘들었던 것은 CVI 진단을 받고 나서 적절한 지원 방법이나 중재에 관한 아무런 제안이나 권고를 받지 못했다는 것이다.

Maria는 물리치료, 작업치료, 언어치료, 시기능 훈련, 마사지, 놀이치료 등 다양한 치료 활동과 서비스를 받았다. 그러나 이들 활동을 담당하는 전문가들은 매번 Maria에게 무언가를 하려고 시도하였으나, Maria가 소리를 지르는 것으로 활동이 끝났다.

나는 조기 중재팀에 Maria가 밤에 더 잘 보는 것 같다고 말하였다. 가족들의 Maria에 대한 관찰 내용은 밤과 낮, 매일매일, 장소 등에 따라 일관되지 않고 다르게 나타났다. 그 다음번 조기 중재팀 회의에서 나는 Maria가 욕조에서 더 잘 보는 것 같다고 말하였다. 조기 중재팀은 번번히 나의 의견은 무시하였다. 조기 중재팀은 "글쎄요, 그건 사실이 아닐 겁니다. 잘못 보거나 이해하신 거예요."라고 말하였다. 나의 의견은 조기 중재팀에게 쓸모없다고 생각하게 되었다.

Maria가 생후 2년 4개월이 되었을 때 기존에 하던 대부분의 치료 활동을 중단하였다. 이전에 치료사들의 활동을 관찰하면서 배웠던 것들의 일부를 수정하여 Maria의 일과 활동에 적용해 보았다.

나는 Maria가 생활하는 환경을 낮은 조명, 주변 소음 차단, 덜 어수선한 환경 등으로 수정하였다. 한 달쯤 지나자 Maria는 완전히 다른 아이가 되었다. 장난기 많고 밝고 명랑한 아이로 변하였다. Maria는 더 이상 하루 대부분을 울며 보내지 않았다.

　이제 Maria는 7세가 되었다. 나와 가족들은 Maria가 시각 발달의 중요한 시기를 놓쳤다는 사실을 알고 매우 실망하였다. 우리가 만났던 전문가들 중 한 명이라도 Maria 같은 CVI 아동에게 무엇을, 어떻게 해야 하는지 알고 있는 사람이 있었다면 나와 가족, 그리고 Maria의 많은 것이 달라졌을 것이다. 내가 Maria의 유아기에 겪었던 힘들고 충격적인 일들의 상당 부분을 피할 수 있었을 것이다. 그러나 내가 만난 전문가들은 CVI로 인한 Maria의 시각적 문제가 개선될 수 있고 시각 발달을 위한 적절한 중재 방법이 있다는 것을 아무도 알려 주지 않았다. 전문가들은 CVI 아동의 시각 문제가 개선된 사례를 알게 되었지만, 아무도 Maria의 시각 문제를 개선하고 시각 발달을 촉진하기 위한 중재와 지원 방법을 찾거나 배워서 Maria의 치료 활동에 적용하지 않았다.

2. 부모 및 가족 면담의 중요성

　부모와 가족은 CVI 아동의 중요한 정보원이자 평가 자원이다. 부모 면담은 아동에게 CVI의 고유한 특성들이 있는지를 확인하는 효과적인 방법이라는 사실이 Roman(1996)의 연구 결과에서 입증되었다. 이 연구의 목적은 부모 면담이 아동의 CVI 정보를 제공할 수 있는 타당한 방법인지를 검증하는 것이었다. 면담지 질문에 대한 응답은 '긍정(CVI와 일치)' 또는 '부정(CVI와 불일치)'으로 평정하도록 하고 있다. 예를 들어, 부모가 "자녀가 선호하는 색상이 있다고 생각하나요?"라는 질문에 "빨간색(또는 노란색 등)을 좋아하는 것 같아요." 같은 응답은 CVI의 '특정 색상 선호' 특성에 해당하는 시각적 행동으로 볼 수 있기 때문에 '긍정'으로 평정한다. 반대로 "우리 아이가 좋아하는 특정 색상이 있는지 잘 모르겠어요. 밝은 색상들을 대체로 좋아하는 것 같아요." 같은 응답은 '특정 색상 선호' 특성이 없는 것으로 보고 '부정'으로 평정한다.

　이 연구(Roman, 1996)의 첫 번째 목적은 CVI 아동과 안구 시각장애 아동 그룹의 면담 결과에 차이가 있는가를 확인하는 것이었다. 23명의 부모를 대상으로 가정에서 면담이 이루어졌다. CVI 진단을 받은 아동의 부모 11명과 안구 시각장애로 진단받은 아동의 부모 12명의 면담 결과를 상호 비교하였다. 두 그룹의 부모 응답을 분석한 결과, CVI 아동의 부모들은 안구 시각장애 아동의 부모들과 통계적으로 유의한 차이가 있는 것으로 나타났다. 병원에서 CVI 진단을 받은 아동의 부모들의 응답은 거의 모든 면담 질문 문항에 '긍정' 점수로 평정되었고, 안구 시각장애 진단을 받은 아동의 부모들의 응답은 거의 모든 면담 질문 문항에 '부정' 점수로 평정되었다. 즉, 이 연구에서 사용한 '부모 면담 도구'가 아동의 CVI 여부를 확인할 수 있는 신뢰롭고 타당한 도구임을 입증하는 것이다. 그리고 면담 질문 문항별로 검사-재검사 신뢰도는 84~96%였고, 채점자 간 신뢰도는 92%로 나타났다.

이 연구의 두 번째 목적은 '부모 면담 결과'와 '직접 평가 결과' 간의 일치도를 확인하는 것이었다. CVI를 일으키는 질환과 관련된 신경학적 손상을 가진 아동의 부모들과 면담이 이루어졌다. 가정에서 부모 면담을 진행하고, 방에서 'CVI Range'로 자녀의 기능시각 평가도 실시하였다. 부모 면담 결과는 자녀가 CVI의 고유한 특성들을 가지고 있는 것으로 나타났다. 마찬가지로 자녀의 기능시각 평가에서도 CVI의 고유한 특성들이 확인되었다. 면담 점수와 기능시각 평가 점수 간의 일치도는 $p=.0001$ 수준에서 통계적으로 유의하였다.

CVI 전문가들은 부모 면담에 '크리스틴 로만 박사'가 개발한 면담 질문지를 사용할 수 있다. CVI 평가자는 면담지의 질문을 부모에게 물어보고 부모가 구술로 응답하도록 한 후, 부모 응답에 대해 '긍정(CVI에 해당함)' 또는 '부정(CVI에 해당하지 않음)'으로 평정한다. CVI 평가자는 부모의 응답을 신중하게 평정하기 위해 부모 동의를 받아 응답 내용을 기록하거나 녹음할 수 있다. 부모와 직접 만나 면담해야 하며, 서면으로 응답을 받지 않기를 권고한다.

또한 면담 질문의 부모 응답에 따라 '긍정' 또는 '부정'으로 보다 정확하게 평정하도록 '부모 면담 평정 지침(answer guide to these parent interview questions)'을 참고할 수 있다. 부모 면담 정보는 병원 의료 기록, 아동 관찰, 직접 평가 등을 통해 수집한 정보와 종합적으로 해석해야 한다. CVI 여부는 아동에게 CVI의 고유한 특성들이 있는지 없는지에 달려 있다. 부모 면담은 CVI 아동을 선별하는 가장 실용적이고 효과적인 방법이다. 아직까지 의료 전문가들은 가격이 비싸고 신뢰도가 낮은 임상 검사 방법을 더 선호하거나 CVI 진단에 몇 달 또는 몇 년이라는 긴 시간을 소요하기도 한다.

〈표 5-1〉 CVI 부모 면담지 평정 지침

'평정 지침'은 각 질문에 '긍정' 또는 '부정'으로 평정하기 위한 예시를 제공한다. 다만, 아동이 CVI에 해당하는 것으로 결정하기 위해 '긍정'으로 평정한 문항 개수에 관한 기준은 없다. 의료 정보, 'CVI Range' 평가 등으로 수집한 정보를 종합하여 판단해야 한다.

※다음 면담 질문을 사용할 때 '자녀'를 '아이의 이름(현서)'으로 바꿀 수 있다.

면담 문항	CVI의 고유한 특성들과 기타 특성들	CVI '긍정' 응답 예시	CVI '부정' 응답 예시
1. 자녀가 장난감이나 물체에 흥미를 갖도록 유도하기 위해 어떻게 하나요?	• 움직임에 대한 요구(끌림) • 특정 시야 선호	• 장난감을 흔들거나 장난감이 움직이도록 작동시켜요. • 장난감을 아이의 우측이나 좌측 시야(영역)에 제시하고, 장난감을 움직여 주어요.	• 아이 앞쪽 중앙에 장난감을 두어요. • 아이의 손에다 장난감을 놓아요. • 아이 앞에 놓아요. • 아이가 장난감에 관심을 보이면 그때 가져다 줘요.
2. 자녀에게 무언가를 보여 주거나 제시할 때 그것을 보고 있는지를 어떻게 알 수 있나요?	• 시각적 주의 • 특정 시야 선호 • 시각적 복잡성의 어려움(시각적 배열의 복잡성)	• 제가 제시하는 것을 아이가 보고 있는지 항상 모르겠어요. • 아이가 좋아하거나 친숙한 물체를 제시하면 아이는 하고 있던 다른 일을 멈춰요. • 아이는 미소를 짓거나 물체를 향해 다가가요. • 아이가 보고 싶어 하는 것이 없는 것 같다는 생각이 들어요.	• 물체를 충분히 아이 가까이 이동시키면 대부분의 물체를 보고 좋아해요. • 또래와 비슷한 것들을 좋아하는 것 같아요. • 아이는 장난감을 똑바로 쳐다보고 흥분하곤 해요.
3. 자녀가 선호하는 측면 방향이나 선호하는 시야 영역(방향)이 있나요?	• 특정 시야 선호 • 추가 장애 여부	• 아이는 평소 한쪽 (측면) 방향으로 머리를 돌려서 보아요. • 아이의 우측이나 좌측에 물체를 두어야 물체가 있다는 것을 알아차려요. • 네, 아이가 오른손잡이(또는 왼손잡이)라서 그런가 하는 생각이 들곤 했어요.	• 아니요. 아이는 양쪽 측면을 다 사용해요. 아이가 선호하는 특정 측면이나 방향이 없는 것 같아요. • 의사는 아이가 (시야 손상으로) 우측이나 좌측 또는 중앙을 보기 어려울 거라고 말했어요.

4. 자녀가 보통 물체를 눈으로 보고 찾나요? 아니면 손으로 탐색하면서 물체를 찾나요?	• 시각적으로 안내된 신체 도달의 어려움 • 시각적 복잡성의 어려움	• 아이는 물체를 바라보지 않고 손으로 장난감을 찾아요. • 아이는 무언가가 손에 닿으면, 그것을 잡아요. • 아이는 장난감을 향해 손을 뻗어 접촉하기 전에 시선을 다른 곳으로 돌리는 것 같아요.	• 아이가 바라보는 시야 안에 장난감이 있을 때만 장난감을 보고 손을 뻗어 잡아요. • 아이는 장난감을 바라보면서 손을 뻗어 접촉하거나 두드리는 것 같아요.
5. 자녀가 무언가를 보는 방식에 있어서 걱정되는 것이 있습니까?	• 눈의 외형 • 정상적인 안검사 결과	• 네, 의사는 아이의 눈이 정상이지만 자기가 보고 있는 것을 이해하지 못할 수 있다고 말했어요. • 아이가 어떤 때는 잘 보는 것 같고, 또 어떤 때는 잘 못 보는 것 같아요.	• 의사가 안경/수술/기타 치료가 도움이 될 수 있다고 했어요. • 예전에는 걱정했지만, 이제는 아이의 시각에 대해 걱정하지 않아요.
6. 자녀의 물건/용품을 평소 어디에 두나요?	• 특정 시야 선호 • 시각적 복잡성(시각적 배열의 복잡성)의 어려움	• 보통 아이의 우측/좌측에 물체를 놓아요. • 장난감을 우측/좌측에 놓으면 아이가 물체에 시각적 주의를 하는 것 같아요. • 보통 아이 가까이의 우측/좌측에 물체를 놓아요.	• 아이 가까이 둘 때도 있고 멀리 둘 때도 있어요. 의사가 아이가 멀리 있거나 가까이 있는 것들을 보는 데 문제가 없다고 말했어요. • 보통 아이 손이 닿을 수 있는 곳에 장난감을 두어요. • 놀이 공간, 유아용 침대, 바닥 등에 두어요.
7. 자녀가 집에서 가장 좋아하는 것은 무엇인가요?	• 움직임에 대한 요구(끌림) • 빛에 대한 요구(끌림) • 시각적 새로움의 어려움	• 아이가 선풍기를 좋아하는 것 같아요. • 아이가 천장 조명등, 개인용 스탠드 램프, 창문을 바라보는 걸 좋아해요. • 아이가 텔레비전 보는 것을 좋아하는 것 같아요. • 아이가 거울처럼 반짝이거나 빛에 반사되는 물체를 좋아해요.	• 아이는 자기 주변에 있는 모든 것에 관심을 보여요. • 의사는 아이가 크고 밝은 물체를 알아볼 거라고 말했어요. • 아이는 처음 보는 무언가가 있으면 반응(호기심)을 보여요.

8. 의사가 자녀의 안과 검사 결과에 대해 어떻게 말했나요?	• 눈의 외형 • 안과 검사 결과	• 의사는 아이의 눈이 정상이라고 말했지만, 저는 의사에게 우리 아이가 얼마나 보고 이해하는지 잘 모르겠다고 말했어요. • 의사는 아이가 더 나이가 들어야 시각 상태를 더 많이 알 수 있을 거라고 말했어요. • 의사는 아이가 시신경 위축증/저형성증/이형성증이 있다고 말했어요.	• 의사는 아이의 질환이 _____라고 말했어요.
9. 자녀가 평소 언제, 어떠한 상황에서 물체를 보는 것을 좋아하나요?	• 시각적 복잡성(시각적 배열의 복잡성)의 어려움 • 시각적 새로움의 어려움	• 아이는 집이 조용할 때(다른 가족이 학교나 직장에 있을 때) 시각 사용을 잘 하는 것 같아요. • 아이는 밤에 물체를 더 잘 인식하는 것 같아요. • 아이는 음식을 먹고 휴식을 취한 후에 무언가를 보는 것을 좋아해요. • 아이가 좋아하는 장난감을 제시할 때 보는 걸 더 좋아하는 것 같아요. • 아이는 침대에 둔 장난감을 보는 것을 더 좋아하는 것 같아요(동일한 장난감을 대개 침대에 두는 경우).	• 아이는 새로운 물체를 보는 걸 좋아해요. • 아이는 하루 내내 무언가를 보는 것을 좋아해요. • 아이는 장난감이 충분히 가까이 있거나 밝은 곳(의사의 추천에 따라)에 있을 때 장난감을 더 잘 보는 것 같아요.
10. 자녀가 가장 좋아하는 색상은 무엇인가요? 어떤 색상의 물체를 좋아하는 것 같나요?	• 특정 색상 선호 • 시각적 새로움의 어려움	• 아이는 일관되게 노란색이나 빨간색(또는 다른 색상)을 좋아하는 것 같아요. • 아이는 흑백 물체를 좋아해요. • 아이는 1~2개의 특정 장난감만 좋아해요.	• 아이가 특정 색상을 좋아한다고 느끼지 못했어요. • 의사는 아이가 밝고 선명한 색상들(고대비 색상)을 잘 볼 거라고 말했어요.

11. 자녀가 반짝이거나 거울이 달린 물체가 가까이 있을 때 어떻게 반응하나요?	• 특정 색상 선호 • 움직임에 대한 요구(끌림) • 빛에 대한 요구(끌림)	• 아이는 그러한 물체를 항상 바라봐요. • 아이가 그러한 물체를 두드려 봐요. • 아이는 그러한 물체에 미소를 지어요. 아이가 반짝이는 것을 좋아하는 것 같아요. • 아이는 반짝이는 장난감이나 거울(유리) 같은 것이 부착된 장난감을 좋아해요.	• 의사는 아이가 그러한 장난감에 흥미를 보일 거라고 말했어요. • 아이는 그러한 물체가 너무 밝아서 눈부셔 하는 것 같아요. 밝고 반짝이는 물체는 아이의 눈을 피곤하게 하는 것 같아요. • 아이는 그러한 물체라고 해서 다른 물체와 다르게 반응하지는 않아요.
12. 자녀 가까이에 조명등이나 선풍기가 있으면 아이가 어떻게 반응하나요? 조명등이나 선풍기를 계속 바라보나요?	• 빛에 대한 요구(끌림) • 시각적 주의	• 아이는 그러한 것들(조명등, 선풍기)을 항상 유심히 바라봐요. 그런 것들을 혼자서 잘 알아차리는 것 같아요. • 아이는 그러한 것들에 다가가거나 빛이 있는 방향으로 몸을 틀어요. • 아이가 빛을 너무 오랜 시간 바라봐요.	• 아이는 빛에 눈을 가늘게 뜨거나 눈을 감아요. • 아이는 그러한 것들이 있는지 알아차리지 못해요. • 아이는 빛이 눈부셔서 머리나 몸을 돌려요. • 의사는 아이가 조명이 있는 물체를 잘 알아차릴 거라고 말했어요.
13. 보통 자녀가 무엇을 보고 있는지 (확실히) 알 수 있나요?	• 시각적 주의	• 아이가 무엇을 보는지 또는 무엇에 흥미가 있는지 잘 모르겠어요. • 가끔 아이가 물체를 '보는' 것이 아니라 물체를 '관통해' 보는 것 같아요. • 아이가 언제 물체를 보고 있는지 또는 그것이 아이가 좋아하는 물체인지 알 수 있어요. • 집이 조용하거나 산만하지 않을 때 물체에 주목하는 것 같아요.	• 네, 평소 아이가 무엇을 보고 있는지 알 수 있어요. • 물체가 가까운 거리에 있으면 아이는 그 물체가 무엇인지 알 수 있어요. • 아이는 자기 주변에 있는 대부분의 물체나 주변 활동에 흥미를 보여요.

14. 자녀가 평소 움직이는 것 또는 움직이지 않는 것 중 어느 것에 더 주목하나요?	• 움직임에 대한 요구(끌림) • 특정 시야 선호	• 아이는 움직이거나, 회전하거나, 전원을 켜서 작동하는 물체(장난감)를 좋아해요. • 사람이나 애완동물이 방을 돌아다닐 때 그들에게 시각적 주의를 하는 것 같아요. • 아이는 텔레비전에서 움직이는 것을 보는 걸 좋아하는 것 같아요.	• 아이가 어느 것을 좋아하는지 모르겠어요. • 제가 방에 가만히 서 있지 않으면, 아이는 제가 어디 있는지 모르는 것 같아요. • 아이는 침대, 책장 위에 놓인 봉제 동물 인형을 좋아해요. • 의사는 아이가 주변 시야/시력이나 동체 시력(movement vision)을 사용하여 잘 볼 거라고 말했어요.
15. 자녀가 무언가를 보고 있을 때 머리 자세(위치)는 어떠한가요?	• 특정 시야 선호	• 물체가 정면에 있어도 아이가 머리를 약간 돌려서 보는 것 같아요. • 아이는 우측(또는 좌측) 시야를 선호하는 것 같아요. • 평소 아이가 선호하는 우측(또는 좌측)에 물체를 놓고 있어요.	• 의사는 아이가 우측/좌측/중앙에서 잘 볼 거라고 말했어요. • 일관된 머리 자세(위치)가 없어요. 또래 아이에게 하듯이 우리 아이에게 장난감을 주어요. • 장난감을 어느 쪽에 놓아야 하는지는 중요하지 않아요.
16. 자녀가 '좋아하는(선호하는)' 색상이 있다고 생각하나요?	• 특정 색상 선호	• 네, 아이는 노란색/빨간색/○○색을 좋아하는 것 같아요. • 아이는 노란색 'Big Bird' 인형처럼 주로 1가지 색상의 장난감을 좋아해요. • 아이는 흑백 패턴(무늬)의 장난감을 좋아해요. 	• 아이가 좋아하는 색상이 있는지 모르겠어요. • 아이가 색상이 화려한 장난감을 좋아하는 것 같아요. • 의사는 아이가 밝고 선명한 색상을 잘 볼 거라고 말했어요.

17. 자녀가 집과 새로운 장소 중, 어디에서 물체를 더 잘 보는 것 같나요?	• 시각적 복잡성(시각적 배열의 복잡성)의 어려움 • 시각적 주의	• 아이는 집처럼 친숙한 곳에서 시각적 주의를 더 잘 하는 것 같아요. • 아이는 새로운 곳에 가면 자주 잠을 자는 것 같아요. • 아이가 새로운 곳에서는 무언가에 주목하지 않는 것 같아요. • 아이는 새로운 곳보다 집에 있는 것을 더 좋아해요. • 아이는 새로운 곳에 가면 오히려 지루해하는 것 같아요.	• 아이가 새로운 곳에서 시각적 주의나 관심을 보여요. • 아이는 집에 있는 자기 물건들을 지켜워하는 것 같아요. • 아이는 외출할 때면 미소를 지으며 흥분해요.
18. 자녀가 무언가에 손을 뻗어 두드리거나 만져 보려고 할 때 머리 자세(위치)가 어떤가요?	• 특정 시야 선호 • 시각적으로 안내된 신체 도달의 어려움	• 아이는 평소 물체에 손을 뻗거나 두드리지 않아요. • 아이는 자기 손이 움직이는 방향을 바라보지 않아요. • 아이가 물체를 바라보거나 손을 뻗기는 하지만, 2가지가 동시에 이루어지지는 않아요. • 아이가 물체에 손을 뻗어 접촉하려 할 때 고개를 다른 방향으로 돌려요.	• 아이는 손을 뻗어 두드리거나 접촉하는 물체를 바라봐요. • 의사는 아이가 무언가를 보거나 손을 뻗어 접촉할 때 그 방향으로 고개를 돌려 볼 거라고 말했어요. • 아이는 정중앙으로 머리 자세를 유지해요(머리를 다른 방향으로 돌리지 않아요).
19. 자녀에게 새로운 것(물체)을 주면 어떻게 반응하나요?	• 시각적 복잡성(시각적 배열의 복잡성)의 어려움 • 시각적 새로움의 어려움	• 아이가 처음에는 새로운 것을 좋아하지 않는 것 같아요. • 아이는 새 장난감보다 오래된 친숙한 장난감을 더 좋아하는 것 같아요. • 아이가 새 장난감을 좋아하려면, 친숙해질 시간이 필요해요.	• 아이는 새로운 장난감을 좋아해요. 오래된 장난감은 싫증을 내요. • 아이는 보통 새로운 장난감을 더 좋아해요. • 아이에게 새로운 장난감을 주면 미소를 짓거나 흥분해요.

20. 자녀가 무언가를 볼 수 있도록 어떻게 자리 배치를 하나요? 선호하거나 효과적인 자리 배치가 있나요?	• 특정 시야 선호 • 시각적 복잡성(시각적 배열의 복잡성)의 어려움	• 보통 아이가 보아야 하는 대상의 우측 또는 좌측에 배치해요. • 아이의 시각적 주의를 산만하게 하는 것들이 안 보이는 곳에 배치해요. • 아이가 보려고 하는 물체의 가까운 곳에 배치해요.	• 아니요, 특별히 자리 배치를 고려하지 않아요. • 의사는 물체에 가깝게 아이를 이동시키거나 아이에게 가까운 곳에 물체를 놓아두라고 말했어요.
21. 자녀의 안구 움직임(운동)과 관련하여 우려되는 것이 있나요?	• 눈의 외형 • 안과 검사 결과	• 아니요, 아이의 양 눈이 함께 움직여요. • 아이가 어렸을 때는 정면을 똑바로 보지 못하고, 안구가 불규칙하게 움직이는 것 같았어요.	• 의사는 아이에게 안구 운동에 문제가 있다고 말한 적이 없어요. • 의사는 안구 운동의 문제도 아이의 안질환 중 하나라고 말했어요.
22. 자녀는 앞에 많은 물체가 있을 때 어떻게 반응하나요?	• 시각적 복잡성(시각적 배열의 복잡성)의 어려움 • 시각적 새로움의 어려움	• 아이의 손에 놓아 준 물체만 가지고 놀아요. • 아이는 물체가 많이 있으면 시선을 피하는 것 같아요. • 아이는 어느 것을 가지고 놀아야 할지를 선택하지 못하는 것 같아요. • 아이는 평소 한 번에 1~2가지 장난감만을 가지고 노는 것을 좋아해요. • 아이는 자기 주변에 물체가 많이 있으면 짜증을 내곤 해요.	• 아이는 물체를 번갈아 가며 가지고 놀아요. • 아이는 자신이 가장 좋아하는 물체를 선택해서 놀아요. • 아이는 미소 짓거나 흥분해요.
23. 자녀가 얼굴을 바라보는 것을 좋아하는 사람이 누군가요? 평소 누구의 얼굴을 자주 바라보나요?	• 시각적 복잡성(시각적 배열의 복잡성)의 어려움 • 시각적 새로움의 어려움	• 아이는 평소 사람들의 얼굴을 바라보지 않아요. • 아이는 한두 명의 친숙한 사람들의 얼굴(엄마, 아빠, 형제)만 바라봐요. • 아이는 거울에 비친 자기 얼굴을 좋아해요.	• 아이는 주변 사람들의 얼굴을 보는 것을 좋아해요. • 아이는 친구의 얼굴을 보는 것을 좋아해요. • 아이는 안질환으로 시력이 나빠 사람들의 얼굴을 알아보지 못하고, 주로 목소리로 누군지 알아요.

24. 자녀가 자기 소유의 물체와 새로운 물체 중 어떠한 것을 더 좋아하나요?	• 시각적 복잡성(시각적 배열의 복잡성)의 어려움 • 시각적 새로움의 어려움	• 아이가 자기 소유의(친숙한) 물체를 더 좋아하는 거 같아요. • 아이는 오래된 장난감을 더 좋아해요. • 아이가 오래된 장난감을 좋아하고, 그보다 좋아하는 다른 장난감을 찾기 어려워요.	• 아이는 새로운 장난감을 좋아해요. • 아이는 자기 장난감을 가지고 잠시 놀다가 지루해해요. 그래서 아이에게 새로운 장난감을 사주곤 해요. • 글쎄요, 잘 모르겠어요. • 의사는 아이가 밝은색 계열이거나 조명이 있는 장난감을 좋아할 거라고 말했어요.
25. 자녀가 가장 좋아하는 물체와 장난감은 어떤 것들인가요? 어떠한 공통된 특징이 있나요?	• 특정 색상 선호 • 움직임에 대한 요구(끌림) • 시각적 복잡성(시각적 배열의 복잡성)의 어려움 • 시각적 새로움의 어려움	• 아이는 움직이거나 강렬한 색상(빨간색 등)의 물체나 장난감을 좋아해요. • 아이는 단순한 물체나 장난감을 좋아해요. • 아이는 반복되는 흑백 패턴이 있는 물체나 장난감을 좋아해요. • 아이는 단순한 색상이나 단순한 패턴 또는 움직임의 속성이 있는 3개 이하의 물체나 장난감을 좋아해요.	• 아이는 다양한 물체와 장난감을 좋아해요. • 의사는 불빛이 나고 움직이는 물체나 장난감을 잘 볼 거라고 말했어요. • 아이는 가족과 함께 놀 수 있는 장난감을 좋아해요.

3. 가족 면담

CVI 전문가는 CVI 평가를 수행할 때 아동을 잘 아는 사람들과의 면담, 아동 관찰, 직접 평가 3가지 방법을 사용하여 정보를 수집한다. 가족 면담은 여러 번 이루어질 수 있고, 가정에서 아동에 대한 관찰을 병행하기도 한다. 가족과의 성공적인 면담을 위해 몇 가지를 제안하면 다음과 같다.

• 전문가라는 과시적인 행동과 전문 용어의 사용을 피하고, 부모가 마음을 열도록 편안하게 대한다. 전문 서식, 자료 폴더, 차트 등이 너무 많으면 부모와 라포를

형성하는 데 방해가 될 수 있다. 면담 과정에서 메모나 녹음이 필요한 경우, 사전에 동의를 구한다.

- 면담 진행자는 먼저 자신을 소개하고 가족에 대한 진정성 있는 관심을 표현한다. 예를 들어, "와 주셔서 감사합니다." 또는 "만나서 정말 반가워요."로 시작한다.
- 부모와 자녀가 편안하고 긴장을 풀 수 있도록 일상의 가벼운 이야기로 대화를 시작한다.
- 면담에 참석한 모든 가족 구성원을 확인하고, CVI 아동과 라포 형성에 각별히 노력한다.
- 면담이나 직접 평가를 수행하는 전문가 외에 제3의 관찰자가 입회해야 한다면, 부모에게 제3의 관찰자를 소개하고 참여하는 것에 동의를 구한다.
- 직접 평가 수행자는 CVI 아동에게 "너랑 있으니 즐겁고 신난다."라고 표현하고, 아동과 가벼운 스킨십이나 아동이 평소 관심을 가지는 주제로 이야기를 시작한다. 그리고 아동의 작은 말이나 행동에도 칭찬을 아끼지 않는다. 부모는 자녀에 대한 평가자의 호의와 관심에 감사한 마음을 갖게 된다.
- 부모가 대답하기 불편해하는 질문에 대해 "불편하시면 대답하지 않아도 됩니다."라고 주기적으로 말해 준다.

CVI 평가 과정에서 아동을 관찰할 때 다음 사항을 주의 깊게 관찰한다.

- 아동이 주변 환경에 시각적 호기심을 보이는가?
- 아동이 조명(빛)을 자주 또는 오랜 시간 응시하는가?
- 아동이 특정 물체를 계속 손에 들고 있는가? 그렇다면 이 물체의 색상, 패턴(무늬), 움직임 등의 속성을 기록한다.
- 아동이 대상을 바라볼 때 머리나 고개의 자세 및 방향은 어떠한가?
- 아동이 의료 및 보조 기기를 사용하고 있는가?
- 아동이 주변을 경계하는가? 피곤해하는가? 불안해하는가?

CVI 전문가는 가족과 면담할 때 대화 과정의 내용을 가족이 어떻게 받아들이고 있는지 세심하게 살피면서 적절히 대처하는 것이 중요하다. CVI 전문가가 아동에게 우려되는 새로운 질환의 가능성에 대해 말하면 가족이 당황하거나 화를 낼 수 있다는 것을 그들의 입장에서 이해할 필요가 있다. 또한 부모는 자녀에 대한 자신의 지식이나 경험을 전문가가 무시하거나 평가 절하하는 것에 대해 실망감을 느낄 수 있다. 따라서 부모의 생각이나 마음을 존중하고 이해하는 모습을 보이는 것이 중요하다. 부모의 마음이 편안해 보이고 라포가 형성되었다면 공식적인 면담을 진행할 수 있다.

- 부모에게 이번 면담에서 중요하게 여기는 것과 면담을 통해 알고 싶은 것이 무엇인지 물어본다.
- 가족 구성원이 자신의 생각과 이야기를 하는 것을 열린 마음으로 수용한다.
- 아동의 병원 진료 기록을 검토하고, 병력에 추가할 사항이 있으면 기록한다.
- 면담 과정에서 부모가 사용하는 표현이나 용어가 커다란 문제를 일으킬 수 있는 것이 아니라면 수정하려고 하지 않는다.
- 평가자가 많은 말을 하기보다 부모의 이야기를 경청하고, 부모가 궁금해하는 사항에 대해 쉽게 풀어 설명한다.

CVI 아동과 가까운 사람들과의 면담에서 평가자는 다음 사항을 확인할 필요가 있다.

- 아동의 병력/진단 질환이 무엇인가요?
- 안과 검사 결과가 어떻게 나왔나요?
- 당신(부모/교사/기타 관련 인사)의 주요 관심사는 무엇인가요?
- 아동이 무엇을 보는 것을 좋아하나요?
- 아동이 선호하는 색상이 있나요?
- 아동이 언제 시각적 주의나 관심을 보이나요?
- 아동이 사람들의 얼굴을 응시하나요?
- 아동이 정지된 대상(물체)보다 움직이는 대상(물체)을 더 잘 보나요?
- 아동이 물체를 제대로 보지 않고 '관통해 보는(멍하게 바라보는)' 것처럼 보나요?

4. 전문가의 직접 평가 이해

부모와 가족 면담이 끝나면 CVI 기능시각 평가도구인 'CVI Range'를 사용하여 아동의 기능시각을 직접 평가한다. 이 평가는 CVI 아동에게 다양한 물체와 시각 자극을 제시하고 아동의 시각적 반응이나 행동을 확인하는 평가로, 사전에 부모와 아동에게 평가 목적과 방법에 대해 설명한다. 또한 CVI 아동의 간질 여부, 신체 마비 여부와 정도, 자세유지기기 사용 필요성 등을 확인한다.

평가자는 직접 평가 과정에 부모가 참관하는 것을 허용한다. 부모는 아동이 피곤하거나, 배고프거나, 과도한 자극으로 스트레스를 받는 등의 관련 징후가 보이면 평가자에게 알려 주어 아동에게 시각적 휴식 시간을 줄 수 있다. 평가자는 부모에게 평가 결과를 어떻게 통보할 것인지와 각종 부모 동의서에 대해 알기 쉽게 설명해야 한다.

부모가 전문가와 다른 견해를 가지고 있거나 자녀에 대한 나름의 희망과 기대를 가지고 있음을 이해해야 한다. 어떠한 부모도 자신의 아이가 장애가 있을 것으로 예상하지 못했으며, 자녀가 문제를 극복하고 또래처럼 하게 될 것이라고 기대한다. 교사와 전문가는 CVI 아동의 '잠재력(potential)'에 대해 부모와 다른 견해와 기대를 가지고 있을 수 있다. 전문가는 부모가 바라는 기대보다 아동의 장애와 잠재력을 보다 객관적으로 볼 수 있다. 일부 전문가들은 부모의 헛된 희망을 처음부터 부숴야 한다고 생각할 수도 있다. 부모들은 또래의 부모처럼, CVI가 있는 자녀가 버스를 타고 학교에 가거나, 자전거를 타거나, 친구와 어울려 노는 것을 기대한다. 평가자는 부모와 가족들이 자녀에 대해 갖고 있는 기대감을 부수기보다 격려하고, 자녀의 능력과 장애에 관해 공감하는 태도를 취하는 것이 필요할 수 있다

또한 CVI 아동의 부모는 자녀의 신체적·발달적·교육적 상태와 관련된 정보에 압도될 수 있다. 의학적 상태, 진단 검사, 치료, 약물, 발달 평가, 조기 중재 및 교육 프로그램에 대한 안내 과정에 어려운 용어와 새로운 정보가 포함되어 있어 부모가 이해하기 어려울 수 있다. 또한 부모가 자녀로 인해 상당한 불안감을 느끼는 시점에 이들 정보를 제공하는 경우가 많다는 점도 고려해야 한다.

"자녀의 눈은 정상이에요. 아직은 아이가 시각 정보를 얼마나 잘 처리하고 해석하는지 확인하기 어려워요." 같은 안과 의사의 이야기는 희망적인 소식을 듣고 싶

어 하는 부모에게 근거 없는 기대감을 줄 수 있다. 일부 부모들은 자녀의 시각이 정상이고, 추가적인 치료나 조치가 필요하지 않다고 잘못 받아들일 수 있다. 따라서 의료 및 교육 전문가는 CVI 아동의 부모가 보다 정확하게 이해하도록 설명해 주는 것이 중요하다. 부모에게 자녀의 뇌성마비, 발달 지연, 언어장애를 가져온 '신경학적 질환'이 CVI의 원인도 될 수 있다는 사실을 이해시키는 것도 필요하다.

5. CVI 아동의 옹호와 인식 개선

부모는 의료 및 교육 서비스 제공자들이 CVI 아동에게 적절한 지원을 제공하고, 부모의 요구를 함께 지지하고 옹호해 주기를 바란다. 현장의 많은 특수교사와 전문가가 대학 전공에서 'CVI'에 관해 배우지 않았다고 말하거나 아직 CVI 아동을 지원할 만한 것이 없다고 부모에게 말하는 것은 더 이상 용인될 수 없다. 이제 전 세계적으로 CVI는 시각장애 아동의 가장 주된 질환으로 교육 및 의료 영역에서 적절한 지원 시스템을 마련하는 것이 필요하다.

오늘날 전문가들의 역할은 CVI에 대한 전문 지식과 기술을 갖추는 것만으로 충분하지 않다. 전문가들은 CVI 아동을 적절하게 중재하는 것을 비롯하여 CVI 아동과 가족을 위해 목소리를 내는 옹호자로서 역할을 해야 한다. 미국과 유럽에서 CVI 아동의 가족을 지원하기 위해 정부, 민간 기관, 부모 단체, '웹 기반 CVI 커뮤니티'가 점점 늘어나고 있다. 뉴욕시에 있는 'Lighthouse Guild'는 매주 부모들을 대상으로 온라인 모임을 개최한다. 또한 'Pediatric Cortical Visual Impairment Society'는 CVI 아동의 옹호와 부모 지원을 위한 부서를 운영하고 있다.

부모는 CVI 아동이 시각을 사용하는 법을 배우고, 필요한 많은 정보를 얻으려면 부모의 역할이 중요하다는 것을 깨달았다. 'CVI 티셔츠'는 교육 현장의 관련인사들이 'CVI 아동의 고유한 특성들'을 이해하도록 돕기

CVI 아동 이해하기: 피질 시각장애

1. 특정 색상 선호
2. 움직임에 대한 요구
3. 시각적 지연
4. 특정 시야 선호
5. 시각적 복잡성의 어려움
6. 빛에 대한 응시
7. 원거리 보기의 어려움
8. 비전형적인 시각 반사
9. 시각적 새로움의 어려움
10. 시각적으로 안내된 신체 도달의 어려움

위해 CVI 부모 단체에서 제작·보급한 것이다. 부모는 안과 검사 결과가 CVI 아동의 심각한 기능시각 문제를 설명하지 못하기 때문에 CVI 아동을 주의 깊게 평가하고 지원하는 데 특수교사의 많은 역할을 기대한다. 특수교사가 CVI 아동을 중재하고 시각적 문제가 개선될 때, CVI 아동의 의학적·발달적 문제를 힘겹게 겪어 온 부모와 가족의 치유도 함께 이루어질 수 있다. 특수교사는 CVI 아동의 교육적 요구에 적극적으로 반응하고, 아동의 시각 발달을 위해 적절한 중재를 계획하여 실시하며, 부모에게 CVI 아동의 길을 열어 주는 옹호자이자 조력자가 되어야 한다. 특수교사는 CVI 아동의 시각 발달과 사용을 촉진할 수 있도록 특수교육 서비스를 보장하는 데 앞장서야 한다.

참고문헌

Ahearne, C. E., Boylan, G. B., & Murray, D. M. (2016). Short and long term prognosis in perinatal asphyxia: An update. *World Journal of Clinical Pediatrics*, 5(1), 67-74.

American Association for Pediatric Ophthalmology and Strabismus (AAPOS). (2015). *Corticalvisual impairment*. Retrieved from https://www.aapos.org/terms/ conditions/40

Annibale, D. J. (2014). *Periventricular hemorrhage-intraventricular hemorrhage*. *Medscape*. Retrieved from http://emedicine.medscape.com/article/976654-overview

Arditi, A., & Zihl, J. (2000). Functional aspects of neural visual disorders of the eye and brain. In B. Silverstone, M. A. Lang, B. P. Rosenthal, & E. E. Faye (Eds.), *The Lighthouse handbook on vision impairment and vision rehabilitation: Vol. I. Vision impairment* (pp. 263-286). New York, NY: Oxford University Press.

Bosch, D. G., Boonstra, F. N., Willemsen, M. A., Cremers, F. P., & de Vries, B. B. (2014). Low vision due to cerebral visual impairment: Differentiating between acquired and genetic causes. *BMC Ophthalmology*, 14, 59.

Brodal, P. (2016). *The central nervous system* (5th ed.). New York, NY: Oxford University Press.

Brodsky, M. C., Fray, K. J., & Glasier, C. M. (2002). Perinatal cortical and subcortical visual loss: Mechanisms of injury and associated ophthalmologic signs. *Ophthalmology*, 109(1), 85-94.

Chauhan, R. (2012). Cortical visual impairment: A review. *Indian Journal of Physiotherapy and Occupational Therapy*, 6(1), 116-118.

Claeys, K. G., Dupont, P., Cornette, L., Sunaert, S., Van Hecke, P., De Schutter, E., & Orban, G. A. (2004). Color discrimination involves ventral and dorsal stream visual areas. *Cerebral Cortex*, *14*(7), 803-822.

Dutton, G. N. (2006). Cerebral visual impairment: Working within and around the limitations of vision. In E. Dennison & A. H. Lueck (Eds.), *Proceedings of the summit on cerebral/cortical visual impairment: Educational, family, and medical perspectives, April 30, 2005* (pp. 3-26). New York, NY: AFB Press.

Dutton, G. N., & Lueck, A. H. (2015). Impairment of vision due to damage to the brain. In A. H. Lueck & G. N. Dutton (Eds.), *Vision and the brain: Understanding cerebral visual impairment in children* (pp. 3-20). New York, NY: AFB Press.

Eagleman, D. (2015). *The brain: The story of you*. New York, NY: Pantheon Books.

Elliot, A. J. (1999). Approach and avoidance motivation and achievement goals. *Educational Psychologist*, *34*(3), 169-189. 247

Farel, P. B., & Hooper, C. R. (1995). Biological limits to behavioral recovery following injury to the central nervous system: Implications for early intervention. *Infants and Young Children*, *8*(1), 1-7.

Fernández-López, D., Natarajan, N., Ashwal, S., & Vexler, Z. S. (2014). Mechanisms of perinatal arterial ischemic stroke. *Journal of Cerebral Blood Flow and Metabolism*, *34*(6), 921-932.

Ferriero, D. M. (2004). Neonatal brain injury. *New England Journal of Medicine*, *351*(19), 1985-1995.

Flanagan, N. M., Jackson, A. J., & Hill, A. E. (2003). Visual impairment in childhood: Insights from a community-based survey. *Child Care Health Development*, *29*(6), 493-439.

Glass, H. C., Costarino, A. T., Stayer, S. A., Brett, C. M., Cladis, F., & Davis, P. J. (2015). Outcomes for extremely premature infants. *Anesthesia Analog*, *120*(6), 1337-1351.

Good, W. (2004, June). *Cortical visual impairment: Overview and historical perspective*. Presentation at the Conference on Low Vision and Blindness in Infants and Children with Special Emphasis on Cortical Visual Impairment, Pittsburgh, PA.

Goodale, M. A. (2011). Transforming vision into action. *Vision Research*, *51*(13), 1567-1587.

Goodale, M. A. (2014). How (and why) the visual control of action differs from visual perception. *Proceedings of the Royal Society B: Biological Sciences*, *28*(1), 1785.

Goodale, M. A., & Milner, A. D. (1992). Separate visual pathways for perception and action. *Trends in Neuroscience, 15*(1), 20-25.

Groenveld, M., Jan, J. E., & Leader, P. L. (1990). Observations on the habilitation of children with cortical visual impairment. *Journal of Visual Impairment & Blindness, 84*(1), 11-15.

Heath, P. T., Yusoff, N. K., & Baker, C. J. (2003). Neonatal meningitis. *Archives of Disease in Childhood Fetal and Neonatal Edition, 88*(3), 173-178.

Hensch, T. K. (2004). Critical period regulation. *Annual Review Neuroscience, 27*, 549-579.

Hooks, B. M., & Chen, C. (2007). Critical periods in the visual system: Changing views for a model of experience-dependent plasticity. *Neuron, 56*(2), 312-326.

Hoyt, C. S. (2003). Visual function in the brain-damaged child. *Eye, 17*, 371-386.

Huo, R., Burden, S. K., Hoyt, C. S., & Good, W. V. (1999). Chronic cortical visual impairment in children: Aetiology, prognosis, and associated neurological deficits. *British Journal of Ophthalmology, 83*(6), 670-675.

Individuals with Disabilities Education Improvement Act (IDEA). 20 U.S.C. § 1400 (2004).

Jan, J. E. (2011). Cortical visual impairment is not the same as cerebral visual impairment [Letter to the editor]. *Journal of Visual Impairment & Blindness, 105*(2), 68-70.

Jan, J. E., & Groenveld, M. (1993). Visual behaviors and adaptations associated with cortical and ocular impairment in children. *Journal of Visual Impairment & Blindness, 87*(4), 101-105.

Jan, J. E., Heaven, R. K. B., Matsuba, C., Langley, M. B., Roman-Lantzy, C., & Anthony, T. L. (2013). Windows into the visual brain: New discoveries about the visual system, its functions, and implications for practitioners. *Journal of Visual Impairment & Blindness, 107*(4), 251-261.

Kandel, E. R., Schwartz, J. H., Jessell, T. M., Siegelbaum, S. A., & Hudspeth, A. J. (2013). *Principles of neural science* (5th ed.). New York, NY: McGraw Hill Medical.

Khetpal, V., & Donahue, S. P. (2007). Cortical visual impairment: Etiology, associated findings, and prognosis in a tertiary care setting. *Journal of the American Association for Pediatric Ophthalmology and Strabismus, 11*(3), 235-239.

Kim, C., Yeom, K. W., & Iv, M. (2015). Congenital brain malformations in the neonatal and early infancy period. *Seminars in Ultrasound, CT, and MRI, 36*(2), 97-119.

Knudsen, E. (2004). Sensitive periods in the development of the brain and behavior. *Journal of Cognitive Neuroscience, 16*(8), 1412-1425.

Koestler, F. A. (2004). *The unseen minority: A social history of blindness in the United*

States. New York, NY: AFB Press. (Original work published 1976).

Libster, R., Edwards, K. M., Levent, F., Edwards, M. S., Rench, M. A., Castagnini, L. A., ... Shah, P. E. (2012). Long-term outcomes of group B streptococcal meningitis. *Pediatrics*, *130*(1), 8-15.

Lueck, A. H., & Dutton, G. N. (2015). Assessment of children with CVI: Introduction and overview. In A. H. Lueck & G. N. Dutton (Eds.), *Vision and the brain: Understanding cerebral visual impairment in children* (pp. 207-260). New York, NY: AFB Press.

Luiselli, T. E. (2016, March). *The CVI Range*. Presentation at the 2nd Annual CVI Symposium: Examining Some Perspectives on CVI, Perkins School for the Blind, Watertown, MA.

Mathews, T. J., MacDorman, M. F., & Thoma, M. E. (2015, August 6). Infant mortality statistics from the 2013 period linked birth/infant death data set. *National Vital Statistics Reports*, *64*(9).

Merabet, L. (2016, March). *Cerebral/cortical visual impairment: A national conversation*. Preconference session at the American Foundation for the Blind Leadership Conference, Arlington, VA.

Mera bet, L. (2017, April). *Visual processing and the impact of damage to the brain: What we know and how we know it*. Presentation at the Third Annual CVI Symposium: CVI Best Practices and Current Research, Perkins School for the Blind, Watertown, MA.

Milner, A. D., & Goodale, M. A. (1993). Visual pathways to perception and action. In T. P Hicks, S. Molotchnikoff, & T. Ono (Eds.), *Progress in brain research: Vol. 95. The visually responsive neuron: From basic neurophysiology to behavior* (pp. 317-337). Amsterdam, The Netherlands: Elsevier.

Morse, M. T. (2006). Another view of cortical visual impairment: Issues related to facial recognition. In E. Dennison & A. H. Lueck (Eds.), *Proceedings of the summit on cerebral/cortical visual impairment: Educational, family, and medical perspectives, April 30, 2005* (pp. 131-135). New York, NY: AFB Press.

Mosalli, R. (2012). Whole body cooling for infants with hypoxic-ischemic encephalopathy. *Journal of Clinical Neonatology*, *1*(2), 101-106.

Newcomb, S. (2010). The reliability of the CVI Range: A functional vision assessment for children with cortical visual impairment. *Journal of Visual Impairment & Blindness*, *104*(10), 637-647.

Norcia, A. M., & Tyler, C. W. (1985). Spatial frequency sweep VEP: Visual acuity during the first year of life. *Vision Research*, *25*(10), 1399-1408.

Perkins School for the Blind, (n.d.). *About the CVI Range Endorsement*. Watertown, MA: Author. Retrieved from http://www.perkinselearning.org/cvi-endorsement/about

Perlman, J. M. (2001). Intraventricular hemorrhage and periventricular leukomalacia. In R. A. Polin, M. C. Yoder, & F. D. Burg (Eds.), *Workbook in practical neonatology* (3rd ed.). Philadelphia,

PA: W. B. Saunders.

Pike, M. G., Holmstrom, G., de Vries, L. S., Pennock, J. M., Drew, K. J., Sonksen, P. M., & Dubowitz, L. M. S. (1994). Patterns of visual impairment associated with lesions of the preterm infant brain. *Developmental Medicine & Child Neurology*, *36*(10), 849-862.

Polin, R. A., Yoder, M. C., & Burg, F. D. (Eds.). (2001). *Workbook in practical neonatology* (3rd ed.). Philadelphia, PA: W. B. Saunders.

Restak, R. (2003). *The new brain: How the modern age is rewiring your mind*. Emmaus, PA: Rodale Press.

Rivkin, M. J. (1997). Hypoxic-ischemic brain injury in the term newborn. In A. J. duPlessis (Ed.), 7 *Clinics in perinatology* (pp. 607-625). Philadelphia, PA: W. B. Saunders.

Robinson, G., Shallice, T., Bozzali, M., & Cipolotti, L. (2012). The differing roles of the frontal cortex in fluency tests. *Brain*, *135*(7), 2202-2214.

Roman, C. (1996). *Validation of an interview instrument to identify behaviors characteristic of cortical visual impairment in infants* (Unpublished doctoral dissertation). University of Pittsburgh, Pennsylvania.

Roman, C., Baker-Nobles, L., Dutton, G. N., Luiselli, T. E., Flener, B. S., Jan, J. E., ... Nielsen, A. S. (2008). *Statement on cortical visual impairment*. Retrieved from http://tech.aph.org/cvi/wp-content/uploads/2015/01/Statement-on-Cortical-Visual-lmpairment.pdf

Roman-Lantzy, C. A., & Lantzy, A. (2002-2017). *Pediatric view data bank* (unpublished data). Pittsburgh, PA: Western Pennsylvania Hospital.

Roman-Lantzy, C. A., & Lantzy, A. (2010). Outcomes and opportunities: A study of children with cortical visual impairment. *Journal of Visual Impairment & Blindness*, *104*(10), 649-653.

Rosa, A. M., Silva, M. F., Ferreira, S., Murta, J., & Castelo-Branco, M. (2013). Plasticity in the human visual cortex: An ophthalmology-based perspective. *BioMed Research International*. Retrieved from https://www.hindawi.com/journals/bmri/2013/568354/abs/

Rose, T., & Hubener, M. (2017). Neurobiology: Synapses get together for vision. *Nature*, *547*(7664), 408-410.

Scher, M. A. (2001). Neonatal seizures. In R. A. Polin, M. C. Yoder, & F. D. Burg (Eds.), *Workbook in practical neonatology* (3rd ed., pp. 339-369). Philadelphia, PA: W. B. Saunders.

Schwartz, J. M., & Begley, S. (2002). *The mind and the brain: Neuroplasticity and the power of mental force*. New York, NY: Regan Books.

Seung, S., & Yuste, R. (2013). Neural networks. In E. R. Kandel, J. H. Schwartz, T. M. Jessell, S. A. Siegelbaum, & A. J. Hudspeth (Eds.), *Principles of neural science* (5th ed., pp. 1581-1599). New York, NY: McGraw Hill Medical.

Shankaran, S., Bauer, C. R., Bain, R., Wright, L. L., & Zachary, J. (1996). Prenatal and perinatal risk and protective factors for neonatal intracranial hemorrhage. *Archives of Pediatric and Adolescent Medicine*, *150*(5), 491-497.

Silver, H. F. (2010). *Compare and contrast: Teaching comparative thinking to strengthen student learning.* Alexandria, VA: ASCD Publications.

Simon, N. P. (n.d.). *Periventricular/intraventricular hemorrhage (PVH/IVH) in the premature infant.* Atlanta, GA: Emory University School of Medicine, Department of Pediatrics. Retrieved from http://www.pediatrics.emory.edu/divisions/neonatology/dpc/pvhivh.html

Skoczenski, A. M., & Good, W. V. (2004). Vernier acuity is selectively affected in infants and children with cortical visual impairment. *Developmental Medicine & Child Neurology*, *46*(8), 526-532.

Stiles, J. (2008). *The fundamentals of brain development: Integrating nature and nurture.* Cambridge, MA: Harvard University Press.

Teplin, S. W. (1995). Visual impairment in infants and young children. *Infants and Young Children*, *8*(1), 18-51.

Thompson, L. A., Fagan, J. F., & Fulker, D. W. (1991). Longitudinal prediction of specific cognitive abilities from infant novelty preference. *Child Development*, *62*(3), 530-538.

Tsze, D. S., & Valente, J. H. (2011). Pediatric stroke: A review. *Emergency Medicine International*.

Turk-Browne, N. B., Scholl, B. J., & Chun, M. M. (2008). Babies and brains: Habituation in infant cognition and functional neuroimaging. *Frontiers in Human Neuroscience*, *2*.

Tychsen, L. (2001). Critical periods for development of visual acuity, depth perception, and eye tracking. In D. B. Bailey, J. T. Bruer, F. J. Symons, & J. W. Lichtman (Eds.), *Critical thinking about critical periods* (pp. 66-80). Baltimore, MD: Paul H. Brookes.

Volpe, J. J. (1997). Brain injury in the premature infant. In A. J. duPlessis (Ed.), *Clinics in perinatology* (pp. 567-587). Philadelphia, PA: W. B. Saunders.

Volpe, J. J. (2008). Intracranial hemorrhage: Germinal matrix─intraventricular hemorrhage of the premature infant. In J. J. Volpe (Ed.), *Neurology of the newborn* (5th ed., pp. 481-588). Philadelphia, PA: Elsevier Saunders.

Volpe, J. J. (2012). Neonatal encephalopathy: An inadequate term for hypoxic-ischemic encephalopathy. *Annals of Neurology*, *72*(2), 156-166.

Ward, M. E. (2010). Anatomy and physiology of the eye. In A. L. Corn & J. N. Erin (Eds.), *Foundations of low vision: Clinical and functional perspectives* (2nd ed., pp. 111-136). New York, NY: AFB Press.

Woods, C. J., & Levy, C. S. (2017, October 12). Group B streptococcus (GBS) infections. *Medscape*. Retrieved from http://emedicine.medscape.com/article/229091-overview

Younge, N., Goldstein, R. F., Bann, C. M., Hintz, S. R., Patel, R. M., Smith, P. B., … Cotten, C. M. (2017). Survival and neurodevelopmental outcomes among periviable infants. *New England Journal of Medicine*, *376*(7), 617–628.

Zach, T., & Kaftan, H. A. (2015, January 15). Pediatric periventricular leukomalacia. *Medscape*. Retrieved from http://emedicine.medscape.com/article/975728-overview

Zupan, V., Gonzalez, P., Lacaze-Masmonteil, T., Boithias, C., d'Allest, A.-M., Dehan, M., & Gabilan, J.-C. (1996). Periventricular leukomalacia: Risk factors revisited. *Developmental Medicine & Child Neurology*, *38*(12), 1061–1067.

찾아보기

CVI I단계 133, 175, 188
CVI I단계 아동의 중재 210
CVI I~II단계 135
CVI II단계 138, 176, 190
CVI II단계 아동의 중재 215
CVI II~III 단계 141
CVI III단계 145, 177, 193
CVI III단계 아동의 중재 216
CVI Range 23, 70, 72, 73, 74
CVI Range 1~2(레벨) 90
CVI Range 5~6(레벨) 91
CVI Range 7~8(레벨) 92
CVI Range 9~10(레벨) 92
CVI Range III단계 확대 평가 104
CVI Range III단계 확대 평가 차트 105
CVI Range 검토 양식 235, 236
CVI Range의 진행 단계 94
CVI Range 평가 검토 양식 102
CVI Range 평가 보고서 89, 122

CVI Range 평가척도 I의 평정 지침 151
CVI 고유한 개별 특성 영향 평가 181
CVI 고유한 개별 특성 영향 평가 방법 99
CVI 고유한 개별 특성 영향 평가 표 126
CVI 고유한 개별 특성의 영향 평가 97
CVI 단계별 교수와 조정 196
CVI 단계별 중재 제안 249
CVI 보행 진전도 차트 240, 242
CVI 부모 면담지 평정 지침 288
CVI 아동을 위한 중재 원리 200
CVI 아동의 보행 교육 239
CVI 아동의 옹호와 인식 개선 299
CVI의 고유한 10가지 시각 특성 69
CVI의 고유한 특성 전반적(전

체) 평가 85
CVI의 고유한 특성 전반적 평가 방법 90
CVI의 진행 175
CVI의 진행 단계 93, 101
CVI 중재 계획서 245
CVI 중재 사례 227
CVI 중재 제안 210
CVI 진단 기준 37
CVI 진전도 차트 111, 113, 130, 180, 185
CVI 평가 용품 82
CVI(피질 시각장애) 11

가족 면담 295
감각 환경의 복잡성 53
감염병 29
관찰 평가 77
기능시각 평가 71

뇌실내출혈 26

뇌실주위 백질연화증 및 백질 손상 28
뇌의 구조적 이상 30
뇌혈관 사고(뇌졸중) 28
눈 깜박임 반사 61

대뇌 시각장애 19
대뇌 피질 19
등쪽 경로 20

라이트 박스 230
레벨 I 환경 중재 203
레벨 II 환경 중재 203
레벨 III 환경 중재 204

만화경 17
면담 평가 76
목적 없는 응시 57
물체 표면(외형)의 복잡성 48

배쪽 경로 20
부모 면담 287
부모 면담 평정 지침 287
비교 사고 176, 221, 224
비교 언어 222

비전형적 시각 반사 60, 81
빛에 대한 요구(끌림) 56, 80, 273

사람 얼굴의 복잡성 54
서술식(내러티브) 보고서 168
시각 발달의 가소성 21
시각실인증 56
시각적 (반응) 지연 45, 79, 260
시각적 배열의 복잡성 49
시각적 복잡성의 어려움 48, 80, 262
시각적 새로움의 어려움 61, 81, 276
시각적으로 안내된 신체 도달의 어려움 63, 81, 278
시각적 · 인지적 스키마 222
시각적 혼잡 50
신생아 뇌병증 25

안구 시각장애 11, 18
안면실인증 55, 56
안면인식장애 55
외상성 뇌손상 33
움직임에 대한 요구(끌림) 42,

79, 257
원거리 보기의 어려움 59, 81, 275
유전 및 염색체 이상 32
이상치 96

전문가로서의 부모 285
전문가의 직접 평가 298
중재 계획서 205, 206
중재 시간표 205, 206, 245
직접 평가 78
질식 25

천장 효과 94, 95

특정 색상 선호 39, 79, 253
특정 시야 선호 46, 79, 261

평가척도 I 의 검사 지침서 133
피질 시각장애 18, 19

환경 수정의 레벨 110
환경의 중재 202

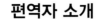

편역자 소개

이태훈(Lee TaeHoon)

대구대학교 대학원 문학박사(시각장애아 교육 전공)
한국장애인고용공단 직업훈련 교사
현 세한대학교 특수교육과 교수

〈연구 프로젝트〉

국립국어원(2023). 2023 한국점자규정 개정안 수용도 조사
국립특수교육원(2023). 초중등학교 점자 교과용 도서 개발
한국연구재단(2023). 대뇌 피질 시각장애 아동 진단평가 및 중재 도구 개발
국립국어원(2022). 시각장애인 점자 사용 실태 조사용 지표 개발
국립특수교육원(2022). 2022 개정 시각장애 공통교육과정 시안 개발
국립특수교육원(2021). 시각장애 영유아 교수학습 자료 개발
국립특수교육원(2021). 시청각장애(농맹) 학생 교육 실태 및 지원 요구 조사
국립특수교육원(2020). 고등학교 시각장애 학생 보조교과서 개발
국립특수교육원(2020). 시각장애(저시력) 학생 교육 실태 조사
한국장애인고용공단(2020). 시청각장애(농맹)인 직업재활 지원 방안
국립특수교육원(2019). 중학교 시각장애 학생 보조교과서 개발
한국장애인고용공단(2019). 시각장애인 직업훈련 체계 및 직종 개발
국립특수교육원(2018). 초등학교 시각장애 학생 보조교과서 개발
국립특수교육원(2017). 시각장애인 자립생활 교과용 도서 개발
한국연구재단(2017). 한국판 학습매체 평가 도구 개발
한국연구재단(2016). 점자 읽기 유창성 검사 도구 개발 등 다수

대뇌 피질 시각장애 아동 교육
–기본 이론편–
Cortical Visual Impairment:
An Approach to Assessment and Intervention

2023년   9월 15일 1판 1쇄 인쇄
2023년   9월 20일 1판 1쇄 발행

지은이 • Christine Roman-Lantzy
옮긴이 • 이태훈
펴낸이 • 김진환
펴낸곳 • ㈜ 학지사

　　　　　04031 서울특별시 마포구 양화로 15길 20 마인드월드빌딩
대표전화 • 02-330-5114　 팩스 • 02-324-2345
등록번호 • 제313-2006-000265호

홈페이지 • http://www.hakjisa.co.kr
인스타그램 • https://www.instagram.com/hakjisabook

ISBN 978-89-997-2962-1 93370

정가 23,000원

출판미디어기업 학지사

간호보건의학출판 학지사메디컬 www.hakjisamd.co.kr
심리검사연구소 인싸이트 www.inpsyt.co.kr
학술논문서비스 뉴논문 www.newnonmun.com
교육연수원 카운피아 www.counpia.com